羅光全書

冊廿五

生活的修養與境界

生活的體味

宗教與生活

臺灣學生書局印行

冊廿五　總目錄

廿五之一　生活的修養與境界

中篇 明而神篇

下篇　神而通篇

廿五之二 生活的體味

中編

下編

廿五之三 宗教與生活

中編　生活與宗教信仰

下編 宗教信仰與文化

羅光全書

冊廿五之一

生活的修養與境界

臺灣學生書局印行

序一

閱讀了布拉神父（P. Pownat）的四厚冊《天主教神修史》（La Spiritualite chretine），知道我們教會從初期的聖賢，就已專心於心靈生活的修養。初期的北非洲隱修士，以聖安當爲代表，穴居荒漠中，克己苦身。稍後聖巴西略主教訂立修院章程，聖奧思定和修士同居，開始團體隱修生活。後來聖本篤創立修會，以祈禱勞作爲規範，結合動靜的神修。聖伯爾納則代表本篤修會的苦修院，長齋靜默。中世紀時聖方濟和聖道明，開創佈道的神修，近世紀聖大德蘭和聖十字若望，發揚聖衣會的默觀生活。路德分裂教會以後，聖依納爵重整聖職員的精神，執行嚴肅方法的神操。聖撒肋爵主教則指導一般教友的神修途徑，聖味增爵又培植在俗聖職員的神修生活，把以往神修成聖的目標，從修會的會院，帶入社會的家庭中。第二屆梵蒂岡大公會議在論教會的憲章裡，乃肯定神修成聖，爲每位受洗者的責任。

但是不能諱言的，我們教會的神修方法，都是修會的方法，和修會的生活密切連繫。古代和中古的中心觀念，在於聖保祿宗徒所說的靈肉衝突，爲發展心靈的精神生活，務必克制肉慾、肉慾的活動在於身體，神修的工作便注重刻苦身體。守長齋，打苦鞭，多靜默，少出門，勤祈禱，在修會的會規和日常生活的章程上，都有製定的規律。基督的形相，則爲梵蒂岡富西斯篤聖殿內，中間牆壁大畫家米開朗基羅所繪的終審判圖，威嚴雄偉的判官基督。神修生活是在一種恐懼心理中發展。

近世紀歐洲浪漫主義盛行，戀愛小說的愛情在文藝作品中，表現淋漓，基督在神修生活的形相，由判官變爲新郎，神修乃爲預備燈油，迎接新郎於半夜來臨，修女懷著新娘的心情，與基督締結神婚。

當代歐美人士，在兩次大戰以後，憧憬東方的神秘主義，追求脫離物質的精神生活，實行印度的靜坐。天主教人士乃從禮儀中尋找心靈的安慰，禮儀生活成爲神修生活的象徵。不信仰宗教的中國人，站在神修生活的門外，看著歐美社會的科學和物質享受，大喊歐美的文明爲物質文明，歐美的哲學從來不講精神生活。他們不懂歐美所有講述精神生活的專書，可以說是汗牛充棟；不過，這些書都是放在教會的圖書館和教會人士的手中，他們鄙視宗教信仰，當然不樂於去看。但是不應當說歐美文明只有物質，沒有心靈。

二、

中國的哲學是講心靈，不單是從《書經》就開始講，而且歷代是以心靈爲哲學的中心，並不是如同王陽明所說孟子的心學，中斷了一千年，由宋朝陸象山重新講論。心學在儒家裡從來沒有中斷，陸象山所講心學不是孟子的嫡傳。

但是，中國古人以宗教爲對神靈的關係，人生禍福操在鬼神，祭拜鬼神以求福免禍。孔子把禍福和善惡相連，行善有福，行惡有禍，上天的賞罰非常公平。孔子和後代儒家便常講行善避惡，善惡的標準在於人性天理，天理的表現，由人心而現。儒家的哲學專注於人性人心。行善避惡的途徑，乃是率性，按照人心天理而動。然而人心有情慾，情慾爲物質，情慾牽動人的感官，以壓迫心靈。儒家便主張克慾，克慾的方法，在於守禮，守禮以持敬，持敬以愼獨，愼獨則靜坐。情不亂動，意乃誠，心乃正。《大學》說修身在正心，正心在誠意，歷代儒家學者努力以成聖爲目標，成聖不能，最低可成爲君子。

儒家的修身，以正心爲主點，心正則人心天理自然顯明；《大學》說明明德。顯明人心的明德，全在克慾，克慾乃爲修身的途徑。人走這條路，由自己全力去走，目標看著自己的心，心以上，不看上天神靈，上天神靈只主賞罰，賞罰隨著人的善惡，善惡由人自己去造。

儒家的心靈生活和上天連不上關係。雖說人心來自天地之心，天地之心有好生之德，人心也有愛之理，愛之理稱爲仁。然而人心之仁，祇及於萬物，以協助萬物的化育，不上達皇天上帝。對於上天，祇有敬，不用愛。

儒家精神生命的發揚，使自己的精神發揚到宇宙萬物，和天地合德，和日月合明，和四時合序，和鬼神合吉凶，如同孟子所說的浩然之氣充塞天地。

三、

三十年前，我寫了一冊小書，書名叫《生活的體味》，是用文學小品文的筆法寫的，供青年人閱讀。近二十年所寫書籍，都屬哲學的學術書，另外是關於中國哲學，以致造成所謂中國哲學專家的印象。有人便向我說：研究中國哲學，費的時間那麼久，寫的書那麼多，應該能夠寫一冊書把中國修身學和天主教神修學融會一爐，加以冶化。我聽了以後，深深考慮，我究意是位主教，有責任指導神修生活，乃決定寫這冊書。

但是，我不是用研究學術的方法，系統地、分析地來寫，我是以中國古人體驗生活之道來寫，而且用文學筆法，因此，在一章中，不分段分節，只是一氣寫下，若就全書說，則有一個系統；所有系統是「純而明」，「明而神」，「神而通」。這個系統相當於天主教傳統神修學的三階段：淨（Purification），明（Illumiration），合（Univification）。先是消極地洗淨心靈，後是積極地進德行善，最後進入和天主相結合。

中國儒家和道家的心靈生活，都沒有至上神靈作目標，儒家祇以同天地合德，道家祇以在元氣中與道相合，同天地而長終；故心靈雖超越單體的人物，並不超越宇宙天地。佛教以絕對實體之真如作心靈生命的歸宿，真如則是人的真我和實體，心靈歸於真如以入涅槃，是入於自己的本體，不是進入超越本性的境界。中國的修身進德，心靈是關在自己以內，祇求盡量發展自己的本性，《中庸》稱爲盡性，稱爲至誠。

我們天主教的神修，則是潔淨自己的心靈，以同基督結合。基督在我們的洗禮中，因聖神而赦罪，再因聖神提高我們心靈生活的本質而進入超性界，接受基督的天主性生命。心靈有了天主性生命，我們心靈和基督結合成一體，不是融會，不是化合，而是在相結合，基督仍是基督，我們仍是我們。但基督在我們心靈內，天主聖三也在我們內。儒道釋都主張反觀自心，以見自己本性；我們也主張反觀自心，以見心中的天主基督。反觀自心以見本性，不用祈禱；我們反觀自心以見天主基督，同天主基督密談，則是祈禱。反觀自己本性，以求生活規範；我們反觀天主基督，也是求生活規範。修身的工作，在於實踐生活規範，儒家便是克慾以率性而明明德；我們是克慾以行天主基督的福音，目標不相同，克慾行善的方法則可以相同。融會中國儒家修身之道和天主教神修之道，就在於採取儒家克慾和修德的方法以達到「明而神」的境界。

儒家心靈生活的目標，專看自己的心，以求光明磊落，是單面的反觀，是寂靜的反觀；我們天主教的心靈生活，在心中看到天主基督，同基督而擴到無限，與基督而進入天父生命中，是交談的，是孝愛的，是活躍的。我們的心靈生活的最高境界，乃是長久的甜蜜的祈禱生活；是神而通的生活。

羅光　序於天母牧廬

民國七十六年九月十三日序於天母牧廬

生活的修養與境界

目錄

中篇 明而神篇

下篇　神而通篇

上篇　純而明篇

一、導　言

舊病復發，住在榮民總醫院靜養，心神清靜，看看自己的心靈，體驗到應該洗刷洗刷。越看自己的心，越往深處看，越覺俗氣很重。既感覺不到「心地純淨乃真福」，（馬竇福音第五章第八節），連佛教所說「六根清淨」和道家《莊子•在宥篇》所說「隳汝形骸」也沒實現，更談不到孔子所說「七十而從心所欲不逾矩。」（論語　為政）

天天忙著各項事務，別人說爲教會爭光；自己往心的深處看看，多少爲自己爭光的俗氣！人家常來拜託，我可以替人家做的事一定做，在我牧廬工作的人，在我秘書處服務的人，都覺得我有愛德，自己往心的深處看，多少看重感情的俗氣！

應該洗刷自己的心了！遺囑早寫了，有價值的物品已經送給故宮博物院和輔大天主教文物館了，連自己的墓都造了，還等什麼時候來洗刷心靈呢？我並不是像孟子所說：「窮則獨善其身，達則兼善天下。」（盡心上）。現在不必操心中國主教團的事，然而還該操輔仁大學的心，就是將來從輔大退休，自己仍舊是主教，主教卻須常爲教會服務，「死而後已」；不，死後在天，主教仍舊要爲教會代禱！

洗刷了心靈，精神洋溢。外面的工作減少了，生活的範圍漸漸縮到家裡了，精神卻更可以洋溢於外。

我素日精神生活的標語，爲「純而明，明而神，神而通。」這三句取自中國的古書，「純而明」取自《大學》的「大學之道，在明明德」；「明而神」取自《中庸》的「大德敦化」（第三十章）；「神而通」則取自王陽明的「一體之仁」（大學問），張載的「民吾同胞，物吾與也。」（正蒙 西銘），但是我給三句標語，加予天主教精神生活的意義。天主教精神生活的意義，包涵在基督的山中聖訓和最後晚餐的聖訓裡。

儒釋道三家都講究心靈清淨，節慾或絕慾。儒家以人性的良善由心而顯，《大學》說「大學之道，在明明德。」但是人心有慾情，慾情蔽塞心靈，孟子乃說「養心莫善於寡欲。」（盡心章下）王陽明在他的四句教說「無善無惡是心之體，有善有惡是意之動，知善知惡是良知，爲善去惡是格物。」格除物慾，使事物常常正直，和良知能夠知行合一。

道家主張清淨無爲，一切求靜。莊子雖不像老子的偏激，「棄聖絕智」，卻很以世物爲桎梏，要忘掉自己的身體。

佛教坐禪，空掉心中的一切慾念。所說「六根清淨」就是眼耳鼻舌身意斷絕慾望，達到絕慾的境界。

絕慾當然不可能，否則把人弄成「槁木死灰」，老子的「歸真反璞」，回到初民的自然生活，也絕對不可能，否則使人由文明反回野蠻。

儒家的節慾則是中庸之道，使心的動，能夠合於理而中節，但是國人因著講中庸就習慣做事不徹底，基督所要求的精神生活，則是徹底棄絕自己。棄絕自己，是棄絕本人，不是棄絕世界，更不是棄絕世事。

棄絕本人，當然不是自絕自己的生命，也不是自絕自己的工作，而是棄絕自私；自私是求自己本人的滿足，私心的滿足，是以自己作爲工作的目標，忘記了自己是屬於造物主天主，私心來自私慾，節慾便成爲精神生活的第一步。《大學》說「定而后能靜，靜而后能安，安而后能慮，慮而后能得。」（第一章）定靜的境界，爲精神生活的基本境界，心不定則亂，心亂則決不能進入精神生活的大門。心怎麼能夠定呢？大學說「知止而后有定」，止爲人心的目標，心有目標才會定。《大學》以「止於至善」。

生活的至善，當然是天主。宇宙間的真理、美景、善德，都不能完全滿足我們心靈，我們仍舊希望愈多愈好。天主乃絕對完全的真美善。

止於至善的天主，不能作爲一個懸掛的抽象畫，模模糊糊，僅在想像裡想著，而是誠心地相信天主和我同在。天主既住在我的心裡，爲什麼我卻在生活裡體會不到呢？是因爲慾情使心動，心不能止於天主。

佛教實行坐禪，練習「心如止水，不起波浪。」宋明理學家也效法佛教，教學生靜坐，心不思慮，又免學生學懶，乃教人積極「持敬」或「守敬」。靜時定，動時也定；靜中有動，動中有靜，一切「持敬」，在外面行動容貌端重；在心內「主於一」，只想當前的一樁事。理學家以「持敬」節慾。

節慾爲除去「止於至善天主」的障礙，聖大德蘭和聖十字若望兩位聖人，教了我們徹底的辦法，徹底消除「我」，「主於一」地完全歸於天主。

「我」，在哲學上，在心理上，不簡單，而且很複雜。每個人可以有三個「我」：一個「天生的我」，一個「自塑的我」，一個「旁塑的我」。

「天生的我」，造物主賜給我的情、才、性格，結成我的個性。大學生初進大學，從心理輔導處求認識自己，認識自具的才能，認識自具的興趣，好能決定自己求學的方向。爲修身建立人格，更要認識天生的我，以便善用天主的恩賜。

「自塑的我」，我自己幫著天生的情才，用教育，用習慣，用鍛鍊，塑成了自己的個性。這個我就比天生的我更複雜，更神秘了。有自己的志向，有自己的慾望，有自己的追求，有自己的喜好。孔子和孟子都很看重自己所塑成的我。孟子自認爲人君之師，是不能召的治國大臣。到了一國，該是人君去拜見他，不是召他到朝廷相見。他還說：「說大人，則藐視之，勿視其巍巍然。……在彼者皆我所不爲也，在我者皆古之制也，吾何畏彼哉。」（盡心下）儒家常教人重視自己的志向，培養骨格，「頭可斷，志不可奪」，陶淵明曾不願爲五斗米折腰，寧願饑餓，也不願損人格。

「旁塑的我」，爲家庭和社會所塑造的形像。天生聰明的子女，一定是聯考的勝利者；不幸，榜上沒有名字，或是沒有考上明星學校，家中人便認爲是家醜，他在親戚中不能抬頭。在社會上，人家把我塑成了于斌樞機的繼承者，于樞機在社會上做了的事，我也應當做；若沒有做，不好看四周的顏色，在教會內就聽到四面楚歌。

天生的我，無論高下，都是天主的恩賜，既該感謝天主，又該樂於善用。不可像基督所講元寶譬喻裡得了十個元寶的僕人，把元寶埋藏地下，將來就是原數交還，沒有浪費，仍舊要受懶惰的責罰。

自塑的我，衹要合理，也是貴重。聖保祿宗徒決不容許毀壞他的形像，他是猶太人以外的民族之宗徒，自己苦功掙取生活費的傳道者。

旁塑的我，若合於理，則是孔子所說的正名，在何地位就盡地位的責任，父是父，子是子，兄是兄，弟是弟。聖保祿宗徒曾說人家都認爲我們是基督的僕人，大家也要求僕人忠心盡職。

我們應該棄絕的我，乃是我的私心，私心以一切都爲滿足自己的慾望；身體的慾望是食色，心靈的慾望是名位。應該棄絕這一切自私的慾望，以一切歸於天主；歸於天主時，自私的慾望不免痛苦；這些痛苦就是基督所說每天的十字架，跟隨祂的人每天就背著十字架跟著祂走。

自私心也養成聖職員和修女們的俗氣，炫耀自己的才能，處處想在人以上，這是傲慢的俗氣。要聽人家常提自己的名字，要見報章和電視對自己的報導，這是誇大狂的俗氣。處處鑽營，事事託人，步步往上爬，這是好爲人上的俗氣。喜人鼓掌，愛受歡迎，這是好排場的俗氣。我們聖職員只要沾有上面的一種俗氣，在人們的眼中，就失去了自己的身份。基督曾經說：「鹽若失了味，還有什麼用處？只好丟在地上，任人踐踏。」（馬竇福音 第五章第十三節）

洗除自私的慾情，心靈清白晶瑩，反觀自心，常見天主聖三。「誰愛我，必遵守我的話，我父也必愛他，我們要到他那裡去，並要在他那裡作我們的住所。」（若望福音 第十四章第二十三節）

洗除自私的慾情，心必正，意必誠，「由自己而講的，是尋求自己的光榮；但誰若尋求

派遣他來者的光榮，他便是誠實的，在他內沒有不正的壞處。」（若望福音 第七章第十八節）

洗除自私的慾情，心靈必全是光明，沒有陰暗的一面：「我是世界的光，跟隨我的，決不在黑暗中行走，必有生命的光。」（若望福音 第八章十二節）

洗除自私的慾情，不求自己的光榮，祇求天主的光榮，天主必光榮他。「如果我光榮我自己，我的光榮算不了什麼；那光榮我的，是我的父。」（若望福音 第八章第五十四節）

洗除自私的慾情，心靈乃得永生，不醉心世物，卻專務天上的事。「天主竟這樣愛了世界，甚至賜下了祂自己的獨生子，使凡信祂的人不至喪亡，反而獲得永生。」（若望福音 第三章第十六節）

二、止於至善

《大學》說：「知止而后有定」（第一章），止，是「止於至善」。

古代的教育，有射箭的課目。孔子以射箭爲教人守禮，子曰：「君子無所爭，必也射乎！揖讓而升，下而飲，其爭也君子。」（論語 八佾）射箭在教育上還另有學習「定心」

的意義，先要瞄準射的目標，再要平心靜氣，雙腳站穩，身子伸直，兩腕平開，這是學習在生活上有了目標，全心對準目標，心不旁騖，孟子曾說：「羿之教人射，必志於彀；學者亦必志於彀。」（告子上）

聖保祿宗徒在往達馬士革的路上，被一道天光摔下馬，大聲喊說：「主，你是誰？要我作什麼？」（宗徒大事錄 第九章），他找尋自己生活的新目標，他找到了，「世界和我都已經釘死在十字架了。」（致迦拉達書 第六章第十節），「我生活，已經不是我生活，是基督在我以內生活。」（迦拉達書 第二章第二十節）

生活的目標，在以基督的生活爲自己的生活，基督的生活是怎樣的生活呢？耶穌基督自己說：祂的飲食，是奉行天父的旨意。（若望福音 第四章第三十三節）同基督一起奉行天父的旨意，爲我們生活的至善，作我們生活的目標，造成生活安定的境界。天父的旨意在那裡？

基督聲明說：「人生不專靠飲食，惟靠天主口中所發的聖言。」（馬竇福音 第四章第四節）天父的聖言即是天父的旨意，天主的聖言收在福音，實踐福音的教訓，是奉行天父的旨意。

每天讀福音一段，讀完福音讀宗徒書信。一遍一遍繼續讀，莫要間斷。我在羅瑪時，幫吳德生公使註釋所譯《新經全集》，全集至少讀了三遍。現在我每晚讀聖經，讀四書各一段，又讀唐詩或宋詞一首。讀四書是看古人的話，讀詩詞則欣賞詞曲之美，讀福音乃恭聽天父聖言。天父聖言由基督宣講，基督雖死，卻已復活；當時在猶太祂講了這些話，今天祂在我心裡重新講了這些話，讀福音不是讀古書，是憑信德聽活的基督講話。

聖女小德蘭曾講自己看不懂靈修大師們的著作，也沒有遇到一位適合的神師，她的唯一神師就是耶穌基督，她的唯一靈修指導書，就是福音。

基督自己教訓門徒說：「你們不要稱別人為教師，你們的教師祇有一位，就是基督。」（馬竇福音 第二十三章第十節）

孔子曾稱讚顏回為他唯一的好學生，顏回怎樣求學呢？「子曰：吾與回言終日，不違，如愚；退而省其私，亦足以發，回也不愚。」（論語 為政）顏回聽孔子講話，一句也不問，似乎愚蠢不懂，但，孔子細細觀察他的生活，卻真真是按照所聽見的話去做，孔子讚美說：「顏回不是蠢人」。聽了教師的話，必須照著話去實踐。

聽了基督的話，怎麼可以不照著去做呢？

「賦給生命的是精神，不是物體。」（若望福音 第六章第六十四節）多少人相信福音的話是象徵，不能按照字面意義去做，誰能夠當人打你的左頰時，把右頰也轉給他打？誰能夠當人奪你的外衣時，把內衣也脫給他？他祇能實踐福音的精神！對福音精神的解釋，又見仁見智，各憑私意；結果，有些解釋和福音的精神，已相去幾千里！

曾經有一位徹底實踐福音的聖人，按照字義去做，出門不帶銀錢，不帶行囊，住家的修院也赤貧，不置產業，這位聖人，是亞細細城的聖方濟。他創立了乞丐修會，貫徹福音的教訓，改革歐洲中古教會聖職員和修會的富裕生活。他天真爛漫，赤子心腸，以太陽月亮作兄妹，馴化豺狼作家犬。白天周遊城鄉，講道勸善，漫漫長夜，在亞細細的山洞或亞握爾納山上徹夜祈禱。基督欣賞他的誠心，用天光穿透他的手腳肋旁，使他彷彿像祂自己，身上帶有五傷。後來人家都稱他爲聖五傷方濟。

徹底奉行天父旨意作生活目標，貫徹福音教訓的人，須要有虔誠的信德，相信天父的慈愛。自然界的野花小鳥，天父都關心照料，基督說：「你們的信德怎麼這樣薄弱呢？愁衣愁食心煩意亂！」（馬竇福音 第六章）

信德來自天父，乃天父的恩賜。凡領洗禮的人都得到，卻心不在焉，常不體會。在行祈禱行宗教典禮時，能體會到天父的臨在。和人談話，辦公作事，心則在人上事上，不能在人和事的深處，看到天父。

太陽月亮，山水花草，房屋車輛，一切一切確實地站在我眼前。我的頭腦手腳，全身內外，一切一切也確實地和我相連；但這內外的一切，因著天父的愛心，憑著天父的神力，才能存在，天父的神力，貫通在萬物的體裡，我就應該體會到一切都是天父的愛心，一切都是天父的神力。我內外的動，又全由天父神力的支持；像魚兒活在水裡，身體內外全是水，離了水便是死亡。爲什麼我竟沒有這樣的體驗呢？因爲信德薄弱，心不在焉。《大學》說：「心不在焉；視而不見，聽而不聞，食而不知其味。」（第七章）

「主，我信，求增加我信德的不足。」（馬爾谷福音 第九章第二十四節）（路加福音 第十七章第五節），這應是我們時刻的祈禱。

清晨，醒來，起床，畫十字聖號，唸短經，奉獻一天的生活予天父。默想彌撒後，早餐唸前後經文。出門辦公，先告別小聖堂聖體櫃內的基督和書房所供的聖母。登車，畫十字聖號，問候護守天使。進辦公室，唸短經開始辦公，午餐晚餐都有經文，夜晚，上床，唸經求安眠，求善終，想到天鄉的主保聖人聖女，一天裡，生活目標常要懸在眼前。聖保祿宗徒囑咐說：「你無論作什麼，都要從心裡去作，如同是爲主，而不是爲人。」（哥羅森書 第三章第二十三節）

聖詠上說：

「為盼天上主，向天頻仰首。猶如彼僮僕，常看東翁手，猶如婢女目，恆在主婦肘。吾目亦視主，望主頒恩佑。」（第一百二十三首）（吳經熊譯）

「予心之戀主兮，如麋鹿之戀清泉，渴望永生之源兮，何日得重覩天顏。」（第四十二首）

止，止於至善，不是安定靜止的境界，而是安定動作的生活境界。從早到晚，進屋出屋，作一切日常的工作，心則常「主於一」。「主於一」，必須常不斷提醒自己，使心歸於主；雖然可以達到純熟的境界，從心所欲，常不離天主，還是必須隨時警覺，以實現聖保祿宗徒所說：

「應知萬物皆備於爾矣！葆樂也，亞波羅也，基法也，宇宙也，生也，死也，現在也，將來也，一切之一切也，皆屬於爾矣，爾則屬於基督，而基督屬於天主。」（吳經熊譯　格林多書一　第三章第二十二節）

屬於天父，乃我們的志向，更是我們的志氣。基督說：你的寶藏在那裡，心也在那裡。（馬竇福音　第六章第二十一節）天父的旨意聖言當然是我們的寶藏。

我們決定了志向還是用了隆重的禮儀，或行晉鐸的聖品禮，或行誓發三願的聖願禮，隆重地，公開地表明自己以奉行天父旨意，參與基督救世工程作自己一生的志向。

孟子說：「夫志，氣之帥也，氣，體之充也。夫志至焉，氣次焉，故曰：『持其志，無暴其氣。』」（公孫丑上）有了志向，集中精神體力，由志帥領，莫在旁事上耗費精神體力。孟子說：「志壹則動氣，氣壹則動志也。今夫蹶者、趨者，是氣也；而反動其心。」（同上）志向專一，精神和體力跟著志向專於一；若是跌了一交，或是跑了一段路，祇是走向目標的過程，反而把心留在這上面，念念不忘，那就氣帥志，亂了自己的心。

孔子曾說：「志於道，據於德，依於仁，游於藝。」（述而）儒家的志向在於道，孔子也曾說：「君子謀道不謀食，……君子憂道不憂貧。」（衛靈公）道，爲儒家一生的志向，一生的目標。

道，是什麼？道爲堯舜之道，就是仁義之道，也就是君子之道。《中庸》說：「君子之道，費而隱。夫婦之愚，可以與知焉；及其至也，雖聖人亦有不知焉。夫婦之不肖，可以能行焉；及其至也，雖聖人亦有不能焉。」（第十二章）「子曰：道不遠人，人之爲道而遠人，不可以爲道。」（第十三章）君子之道，即人生之道，人生之道在人心裡，凡是人都可以知道，都可以實行；但是人生之道包含人與天地合一之道，則聖人也難知難行。然而孔子孟子，教人必定要「志於道」

我們的道是和基督合而爲一，以奉行天父的旨意，凡是受了洗禮的人都知道，都可以實行；但若要行到成全處，則聖人也覺得難。然而基督教訓人必定要「志於道」，因爲基督很肯定說：「離開我，你們便一無所能！」（若望福音 第十五章第五節）

與基督相結合而歸於天父，天父乃宇宙一切美善的根源和總匯，我們的心要歸到美善的根源才能安定，要歸到美善的總匯才得滿足。我們便常向天父祈禱說：「全能的聖父，求祢使信眾一心一意，遵守祢所命的，追求祢所許的，俾能在變幻不定的世物中，心常穩定在永恒的福樂上。」（常年期 第二十一主日集禱經）

三、靜而后定

王陽明說：「吾者居滁，時見諸生多悟知解，口耳異同，無益於得，姑教之靜坐。一時窺見光景，頗收靜效。久之，見有喜靜厭動，流入枯槁之病；或務爲玄解妙覺，動人聽聞，故邇來只教致良知。」（王陽明語錄）

「問初學精神易散，靜坐如何？曰：此亦好，但不專在靜處做工夫，動作亦當理。」（朱子語類 卷一一五）

「纔說靜，便入於釋氏之說也。不用靜字，只用敬字。」（二程全書 二程遺書卷十八 伊川語錄四）

宋明理學家教門生靜坐，叫心能夠定。朱熹的老師李延年自己常靜坐。

「明道教人靜坐，李先生（延年）亦教人靜坐。蓋精神不定，則道理無湊泊處。」（朱子語類 卷一一五）

靈修生活的初步境界，心定，心要定於目標，止於至善。初學修身的人，心中雜念紛紛，不能安定。佛教乃求心中空虛，教人靜坐，摒除一切念慮，專看自己的心，在自己的假心裡要看到佛性，見到自己的真我。孟子曾教人把放出的心收回來，「人有雞犬放，則知求之；有放心，而不知求！學問之道無他，求其放心而已矣。」（告子上）孟子嘆息說：「放其心而不知求，哀哉！」（同上）放縱自己的心，想念千千萬萬的事，卻不知道把心收回來，叫心看看自己，自心本來是「明德」，本來是「仁，人心也。」（同上），宋明理學家仿效禪宗的方法，教門生靜坐，反觀自心，看到本心的善良，《大學》說「明明德」，王陽明說「致良知」。

靜坐可以排除世慮，但總免不了走火入魔，或者習慣清靜，懶得動，或者「玄解妙覺」談些見神見鬼的幻覺。程頤和朱熹便不主講靜坐，祇主張「持敬」。外面行動端莊，不慌不忙，內心專於當前的事，以主於一。

然而靜非常重要。

梅瑟爲接受十誡，在山上四十晝夜靜坐祈禱；基督爲開始宣講天國，在曠野裡四十晝夜守齋靜默；門徒傳道顯靈歸來，基督引他們到野外靜坐（馬爾谷福音 第六章第三十一——三十二節），後世專務靈修生活的人，一心求靜。聖安當率著幾百人隱居在北非洲的曠野，聖本篤創立了歐洲的隱修院，聖方濟聖道明改設了又動又靜的修會，修會乃成爲靈修生活的中心，靈修也幾乎成了修會的專利。修會有靜默的規章，又有靜默的時間。

不進修會的人呢？難道不要靜嗎？

一年中有「靜」，稱爲「避靜」；避靜是避世求靜。避靜的方式，採用西方哲學以人爲理智的動物，在避靜中多次講道，宣講神修生活的道理。若按中國人求靜方式則摒除思慮，直接體驗「靜」而不思慮的生活。聖女小德蘭常常惋惜自己不懂領導避靜神師的高深妙論，自己祇能夠靜心對基督。她在這種無能中，卻達到了福音所載瑪麗所作的，「瑪麗選擇了最好的一部份，誰也不能從她手中奪去。」（路加福音 第十章第四十二節）

但，在避靜裡，不能忘記日常的生活，切忌在理想中虛構一些生活的原則，或幻想一種不著實際的生活，出了避靜，理想和幻想一下子就消失了。避靜中的靜默，是爲培植日常生活中的反省，動中能靜，在繁劇的工作間，反觀自心，見到心中的天主。

中國古代儒家的文人常和僧道作朋友，拜訪僧道的寺院或隱居處，深深體驗到僧道的生活境界，作詩記懷。

「清晨入古寺，初日照高林，曲徑通幽處，禪房草木深。山光悅鳥性，潭影空人心，萬籟此俱寂，惟聞鐘磬音。」（唐　常建　題破山寺後禪院）

「一路經行處，莓苔見屐痕，白雲依靜渚，芳草閉閒門。過雨看松色，隨山到水源。溪花與禪意，相對亦忘言。」（唐　劉長卿　尋南溪常道士）

「殘陽西入崦，茅屋訪孤僧。落葉人何在，殘雲路幾層？獨敲初夜磬，閒倚一枝藤。世界微塵裡，吾寧愛與憎！」（唐　李商隱　北青蘿）

僧道的靜，逃世避世，住在高山或鄉間，「萬籟此俱寂」，聽不到人世的喧嘩，「溪花與禪意，相對亦忘言。」」，心中口中沒有思慮，沒有言語：「世界微塵裡，吾寧愛與憎。」看破宇宙萬物都是空，引不起愛或憎的感情。這種靜的生活境界，身心清涼。從人世各種事業熱很高的社會，走入這種清涼境界，頓覺一切價值都冷涼了。

我曾兩次訪問陸徵祥神父，住在他的本篤隱修院裡。比國沒有高山，一片平原，祇有樹林圍繞了隱院，院內清涼，講話的聲音也輕微。晚禱時，暗黑的大殿裡，祇有稀微的四支燭火，殿中飄浮著柔和的歌聲，我真體驗到身已不在人間的感覺，但是白天遇到每位修士的微笑，聽到他們熱情的歡迎，又得到他們誠懇的招待，四處洋溢著天父的愛，冰冷的院牆，頓然變得溫暖，靜靜的花草，也都唱著愛心的歌。靜而有喧，喧而是靜，在靜的生活境界裡愛天父，以愛天父使心清靜，可以用理學家的「持敬」，「持敬主一」歸於天父。

「基督在我內生活」，年中的避靜，便爲建造這種靜而愛的生活境界。住家的房子和修院也要適合這種生活，使自己理會，還要使來訪的人理會基督活在其中。

生活的境界乃一長久的境界，年避靜可以構造，然而須要每天的靜默予以保持。每早靜靜作默想，以穩定一天的心。西方的默想方法又是想想教義或靈修的道理。佛教的坐禪則使用影像，懸在腦際，心不思慮，祇有腦中的影像。禪觀的影像有各種形相：如十禪觀、三十禪觀。每一禪觀，觀一形相；如不淨觀，默觀污穢不潔身體的形相；如白骨觀，默觀爛成白骨的形相。但最普通的形相，默觀四面八方都是佛。我們每早默想，不妨試試默觀福音基督的形相，如基督步行海面，基督釘在十字架上。每一次祇一形相，莫要多想，腦中祇一形相，引起心頭許多感情，形相可以融會到我們日常生活裡。

坐禪很注重姿勢，姿勢在生理方面調節呼吸，集中思慮。我們默想時不必注重姿勢，祇注重所觀的相，使一天存於腦中，幫助造成生活的境界。例如默觀大博爾山上耶穌顯聖容，衣裳潔白全身發光的基督，聽見天父稱爲自己的愛子。這個形相一天留在腦子裡，一天的心就可常想起基督。或者默觀耶穌被釘在十字架上，聽見耶穌說：「我主，我主，祢爲什麼捨棄了我！」這個形相一天留在腦中，一天的心中就常有受難的基督。這樣，就造成同基督一起生活的境界。

理學家談「持敬主一」，要自己的心祇想當前事，同時又要想這事要合於天理，不能邪僻。

「人多思慮，不能自寧，只是做他心主不定。要作得心主定，惟是止於事。」（二程全書二　二程遺書十五　伊川語錄一）

「敬，莫把做一件事看，只是收拾自家精神，專一在此。」（朱子語類 卷十二）

「心須常令有所主。做一事未了，不要做別事。心廣大如天地，虛明如日月。要閒，心卻不閒，隨物走了，不要閒，心卻閒，有所主。」（朱子語類 卷十二）

「只心便是天，盡之便知性，知性便知天，當處便認取，更不可外求。」（二程全書一 二程遺書二上 二程語錄二上）

「一者，無他，只是整齊嚴肅，則心便一，一則自是無非僻之奸。此意但涵養久之，則天理自然明。」（二程全書二 二程遺書十五 伊川語錄一）

理學家教人常觀自心的天理，做事時心專於當前的事，心不亂，天理自然明顯。這是「持敬主一」靜境界。我們也要心常想當前的事，在當前事上還看見基督，專心去做，並且理會到同基督一起做事，造成同基督一起奉行天父的旨意之靜境界。

單獨一個人在家，理當是清靜，因爲身外無人。身外的清靜，帶著心內的清靜，內外相合，持敬愼獨。

「莫見乎隱，莫顯乎微，故君子愼其獨也。」（中庸 第一章）

「所謂誠其意者，毋自欺也。如惡惡臭，如好好色，此之謂自謙，故君子必愼其獨也。小人閒居為不善，無所不至；見君子，而後厭然揜其不善而著其善。人之視己，如見其肺肝然，則何益矣？此謂誠於中，形於外。故君子必愼其獨也。」（大學 第六章）

一個人獨居，度私生活，不對外人而對自己的心，孟子說「仰不愧於天，俯不怍於人。」（盡心上）乃人生一種快樂，愼獨以收心，如同曾子所說：「十目所視，十手所指，其嚴乎！」（大學 第六章）基督曾經說：「因爲沒有遮掩的事，將來不被揭露的；也沒有隱藏的事，將來不被知道的。」（馬竇福音 第十章第二十六節），況且我們常不是孤獨一人，常有基督在心中；如同基督說祂自己常不是孤獨一人，常有聖父和祂一起。（若望福音第十六章第三十二節）祂有和聖父生活的境界，講聖父叫祂講的話，做聖父叫祂做的事，

「因爲我沒有憑我自己說話，而是派遣我來的父，他給我出了命，叫我該說什麼，該講什麼，我知道他的命令就是永生。」（若望福音 第十二章第四十九節）「我由我自己不作什麼；我所講論的，都是依照父所教訓我的。派遣我來者與我在一起，他沒有留下我獨自一個，因爲我常作他所喜悅的事。」（若望福音 第八章第二十八—二十九節）

天晚了，一天過去了，我們每人單獨對著心中的基督，反省一天中的言行思慮，缺點不少。捧頭看天父，「父啊！若不是祢牽著我，我失足的地方還更多哩！祇求祢不放手，明天我要做得好一些！」每晚省察自己，「過則勿憚改」（論語 學而）

省察更是收心，收心則心定。朱熹曾說：「求放心，不是別有一物在外，旋去收拾回來，只在心頻要省察，才覺不在，便收之爾；只察，便存，只求，便是不放。」（朱子語類 卷五十九）又告門徒說：「大要只在求放心。此心流濫，無所收拾，將甚處做管轄處。」（朱子語類 卷一百一十三）

心靜的境界，心收在內，和基督一齊應付外面事物！靜亦動，動亦靜，動靜相合而心定。

在目前喧嚷的世界裡，有什麼地方或什麼時候可以有清靜呢？登天，天上有飛機；入水，水中有艦艇；上山，山上有爬山隊；下鄉，鄉間有工廠；坐在街上的辦公室，走在市上的街道，睡在公寓的房間，耳朵裡滿是聲音，世界已成了鬧市，那處那時可以有清靜呢？連隱修院的圍牆也擋不住鬧市的聲浪！我們只有築一座莊子所說的「心齋」，每天有一定的時刻，把心跟眼前的世物隔離，「心不在焉，視而不見，聽而不聞，食而不知其味。」（大學第七章），心和基督鎖在心內，心成爲一間清靜的「心齋」，基督成爲「心齋」內唯一的客，心齋祇向上開一天窗，迎接天主聖三。

四、定而后安

僧人靜坐禪堂，心中空虛一切，第一空虛自己的「我」。「我」本不存在，祇是因緣結合；平日卻常信「我」是真。坐禪就習慣看自己爲空，看自己的心是假，在空虛自己的假心以後，在假心深處，看到真心，看到絕對的「真如」；佛才是「真我」。消滅了「假我」，找到了「真我」。消滅了單獨的「我」，找到了一切的「我」。一即一切，一切即一，這是中國佛家的高深道理，儒家卻完全不相信，認爲是空寂的幻覺。

我們在清靜的生活境界裡，空虛我們的心，以容納基督。我仍舊在，祇是與基督合而爲一體，奉行天父的旨意。外面的事物，並不是虛，也不是假，每一時刻看見形形色色的面孔，有的引人親近，有的令人漠不相關，有的使人煩惱。每一時刻又接觸各樣的事物，有的發人喜好，有的煩人心神，有的激人憤怒。我們須要平靜心緒，使心不動，孟子曾說四十不動心。

「公孫丑問曰：夫子加齊之卿相，得行道焉，雖由此霸王不異矣。如此，則動心否乎？孟子曰：否！我四十不動心。……曰：不動心有道乎？曰：有。……持其志，無暴其氣。……敢問夫子惡乎長？曰：我知言，我善養吾浩然之氣。敢問何謂浩然之氣？曰：難言也。其為氣也，至大至剛，以直養而無害，則塞於天地之間。其為氣也，配義與道；無是，餒也。是集義所生者，非義襲而取之也。」（孟子 公孫丑上）

孔子也曾說自己的心態：

「飯疏食飲水，曲肱而枕之，樂亦在其中矣。不義而富且貴，於我如浮雲。」（述而）

孔子和孟子的不動心，因心志於道，「配義與道」一切心思念慮都守著義。富貴若不義，看同天上的浮雲。既合於道義，決不以惡衣惡食爲恥。富貴貧賤不動心，功名勢利也不動心，胸襟廣闊，可以囊括宇宙萬物，有孟子的浩然氣概。

孔子乃說：「君子憂道不憂貧。」（衛靈公）又說「朝聞道，夕死可矣。」（里仁），志於道，心專於一，不合道義的事，絕不思不求。

我們志於道，道爲與基督相結合而歸於天父，一心專與基督結合，不合於基督的人和事物，決不留在心中。聖保祿宗徒說：

「因爲我深信：無論是死亡，是生活，是天使，是掌權者，是現在的或將來的事物，是有權能者，是崇高或深遠的勢力，或其他受造之物，都不能使我們與天主之愛相隔絕，即是我們的主基督耶穌之內的愛相隔絕。」（羅馬人書 第八章第三十八—三十九節）

不單單心裡這樣相信，事實上，在日常生活裡，心裡只有基督，由基督在心中與天父相連，其餘一切人世事物都歸於天父。這種生活的境界是安定的境界，且是超性生活的境界，是來自天父的恩賜。

「因此，我們呼號『阿爸！父呀！』，聖神親自和我們的心神一同作證：我們是天父的子女。……聖神扶助我們的軟弱，因爲我們不知道我們如何祈求才對，而聖神卻親自以無可言喻的嘆息，代我們轉求。」（羅馬人書 第十五章第二十六節）

祈禱是我們的定心丸，將我們的心，捧到天父面前，求天父收納。中國古人缺乏和上天結合的管道，連和神靈相連也祇有祭祀。孔子病時，門生請作禱告，孔子答說：「丘之禱久矣。」（述而）孔子所說禱告，爲「禱爾上下神祇」，用祭祀而禱，沒有私人的祈禱。儒家的精神生活，全靠自己努力除去情慾的牽制，使自心作主，依照心上的天理作事。理學家程顥曾教訓弟子「人心不得有所牽繫。」（二程全書 二程遺書十一 明道語錄一）《中庸》說「喜怒哀樂之未發，謂之中；發而皆中節，謂之和。……致中和，天地位焉，萬物育焉。」（第一章）儒家的修身，中心點在於正心，正心務必克慾，使心不亂動，克慾有規矩，規矩是禮。孟子說：「養心莫善於寡欲。」（盡心下）。孔子曾定一大原則：「非禮勿視，非禮勿聽，非禮勿言，非禮勿動。」（顏淵）禮，乃思言行爲的規律，喜怒哀樂動而守禮，便是中節，便是中和。

我們的信仰則啓示我們，人因原罪的流毒，人性雖善，慾情的力量則強，祇有聖母瑪利亞不染原罪，心靈純潔，慾火不焚。我們眾人，雖領有洗禮，具有聖神助佑，常處在罪惡的邊緣，必須努力克慾，尤其努力多行祈禱。在祈禱中面對天父，赤子心腸同天父談話，訴說心中的感受。

祈禱時再加反省，反省自己的生活。反省的功夫，用在認識自己的氣質，又用在矯正氣質的缺點。中國古人，心目中常有一個「成人」的模範，「子路問成人。子曰：若臧武仲之知，公綽之不欲，卞莊子之勇，冉求之藝，文之以禮樂，亦可以爲成人矣。曰：今之成人者，何必然？見利思義，見危授命，久要不忘平生之言，亦可以爲成人矣。」（憲問）孔子要求成人有知仁勇三德，且文雅有禮。我們心目中的成人模範爲基督，按照模範以變化氣質。每天默想省察時，將模範懸在心目中，自認那點不相似，不相似點就用心改正，「子曰：過而不改，是謂過矣。」（論語 衛靈公），「子曰：已矣乎！吾未見能見其過而內自訟者也。」（論語 公冶長），基督設立「告解」懺悔聖事，叫我自訟自己的過失，立志改過，勉力做新人，實現聖洗聖事所給天主子女的身份，聖保祿宗徒說：

「就該脫去你們照從前生活的舊人，就是因順從享樂的慾念而敗壞的舊人，應在心思念慮上改換一新，穿上新人，就是按照天主肖像所造，是有真實的正義和聖善的新人。」（厄弗所書 第四章第二十二節）

變換氣節，爲肖似基督，與基督一起生活。

「你們應把舊酵母除淨，好使你們成為新和的麵團，正如你們原是無酵餅一樣。因為我們的逾越節羔羊基督，已被祭殺作為犧牲。所以你們過節，不可用舊酵母，也不可用奸詐和邪惡的酵母，而只可用純潔和真誠的

無酵餅。」（哥林多前書 第五章第七—八節）

和基督一起生活，要有新的氣質，領洗以後，原就該變化舊的壞氣質；在獻身典禮以後，成爲司鐸或修女，更該有新的肖似基督的氣質。

每天早晚省察默想，每天看著基督模範，每天祈禱，每天努力，自己知道不該做決不做。孟子曾說：「無爲其所不爲，無欲其所不欲，如此而已矣。」（盡心下）「孟子曰：人有不爲者，而後可以有爲。」（離婁下）

變化氣質當然難，孟子曾經說：「故天將降大任於斯人也，必先苦其心志，勞其筋骨，餓其體膚，空乏其身，行拂亂其所爲，所以動心忍性，曾益其所不能。」（告子下）

無論將有大任或小任，遭受打擊，能夠「動心忍性」，必增強意志的毅力。但，我們變化氣質卻須削弱自己意志，以天父的意志爲意志。這一點最引起現代人的反感，「自我人格」已經成了現代人的頭角，誰也不能輕侮。基督在世一生常以天父的意志爲意志，然而在受難的前夕，基督的整個人性，面對將要受的侮辱苦刑，面對慘苦的死亡，整個人性起了反抗。基督在山園向宗徒們說：

「我的心靈憂悶得要死，你們在這裡同我一起醒悟罷！」他稍微前行，就俯首至地祈禱說：「我父，若是可能，就讓這苦杯離開我罷！但不要照我，而照你所願意的。」……他第二次再去祈禱說：「我父，如果這苦杯不能離去，非我喝不可，就成就你的意願罷！」……第三次去祈禱，又說了同樣的話。」（馬竇福音 第二十六章第三十六—四十四節）

「有一位天使，從天上顯現給他，加強他的力量。他在極度恐慌中，祈禱越懇切，他的汗如同血珠灑在地上。」（路加福音 第二十二章第四十三節）

基督明明知道天父的旨意在於救贖人類，也明明知道救贖須由十字苦刑而完成，且曾多次向門徒預言一切苦辱；但，事到臨頭，自然恐怕慘死的人性，就恐懼起來，基督及向天父懇求改變意旨，因天父無所不能；當天使顯現報告天父不改換意旨以後，基督消除了自我的意志，以天父的意旨為自己的意旨。但所費的精力已到了極點，以至滿身血汗，滴滴灑到地上。祈禱畢，基督挺身起來，喚醒了門徒，慷慨就義。在被誣告和被判死刑時，端立一語不發。在十字架上，祇在臨死以前，向天父說：「我主！我主！你為何捨棄了我！」（馬竇福音 第二十七章第四十六節）。然後大聲喊說：「一切都完結了。」垂頭斷了氣。（若望福音 第十九章第三十節）

消除自我意志，同基督奉行天父旨意，乃一樁最辛苦的工作，終生不停。在這種辛苦工作中，心靈常能靠著基督而有安定的生活境界。宋朝理學家張載說：「無我而後大，大成性而後聖。」（正蒙 神化）。

再往前走，就會走進聖十字若望所講的「精神黑夜」。不僅消除自我的選擇意志，就連在聖善的心靈工作上，自以爲某一件，或某一式樣，也能中悅天父的心，也要放棄，完全隨遇而安，隨天父所允許的遭遇而定。自己不選擇，也不知道選擇，因爲消除了自我意志，意志本是心靈工作的光明，心靈的光明消失了，一切都是昏黑，自己要做什麼，將來要做什麼，自己都看不到。但是本性的意志光明消失了，天父的超性光明，卻照亮心靈，天父的意旨引導一切，光照一切。

這種境界已經不是節慾守禮的境界，也不是動而中節的中和境界，乃是消除了自我的意志，以天父的旨意爲意志。自己不選擇，但選天父所選擇的。這不是放棄自我意志，乃是提高自己的意志，使容易錯誤而又容易自私的意志成爲常善常純的意志，使能多次危害自己的意志成爲常有益於自己的意志，爲一個凡人的意志，成爲天主的神聖意志。

消除自我意志，自我意志在本體上當然仍舊存在，祇是在心理上消失。佛教僧人得了禪道後消除自我。既是心理上的消除，更是本體上的消除，祇有「眞如佛」爲自我。我們明知自我在本體上是實有，我們不能也無法消除本身的自我，卻在本體的自我上穿上基督的超性自我，使本性生命被攝提到超性的天主性生命。在心理上不宜有這兩重自我，把我們心理上的本性自我意志融會在基督的意志裡。

佛教稱得禪道者爲得到光明，取到了智慧。我們有基督的意志的爲意志，心靈真真實實地接受基督之光。在基督的光明中，看著天父的意志，心中沒有患得患失的憂慮，又沒有對形色名利的貪念，在紛紛擾擾的生活中，心靈一片祥和安定。

五、心地光明

中國儒釋道三家非常看重「明」。

《大學》首章說：「大學之道，在明明德。」《中庸》說：「自誠明，謂之性；自明誠，謂之教。誠則明矣，明則誠矣。」（第二十一章）儒家以人性爲善，稱爲德性；德性天然明朗，稱爲明德，祇要自己誠實地看人性，人性自明，所以「自誠明，謂之性。」教育就在於教人顯明自己的人性，莫要被慾情所掩蔽。王陽明乃講致良知，良知本來光明，致良知的光明到行爲上，一切都善。

佛教以人生爲痛苦，在生老病死中流轉，原因是由人的愚昧所造成。宇宙萬物本屬虛空，連自己的我也是虛空，人卻愚蠢地堅持相信一切都有，「物執我執」，自作孽。釋迦摩尼佛教人智慧，開人愚昧，明瞭萬事皆空，斷絕貪慾，進入涅槃，尋得真真自我，消除痛苦，「常樂我淨」。

莊子以爲人的智慧，盡是小智，不足以知大道，也不辨是非，他所以倡「齊物論」。真真的智慧，在於人心直接透入事物裡，看見事物本體的「道」。宇宙萬物都是「道」，渺渺茫茫，永遠常存。

儒釋道都以人心本來光明，卻常爲慾情所昧，恢復人心的光明，人才有好的生活。爲什麼本來光明的人心，竟生來就受慾情的愚昧？中國哲學上乃有人性善惡論，討論了兩千年，仍舊不能有結論。反過來，中國現代思想家都譏刺天主教的「原罪信仰」，不願意承認人生來是罪人。

「原罪信仰」並沒有說人生來是惡人，也沒有說人性是壞，祇是說每個人生來是和天主相敵對的，因爲他的原罪成了天主的敵對，這種敵對的情況造成了罪的境界，每個人都生活在這種罪的境界裡，人性雖善，人心雖明，罪的境界卻加強了慾情的聲勢，人心便常遭蒙蔽。

基督降生，改造罪的境界，先使人和天主和好，成爲天主的子女，同時使人和基督自己結成一體，攝昇人的生命到超性界的神性生命，以聖神的光明，照耀人生途徑，我們生活的

光明，乃是「基督之光」，基督自己曾說：「我是道路，我是真理，我是生命。」（若望福音 第十四章）

基督之光，蓄藏在教會的信仰（信德）裡，我們一生走在信仰的光中。信仰似蓋在灰中的火，有光有熱，但不是透明的，隱隱約約地指導我們。聖保祿說：「現在我們是藉著鏡子觀看，模糊不清。」（格林多前書 第十三章第十二節）然而信仰所指導我們的，「並不在於智慧動聽的言語，而是在於聖神和他的德能的表現，爲使你們的信德不是憑人的智慧，而是憑天主的德能。……聖神洞悉一切，就連天主的深奧事理他也洞悉。……我們所領受的，不是這世界的精神，而是出於天主的聖神，爲使我們能明瞭天主所賜與我們的一切。」（格林多前書 第二章第四—十二節）因此我們稱爲光明之子。

光明之子，首先應該認識自己，宋明理學家教人反觀自心，認識自己的人性天理。我們既有信仰的聖神光明，就該認識天主所賜與我們的一切，「此外，主怎樣分給了各人，天主怎樣召選了各人，各人就該怎樣生活下去。」（格林多前書 第七章第十七節）

我們受了天主的召選，我們是舉行了「奉獻禮」而奉獻給天主的人。

奉獻自己予天父，或行三願，或行許諾、或接受聖品，生命已不是自己所有，而是屬於主基督，屬於天父。大家說這是犧牲，犧牲了自己的人權，捨棄了自己的享受。基督之光卻告訴我們：奉獻的生活，乃是愛的生活。一方面天父在創造宇宙以前，就愛了我們，召選了我們，接受我們的奉獻。我們因愛天父，把自己奉獻予天父；奉獻乃是天上地下兩方面愛的結合。奉獻了自己的人，不單是天父的子女，而是天父所特愛的子女，使他們密切地和祂的聖子基督結成一體。在天主的特愛中，生活的體驗應該是安定祥和奉獻神貧，淡泊名利，與世無爭，心情超越，不爲金錢拘牽。奉獻貞操，以身體作聖神宮殿，沒有肉情的快感，卻有心靈清淨的喜悅。奉獻自由意志，接受天父意旨的定奪，心情平寧，不患得患失，不爲物役，真正成爲自由之人。但奉獻典禮，並沒有消滅了人性，更沒有改變人的身體，仍舊有「形色，天性也。惟聖人可以踐形。」（孟子 盡心上）仍舊有「如惡惡臭，如好好色。」（大學 第六章）的感覺。但，既因愛天父而奉獻，實踐所許，克制慾情，心地光明。

實踐奉獻的許諾，進行改變氣質；改變氣質是消除心理上的自我，帶來非常痛苦，不行奉獻禮的人，一生的苦痛也不少。佛教說人生是痛苦，基督之光則說人生是愛，愛並不消除苦痛。人生的歷程上，處處遇到荊棘，刺出人心的血。天主既因愛而造世界人物，人生爲什麼常是痛苦呢？痛苦是罪的果實，是人自作孽。

儒家對於苦痛，抱「忍」的態度，以苦痛鍛鍊自己的精神，擴寬自己的胸懷，建立自己的人格。

「小不忍則亂大謀。」（論語 衛靈公）

「窮不失義，達不離道。」（孟子 盡心上）

「賢哉回也！一簞食，一瓢飲，在陋巷，人不堪其憂，回也不改其樂。」（論語 雍也）

明：「夏原吉有雅量。或問原吉，量可學乎？曰：吾幼時，人有犯者，未嘗不怒，始忍於色，中忍於心，久則無可忍矣。」（見於秦孝儀 進德錄 頁一四 中央日報社）

孔子、孟子更以苦痛來自天命，安心順受，孔子說自己五十而知天命，孟子主張正命。「行或使之，止或尼之，行止非人所能也。吾之不遇魯侯，天也！臧氏之子，焉能使予不遇哉。」（梁惠王下）

基督之光則昭示我們，苦痛有如磨刀的磨石，將我們的心靈磨光。苦痛由罪惡而入世，我們以苦痛消除罪惡，罪惡是違背天父的意旨，忍受痛苦以承行天父的旨意，基督降世救人，奉行天父旨意而生活，又奉行天父旨意而死於十字架。我們忍受苦痛，把苦痛和基督的苦痛相連，奉獻我們自己，乃是愛的結合，生活中的苦痛，便加上愛的意義。人間的遭遇磨鍊我們的精神，提高我們的警覺，摧毀我們的傲心，我們心光明磊落，就樂意接受一切遭遇。聖約伯曾經說：「難道我們只由天主那裡接受恩惠，而不接受災禍嗎？」（約伯傳 第二章第十節），儒家堅持「安貧樂道」的精神，君子志於道，祇要不違背「道」，苦痛不應使人憂。「君子憂道不憂貧。」（衛靈公）我們志於奉行天父旨意，奉行天父旨意雖遭橫逆，也以爲樂。

苦痛來自罪，罪在人的生命中，乃是唯一可怕的災禍。中國人不輕易承認自己有罪。可以承認有過，也可以承認作惡，祇在犯法時才認爲罪人。基督之光則昭示我們每人都有罪，「如果我們說我們沒有罪過，就是欺騙自己，真理也不在我們內。」（若望一書 第一章第八節）聖若望又說明「凡是犯罪的，也就是作違法的事。因爲罪過就是違法。」（若望一書 第三章第四節）違背天主所定的規律，在天主前就是罪人。天主的法律，印在人的良心上，「法律的精華已印在他們的心上，他們的良心也爲此作證。」（羅馬人書 第二章第十五節）

罪因原祖的背命進入了世界，流傳於人類，「故此，就如罪過因著一人進入了世界，死亡藉著罪過也進入了世界；這樣死亡就殃及了世人，因爲眾人都犯了罪。」（羅馬人書 第五章第十二節）基督降生了，俯首奉行天父旨意，消除人世罪惡。

「就如因一人的過犯，眾人都被定了罪；同樣，也因一人的正義行爲，眾人也都獲得了正義和生命。正如因一人的悖逆，大眾都成了罪人，同樣因一人的服從，大眾都成了義人。」（羅馬人書 第五章第十八節）我們因著基督的正義而洗除罪過，和基督結成一體，成爲光明之子。「感謝天主因我們的主基督所獲得的勝利。所以，你們要堅定不移，在主的工作中常發憤起力。」（格林多前書 第十五章第五十七節）

基督之光，燃在我們心中，我們反觀自己的心，看到傾向天父的心，體驗向上的神力，時時刻刻在求超越現實但又經驗「我們戰鬥不是對抗血和肉，而是對抗率領者，對抗掌權者，對抗這黑暗世界的霸王，對抗天界裡邪惡的鬼神。」（厄弗所書 第六章第十二節）憑著心中所接受聖神的神力，「處處表現我們自己，有如天主的僕役，就是以持久的堅忍，在困難，貧乏，困苦之中，……在勞苦，不寢不食之中，以清廉，以明智，以容忍，以慈惠，以聖神，以無僞的愛情，以真理的言詞，以左右兩手中正義的武器，歷經光榮和羞辱，惡名和美名；像是迷惑人的，卻是真誠的；像是人所不知的，卻是人所共知的；像是待死的，看，我們卻活著；像是受懲罰的，卻沒有被置於死地；像是憂苦的，卻常常喜樂；像是貧困的，卻使許多人豐富；像是一無所有的，卻無所不有。」（格林多後書 第六章第四—十節）

默觀自心，安定不亂，在基督之光中，認知自己，心地光明。天父子女的本體，和基督同體純潔光明；天主子女的心靈，以痛苦的火焰燒毀慾情，明顯我們心中的明德。

六、齋戒沐浴

孟子曰：「西子蒙不潔，則人皆掩鼻而過之；雖有惡人，齋戒沐浴，則可以祀上帝。」（離婁下）

天主子女的心靈，光明純潔，美麗超乎美女西施；但，若蒙了污穢，誰都不喜歡接近，那就祇有洗淨心靈的污穢；齋戒沐浴，乃是良策。

中國人的傳統，祇有行祭祀以前，齋戒沐浴，沐浴以潔淨身體，齋戒以潔淨心靈。佛教進了中國，設立了長久齋戒的規律，守齋以空虛心靈的慾望，守戒以保持身體的貞潔。儒家學者卻責罵僧尼；「不孝有三，無後爲大。」

基督自己則守了猶太的古代傳統，在曠野守齋禁食四十晝夜，然後才開始傳道。猶太古代的梅瑟，在西奈山四十晝夜禁食守齋，以接受天主頒佈十誡。厄里亞先知在沙漠中四十晝夜，禁食守齋，步行到天主的聖山。洗者若翰在荒野長齋度日，後來出野授洗，長齋不輟。

法利塞人問基督說：「若翰的門徒屢次守齋禁食，行祈禱，法利塞人的門徒也是這樣，而你的門徒卻又吃又喝？耶穌回答說：伴郎和新郎在一起的時候，你們豈能叫他們禁食？當新郎從他們中間被劫去的時候，那時他們就要守齋禁食了。」（路加福音 第五章第三十三

節）

基督復活升天以後，宗徒們就守齋禁食了。聖保祿曾說他自己「忍飢受渴，屢不得食。」（後格林多書第十一章第二十七節），初期隱修士在北非洲的曠野裡，終年長齋；後來聖本篤創立修會，規定守齋禁食作爲修會生活的常規；閉門苦修的修士，更是終年禁食肉品；在俗的教友，也有大小齋期。

守齋禁食，自行克己苦身，甘願犧牲幾分享受，減輕肉慾的激動，加增精神的活力。

中國人從古以「食色」爲享受，食品的烹調升爲藝術；及到今天在全球各國代表中國文的結晶，是各色各樣的中國餐館。今天的台灣更成爲中國烹調的大集結，北平山東四川湖南廣東江浙的名菜，到處可見，而且歐美各國的佳餚，也天天可以品嚐。台北每條街巷，餐館的招牌接目不斷，所以說中國人最講究吃。

中國古代皇帝，後宮三千人；一般老百姓，家道富裕者，必一妻一妾；小官大官，則如夫人數四數五；文人學士，以狎妓爲雅事。但，對於女人，卻要求從一。今天社會主張男女平等，一夫一妻。然而賣幼女爲娼，仍層出不窮，色情買賣已進入高樓公寓；中國人今天尙沒有改變以食色爲享受。

佛教進入中國後，寺廟遍天下，僧尼數十萬。僧尼則禁食禁色，常年守齋，終生不嫁娶。叢林的空氣可謂清淨高爽。但來客入內，頓覺清涼，徹骨寒冷。僧尼禁食禁色，絕盡情感，人心有如佛殿孤燈，獨照長夜；儒家罵爲槁木死灰。

在中國古代社會裡，寺廟有如海中荒島；島外海水洶湧，巨浪排空，荒島和海內人的連繫，「夜半鐘聲到客船」（張繼 楓橋夜泊）「萬籟此俱寂，惟聞鐘磬聲」。（常建 題破山寺後禪院）

佛寺鐘聲，夜半入耳，發人深醒；但當享受慾正在高潮時，對於鐘聲已充耳不聞。

天主教禁食，源自猶太古代遺傳。以色列先知當人民作惡犯科時，就教訓人民禁食守齋，「他們在那一天禁食說：我們犯了罪，得罪了天主！」（撒慕爾 第七章第六節）「我一聽見這事，就坐下涕哭，同時也在上主天主前禁食祈禱。」（厄斯德拉下 第一章第四節）禁食守齋，表示悔罪的誠心，克己苦心，贖罪改過。

基督自己禁食守齋，也教誨門徒禁食，「幾時你們禁食，不要像假善人一樣，面帶愁容，……叫人看出禁食來，但叫你在暗中之父看見，必要報答你。」（馬竇福音 第六章第十六節）

我們禁食守齋，和基督一同禁食；我們的心和基督的心在苦難中相結更緊，同心禁食，向天主表示孝愛，節制情慾，消免罪債，禁食變爲愛的行動。中國古代，齋戒沐浴以祀上帝；我們和基督受苦，隨時奉獻加爾瓦略山上的十字祭祀，禁食守齋以祀天父。

孔子曾說：「飽食終日，無所用心，難矣哉！不有博奕者乎？爲之猶賢乎已。」（陽貨）成天吃食豐富，無所事事，他不放僻邪忞，很難很難！若祇弄牌賭博，那還算好了，食和色是相連的，貪食便必貪色，貪色就會貪錢！貪錢將忘記正義！

洗者聖若翰在曠野，以野蜜和蝗蟲度日，身穿駝駱皮；基督稱讚他說：「你們出去到荒野裡是爲看什麼？爲看風搖曳的蘆葦嗎？你們出去到底是爲看什麼？爲看一位穿細軟衣服的人嗎？那穿細軟衣服的是在王宮裡？你們究意爲什麼出去？爲看一位先知嗎？是的，我給你們說，他比先知還大。……我實話告訴你們，在婦女所生者中，沒有興起一位比洗者若翰更大的。」（瑪竇福音第十一章第七－十一節），在荒野長齋苦身所造成的一個人，不是一個沒有骨格而隨風搖擺的人，他是一個骨格崚崚，意氣如虹的人，他敢面對當時猶太執政者黑洛德王說：「你不該娶你兄弟的妻子！」因著這句維護正義的話而被捕下獄，也因著這句話被那個女人害死。禁食守齋培養志氣，提高人格。孟子曾說人有大體有小體，大體爲心思之官，小體爲耳目之官，「從其大體爲大人，從其小體爲小人。……先立乎其大者，則其小者弗能奪也，此爲大人而已矣。」（告子上）大人爲君子，爲聖人。追求食色的人，則爲人所不齒的小人。孟子曾講了一段故事，說一個齊國人，每天早出晚歸，歸來時滿嘴油味，述說某富翁某紳士邀宴。他的妻子對妾說，先生每天赴宴，卻總不見有朋友來訪，事情不大對。一天，她偷偷跟著先生出去，看見先生竟走進墓地，向掃墓者乞食。妻子回來，告訴妾，兩人相抱而哭。那個齊國人回家，還想向妻妾誇口，看見她們倆人對哭，知道事情被妻妾知道了，害羞得閉口無言（離婁下），自己承認是小人了。

中國人另有一種雅興—醉酒，尤其是騷客詩人。在晉朝時田野詩人陶淵明，有酒必醉：「性嗜酒而家貧不能恒得。親舊知其如此，或置酒招之，造飲輒盡，期在必醉；既醉而退，曾不吝情去留。」（陶淵明 五柳先生傳）唐朝詩仙李白，一生手中常有酒杯，「人生得意須盡歡，莫使金樽空對月。……鐘鼓饌玉不足貴，但願長醉不用醒，古來聖賢皆寂寞，獨有飲者留其名。……五花馬，千金裘，呼兒將出換美酒，與爾同銷萬古愁。」（李白 將進酒），醉酒消愁，古今人不免有同感，南宋詞人辛棄疾作詞：「身世酒杯中，萬事皆空，古來三五個英雄，風吹雨打，何處是，漢殿秦宮。夢入少年叢，歌舞匆匆，老僧夜半誤鳴鐘，驚起西窗眠不得，捲地西風。」（浪淘沙 山寺夜半聞鐘）

李白自己也曾自認「抽刀斷水水更流，舉杯消愁愁更愁。」（宣州謝朓樓餞別校書叔雲），愁不是藉酒可以消除的，辛棄疾又說：「近來愁似天來大，誰能相憐？誰能相憐？又把愁來做個天。都將今古無窮事，放在愁邊，放在愁邊，欲自移家到酒泉。」（醜奴兒），愁靠知心人來解，或是自己想開去，把別的事放在愁邊來想。酒醉時不想愁，酒醒後愁將變成自己的天，酒不消愁將添愁。

少年時那有愁，只有豪興，想作英雄；台北現今生啤酒樓像雨後春筍般設立，樓中多是男女青年，辛棄疾可以代表他們說：「少年不識愁滋味，愛上層樓，愛上層樓，爲賦新詞彊說愁。而今識盡愁滋味，欲說還休，欲說還休，卻道天涼好個秋。」（醜奴兒）喝啤酒，表現青年豪興，就像飆車，然而豪興往往使青年喪掉生命！成年人俗興鬧酒，醉酒貪色，醉酒相殺，酒成禍根。

《書經》裡就已經有一篇戒酒的誥詞，周公代表成王誥誡唐叔勿醉酒：「文王誥教小子，有正（大官），有事（小官），無彝酒。越庶國飲，惟祀，德將，無醉。」（酒誥）

聖經聖詠歌頌天主創造萬物，造了美酒：「美酒，人飲了舒暢心神。」（第一〇三首），基督第一次顯靈，爲加納婚宴變水爲酒。在最後晚宴，則變酒爲自己的聖血，天主創造世物，美好完善，供人使用，人按照倫理規矩享受造物，乃屬美事，何以酒能舒暢心神？聖保祿宗徒說：「蓋天主所造者皆善，固無一物可以暴棄也。惟受之者當飲水思源耳。憑天主之聖言，及吾人之祈禱，萬物皆成聖潔矣。」（弟茂德前書 第四章第四節 吳經熊譯），吃的佳餚，飲的醇酒，皆天主所造，以祈禱感恩之心而飲食，不是惡而是善。既是善，守齋，克制飲食，才能作爲犧牲，奉獻上主。若飽食終日，沈緬酒色，則如聖保祿所說與基督之十字架爲敵，「此予已屢屢爲爾曹陳之，今復涕泣爲爾等道之，若輩之終局，淪喪也，苦輩之所天，口腹也。」（斐理伯書 第三章第十八節）

心地純潔，清白空靈，免除情慾的污染，守齋禁食乃是上策。肉體因著守齋禁食，不疲倦虛弱，反能健康少病，延壽加年。神精正常，頭腦清晰，慾不妄動，胸襟開暢，工作認真，生活快樂，可以和孔子所說：「飯疏食飲水，曲肱而枕之，樂亦在其中矣。」（述而）何況，我們有基督同在。

七、成性存仁

「成性存存，道義之門。」（繫辭上 第七章）人生仁義之道，在於「成性存存」成性，是完成人性，存存，是保存人的存在，存在，即是生命，即是仁。成性存仁，乃是人生的門戶。

「自誠明，謂之性；自明誠，謂之教。誠則明矣，明則誠矣。」（中庸 第二十一章）儒家以人性爲明德，修身之道在教人明明德，爲明明德，則須率性，率性即是誠，誠就是篤行。

人性既是明德，自然光明，何須教人勉力去明？這其中滲入了私慾，私慾掩蔽人性明德，人須努力克慾。孟子倡導「養心」和「養性」，建立了儒家的「心學」，發揚人心天生的仁義禮智之端。

孟子說明人性爲善，天生有仁義理智之端，由人心而表現，養性或者養心，就是培養仁義禮智的善德。宋朝理學家解釋《中庸》所說：「誠者，天之道也；誠之者，人之道也。」（中庸 第二十章）以聖人天然自誠，爲天道之誠；眾人努力明明德，爲人道之「誠之」。

若說聖人不必養心或養性，孔子的經驗就否認這一點。孔子自述靈修生活的歷程：「吾十又五而志於學，三十而立，四十而不惑，五十而知天命，六十而耳順，七十而從心所欲，不逾矩。」（為政）孟子曾說「孔子，聖之時者也。孔子之謂集大成。」（萬章下）聖人也須篤行。

「君子恥其言而過其行。」（論語 憲問）

「文莫，吾猶人也，躬行君子，則吾未之有得！」（述而）

「子貢問君子。子曰：先行其言，而後從之。」（為政）

孟子曾說人心的善端，若不培養，就好像一座山上，草木的種子，剛一發芽，牛羊去吃，行人去踏，芽子不能長大，偶然長大了，採薪的人又砍了。「人見其濯濯也，以爲未嘗有材焉，此豈山之性也哉？雖存乎人者，豈無仁義之心哉？其所以放其良心者，亦猶斧斤之於木也，旦旦而伐之，可以爲美乎！」（告子上）

「天主是愛」（若望一書 第四章第八節），人是依照天主的肖像造的，人心本來也是愛。朱熹曾說天地以生物爲心，人得天地之心以爲心，故人心爲仁。人心既是愛，人便應該培養這種愛心。領受洗禮的人，領得信望愛三德，又領得行善的寵佑；因此聖保祿宗徒在書信中常告誡信友們說：「天主的意旨，要你成聖。」（德撒洛尼前書 第四章第三節）凡是信基督的人，是「一同蒙召爲聖人的人。」（格林多前書 第一章第二節），中國古代儒家求學的目標，荀子說：「其義則始乎爲士，終乎爲聖人。」（荀子 勸學篇），朱熹也說：「古之學者，始乎爲士，終乎爲聖人。」（朱熹文集 卷七十四 策問首條），中國古代的聖人是心靈不被慾情所蔽，行事常能率性，仁民而愛物。孔子自認「若聖與仁，則吾豈敢？抑爲之不厭，誨人不倦。」（述而）努力修身，篤行仁道，孔子乃是儒家的師表。我們天主教的聖人，則是同基督結合爲一體，實踐天父旨意的人。必須善用天主的寵佑，發揚信望愛三德，在一切人物上，因著信德而認識是天父愛心所造，對所有遭遇，在事件的深處。見到天父的旨意。凡百事件都信託天父，懷著赤子的心情，眼睛常望著祂。一顆孝愛的心，願爲愛天父奉獻自己的生命。每天清晨的默想，想著天父的愛，每晚省察，反省一天怎樣孝愛天父。

聖保祿所說靈肉之爭，並不因看重一切事物為天父所造原本美好，我們就不在生活裡體驗得到，「因為本性的私慾相反聖神的引導，聖神的引導（靈）相反本性的私慾（肉）；二者互相對敵，致使你們不能行你們所願意的事。本性私慾的作為，是顯而易見的：即淫亂，不潔，放蕩，崇拜偶像，施行邪法，仇恨，競爭，嫉妒，爭吵，不睦，分黨，妒恨，（兇殺），醉酒，宴樂，以及與這些相類似的事。……然而聖神的效果：卻是仁愛，喜樂，平安，忍耐，良善，溫和，忠信，柔順，節制，關於這樣的事，決沒有法律可以禁止。凡屬於耶穌基督的人，已把肉身同邪情和私慾釘在十字架上了。」（迦拉達書 第五章第十七節），我們接受洗禮，就是把自己的肉體釘在十字架上，使心靈同復活的基督相結合而獲得新生命，但是新生命的保養必要時加勉勵。基督曾經說：「天國是以猛力奪取的。」（馬竇福音第十一章第十二節），我們修德行善，須像易經所說：「君子以自彊不息」（乾卦文言），也要有儒家士人的風格：「士不可不弘毅，任重而道遠；仁以為己任，不亦重乎！死而後已，不亦遠乎！」（泰伯）我們一生以成聖為責任，意志一定須要剛毅，氣魄一定須要弘大。

俗語說：「行善如登，從惡如奔。」善德由一分一分地積聚起來，中間的阻力真大。聖保祿宗徒說：「因爲我們的戰鬥不是對抗血和肉，而是對抗這黑暗世界的霸王，對抗天界裡邪惡的鬼神。爲此，你們要拿起天主的全副武裝，爲使你們在邪惡的日子裡能夠抵抗得住，並在獲得全勝之後，仍屹立不搖。」（厄弗所書 第六章第十二節）「你們要以眞理作帶，以正義作甲，以信德作盾，拿著聖神的利劍，頂著救恩的盔，穿著和平福音的鞋，時刻謹愼祈禱，勇敢地向前走。靠著基督救主的神祐，必得全勝」。（同上）

領了洗禮的人，似乎沒有想到這一層生活的意義；因爲和基督結成一體，動力是天主聖神；但是爲使這種事實成爲一種長久的生活境界，就必須「自強不息」，一方面抵抗企圖破壞我們與基督相結合的邪惡勢力，一方面建立和這種結合相稱的品格，努力成聖。成聖便是每個教友的責任。

聖保祿宗徒勉勵斐立比教友說：「最後還有一言，奉告各位：凡是高尙的，凡是正義的，凡是純潔的，凡是可愛的，凡是榮譽的，不管是美德，不管是稱譽，這一切你們都該思念；凡你們在我身上所學得的，所領受的，所聽見的，所看到的，這一切你們都該實行。這樣，賜平安的天主必與你們同在。」（斐里伯書 第四章第八節）

每年避靜反省時，就成聖一點，作成一年的具體小計劃，寫下簡單的條款；每月避靜反省時，翻開條款以作反省；每週或兩週告解後，也翻開條款念一念；條款常記在心頭，每天懷著實踐的心願，欣賞我們一片好心的天父，決不會讓獨自無力前進的我們臥地而不顧，天父一伸手，我們便什麼都可能。像我這一個做人牧者的人，「不是做托你們照顧者的主宰，而是做群羊的模範」。（伯鐸前書 第五章第三節），更要有信心「自強不息」，才能對教友說：你們在我身上所見到聽到的，都該照樣實行，內心不感到惶恐和羞愧。

中國古代常「尊師重道」，老師以人生之道教學生，學生仰慕老師的教誨，看重一生做人之道。我們做神長的稱為「神父」，稱為「主教」，更負有教人修德之責。聖保祿宗徒對格林多信友說：「因為是我在基督耶穌內藉福音生了你們於神生，所以我求你們，你們要效法我。」（格林多一書 第四章第十五節）

八、心靈祥和

「天主看了他造的一切，認為樣樣都很好。」（創世紀 第一章第三十一節）宇宙萬物，一片祥和。儒家《易經》欣賞宇宙變易，循規蹈矩，萬物互相調協，有如一曲天籟音樂。但，在事實上，人類社會紛紛紜紜，戰爭不止；自然界秩序也受牽連，造成生態環境的污染。原因在那裡？在於人類的「罪」。

「罪」擾亂了人的心靈。人有感官的身體，有精神的心靈；心靈主宰人的生活，追求真善美，發展自己的生命。但，感官常控制身體，牽制心靈；心靈和身體失去調協，以致喜怒哀樂發動時常不中節，不能保守生活的中和。

「罪」又擾亂了人類社會。子夏曰：「商聞之矣：死生有命，富貴在天。君子敬而無失，與人恭而有禮，四海之內，皆兄弟也。君子何患乎無兄弟也。」（論語 顏淵）但，荀子卻主張人性惡，人生來就好爭奪，須用禮以節制。孔子本看重禮，以禮使人相和。他的弟子有子說：「禮之用，和爲貴，君子之道斯爲美，小大由之。有所不行，知和而和，不以禮節之，亦不可行也。」（學而）《中庸》說：「中也者，天下之大本也；和也者，天下之達道也。致中和，天地位焉，萬物育焉。」（第一章）

「罪」違反中和，天地不得位，萬物不得育，宇宙萬物失去了秩序。漢朝學者倡「天人感應說」，以人的罪，招致天災人禍。

但是「罪」的最大破壞，破壞了人和天主的和好，使人成了天主的仇敵，天主的義怒臨在人的頭上。

儒家對於人非常樂觀，認定人可以盡心盡性，發揚心性的明德。然而，孟子也不能不承認，「世道衰微，邪說暴行有作，臣弑其君者有之，子弑其父者有之。」（滕文公下）

怎樣可以恢復中和，重建祥和的生活境界？

因著基督以摧毀「罪」。

「因為天主樂意叫整個的圓滿住在他內，並藉著他使萬有，無論是地上的，是天上的，都與自己重歸於好，因著他十字架的血立定了和平。」（哥羅森書 第一章第十九節）

孔子曾說：「獲罪於天，無所禱也。」（八佾），但是天主卻自己給我們可以禱告的途徑，由基督以赦罪，基督在世時，曾對悔過的罪婦說：「你的罪得了赦免。」（路加福音第七章第四八節），且用浪子回頭的譬喻，說明天父對於罪人的愛心。

我們受了洗禮，與基督合成一體。

「但是現今在基督內，你們從前遠離天主的人，藉著基督的血，成為親近的人；因為基督是我們的和平，他使雙方合而為一，他以自己的肉身，拆毀了中間阻礙的牆壁，就是雙方的仇恨，……為把雙方在自己身上造成一個新人，而成就和平，他以十字架誅滅了仇恨，以十字架使雙方合成一體，與天主和好。」（厄弗所書 第二章第十三—十六節）

領了洗，因基督的十字架，我們心中要消滅仇恨。基督既生活在我們心中，我們的心滿有祥和之氣。我們和天主和好了，成了天父的子女。

天父的子女，應該常常孝愛天父；但，人受了洗禮，雖參予基督的神性生命，人本性的生命仍舊存在，私慾還是假藉感官和魔鬼的誘惑，使人再墮在「罪」裡，聖若望宗徒乃說：

「誰若犯了罪，我們在父那裡有正義的耶穌基督作護衛者，他自己就是贖罪祭，贖我們的罪惡。」（若望一書 第二章第一節）

我們享有懺悔（告解聖事）聖事的恩寵，再與天父和好。懺悔聖事以基督的血洗淨我們的罪，以聖神的神力幫助我們改過。懺悔聖事乃稱爲和好聖事。

洗禮所給的神聖生命，即天主子女的生命，必須成長，基督用自己的體和血，作神聖生命的糧食，建立了彌撒祭祀和聖體聖事。我每天行彌撒，住在旅館和醫院也要舉行。早晨，心靈清明，排除思慮，迎接基督，奉獻自己。一天生活的目標，明亮地懸在目前。手舉聖體聖血，對著牆上的十字架，瞭解了人生的意義。彌撒祭祀是和平的祭祀，消除人們的「罪」，同天父虔誠和好。

基督的體血，在彌撒祭祀裡作爲和平的犧牲，分給參祀的人，作爲神性生命的食糧，又成爲合一的基石。我領基督的體血，我和基督結成一體；別人領了基督的體血，也和基督結成一體；因此，凡是領基督體血的人，都因和基督結成一體而互相結成一體。實現基督在最後晚餐中向聖父所求的：

「父啊！願他們在我們內合而爲一，就如你在我內，我在你內，爲叫世界相信是你派遣了我。我將你賜給我的光榮賜給了他們，爲叫他們合而爲一，就如我們原是一體一樣。我在他們內，你在我內，使他們完全合而爲一，爲叫世界知道是你派遣了我。並你愛了他們，如愛了我一樣。」（若望福音 第十七章第二十一——二十三節）

我們領了基督的體血，基督在我們內，天父在基督內也就在我們內，我們彼此又在基督的身上合而爲一體。世界再沒有比這種結合更完善，更高尙的了。行了彌撒祭祀，領了聖體聖事，我心中的祥和之氣，有如孟子的浩然之氣，充塞天地，結合了天主和人。

王陽明在〈大學問〉裡主張「一體之仁」，仁爲生命，萬物的生命連結成一體，互相聯繫，人的生命靠動植礦等物來維持。朱熹也主張萬物之理爲一，理即生命之理，萬物各得生命的一部份，人得生命之全。因此，儒家常看宇宙爲一道生命的洪流，不可分割。今天，生態環境和自然環境都遭到破壞和污染，就是違反了儒家傳統的思想。在生命的本性界，儒家的一體生命，乃是世界哲學中最高的境界。但，基督神性生命的合一，則高超一層。

神性的生命合一，當然只限於人，人與萬物的結合，在於人用萬物以光榮天父。

儒家對人的結合，以仁道而結合，結合人的仁道，則是曾參所說「夫子之道，忠恕而已矣。」（論語 里仁）的恕。「子貢問曰：有一言而可以終身行之者乎?子曰：「其恕乎！己所不欲，勿施於人。」」（衛靈公）恕，以自己的心，推想別人的心，就是「愛人如己。」但，儒家在愛人方面，還有幾個原則：「子曰：唯仁者能愛人，能惡人。」（里仁）好善惡惡，公正待人，不要有偏私，惡人摒在愛以外。「子曰：愛之能勿勞乎！忠焉能勿誨乎！」

（憲問）愛，不能是婦人之仁，應該勉勵人作善，勸人勿作惡。「或曰：以德報怨，何如？子曰：何以報德！以直報怨，以德報德。」（憲問）《中庸》曾說：「寬柔以教，不報無道，南方之強也，君子居之。」（第十章）若是人家有計劃的加害，便有計劃地予以報復，而且俗語說：「君父之仇，不共戴天。」儒家看重報仇，因看重義。孔子主張正名，按照禮規，各人有各人的名份，守禮守名份，社會乃有秩序，有秩序乃有和平。

基督卻說：「應當愛你們的仇人，善待惱恨你們的人，祝福詛咒你們的人，爲毀謗你們的人祈禱。有人打你的面頰，也把另一面轉給他；有人拿去你的外衣，也不要阻擋拿你的內衣。」（路加福音 第六章第二十七節）

這是基督的新誡命，基督自己首先這樣愛了我們，當我們還是祂的仇敵時，祂爲我們捨了性命，救拔我們脫去罪惡。

但，這不是鼓勵強暴不義嗎？天主是正義的，有罪必罰。仇人侵犯我的權利，違反正義，天主將予以報復，我自己則在基督的愛中，仍舊愛他。

基督徒有實踐這種誡命的人嗎？聖五傷方濟，徹底實踐福音訓誨，他就是如同天父以太陽照耀善人惡人，愛一切的人，見到人就祝「和平幸福」，到處散佈和平。中世紀聖伯爾納多院長在當時爲和平使者，上至羅瑪教宗和神聖羅瑪皇，下至諸侯，主教、修士，一有爭端分裂，他便被請作調人，時時跑遍歐洲。現任教宗若望保祿二世，到羅瑪義大利牢獄裡看問刺殺他的刺客。

心中懷有基督的愛，心中充滿祥和之氣。在生活的祥和境界，並不是不善善惡惡，然而惡惡乃是憐惜作惡的，而不是恨。

基督在馬竇福音第二十三章，連篇指責法利賽人和經師，「禍哉！你們經師和法利塞假善人！」不是恨，而是憐惜。

基督曾兩次盛怒，以繩結鞭，驅逐在聖殿作買賣的商人，只有對天主聖殿的熱情而有怒，然沒有恨。

被釘在十字架上，基督為釘死他的人祈求天父「父啊！寬赦他們罷！因為他們不知道自己作的是什麼。」（路加福音 第二十三章第三十四節）

「明道曰：仲尼，元氣也；顏子，春生也；孟子，并秋殺盡見。……仲尼，天地也；顏子，和風慶雲也；孟子，泰山巖巖之氣象也。」（近思錄卷十四）

基督乃是天主聖子，和天父同體，顯示天父的精神。祂教訓門徒：「你們應該是成全的，如同你的天父是成全的一樣。」（馬竇福音 第五章第四十八節）和天父合德，心地祥和，愛一切的人，既有和風慶雲的氣象，又有泰山巖巖的風度，可以享受基督所許的平安：「我把我的平安留給你們，我將我的平安賜給你們。」（若望福音 第十四章第二十七節）

「家和萬事興」，中國昔日數代同堂，一家數十口，兄弟妯娌間免不了發生口角；然而大家庭的生活常能平安維持，彼此互相擔待。傳說乾隆皇帝召見一位七代同堂的家長，詢問能使家人和睦的秘訣，家長跪求賜與筆墨紙以便作答，得了所求，跪地一連寫了七個忍字，呈遞皇上，認爲家庭和睦的秘訣。我們教會內的修會，男女會士各有修院，以同居的團體生活，象徵天上永生中的團體生活；然而並不因爲獻身基督，更不因爲象徵天上永生，就沒有人性的弱點，彼此性情脾氣的稜角很高很利，若不因愛基督而互相忍耐，修院的團體生活失去天上生活的象徵意義，成爲人生最荒謬的苦海。

所以務必遵循聖保祿的教訓：

「爾等既爲天主鍾愛之子民，亟宜以慈善，謙恭，忍耐爲佩，寬容大量，彼此體諒，即有釁隙，亦宜相恕；爾之恕人，當如主之恕爾也。諸善之上，冠以愛德；愛德者，眾德之綱維也。務使基督之平安，主爾心中。爾等之蒙召而爲一體者，正爲此耳。……以聖詠，聖詩，聖歌，相互淬勵切磋，心歌腹詠，同聲頌美天主。」（哥羅森人書 第三章第十二—十每次參加男女修院祭典，聽著悠揚的歌詠，心情平和，專誠對主。「禮爲分，樂爲合。」在同心同口的歌詠中，眾心結合成一，融化在基督的愛火裡。

九、怡然自樂

孟子說：

「君子有三樂，而王天下不與存焉；父母俱存，兄弟無故，一樂也；仰不愧於天，俯不怍於人，二樂也；得天下英才而教育之，三樂也。君子有三樂，而王天下不與存焉。」（盡心上）

孔子教人快樂之道，「安貧樂道」，最好的成就是顏回。「子曰：賢哉回也！一簞食，一瓢飲，在陋巷，人不堪其憂，回也不改其樂。」（述而）

孔子自己說明自己的心境：

「飯疏食飲水，曲肱而枕之，樂亦在其中矣。不義而富且貴，於我如浮雲。」（述而）

「子之燕居，申申如也，夭夭如也。」（述而）

「葉公問孔子於子路，子路不對。子曰：女奚不曰，其為人也，發憤忘食，樂以忘憂，不知老之將至云爾。」（述而）

孔子的「安貧樂道」精神，成爲歷代儒家學者的傳統精神。道家老莊的生活快樂，則在脫離名利事物的牽連，超然世外；或者如同李白醉酒賦詩。

中華民族爲樂觀民族，不在冥想或神秘生活中求快樂，而是腳踏實地，在簡約的生活中取得滿足。昔日的農村同胞，食祇求飽，衣祇求暖，日出而作，日入而息，一年三百六十五天在田地裡操勞；但是滿了縐紋的臉常有笑，平平靜靜的心常安樂。天災人禍雖不可免，然不怨天，不尤人，心裡則相信，上天是有公道的。

人人追求生活的快樂，真真快樂的人，是心靈祥和的人，「仰不愧於天，俯不怍於人。」也就「不怨天，不尤人。」心中坦然，面色和悅。孔子留給後代人還有另一項快樂的原則：「安身立命」。

「君子素其位而行，不願乎其外。素富貴，行乎富貴；素貧賤，行乎貧賤，……素患難，行乎患難。君子無入而不自得焉！……故君子居易以俟命，小人險以徼幸。」（中庸 第十四章）

孔子和孟子都教人認識天命，又教人畏天命。人生的遭遇，常有天命定奪，人安然接受天命，隨遇而安。君子在富貴中，就度富貴的生活；在貧賤中，就過貧賤的生活；在患難中，就守患難的生活；「君子無往而不自適」，君子無論到甚麼地方或在什麼境遇，都會安然適應。

孔子在匡地被匡人圍困起來，門生都很害怕，孔子卻彈琴唱歌，安慰門生不必害怕：「文王既沒，文不在茲乎？天之未喪斯文也，匡人其如予何！」（子罕），又一次在陳絕糧，跟他的門生都病了，孔子仍舊弦歌不輟，「子路慍見，曰：君子亦有窮乎？子曰：君子固窮，小人窮斯濫矣！」（衛靈公）我們可以想見那時狼狽的情形，孔子卻安然不亂，竟唱歌自娛，子路乃生氣諷刺老師，孔子就教訓他：君子安於窮，小人窮就亂動。孔子的安於貧和安於危，是他自知常守堯、舜之道，他就以守道爲樂。

我們和基督一起生活，基督生活在我們心中，則像聖五傷方濟心中充滿快樂，喃喃地說：「我的天主，我的萬有！」有了天主，有了一切。他不是如同佛教天台宗或華嚴宗所說的真如和萬有「一即一切，一切即一。」天主爲宇宙萬有的創造者，有了天主，別的都可以有，就像一棵搖錢樹。聖方濟則是除天主以外，他不想要任何事物，得了天主，就心滿意足了。而且他還要追隨基督，以苦辱爲樂。基督曾經說：「幾時，爲了人子的原故，人惱恨你們……而加以辱罵詛咒，你們才是有福的。在那一天，你們歡喜踴躍罷！」（路加福音第六章第二十二節），聖方濟一天在路上，對陪他的門徒說：假使我們今天晚上，到我們一座修院去，天黑下雨，我們敲門，看門的修士不開門。再敲。他以我們爲乞丐，罵我們無賴。再敲門，修士開了門，拿著木棍打我們，你想那才是多麼快樂，跟基督一樣受點苦！

在基督剛復活升天以後，門徒們因著聖神的引領四出傳道，猶太人的公議會，把宗徒們捕來，禁止他們傳揚耶穌的名，「鞭打了他們以後，命他們不可再因基督的名字講道，遂釋放了他們。他們喜喜歡歡地由公議會前出來，因爲他們配爲這個名字受侮辱。」（宗徒大事錄第五章第四十節）

心中有基督，基督以聖神引我們的心歸向天父，心境常常祥和，無憂無懼。基督在最後晚餐，曾經對完徒們說：「我把平安留給你們，我將我的平安賜給你們。」（若望福音 第十四章第二十七節）基督復活後顯現給宗徒們，第一句話：「願你們平安！」平安乃是快樂的泉源，心地祥和的人，心裡必有快樂。祥和的生活境界，造成生活快樂的境界。

生活的快樂，在和基督與天父同在。基督為我們犧牲了性命，這是友情中最大的愛情。（若望福音 第十五章第十三節），天父為愛我們寧願捨了自己的聖子，要祂為我們捨生，「好使我們藉著基督得到生命。愛就在於此：不是我們愛了天主，而是他愛了我們，且打發自己的兒子，為我們做贖罪祭。」（若望一書 第四章第十節）

放眼看宇宙，充滿了天父的愛和美。朝起的太陽，薄暮的晚霞，清明的月色，點點的星辰，多麼平靜！多麼美麗！蘭花的清香，玫瑰的鮮艷，茶花的紅凝。荷花的潔白，多麼溫柔！多麼美麗！狂風的呼嘯，驟雨的衝擊，海浪的凶湧，長江的奔馳，多麼雄偉！多麼美麗！

回顧我自己的一生：溫暖的家庭，平靜的鄉村，快樂地過了十二年！童心無猜，互相互助，愉快地過了修院的七年。充滿古蹟的羅瑪，洋溢著天主教的精神；專心求學，無憂無慮地過了三十一年的羅瑪生活。雄心建設，弟子臂助，興奮地過了台南的五年！艱難中求進步，紛亂中求秩序，樂觀地過了台北的十二年！滿園春色，迎面笑容，每天在青年的朝氣中，渡我老年的校長生活！一切都充滿天父的愛。

「你好幸福啊！」一位來醫院看我的朋友對我說：「住一流的醫院，看病是各專科的主任，日夜有修女、小姐和司機輪流照顧，在醫院還能寫書稿，你好幸福啊！」我自己承認這是天父無限的愛！

「你還缺什麼呢！」又一位朋友羨慕地對我說：「在學術界地位那麼高！著作那麼多！在教會是總主教，在教育界是大學校長，在社會上被視爲公正人士，各種學術團體邀你參加，各項學術會議約你發表論文，你還缺少什麼呢！」我答說：「我什麼都沒有，又要說我什麼都不缺，我向人世不再求什麼，祇求能夠「予」，而不求能夠「得」。孔子曾經說：「君子有三戒，……及其老也，戒之在得。」（季氏）我早寫了遺囑，今年將身邊有紀念意義的東西都處理了，送到故宮博物院和輔大天主教文物館，連自己的墓都造了。我向人世一點也不希望或追求，祇求能爲教會做點事。但是孔子曾經說：「德之不修，學之不講，聞義不能徙，不善不能改，是吾憂也。」（述而）聖保祿宗徒說：因爲祂（天父）在創世以前，在基督內已揀選了我們，爲我們在他面前，成爲聖潔無瑕的。又由於愛，按照自己旨意的決定，預定了我們藉著基督獲得義子的名分，而歸於他。」（厄弗所書 第一章第四節），沒有完全歸於天父，成爲聖潔無瑕的，則是我的憂慮。然而這種憂慮，既不破壞心靈的祥和，也不減少心靈的悅樂。

「天主的國，不在於吃喝，而在於正義，和平，在聖神內的喜樂。凡是按照這原則而事奉基督的，纔爲天主所喜悅。」（羅馬人書 第十四章第十七節）

「願我們的主耶穌基督的天主和父，仁慈的父和施予各種安慰的天主受讚揚，是他在我們的各種磨難中安慰我們，爲使們能以自己由天主所親受的安慰，去安慰那些在各種困難中的人。」（格林多後書 第一章第三節）

「你們在主內應當常常喜樂！我再說：你們應當喜樂！你們的寬仁應當叫眾人知道。」（斐里伯書 第四章第四節）

中篇 明而神篇

十、神而化之

「孟子曰：夫君子所過者化，所存者神，上下與天地同流。」（盡心上）

孔子、孟子建立了儒家的人生觀，修身以治國。「孟子謂宋句踐曰：子好遊乎？吾語子遊。人知之，亦囂囂，人不知，亦囂囂。曰：何如斯可以囂囂矣。曰：尊德樂義，則可以囂囂矣。故士窮不失義，達不離道。窮不失義，故士得己焉，達不離道，故民不失望焉。古人之，得志，澤加於民，不得志，脩身見於世，窮則獨善其身，達則兼善天下。」（同上）兼善天下，爲儒家學者生活的共同志向。兼善在普通的工作上，在於養民，使民眾的生活富裕；但是在孔、孟的思想裡，則是教民爲善。所謂教民，不僅是使民受教育，而是以自身的品德，感化民眾。所以「君子所過者化」化，爲德化，德化，不僅是感化，而是精神相接，聖者的精神貫注在別人精神中，引起變化，產生同化作用，好像酵母，也就是基督所說：「你們是地上的鹽」（馬竇福音 第五章第十三節），鹽煮食物，食物才有鹹味。聖者的善德精神，德化別人的精神，別人的精神也有了善德。

「孟子曰：可欲之謂善，有諸己之謂信，充實之謂美，充實而有光輝之謂大，大而化之之謂聖，聖而不可知之之謂神。」（盡心下）

聖，以化爲特點，聖所以能化在於精神廣大深厚。《中庸》說：

「大哉！聖人之道！洋洋乎，發育萬物，峻極于天。」（第二十七章）

「仲尼祖述堯舜，憲章文武；上律天時，下襲水土，辟如天地之無不持載，無不覆幬；辟如四時之錯行，如日月之代明。萬物並育而不相害，道並行而不相悖。小德川流，大德敦化。此天地之所以為大也。」（第三十章）

儒家非常尊崇聖者的善德精神，認爲可以和天地相配，《易傳》乃說：「夫大人者，與天地合其德。」（乾卦 文言），天地之德在於化生，《易傳》說：「天地之大德曰生。」（繫辭下 第一章）天地生化萬物，生生不息，使萬物取得生命；聖人的善德精神，淵淵溥溥，化育萬眾的精神；因此說「大德敦化」。

天地的生化功能，充滿宇宙；但不能被看見，不能被捉摸。眼睛可以看到嫩芽長高了，怎麼長則看不見，儒家稱天地生化的工作爲神，神妙莫可測，「聖而不可知之之謂神。」

> 「夫易，聖人之所以極深而研幾也。唯深也，故能通天下之志。唯幾也，故能成天下之務。唯神也，故不疾而速，不行而至。子曰：易有聖人之道四焉者，此之謂也。」（繫辭上 第十章）

> 「範圍天地之化而不過，曲成萬物而不遺，通乎晝夜之道而知，故神無方而易無體。」（繫辭上 第四章）

易，即天地變化之道，生化萬物，生化的功能深遠莫測，幾微莫測，神速莫測。《中庸》說：「如此者，不見而章，不動而變，無爲而成。天地之道，可一言而盡也：其爲物不貳，則其生物不測。」（第二十六章），這種生化的功能稱爲神；聖人德化的功能，和生化的功能相似，也可以稱爲神。

張載的《正蒙》書中，第四篇題目爲〈神化篇〉，篇開端說：「神，天德；化，天道。德其體，道其用，一於氣而已。」接著說：「虛明照鑒，神之明也。無遠近幽深，利用出入，神之充塞無間也。天下之動，神鼓之也。」張載以天的生化功能來自不可見的力，稱爲天的體，稱爲神。這種神妙的力，「虛明照鑒」，不是物質性，故能如《易傳》所說「通天下之志，成天下之務，不疾而速，不行而至。」也如《中庸》所說：「不動而變，無爲而成。」

對我們來說呢，這就是天主聖神的功能。舊約創世紀說明天主造了天地，遣派聖神到宇宙中。

「在起初天主創造了天地。大地還是混沌空虛，深淵上還是一團黑暗，天主的神在水面上運行。天主說有光，就有了光。」（第一章第一節）

聖神的功能，開始就是光，有了光，乃有變，而後有生化。生化的功能不是物質的功能，而是聖神的功能。

張載在〈神化篇〉說：「神化者，天之良能，非人也。故大而位天德，然後能窮神知化。」大而位天德，即是聖者。張載繼續在後面說：「先後天而不違，順至理以推行，知無不合也。雖然，得聖人之任者皆可勉而至，猶不害於未化爾。大幾聖矣，化則位乎天德。」聖者的德化，「位乎天德」，德化也就是神化，神化就是聖神的功能。

天主創造宇宙萬物，遣派聖神在宇宙內運行，推動各種變化。基督創立教會，遣派聖神到教會內，推進各種化工。在復活的當天，基督顯現給宗徒們，向他們吹了一口氣，接著就說：「你們領受聖神罷！你們赦誰的罪，罪就得赦。不赦，罪就不赦。」（若望福音 第二十章第二十一節），升天以後，五旬節期，正式遣派聖神，門徒們因著聖神四出講道，建立教會。領受洗禮的人，都領受聖神。

「誰若沒有基督的聖神，誰就不屬於基督。……凡受天主聖神領導的，都是天主的子女。其實，你們所領受的聖神，並非使你們作奴隸，以致仍舊恐懼；而是使你們作義子。因此，你們呼號『啊爸，父呵！』聖神親自和我們的心神一同作證，我們是天主的子女。」（羅馬人書 第八章第九節第十四節）

我們因著聖神和基督結合，取得基督的神性生命。神性的發揚，全仗聖神的神力。儒家發揚人性生命，到達完滿境界，參與天地化育的功能（中庸 第二十二章）立己立人，達己達人（論語 雍也）成爲「大德敦化」的聖者。

基督的神性生命，因著聖神的功能，在我們心靈內，發揚滋長，到達圓滿境界，使我們肖似基督，參加基督的救世工程，將神性的生命灌注到旁人心內，在旁人心內形成基督。

聖保祿宗徒藉著聖神的功能，化育新生教會的教友，「勞碌辛苦，屢不得眠；忍飢受渴，屢不得食；忍受塞冷，赤身裸體；除了其餘的事以外，還有我每日的繁務，對眾教會的掛慮。誰軟弱，我不軟弱？誰跌倒，我不心焦呢？」（格林多後書 第十一章第二十七節），「我的孩子們，我願爲你們再受產生嬰兒的痛苦，直到基督在你們心內形成爲止。」（迦太基書 第四章第十九節），聖保祿確實的母親的心腸，將神性的生命，灌注給自己的教友，繼續予以培育。「天主所愛的弟兄們，我們知道你們是蒙召選的，因爲我們把福音傳到你們那裡，不僅在乎語言，而且也在乎德能和聖神，以及堅固的信心，……你們雖在許多苦難中，卻懷著聖神的喜樂接受了聖道，成了效法我們和效法主耶穌的人。」（得撒洛尼前書第一章第四—六節）

聖伯鐸宗徒宣講基督受難而復活的福音，使信的人得到神性的生命，保留「在天上不壞，無瑕，不朽的產業，……這一切，如今藉著給你們宣講的人，依賴由天主遣派來的聖神，傳報給你們。」（伯鐸前書 第一章第四—十二節）

聖若望宗徒傳教天主的聖言，培養神性的生命。「論到起初就有的生命的聖言，就是我們聽見過，我們親眼看見過，瞻仰過，以及我們親手摸過的生命的聖言……傳報給你們。」（若望一書 第一章第一節）

儒家以天地生化萬物的生命，聖者參加天地生化的功能，也就參加天地的神化，使生命在人的心內發揚光大。我們傳報基督的福音，因著聖神灌注神性的生命給信仰的人，繼續藉著聖神以德能予以培植，實現「大德敦化」。

孟子以教育天下的英才為自己的喜樂；我們以天主的聖言，培植神性的生命，更是我們的喜樂。

基督在最後在晚餐裡，曾預先告訴宗徒們，他們將有痛苦，如同一個婦人在分娩時要有的痛苦，但他們的痛苦，也將同產婦的痛苦一樣變成喜樂，因為生了一個新的生命（若望福音 第十六章第二十節），我們的神化就在於產了一個新的神性生命。

人性的生命發揚成熟，精神向外顯露，乃有光大。「大而化之之謂聖」，生命光大，化育宇宙萬物的生命，造成聖者的「大德敦化」。「化而不能知之之謂神」，敦化功能，神妙莫測。生命越成熟，敦化功能越廣博深厚，聖者乃能配天。

神性的生命，因聖神的助佑日漸發揚，日漸肖似基督。到達圓滿的境界時，在精神上形成了基督的精神。基督的精神從圓滿的神聖生命，藉著聖神對旁人發生化育的功能，灌注神性的生命，產生奧妙的神化。

去年當教宗若望保祿二世到法國達爾斯小鎮主持聖若望衛雅諾神父紀念大典時，法國有一派人批評教宗來法國紀念一個鄉村無學無識的司鐸，侮辱素爲歐洲文化中心的法國。這班人卻不想當聖衛雅諾活著的時候，他的神化功能從達爾斯小鎮發射到全歐洲，吸引成千成萬的人到小鎮的小教堂，向他請教。這就實現了聖保祿宗徒所說：「天主偏召選了世上愚昧的，爲羞辱那有智慧的；召選了世上懦弱的，爲羞恥那些堅強的。甚而天主召選了世上卑賤的和受人輕視的，以及那些一無所有的，爲消滅那些有的，爲使一切有血肉的人，在天主前無所誇耀。」（格林多前書 第一章第十七節），因爲神化的功能不來自人，而是來自產生神性生命的天主聖神。

十一、肫肫其仁

儒家主張神化，因聖人與天地合德，參加宇宙的化育。宇宙的化育，在於「生生」，化生萬物。理學家以生為仁，聖人的神化，乃是聖人仁德的功能。

仁，本是孔子一貫之道，包括全部善德。

「顏淵問仁。子曰：克己復禮為仁。……非禮勿視，非禮勿聽，非禮勿言，非禮勿動。」（顏淵）

「夫仁者，己欲立而立人，己欲達而達人。」（雍也）

孔子在《論語》裡講論「仁」的地方很多，但，祇看上面兩條，已經可以看出孔子的「仁」，意義很廣；雖然基本的意義在於愛。

漢朝儒家解釋《易經》，滲入陰陽五行的氣運思想。《易經》乾卦的〈文言〉，曾以仁義禮智配元亨利貞。漢朝學者以元亨利貞配五行，配四季，又配四方；仁便配元，配春，配東，配木。春，東，木，都有生發的意義，元是生的開端；仁也就和「生」連接起來了。

董仲舒說：

「木者春，生之性，農之本也。」（春秋繁露 卷十三 五行順逆篇）

「東方者木，農之本，司農尚仁。」（春秋繁露 卷十三 五行相生篇）

《易經・乾卦文言》曰：「元者，善之長也。」朱熹作注說：「元者，生物之始，天地之德，莫先於此，故於時爲春，於人則爲仁，而爲眾善之長也。」宋朝理學家，接受這種思想，常以仁爲生。程顥說：「天地之大德曰生，天地絪縕，萬物化醇。生之謂性，萬物之生意最可觀。此元者，善之長也，斯所謂仁也。」（二程全書 遺書十一 明道語錄一）朱熹便說：「生的意思是仁。」（朱子語類 卷六）「仁是天地之生氣。」（同上）又說：「愛非仁，愛之理是仁。」（朱子語類 卷二十）仁是生，是「愛之理」。

生命在宇宙內相連爲一，一個物的生命，和另一物的生命互相影響；人的生命也是一樣，互相連繫，相互發生關係。每人對於自己的生命，每物對於自己的存在，都深深愛惜，仁，是對生命存在的愛，所以是愛之理，深入到人的生命內，協助生命的發揚。聖人的神

化，化育人的精神生命，也是仁。仁的價值最高，孔子乃說：「若聖與仁，則吾豈敢？抑為之不厭，誨人不倦。」（述而）

基督的仁，是因天父而愛人，且愛人如愛基督，天父因愛宇宙萬物，造生萬物，因愛人，按自己肖像造生了人，人犯罪，遣派聖子救人。聖子因著愛人而捨生，贖了人的罪，以聖神在洗禮中把自己神性的生命賜給受洗的人！使他成為天主的子女。聖若望宗徒說：

「可愛的諸位，我們應該彼此相愛，因為愛是出自天主；凡有愛的，都是出自天主，也認識天主，因為天主是愛。天主的愛在這事上顯出來，就是把自己的獨生子，打發到世界上來，好使我們藉著他得到生命。」（若望一書 第四章第七節）

基督的教義和精神便集中在「仁愛」，愛天主在萬有之上和愛人如基督，乃是兩條最大的誡命。聖保祿宗徒說：「所以愛就是法律的滿全。」（羅馬人書 第十三章第十節），「因為全部法律總括在這句話裡：愛人如己。」（迦太拉書 第五章第十三節）「己」是天主的子女，是基督妙體的肢體，「如己」便是如基督。

神性的生命，如同人性生命，是愛的結晶；然而「不是由血氣，也不是由肉慾，也不是由於男慾，而是由天主而生。」（若望福音 第一章第十三節）「人除非由水和聖神而生，

不能進天主的國。」（若望福音 第三章第五節）

我們接受了基督的神聖生命，我們把神聖的生命歸還於基督，我們行了奉獻禮。

司鐸的奉獻禮，奉獻了自己的生命，爲基督在祂的教會內服務，又奉獻了自己的愛情，使心專於天主而不分給旁人。修會會員的奉獻禮，奉獻了財富、愛情和自由，也就是奉獻了自己的生命和生命的一切所有，都歸於基督而獻於聖父。奉獻禮乃仁愛的最高最完全的表現，司鐸一生祇做歸於天主的事，修士修女祇營天上的生活，雖然他們或她們尙在人世，免不了有人世的事和生活，但一切都綜合在奉獻的目標下，都爲著這個目標而行。沒有作奉獻禮的教友，生活中雜事紛紜，但也應有止於所止的目標，一切都爲遵循天父的旨意，一切也都歸於仁愛。

奉獻典禮特別也加強對痛苦的愛，基督因愛人類而受苦，致死於十字架上。祂訓令自己的門徒要每天背著十字架跟隨祂，奉獻自己的人因愛基督而跟隨祂，每天愉快地接納所遭遇的痛苦，在痛苦中和基督相連，分擔基督救世的工程。沒有痛苦的愛沒有價值，沒有痛苦的事業不能屹立，沒有痛苦的生活單調乏味。聖保祿宗徒深深明瞭十字架的意義：

「原來十字架的道理，爲喪亡的人是愚妄的，爲我們得救的人，卻是天主的德能。」

（格林多前書 第一章第十八節）

「如今我在爲你們受苦，反覺高興，因爲這樣我可以在我的肉身上，爲基督的身體—教會，補充基督的苦難所欠缺的。」（哥羅森書 第一章第二四節）

「我們在各方面受了磨難，卻沒有被困住；絕了路，卻沒有絕望；被迫害，卻被遺棄；被打倒，卻沒有喪亡；身上常常帶著耶穌的死狀，爲使耶穌的生命也彰顯在我們身上。的確，我們這些活著的人，時常爲耶穌的緣故被交於死亡，爲使耶穌的生命也彰顯在我們有死的肉身上。這樣看來，死亡施展在我們身上，生命卻施展在你們身上。」（格林多後書 第四章第八—十二節）

即然是天父的子女，我們和基督一同孝愛天父。基督以奉行聖父的旨意作爲生活的飲食，常常作天父所喜悅的事。我們奉獻自己與基督的人，必須有基督對聖父的孝心，一切爲愛天父而做，一切爲光榮天父而行。聖依納爵的生活標語，「追求天主更大的光榮」，他常積極行動；聖五傷方濟則有另一標語：「我的天主，我的萬有。」他滿意一切的境遇，常以有了天主作父親，心中就完全都滿足了。我則更喜歡聖女小德蘭的赤子之情。自己常是一小孩，全心依賴天父；做的好，固然好；做錯了，祇要向天父認錯，天父不會見怪。聖小德蘭曾經說自己就是犯了世界人可以犯的罪，她仍舊不失望，祇有像小孩向父親懷裡跑去，求父親原諒，天父會原諒的。因爲天父所最厭惡的，是自視很高的人，認爲自己祇能做好，天父必會使他失足摔到，失望而不再起。

天父似乎很渺茫，似乎離得很遠。基督乃降生人世，顯示聖父；祂和聖父一體，所以說：「誰看了我，就是看見父。」（若望福音 第十四章第九節），我們在聖體裡看見基督，他就看見天父。但是我們仍舊覺得那還是「信德的奧蹟」，眼睛並沒有看見基督，祇是誠心相信基督在聖體內。

但是，天父原本無所不在，我們的心靈若真誠地愛天父，看到週遭的自然世界，陽光美麗，雷雨雄壯，花草玲瓏，就會體會到處處都是天父的愛。看到一座座的高樓，遇到一輛一輛的汽車，坐享電視冷氣機的舒適，驚奇人們智慧的科技產品，也就體會到這一切奇妙，來源仍是天父。接觸到各色的人，聽到各種的言語，也會體會到這一切都是天父的造物，而且是天父的子女。事情的遭遇，多令人驚喜或憤怒，然而我們也體會到這一切都是天父的旨意。

儒家對於上天上帝，祇是遠而敬之，從不敢用愛以對待上天；對於父母，也用孝敬；對於兄弟，用兄友弟恭，以表手足之情；對於朋友，是朋友之交淡如水；對於夫婦，也祇用夫唱婦隨。儒家少用愛字，雖說原則是愛人如己，實際則常用同情，憐憫，慈悲，忠厚；祇是男女的感情，正或不正，合法或不合法，卻用上愛字。父母對兒女的愛情，則常說是愛了。但是中國的儒家社會，少說愛，實則多講情，因著情還放棄了法。儒家的政治是仁政，仁政在愛民。「老而無妻曰鰥，老而無夫曰寡，老而無子曰獨，幼而無父曰孤。此四者，天下之窮民而無告者。文王發政施仁，必先斯四者。」（孟子 梁惠王下）我們教會的慈善工作，也是安老院，孤兒院，殘障院，病院。但是我們教會的工作者，有時對於身邊的工友，容易缺乏同情，有點像宗徒們看著跟隨耶穌的人沒有吃飯，就要基督遣散他們去找食物，基督卻答道「你們給他們吃的」，宗徒們茫然不知所云了，「給這麼多的人，我們怎樣去拿食物！」基督則顯了靈蹟；因爲祂「很憐憫這群眾，他們已經三天沒有什麼可吃的；我不願意遣散他們空著肚子回去，怕他們在路暈倒。」（馬竇福音 第十五章第三十二節）

愛從近人開始，同居的司鐸，同院的修女，彼此都是近人。耶穌說：「那裡有兩個或三個人，因我的名字聚在一起，我就在他們中間。」（馬竇福音 第十八章第二十節），「天主是愛，那存在愛內的，就存留在天主內，天主也存留在他內，我們內的愛得以圓滿。」（若望一書 第四章第十六節），近人彼此擔待，彼此歡喜。孔子也曾說：「愛之能勿勞乎！忠焉能無誨乎！」（憲問）「子貢曰：君子亦有惡乎？子曰：有惡。（厭惡），惡稱人之惡者，惡居下流而訕上者，惡勇而無禮者，惡果敢而者窒者。」（陽貨），勸善爲仁愛，基督也曾教導門徒實行，毀謗則是惡，常是團體生活的大病。團體生活應視爲愛德的試金石，「假使有人說：我愛天主；但他卻惱恨自己的弟兄，便是撒謊的，因爲那不愛自己所看見的弟兄的，就不能愛自己所看不見的天主。」（若望一書 第四章第二十節），團體生活也是培養愛德最良好的機會，聖小德蘭就因此而成聖。但愛對一切人並不是同等，基督在生時，曾特愛自己的母親，特愛自己的愛徒若望，特愛自己的朋友瑪爾大、瑪麗和賴柴魯一家人。

我們以聖神之愛，爲基督而愛人；但，同時，愛是感情，聖神之愛經過我們的感情時，便帶到我的感情，我們的感情原本就是有厚薄的。祇要不離開聖神的愛，而是聖神之愛的表現方式，感情的厚薄是正常的。若太厚此薄彼，造成了分裂，那就離開聖神之愛了。

懷著聖神之愛愛人，便像聖保祿宗徒所說：

「愛是含忍的，愛是慈祥的，愛不嫉妒，不誇張，不自大，不作無禮的事，不求己益，不動怒，不圖謀惡事，不以不義爲樂，卻與真理同樂；凡事包容，凡事相信，凡事盼望，凡事忍耐。」（格林多前書 第十三章第四節）

人世的愛祇有母親的愛，能達到這種高尚的境界；天主聖神之愛，則有這種特徵。然而在社會生活裡，我們有多少幾會可以培養仁愛的精神，孔子平日若遇著穿喪服的人，穿戴禮服的大夫，眼睛瞎的人，坐的時候必定起立，走過的時候必定提快腳步，表示對他們的同情和敬意，（子罕），又若在有喪事的人旁邊吃飯，孔子掉淚，吃不飽（述而），因爲心中和有喪的人同哀。在羅瑪街道上，遇著靈車走過，戴帽的人必脫帽。我們在小事上，處處留心，同情心和慈祥心常可以流露。當然我們無法像基督一樣：「他所做的一切都好；使聾子聽見，叫啞巴說話。」（馬爾谷福音 第七章第三十七節），但我們能夠和聖保祿一樣；與憂者同憂，與喜者同樂，與強者同強，與弱者同弱，自己甘願爲一切人的一切，爲能拯救一切的人。（格林多前書 第九章第二十二節）

十二、大孝尊親

《中庸》說：「仁者，人也，親親爲大。」（第二十章），孟子說：「親親，仁也。」（盡心上）

儒家在理論上，以「仁」總攝善德，爲善之長；在實行上，則以孝爲首，所以說：

「孝，德之本，教之所由生也。」（孝經 開宗明義章），「有子曰：君子務本，本立則道生，孝弟也者，其爲仁之本與。」（學而）因爲仁是愛之理，儒家的愛，由近及遠，最近的人當然是父母。尤其仁又是生命，父母爲生命的根源，兒女的生命和父母的生命結成一體，兒女的生命乃是父母生命的延續。「愼終追遠」，兒女的生命，歸回到父母的生命，在縱的方面，兒子一生該孝敬父母，對於活著的父母該孝，對於去世的父母，該事死如事生，守禮祭祀。在橫的方面，兒子的一切行動，都屬於孝的範圍，好事爲孝，惡事爲不孝。儒家的君子聖人，便以孝爲至德。

「子曰：舜其大孝也與！德為聖人，尊為天子，富有四海之內；宗廟饗之，子孫保之。故大德，必得其位，必得其祿，必得其名，必得其壽。故天之生物，必因其材而篤焉。」（中庸 第十七章）

「子曰：武王、周公其達孝矣乎！夫孝者，善繼人之志，善述人之事者也：……敬其所尊，愛其所親；事死如事生，事亡如事存，存之至也。」（中庸 第十九章）

孟子講述舜王的孝心：「王下之士悅之，人之所欲也，而不足以解憂；好色，人之所欲，帝妻之二女，而不足以解憂；富，人之所欲，富有天下，而不足以解憂；貴，人之所欲，貴爲天子，而不足以解憂。人悅之、好色、富、貴，無足以解憂者；順於父母，可以解憂。人少，則慕父母；知好色，則慕少艾；有妻子，則慕妻子；仕則慕君，不得於君則熱中。大孝，終身慕父母；五十而慕者，予於大舜見之矣。」（萬章上）

孝不僅是一種善德，乃是整體的生活，是生命的境界。儒家的聖人，生活在孝的境界裡。孝的功能，「大德敦化」，全中國人都知道「大孝尊親，其次弗辱，其下能養。」（禮記祭義）

以聖神之愛愛天主、愛人的聖者，必定遵守上主的教訓。「你要全心孝敬你的父親，不要忘掉你母親的痛苦。你要記住，沒有他們便沒有你；他們對你的恩惠，你如何報答呢？」（德訓篇第七章第廿九節）

基督講道，宣講天國，第一次顯靈，雖然自己說明時間還沒有到，但還是因孝敬母親，尊敬瑪利亞的指示，顯靈變水爲酒。臨終以前，在十字架上的劇苦中，沒有忘記把母親托給愛徒若望，我們敬拜基督，我們也恭敬祂的母親瑪利亞，這是中國的孝道。聖母瑪利亞在基督救世的工程中，有最崇高的地位，她參預救世的工程，孕育了救世主，養育了救世主，又在十字架下奉獻了自己的兒子耶穌。因此，她第一個得到救世工程的光榮效果，沒有原罪而受孕滿被聖寵。

孝道在歐美文化傳統中，以養育爲基本，子女須要父母的養育，子女應孝愛父母，子女成人自立了，便對父母祇有愛心，沒有孝敬的義務。目前中國社會，接受歐美的思想，放棄傳統的孝道，老年人都惶恐不安，大家尋求新的孝道，子女獨立營生，然不割斷生命的根源。

但，有人抱怨，我們行奉獻禮的人背棄了中國的孝道，捨棄父母，將自己奉獻於基督，離開家庭。然而中國古代傳統，也有在忠孝不能兩全，則捨孝而盡忠；我們爲天主而離開父母，並不違背孝道，何況我們仍以聖神之愛愛父母，且父母有事我們仍「服其勞」。

在今天的中國社會，若要保持儒家的傳統孝道，則祇有用儒家的孝以孝愛天父。基督自己一生實行了這種孝道，凡事孝愛聖父，光榮聖父。

「我實實在在告訴你們：子不能作什麼，他看見父作什麼，才能作什麼；凡父所作的，子也照樣作。……我由我自己什麼也不能作；父怎樣告訴我，我就怎樣審判，所以我的審判是正義的，因爲我不尋求我的旨意，而祇尋求那派遣我來者的旨意。」（若望福音 第五章第十九－二十九節）

「我由我自己不作什麼；我所講論的，都是依照父所教訓我的。派遣我來者與我在一起，他沒有留下我獨自一個，因爲我常作他所喜悅的事。」（若望福音 第八章第二十八節）

「父愛我，因爲我捨掉我的性命，爲再取回它來；誰也不能奪去我的性命，而是我情願捨掉它；我有權捨掉它，我也有權取回它來；這是我由我父所接受的命令。」（若望福音 第十章第十七節）

「信我的，不是信我，而是信那派遣我來的。看見我的，也就是看見那派遣我來的。……我沒有憑我自己說話，而是派遣我來的父，他給我出了命，叫我該說什麼，該講什麼。我知道他的命令就是永生；所以，我所講的，全是依照父對我所說的而講論的。」（若望福音 第十二章第四十四—四十九節）

在遭難的前夕，基督全身冒流血汗，恐懼十字架的苦刑；但，祂仍向天父三次申說：

「我父！若是可能，就讓這苦杯離開我罷！但不要照我，而要照你所願意的。」（馬竇福音 第三十六章第三十九節）

在十字架上，斷氣以前，向聖父說：

「父啊！我把我的靈魂交付在你手中。」（路加福音 第二十三章第四十六節）

這乃是一種全孝，是整個生命的孝。我們奉獻自己於基督，同基督結成一體的人，具有基督的精神，向天父懷著同樣的孝心。我們離開了家庭，我們不組織自己的家庭，在世上是單獨的一人。但，我們不是孤獨一人，因爲天父與我們同在。我們的心，不因奉獻而封閉；我們的感情，不因奉獻而乾涸；我們的感觸，不因奉獻而遲鈍。反而，感觸非常敏銳，感情特別濃，心靈更靈活，對於同情，對於鼓勵，對於安慰，更多要求，天父乃能答覆我們的要求。我們跌倒了，祂會扶起我們；孤單了，祂會安慰我們；被人輕視或誤解了，祂會鼓勵我們；做好了事，祂會喜歡，也使我們喜歡；作錯了事，祂會使我們認錯改過。有時，我們也會像基督受難時感到：「我的天主，祢爲什麼捨棄了我！」也可能像基督在受難前夕的禱：「父啊，若是可能，請讓這杯苦離開我！」我們關上門，在暗中祈禱天父，天父會看見我們。

聖嬰仿德蘭充滿了這種赤子之心，他在自傳裡說：

「耶穌惠示我以神愛火燃，惟一必由之路。是路也，即具小兒信賴之心，安臥於乃父懷中，泰然無懼。聖神嘗借撒落滿之口而發言曰：伊惟最小，來至我前。又言曰：慈蔭允施於幼小，依撒意亞先知亦奉天主名，昭示吾儕，謂於叔世，主將率其羊群，置諸草地，群聚小羊而緊貼於懷。復慮所言未足，而且光已透過悠久無疆之深處，不僅奉天主名而大呼曰；如母之撫摩其孩提，我亦如斯撫慰爾曹而抱置予懷，加諸膝上，以搖盪之。」（靈心小史 第十一章）

我們每個人，靜靜地反觀自己一生，看到許多情節，當時衹覺得是一些偶然的遭遇，沒有特別意義，現在看起來乃是天父有心的安排。我自己近來因寫七十自述和晉鐸晉牧述懷，多次回想以往的歲月；近日在榮民總醫院病房中，夜靜回顧一生經過，看到全是天父愛心，決定我一生的兩樁大事：第一，進衡陽聖心修院，獻身為司鐸。在決定以前的一個月，我從來沒有想，家中人也沒有說，就是因為在國小常考前茅，而竟考不上公立中學，衹考上私立中學，先伯父明山公要我進修院修道，我卻馬上答應去，不顧母親的反對，到今已六十多年，從來沒有懷疑自己的聖召，更沒有反悔。第二，往羅瑪留學。當年教區主教已決定派郭藩同學去羅瑪，我和同班的同學往漢口總修院，從衡陽到了長沙，忽然陪我們旅行的院長神父告訴我，宗座代表剛恆毅總主教來電報叫再派一名修生往羅瑪留學，臨時由駐在長沙的副主教決定派我去，和郭藩同學同路往上海。這樣，我去了羅瑪，家中親人都不知道。在這兩件決定我一生的事上，天父先要壓服我的傲心，令我有失敗的感觸，然後賜給我好的恩惠。基督自己曾經說：「你們縱然不善，尚且知道把好的東西給你們的兒女，何況你們在天之父，豈不更將好的賜與求他的人？」（馬竇福音 第七章第十一節）一次，秘書報告有一個持著已故湖南立法委員梁棟的信來找我幫助，恰好梁委員正來看我，我把信給他看，他說沒有寫那封信。我就出來對那個人說梁委員在我客廳裡，他一聽梁委員在，反身就走，頭也不回。我笑笑謝謝天父。

有時候我們也會覺得天父嚴肅，覺得天父離得遠，基督有天父，但又有懷孕祂的母親瑪利亞。我們和基督結成一體，瑪利亞便也是我們的母親。教會從古以來，就敬禮聖母，我們中國人有傳統的孝道，我們以傳統的孝道，孝敬瑪利亞。兒女有事不敢向父親求，但是沒有事不可以向母親說的。母愛爲天下最大的愛，爲最無私心的愛，也就是造物主天主爲我們人類設置最好的事，在神性的生命上，天父賞給我們這位母親，瑪利亞雖然沒有懷孕我們，但，她懷孕了基督，撫育了基督；曾親自站在十字架旁，親眼看到基督爲救我們所流的血，她怎麼不以母親愛兒子基督的心腸來愛我們呢？

歡喜時，我們歡呼聖母；痛苦時，我們哀號聖母；跌倒了，喊聖母；迷路了，呼聖母；孤苦時，投奔聖母；危急時，靠近向聖母。聖母常張開雙臂迎接我們，懷抱我們。

福音傳到羅瑪時，遭到羅瑪皇帝三百年的迫害，到了公斯當定皇皈依以後，歐洲蠻族蜂起，滅亡了羅瑪帝國，文化蕩然，到了中古才漸進入文明，教會一千多年的精神生活，以吃苦爲主流，對基督常有最後審判的恐懼。文藝復興以後，浪漫思想橫行歐洲，修會精神生活的主流，變爲以基督爲淨配，修女與基督締結神婚，以女愛的心情愛基督。乃到近百年聖小德蘭以孝愛的心情孝愛天父，老年的教宗庇護十一世接納這種思想，孝愛之心，瀰漫教會，我們中國素以孝道爲主，雖不敢言孝敬上天，然常主張父母配天，視爲孝道的最高點，稱讚舜王爲大孝，祭天時能以祖宗配祭。現在我們以上天視同父母，爲生命的最高根源，上天不是天老爺的大官，而是我們天父，以孝父母之心孝愛天父，作爲我們精神生活的主流。

現代人自立自尊，捧起自己的人格，蓄用自然界的財富。當自然界反搏的時候，當物質享受空虛了心靈的時候，才覺得在人頭上需有一神明，使人不是孤獨的小丑，聖小德蘭的神嬰赤子心情，在科學爬到高峰的社會裡，受到教會大眾的歡迎。我們順應潮流，發揚傳統的孝道，大孝尊親，孝愛我的天父。

智慧，乃天生；知識，由人培養。

佛教以人生爲痛苦，痛苦來自人的愚昧，把本來空虛的世界認爲實有，心生貪慾，造成生老病死的痛苦，釋迦牟尼苦修行得到光明，以智慧除去愚昧，解脫人的痛苦。華嚴經的佛，滿身光明，各毛孔放光，光澈人寰。

老子雖主張棄聖絕智，然而所絕的乃是小智，老子和莊子都主張大智，人的氣和天地之氣相接，人心直接知道「道」的奧妙，得有「全知」。

孔子以智仁勇爲三達德，孟子以仁義禮智爲四德，漢朝儒家以仁義禮智信爲五常，智在儒家的價值非常高。孔子自述修身的經過：「吾十又五而志於學，三十而立，四十而不惑，五十而知天命，六十而耳順，七十而從心所欲不逾矩。」（述而）學、不惑、知天命、耳順，都是關於智的修養。大學的修身之道，正心誠意，誠意則須致知格物。

十三、致知格物

知，按《中庸》所說：「或生而知之，或學而知之；或困而知之；及其知之，一也。」（第二十章）知，爲知人生之道，即是知天理。聖人，生而知天理，因爲聖人沒有私慾。孔子卻說：「我非生而知之者，好古敏以求之也。」（述而）致知在於求學，求學便是求知人生之道。君子和聖賢，乃好學以求知。

子曰：「十室之邑，必有忠信如丘者，不如丘之好學也。」（公冶長）

子曰：「學而不思則罔，思而不學則殆。」（爲政）

學而思，思而學，知道了修身處世之道，乃能自立而立人。「智者不惑」（子罕 憲問），不惑才能心安。

人生處世，所有的關係，從三方面來；從自己方面，從人方面，從天方面；儒家乃講知己，知人，知天。

知己，曾子說：「吾日三省吾身。」（學而）反省，才可以自知，自知，知自己的過失以求改過。「子曰：已矣乎！吾未見能見其過，而內自訟者也。」（公冶長），宋朝陸象山和明朝王陽明則以致知爲反觀自心，有知自心，天理之良知，致到實行。

知人，子曰：「視其所以，觀其所由，察其所安；人焉廋哉！人焉廋哉！」（為政）又說：「始吾於人也，聽其言而信其人；今吾於人也，聽其言而觀其人，於予與改是！」（公冶長），觀察旁人行事的心理和所有的行爲，以知道他的人品和性格。子貢問曰：「鄉人皆好之，何如？子曰：未可也，鄉人皆惡之，何如？子曰：未可也，不如鄉人之善者好之，其不善者惡之。」（子路）不能祇憑社會的輿論以知人，要追求輿論的正直。

知天，天對人有天命，知天便是知命。子曰：「不知命無以爲君子」（堯曰）。知天命才能畏天命，子曰：「君子有三畏：畏天命，畏大人，畏聖人之言。」（季氏）畏天命，乃求安身立命，「故君子居易以俟命。」（中庸 第十四章）孟子曰：「存其心，養其性，所以事天也。殀壽不貳，修身以俟之，所以立命也」（盡心上）孟子曰：「莫非命也！順受其正。是故知命者，不立乎巖牆之下，盡其道而死者，正命也；桎梏而死者，非正命也。」（同上）

孔子一生，求學不輟，發憤忘食，又教徒不倦，「顏淵喟然嘆曰：仰之彌高，鑽之彌堅，瞻之在前，忽焉在後。夫子循循然善誘人，博我以文，約我以禮，欲罷不能。既竭吾才，如有所立，卓爾，雖欲從之，末由也已。」（子罕）孔子智者的神化功能，從顏淵的言語裡，可以看到又高又深。顏回受孔子的感召，好學修身，孔子稱讚他在弟子裡是唯一好學的（論語 雍也）。好學求知天理，爲儒家的傳統，《中庸》說：「故君子尊德性而道問學，致廣大而盡精微，極高明而道中庸，溫故以知新，敦厚以崇禮。」（第二十七章）學和德不相分離。「博學之，審問之，慎思之，明辨之，篤行之。」（第二十章）學而行，知行乃合一。

我們基督徒有聖神之愛，聖神乃是光明智慧。在舊的古經裡，智慧篇一書歌頌智慧。

「我寧要智慧，而不要王權王位；財富與她相較，分文不值。無價的寶石也不能與她相比，因為，一切黃金在她面前，不過祇是一粒細沙；白銀在她跟前，無異一撮泥土。我愛她勝過愛健康和美色。……因為智慧是人用之不盡的寶藏；凡佔有她的人，必獲得天主的友愛，賴愛教而獲得的恩賜，深得天主的歡心。」（智慧篇 第七章第八—十四節）

「她是天主威能的氣息，是全能者的榮耀眞誠流露；因此，任何污穢都不能浸入她內。她是永遠光明的反映，是天主德能的明鏡，是天主美善的肖像。她雖是獨一的，卻無所不能；她雖恆存不變，卻常使萬物更新。她世世代代進入聖善的靈魂，使他們成為天主的朋友和先知。」（同上，第廿五節）

聖神和聖父聖子同體，所以基督自己稱自己是眞理，是光明。

「我是道路，真理，生命；除非經過我，誰也不能到父那裡去。」（若望福音　第十四章第五節）

「我身為光明，來到世界上，使凡信我的，不留在黑暗中。」（若望福音　第十二章第四十六節）

「我是世界的光；跟隨我的，決不在黑暗中行走，必有生命之光。」（若望福音　第八章第十二節）

基督為天主聖子，是聖父的肖像，是聖言，若望在福音的開端就說：

「在起初已有聖言，聖言與天主同在，聖言就是天主：……，在他內有生命，這生命是人的光，光在黑暗中照耀，黑暗決不能勝過他。」（第一章第一節）

基督聖言降生人世，將聖父啓示我們，基督說：「父啊！天地的主宰，我稱謝祢，因為祢將這些事瞞住了智慧和明達的人，而啓示給小孩子。是的，父啊！祢原來喜歡這樣，我父將一切交給了我，除了父以外，沒有人認識子，除了子和子所願意啓示的人以外，沒有人認識父。」（馬竇福音 第十一章第二十五—二十七節）

基督復活升天，不在人世住留，祂乃遣派聖神教導我們。

「當那一位真理之神來時，他要把你們引入一切真理，因爲他不憑自己講論，只把他所聽見的講出來。」（若望福音 第十六章第十三節）

天主聖言所啓示的，天主聖神所教導的，構成我們的智慧，在現世是我們的信仰（信德），信仰乃天父的恩賜，由聖神而施予。

儒家的智慧，爲理性的智慧，靠著學習而得，孔子教導弟子好學以實行。朱熹講研究外物以致知，每天格一物，終必通達；陸象山主講反觀自心以致知，格除物慾的障礙；王陽明說明良知爲先天之知，格正事物，致良知於事物，知行合一。儒家都求知道人性天理，或研究，或觀心，當行天理以成聖賢。這是儒家的智慧，也是天主聖神的智慧。但是，我們基督徒，因信德所得的智慧，則是超性的智慧，以發揚我們的天主性的生命。本性的智慧和超性的智慧，不相矛盾，而是拾級而升。然而聖保祿宗徒說天主的智慧反對人間的智慧，所說的人間智慧乃是世俗的俗智，孔子和老莊也都棄絕這種俗智；俗智求物質身體的享受，重利不重義，乃小人之智。聖保祿說：

「我的言論和宣講，並不在於智慧動聽的言詞，而是在於聖神和他德能的表現，爲使你們的信德不是憑人的智慧，而是憑天主的德能。」

我們在成全的人中也講智慧，不過不是心世的智慧，也不是今世將要消滅的有權勢者的智慧。我們所講的，乃是那隱藏的，天主奧妙的智慧。……可是天主藉著聖神將這一切啓示給我們了。因爲聖神洞悉一切，就連天主的深奧事理他先洞悉。人除了心內的心靈外，有誰能知道那人的事呢？同樣，除了天主聖神外，誰也不能明瞭天主的事。」（格林多前書 第二章第四—十節）

「天主豈不是使這世上的智慧成了愚妄嗎？……你們得以結合於基督耶穌內，全是由於天主，也是由於天主，基督成了我們的智慧，正義，聖化者和救贖者。」（格林多前書第二章第二十—三十節）

我們的智慧是信德，信德引我們歸向天主，不被世上人物的牽累，世俗的智慧卻傾向世上人物，因而兩者互相衝突。儒家的智不是世俗的智，孟子曾分人的心靈和肉身，心靈爲大體，肉身爲小體，孟子教導人培養心靈。世俗之智卻教人培養感官的享受。但，儒家的心靈修養，常止於現世的善，基督的智則高達天主遠及來世，更上一層樓，走入神性的永生。

我們奉獻自己於基督的人，我們實行節慾。我們以人性的天理併入基督的信仰。儒家的智協助我們體會基督信仰的高貴。

一切事，我們由信德去看，早晨醒來，一看今天的生命，感謝天父的恩賜。再看窗外的藍天，陽光初照，顯示天父的美妙。又看走廊的花草，顏色鮮艷，想到天父的妙工。進聖堂，默想，行彌撒聖祭，捧著耶穌聖體，面對天父。走入街市，人事相擠，體會到天父所定宇宙由人管理。一天裡遇到快意事，深謝天父的愛；遭到痛心的打擊，更感謝天父的信託。身體健康，愉快地爲天父做事盡責；身體有病，跟基督一起受苦。

信仰引導我們遠遠看到來生，死亡不是毀滅，而是改變生命，結束了塵世的旅程，獲登永遠的天鄉。信仰給每天的每一件事，一種超性的永恆意義連結起來，結成天父慈愛的一道光明，我們在這道信仰的光明中行走。

天父的光明，顯耀在天主聖言裡，聖言藏在聖經。福音四傳，由天主聖言在世時親自口述，是真理，是大道，是生命。閱讀聖經，天主的智慧深入我心，我能致知天主生命的蘊奧，我能格正心中的物慾。天天閱讀，心靈由聖言的光明，心眼看透宇宙萬物，看透現生的種種變幻，透入超性的永生。雖然尚是藉著信德，又透過信德而觀看，心靈則穩定，不動搖的希望著：「我信肉身之復活，我信常生。阿門。」

十四、無憂無懼

「司馬牛問君子，子曰：君子不憂不懼。曰：不憂不懼，斯謂之君子已乎？子曰：『內省不疚，夫何憂何懼！』」（顏淵）

孔子教育弟子，循循善誘，不疾言厲色。程顥比擬孔子爲天地的元氣，比擬孟子則爲秋天肅殺之氣。但，孔子講論三達德，以勇配智仁，孟子卻講仁義禮智，少了勇德。

「子曰：君子道者三，我無能焉！仁者不憂，智者不惑，勇者不懼。」（憲問）

有勇德的人，不怕困難，不怕危險。但是孔子卻不以不怕就是勇。

> 子曰：「暴虎馮河，死而無悔者，吾不與也；必也，臨事而懼，好謀而成者也。」（述而）

徒手去鬥老虎，徒步去涉急流，不是勇，而是愚，勇者，知道危險，認識困難，坐下好好計劃，然後大膽往前走。基督在受難前夕，跪在山園裡祈禱，「臨事而懼」，祈禱以後，坦然赴難，好謀而成。

勇，也不僅在於冒險赴難，更要表現於平日生活的氣象，處事冷靜，堅守原則，宰情慾，役物不役於物。

> 「子路問強。子曰：南方之強與？北方之強與？抑而強與？
> 寬柔以教，不報無道，南方之強也，君子居之。
> 衽金革，死而不厭，北方之強也，而強者居之。
> 故君子和而不流，強哉矯！中立而不倚，強哉矯！國有道，不變塞焉，強哉矯！國無道，至死不變，強哉矯！」（中庸 第十章）

孔子分勇爲三種：南方人的勇，以柔爲強，別人強暴，含忍地施以教育，別人強橫，忍受而不報復，這是君子人的勇，也可以說是道家的勇。老莊本來就是南方人。北方人的勇，則是俠士的勇，身懷兵器，爲義而鬥；古來常說燕趙多俠士。孔子所主張的勇，乃是聖者之勇：同社會人士和睦相處，但決不同流合污；自己按修身原則，立身處世，決不因人因事放棄原則而向一面倒，所以是屹立不搖；國家有道或者無道，自己修身的原則決不改變，不去邀寵，不求逃禍；這是聖者之勇。基督讚美洗者若翰有這種聖者的勇氣，粗衣惡食，守正不阿，絕不是隨風搖擺的蘆葦，而是曠野獅子的吼聲。

修身以正，首要有勇氣認過，力求改正。孔子曾經說：「算了罷！我再沒有看見一個知道反省認錯的人！」（公冶長）盛氣凌人，決不認錯，不是勇氣；吞聲忍氣，認錯悔過才算有勇！孔子說：「丘也幸，苟有過，人必知之。」（述而）真是自己的幸運，有了錯，人家就會知道，自己無法掩飾。「小人之過也必文」（子張）小人怕人責難，犯了錯，設法文飾掩蓋。

知恥，乃是勇。任意亂爲，不顧人家的指責，不算有勇；而是自己因作惡，知道羞恥，力求改正，才是有勇。孔子說：「行己有恥，使於四方，不辱君命，可謂士矣。」（子路）

孟子曰：「恥之於人大矣！爲機變之巧者，無所用恥焉。不恥不若人，何若人有！」（盡心上）有機巧的心，事事欺詐，不會知恥。看著別人上進，自己趕不上，也不覺得羞恥，孟子認爲言種人不會有成就。「見賢思齊焉，見不賢而內自省也。」（里仁）不嫉善，恥有惡，心有勇德。

修身克慾，孟子曰：「人有不爲也，而後可以有爲。」（離婁下）「無爲其所不爲，無欲其所不欲。」（孟子盡心上）修身行善。孟子曰：「舜之居深山之中，與木石同居，與鹿豕遊，其所以異於深山野人者幾希；及其聞一善言，見一善行，若決江河，沛然莫之能禦也。」（盡心上）孟子曰：「雞鳴而起，孳孳爲善者，舜之徒也。雞鳴而起，孳孳爲利者，蹠之徒也，欲知舜與蹠之分，無他，利與善而已。」（盡心上）營利的人，費心費力，聖保祿曾說：「運動會比賽的選手，拚命競爭，以奪取金牌銀牌；爲爭得天國永遠的榮冠，難道不願吃苦奮鬥嗎！」

儒家修身的目的，爲能推行堯舜之道以教民，故對於「道」，絕對不能苟且，孟子說：「天下有道，以道殉身；天下無道，以身殉道。」（盡心上）天下有道，在道中生死；天下無道，則死以衛道。子曰：「朝聞道，夕死可矣。」（里仁）

儒家入世，自強不息。《易經》乾卦：「象曰：天行健，君子以自強不息。」《周易本義》朱熹的注說：「天一而已，但言天行，則見一日一周，而明日又一周，若重複之象，非至健不能也。君子法之，不以人欲害其天德之剛，則自強不息矣。」天德之剛，剛爲勇。

我們獻身於基督的人，不是消極避世或出世，而是積極地出世又入世。奉獻的人不屬於世界，卻又在世界，基督在最後晚餐，爲宗徒們祈求聖父說：「因爲他們不屬於世界，就如我不屬於世界一樣。我不求你將他們從世界上撤去，只求你保護他們脫免邪惡。他們不屬於世界，就如我不屬於世界一樣。求你以真理祝聖他們；你的話就是真理。就如你派遣我到世界上來；照樣我也派他們到世界上去。我爲他們祝聖我自己，爲叫他們也因真理而被祝聖。」（若望福音 第十七章第十四節）獻身於基督，爲真理作證，以宣講真理；首先應實踐真理，然後才可以因真理而神化他人。

奉獻的生活，證明福音所說登天國須走狹路。「你們要從窄門進去，因爲寬門和大路導入喪亡；但有許多人從那裡進去。那導入生命的門是多麼窄，路是多麼狹！找到它的人的確不多。」（馬竇福音 第七章第十四節）窄門禁慾，事事限制，處處碰壁；寬門和大路，從心所欲，善惡不分。走窄門禁慾，須要有勇氣，自強不息。

獻身於基督，以宣講福音真理；但是忠言逆耳，招人厭恨。「光明來到了世界，世界卻愛黑暗甚於光明，因爲他們的行爲是邪惡的。的確，凡作惡的，都憎惡光明，也不來就光明，怕自己的行爲彰顯出來；然而履行真理的，卻來就光明，爲顯示出他的行爲是在天主內完成的。」（若望福音 第三章第十九節）我們不能希望到處受歡迎，更不能希望處處受尊重。基督早已說過：

「誰若願意跟隨我，該棄絕自己，天天背著自己的十字架跟隨我。因爲誰若願意救自己的性命，必要遺失性命；但誰若爲我喪失了自己的性命，這人必能救得性命。……誰若以我和我的話爲恥，將來人子在自己的光榮中，和父及眾聖天使的光榮中降來時，也要以這人爲恥。」（路加福音 第九章第二十三節）

「因爲從今以後，一家五口將要分裂，三個反對兩個，兩個反對三個。他們將要分裂：父親反對兒子，兒子反對父親；母親反對女兒，女兒反對母親；婆母反對媳婦，媳婦反對婆母。」（路加福音 第十二章第五十一節）

我們祇要看中國大陸主教、神父、修女、教友，多少被監禁，被充軍，被勞改，二十年或三十年受苦。他們卻安靜不餒，忍苦度日，一同受苦的人，欽佩他們的勇氣，深受感動而進入天主教。基督曾經許下遣派護衛之神：「我去爲你們有益，因爲我若不去，護衛者便不會到你們這裡來；我若去了，就要派遣他到你們這裡來。」（若望福音 第十六章第七節），宗徒們當時賴聖神的支持，能爲基督受苦而樂，中國大陸教胞也因聖神而勇於受苦。

然而我們獻身予基督的人，所背的十字架，並不常是這些外來的迫害，而是來自我們每天的生活。基督吩咐我們每天背著自己的十字架跟隨他，每天的十字架，來自團體的生活，來自每天的工作。團體的生活，雖象徵天國的團體，每人仍帶有自己的身體，彼此便免不了磨擦，日久天長可以成爲千斤重擔。每天工作須接觸各種不同性格的人，應付很多不同的環境，「盤根錯節」感使人氣餒。全靠彌撒聖祭中的耶穌，來到心中，以聖神的神力和安慰支持我們，養成獻身的意識，常意識到自己同基督受苦救世。

我若說我自己膽小，誰也不會相信；因爲大家對我的印象，是好大喜功，膽大妄爲。但，實實在在我生來膽小，怕看死人，現在殯葬祭典裡還不敢瞻仰遺容；黑暗中，連自己房裡也不敢走。祇是一方面，生來有湖南騾子的脾氣，直爽苦幹。每次作計劃必定在聖體櫃前求耶穌指導；每早，必求聖神降臨，又全心依賴聖母。漸漸許多計劃都能實現，膽子便大了，就似乎「膽大妄爲」了。

勇氣不是天生的，是修養而成的；天生的大膽，常能敗事。有職責指揮別人的人，必定該有勇氣，否則，不能指揮，不敢決策，耽誤大家的事。我們常唱「聖父右臂的手指」，這神聖指頭就是聖神一指向我們，我們的勇氣倍增，我們生活的境界，常祥和安寧。

十五、冰清玉潔

孟子曰：「形色，天性也，惟聖人然後可以踐形。」（盡心上）人的天性傾於形色，傾於感官的慾望，惟有聖人才能傾向感官而又實踐倫理的規矩，使動而皆中節。《大學》說：「所謂誠其意者，毋自欺也，如惡惡臭，如好好色，此之謂自謙，故君子必愼其獨也。」（第六章）《大學》更以好好色爲人心天然的傾向。

中國人傳統的享受，就是食和色；吃，成了藝術；色，對於男人視爲理所當然；女人才有貞操的責任，嫁夫從一。雖然孔子也說過：「君子有三戒：少之時，血氣未定，戒之在色。」（季氏）佛教傳入中國以後對於僧尼，訂有貞操的戒律，禁止僧人有淫慾意和女人相接觸。禁止尼姑用香水香花。然而儒家學者還反對佛教僧尼不娶不嫁，有損於孝道，因爲「無後」爲大不孝。

心淨的貞潔，由基督帶來人間。

「你們一向聽說過：不可姦淫。我卻對你們說，凡注視婦女，有意貪戀她的，他已在心裡姦淫了她。」（馬竇福音 第五章第廿七節）

「心裡潔淨的人是有福的，因爲他們要看見天主。」（馬竇福音　第五章第八節）

儒釋道三家都主張人要清除私慾，以見人心本體，慾情牽引人心沉入物質，物質形色蒙蔽心靈，心靈本體的光明不能顯露。儒家以心靈本體爲明德，道家以心靈本體爲道，佛教以心靈本體爲眞如。

基督信友的心靈和基督合成一體，基督成了我們心靈的超然本體。基督說：「心理潔淨的人是有福的，因爲他們要看見天主。」（馬竇福音　第五章第八節）反觀自心，得見基督。

基督稱揚心地潔淨，是稱揚摒除色慾；色慾的物質性最重，最能沾污心靈。天主乃絕對精神，默示錄述敘天主在寶座，一片天光，潔白無染；述說基督，身著純潔白袍，面部發光，有如太陽。陪伴基督的樂隊，都是身穿白雪般長袍的童男童女，沒有染過女色或男色。

聖保祿宗徒嚴詞責斥格林多人的淫污，說明貞潔乃基督之愛在聖神內的光芒，蓄在心內，顯於身體，邪淫污心，且污身體。

「你們因著主耶穌之名，並因我們天主的聖神，已經洗淨了，已經祝聖了，已經成了義人。……你們不知道你們的身體是基督的肢體嗎？我豈可拿基督的肢體作爲娼妓的肢體，斷乎不可！你們豈不知道那與娼妓結合的，便與她結成一體嗎？因爲經上說：『二人成爲一體』。但那與主結合的，便與他成爲一神。你們務必要遠避邪淫！人無論犯什麼罪，都在身體以外，但是，那犯邪淫的，都是冒犯自己的身體。難道你們不知道，你們的身體是聖神的宮殿嗎？這聖神是你們由天主而得的，住在你們以內，而你們已不是屬於自己的了。你們原是用高價買來的，所以務要用你們的身體光榮天主。（格林多前書 第六章第十一—十五節）

我們受了洗禮的身體，爲基督的肢體，爲聖神的宮殿，由基督用自己的性命所救贖的。若犯邪淫，污辱了基督的肢體，玷污了聖神的宮殿，拋棄了救贖的代價。聖保祿鄭重勸告說：

「弟兄們，我們在主耶穌內還請求並勸勉你們：你們既由我們學會了怎樣行事，爲中悅天主，你們就該怎樣行事，還要更向前邁進。你們原來知道，你們因主耶穌給了你們什麼誡命。天主的旨意就是要你們成聖，要你們戒絕邪淫，要你們每一個人明瞭，應以聖潔和敬意持守自己的肉體，不要放縱邪淫之情，像那些不認識天主的外邦人一樣。在這樣的事上，不要侵犯損害自己的弟兄，因爲主對於這一切是要報復的。……因爲天主召叫我們不是爲不潔，而是爲成聖。所以凡輕視這誡命的，不是輕視人，而是輕視那將自己的聖神賦於你們身

上的天主。」（得撒洛尼前書 第四章第一──八節）

心淨貞潔表現和基督的結合，和基督相結合因著聖神而成，既和基督結合一個神體，我們的身體因著聖神而被祝聖，邪淫的罪則破壞一切，使身體淪爲穢物。

身體的潔淨，和心靈的愛相結合，身體服從心靈，心靈主宰身體。奉獻自己於基督，心靈的愛歸於基督，不能旁分，身體也就屬於基督，不能交給他人。締結婚姻，心靈的愛歸於丈夫或妻子，不能旁分，身體也屬於丈夫或妻子，不能交給他人，心地純潔，乃愛情的純潔，愛情純潔是不旁分，愛情既純潔了，身體也相配合而純潔。基督對結婚者說：

聖保祿勸勉教友，追隨他的單身生活，守貞不娶不嫁，專心事從天主：

「我願你們無所掛慮：沒有妻子的，所掛慮的是主的事，想怎樣悅樂主；娶了妻子的，所掛慮的事是世俗的事，想怎樣悅樂妻子。這樣他的心就分散了。沒有丈夫的婦女和童女，所掛慮的是主的事，一心使身心聖潔；至於已出嫁的，所掛慮的是世俗的事，想怎樣悅樂丈夫。我說這話是爲你們的益處，並不是要設圈套陷害你們，而只是爲叫你們更齊全，得以不斷地專心事主。」（格林多前書 第七章第三十二節）

我們行奉獻禮，獻身基督，不娶不嫁，「所掛慮的事，是主的事，想怎樣悅樂主。」奉獻禮如同婚禮，奉獻自己的心。男女婚嫁，必要兩心結成一心；我們奉獻自己，將自己的心和獻於基督的心相結合。修女獻身基督，稱為與基督締結神婚，專心愛基督。但，在中國的習俗裡，談論神婚，有似講鬼話。一位教友寫信給我提出抗議，認為以基督有千萬妻子，大為不敬。我們獻身予基督，結成一體，基督為一體的頭，我們是一體的肢體，肢體當然愛自己的頭，就如愛自己的生命，因為失了頭顱，就失了性命。基督也曾經說：

「我是葡萄樹，你們是枝條。那住在我內，我也住在他內的，他就結許多的果實，因為離了我，你什麼也不能作。誰若不住在我內，便彷彿枝條，丟在外面枯乾了，人便把它拾起來，投入火中焚燒。」（若望福音 第十五章第五節）

樹枝和樹幹，頭顱和肢體的結合，較比妻子和丈夫的結合，更要密切，更不可分離。我們專心愛基督，因為祂是我們神性生命的泉源，是我們神性生命的頭顱，離了祂，就是死亡。

獻心予基督，心中再無別人，心不能分，分則不是愛。基督曾警告說：「沒有人能事奉兩個主人，他或是要恨這一個而愛那一個，或是依附這一個而輕忽那一個。你們不能事奉天主又事奉錢財。」（馬竇福音 第六章第廿四節）當然我們更不能事奉天主又事奉自己的身體。

但是身體卻是生命的一部份，不事奉，就得管制他。孔子說：「君子不重則不威。」（學而）威不是擺架子，祇求避免人家輕薄，且避免自己輕薄。宋朝理學家主張持敬，主張慎獨，孔子自己「食不語，寢不言。……席不正不坐，……寢不尸，居不容。……升車，必正面，執綏。車中，不內顧，不疾言，不親指。」（鄉黨）今天，我們要罵這太迂闊。但，在孔子的時代，是端敬的表現。今天，我們奉獻的人，爲保持身靈的貞潔，必須有我們的持敬。因爲「好好色」爲人的天性，這種天性在奉獻的人身上仍舊存在。常要發生如聖保祿宗徒所體會的事：

「所以我發現這條規律：就是我願意爲善的時候，總有邪惡依附著我。因爲照我的內心，我是喜悅天主的法律；可是我發覺在我的肢體內，另有一條法律，與我理智所贊同的法律交戰，並把我擄去，叫我隸屬於那在我肢體內的罪惡的法律。我這個人真不幸！誰能救我脫離這該死的肉身呢？感謝天主，藉著我們的主耶穌基督。」（羅馬人書 第七章第二十一

節）

身體是感官，感官和外物，物引物，容易把我們擄去。身體且是聖保祿所說的瓦器，我們心淨的寶藏，藏在瓦器中。（格林多後書 第四章第七節）

我生性喜好藝術，自幼習琴，在羅瑪時曾參加母校弦樂隊，中歲習畫，調節心情，看見美麗景物，心神愉悅。玫瑰初開，顏色新鮮，瓣尖稍淡，瓣底深濃，花上絲毫不染。蘭花放苞，笑面迎人，清氣洋溢。荷花清綠，一滴清水留在葉心，有如朝露，珍瑩閃光，指上權戒淡綠澤潤。自然界的純潔，牽我心神。

可是目前自然界處處呈現污染，每天面對污濁的基隆河和淡水河，胃口每覺倒吐。陽明山的朝霧晚霞，雜帶汽車飛機的黑煙。人世社會煙氣油味，臭氣薰人。人心那能免得污染。連小孩赤子的天真，也失掉了光輝。

我有哲學者的頭腦，又有藝術者的感情在人們的心目中，我這位總主教有時似乎困在情感中。不過，我早已說過我不爲情感所牽，但也怕情感的誘惑，我常用基督所立的兩件聖事，以保持心中的純潔，早晨，虔誠地舉行彌撒聖祭，無論身在何處，每天第一大事必是彌撒，舉行時，必須不慌不忙，心神收斂。每星期或兩星期，行告解懺悔聖事。還有每天的十五遍玫瑰經，更加深我心對聖母的連繫。心淨，不能完全由人努力，否則心身所感到的壓力，能夠使精神失去平衡，造成不近人情的脾氣，人格遭受損害。時時隨從聖保祿的教訓：「卻要充滿聖神，以聖詠，詩詞及聖神的歌曲，互相對談，在你們心中歌頌讚美主；爲一切事，要因我們的主耶穌基督的名時時感謝天父。」（厄弗所書 第五章第十九節）

十六、中正心謙

走到中正紀念堂前，正門碑坊上寫著「大公至正」橫匾。中正兩字來自《易經》，在《中庸》成爲中庸，中庸乃是儒家修身的原則，爲中華民族文化的主要傳統。

中正，代表《易經》卦爻在合理的位置。《易經》的卦，由兩個三爻的卦合成一個元爻的卦，二是下卦的中，五是上卦的中，正是陰爻陽爻各得其位。中正，是第二爻爲陰爻，第五爻爲陽爻，這樣的卦，稱爲中正的卦。例如同人卦爲這樣的卦，同人卦「彖曰：同人，柔得位得中而應乎乾，……文明以健，中正而應，君子正也。」又例如家人卦也是這樣的卦，家人卦「彖曰：家人，女正位乎內，男正位乎外，男女正，天地之大義也。」又例如革卦也是中正卦，革的現狀體本不好，須要改革，改革合乎中正就吉，「彖曰：天地革而四時成，湯武革命順乎天而應乎人，革之時大矣哉。」

中正的意義，是合於時，合於地。孟子曰：「孔子聖之時者也。」（萬章下）合於時，合於地，孔子稱之中庸。子曰：「中庸其至矣乎！民鮮能之久矣！」（中庸第三章）爲實踐中庸，孔子主張正名；時地合起來成爲位。子曰：「君子不在其位，不謀其政。」（泰伯）但在其位必實踐位的責任，孔子稱爲正名：君君，臣臣，父父，子子。位的責任乃是義，「君子之於天下，無適也，無莫也，義之與比。」（里仁）

「義以正我」（董仲舒 春秋繁露 仁義注）孔、孟心中常有堯、舜之道，以義養育自己的人格。因此，謙遜的善德，在孔、孟的語錄都見不到。孔子主張「君子不重則不威。」（學而）在匡地受圍時，自己說：「文王既沒，文不在茲乎！」（子罕）自信負有傳承文武之道的天命。孟子更是自信「夫天未欲平治天下也，如欲平治天下，當今之世，舍我其誰也！」（公孫丑下）他便自視爲不召之臣，君王應當先去看他：「故將大有爲之君，必有所不召之臣，欲有謀焉則就之」（公孫丑下）齊王召見他，他推有病不去，離開齊國，有一位有心人前去留他，對他講話，他「隱几而臥」不答。那人表示不滿，他則說那人先對他缺禮。

然而自重不是自傲，而是按照義和禮守著自己的地位。「窮則獨善其身，達則兼善天下。」孔子說：「君子泰而不驕，小人驕而不泰。」（子路）

君子站在自己的位置，堂堂正正，「中立而不依」。

中庸，中為居中，恰得其當；庸，為庸常，在每天的生活中，每事都得其當。中，不是呆板條文，不是處處如一，是要對於每人每物的適時適地，可以相合。神父和教友，每天唸經的時間，神父應該比教友長。在颱風救災的時日，和平日生活時日，神父唸經的時間要短。病弱人守齋和強壯的人守齋，兩者的分量必不相同。古代克己苦身，常以苦鞭自責，日不食，夜不寢，現代克己苦身，則少用酒煙，少進娛樂場所，少看電視，少聽歌曲。時地不同，身份不同，適合的中道也隨著變。但是普通一般人，則因中庸而造成不徹底、不守法，事事隨合的習慣。普通一般人因著守禮，又養成謙讓的虛套；宴客時，千推千拉，才肯就坐上坐。似乎和基督所講謙遜譬喻相像：「你幾時被請，應去坐末席，等那請你的人走來給你說：朋友，請上坐罷！」（路加福音 第十四章第十節）基督所講譬喻也只是套子，意義則在不自大，才真真受人尊敬。

《易經》有一個謙卦，不是中正卦，六爻裡有五條陰爻，祇有一條陽爻．謙所以以柔為主。《周易本義》的注釋說：「謙者，有而不居之義，止乎內而順乎外，謙之意也。山（下卦）至高而地（上卦）至卑，乃屈而止於其下，謙之象也。」象代表孔子的思想，謙卦的象說：「彖曰：謙亨：天道虧盈而益謙，地道變盈而流謙，鬼神害盈而福謙，人道惡盈而好謙，謙尊而光，卑而不可踰，君子之終也。」驕傲無是處，處處招致災禍，祇有謙才受福佑，俗語說：「滿招損，謙受益。」

謙的意義究竟何在？聖保祿宗徒解釋說：

「你們該懷有基督耶穌所懷有的心情：他雖具有天主的形體，並沒有以自己與天主同等，爲應當把持不捨的，卻使自己空虛，取了奴隸的形體，與人相似，形狀一見如人；他貶抑自己，聽命至死，且死在十字架上。」（斐里伯書 第二章第五節）

「謙，有而不居之義」，基督有天主的形體而不自居，顯出了謙遜的整個意義，也爲人建立了謙遜的模範。基督在最後晚餐，洗門徒的腳，教訓門徒說：「若我爲主子，爲師傅的給你們洗腳，你們也該彼此洗腳；我給你們立了榜樣，叫你們也照我給你們所做的去做。」（若望福音 第十三章第十四節），基督給門徒製定了謙遜的規律：

「你們知道在外邦人中，有尊爲首領的，主宰他們，有大臣管轄他們；但你們中間卻不可這樣。誰若願意在你們中間成爲大的，就當作你們的僕役；誰若願意在你們中間爲首，就當作眾人的奴僕，因爲人子，不是來受服侍，而是來服侍人，並交出自己的性命，爲大眾作贖價。」（馬爾谷福音 第十章第四十二節）

基督的謙遜應當說是謙遜的來源，因爲天主性的形體是祂自己所有的，祂有而不居；人則無論是誰，他所有的，都是上天所賜。聖保祿說：「你有什麼不是（從天主）領受的呢？既然是領受的，爲什麼還誇耀，好像不是領受的呢？」（格林多前書 第四章第七節）

我們若將孔子的正名，擴充意義，就可以用爲解釋「謙」，謙是有而不居，祇有基督才是謙，祂有天主性而不自居，甘願卑爲世人；別的人祇是正義，承認自己本來無所有。既然大家都本來無有，大家就都平等，爲什麼社會裡又有高下的職位呢？社會的職位，是爲社會的人服務的。

謙爲真理，在知和行兩方面都承認我們本來是「無」，因著天主的愛而受造，一切才和情俱爲天主所賜。後來自己努力，在才和情所有的成就，也由於天主的安排，能得有成就的機會。謙便是義，是正名，是中正。

最優美的表現，乃是聖母瑪利亞的「義」，她雖得天使的傳報，被選爲救世主之母，卻自稱爲天主的婢女；她雖胎中懷著天主聖子，表姐依撒伯爾稱她爲「我主的母親」，她卻唱歌讚頌主：

「吾魂弘天主，中心不勝喜；感荷救主恩，眷顧及賤婢。行見後代人，你我贋元祉；祇緣大能者，向我施靈異。厥名何聖潔，天慈洵靡已；但能懷寅畏，承澤無窮世。運臂耀神德，傲慢頓粉潰；王侯遭傾覆，卑賤升高位；飢者飫珍饈，富人寺承退。」（吳經熊譯　露稼福音　第一章第四十七節）

「傲慢頓粉潰」，天主厭惡傲慢，如同厭惡崇拜邪神；因為別樣的罪，侵犯別的人，崇拜邪神，則直接侵犯天主；傲慢將自己作為崇拜的偶像。本來應該以才和情去作事光榮造物主天主，卻用來光榮自己。基督在世時也就表現了厭惡驕傲的心情，稱呼驕傲的人為假善人。

「當你施捨時，不可在你面前吹號，如同假善人在會堂及街市上所行的一樣，為受人們的稱讚。……當你祈禱時，不要如同假善人一樣，在會堂及十字街頭祈禱，為顯示給人。……幾時你們禁食，不要如同假善人，面帶愁容，因為他們哭喪著臉，是為叫人看出他們禁食來。……」（馬竇福音　第六章第二—十六節）

基督又用最嚴厲最沉痛的言詞，責斥傲慢的法利賽人和經師：「禍哉！你們經師和法利塞假善人！」

魔王責爾普克的罪，在於想如同天主。彌格爾總領天使打擊魔王的標語「誰能如同天主！」原祖夏娃和亞當的罪也是「你們將如同天主一樣知道善惡！」天主懲罰魔王造了地獄，懲罰原祖關閉了天堂。後來天主憐惜人類，派遣聖子降世，受盡了侮辱，被釘死在十字架，重開了天堂之門；但是原罪的流毒使人天性就自大自尊。佛教乃教人爲虛爲空，道家教人爲無，以退爲進。「知足不辱，知止不殆，可以長久。……罪莫大於多欲，禍莫大於不知足，咎莫大於欲得。故知足之足，常足矣。」（道德經 第四十四—四十六章）儒家訂立禮，每人有自己的位，「君子思不出其位」（憲問）子曰：「勞而不伐，有功而不德，厚之至也，語以其功下人者也。德言盛，禮言恭，謙也者，致恭以存其位者也。」（繫辭上 第八章）

基督則以一切歸於聖父，不求自己的光榮，全求聖父的光榮；聖父乃以自己的光榮光榮了祂：「賜給了他一個名字，超越其它所有的名字，致使上天，地上和地下的一切，一聽到耶穌的名字，無不屈膝叩拜；一切唇舌無不承認耶穌基督是主，以光榮天主聖父。」（斐理伯書 第二章第九節）

十七、天倫之樂

「儐爾籩豆，飲酒之飫，
兄弟既具，和樂且孺。
妻子好合，如鼓瑟琴，
兄弟既翕，和樂且湛。
宜爾室家，樂爾妻帑，
是究是圖，亶其然乎。」（詩經 常棣）

中國人的生活，歷代常在家中；家庭的生活，乃團體生活，團體生活，是生命互相連繫；生活沒有連繫，便成孤幹，古人稱為鰥寡孤獨。人的天性追求幸福，造物主使人生在父母的懷抱中，從父母懷抱中得到愛，取得幸福。中國儒家愛惜生命，《易經》以「生生之謂易」（繫辭上 第五章）又以「天地之大德曰生。」（繫辭下 第一章）非常看重婚姻，孔子說：「合二聖之好，以繼先聖之後，以爲天地宗廟社稷之主。……天地不合，萬物不生，大昏，萬世之嗣也。」（禮記 哀公問）「婚禮者，將合二姓之好，上以事宗廟，而下以繼後世也，故君子重之。」（禮記 昏義），家庭以婚姻爲根基，家庭天倫之樂，由夫婦相處之樂開端，由夫婦相處之樂以維持。《詩經》歌唱新婚燕飲之樂：

「間關車之轄兮，思孌季女逝兮，
匪飢匪渴，德音來括！
雖無好友，式燕且喜。
……
雖無旨酒，式飲庶幾；
雖無嘉餚，式食庶幾；
雖無德與女，式歌且舞。
……
四牡騑騑，六轡如琴，
覯爾新婚，以慰我心。」（車轄）

家庭天倫之樂，由夫婦開展到子女，子女回饋，孝愛父母：

「麟之趾，振振公子，
于嗟麟兮！
麟之定，振振公姓，
于嗟麟兮！
麟之角，振振公族，于嗟麟兮。」（周南 麟之趾）

《詩經》讚美子孫繁衍，有如麟趾麟角。中國詩詞多讚美母親的愛：

「凱風自南，吹彼棘心，
棘心夭夭，母氏劬勞！
……
睍睆黃鳥，載好其音，
有子七人，莫慰母心！」（邶 凱風）

「慈母手中線，遊子身上衣，
臨行密密縫，意恐遲遲歸！

誰言寸草心，報得三春暉！」（孟郊 遊子吟）

儒家愛惜生命的延續和繁衍，建立了大家庭，數代同堂，憂喜相共。父慈子孝，兄友弟恭，夫唱婦隨，常爲儒家心靈生活的基本規範。

目前社會變化，大家庭已不再存在，小家庭隨之而興，父母子女再過天倫快樂，沖淡工商社會的機巧欺詐，冷酷無情。

基督在世時，已教訓門徒重視婚姻：「你們沒有唸過那創造者自起初就造了他們一男一女，且說：爲此，人要離開父親和母親，依附自己的妻子，兩人成爲一體的話嗎？這樣，他們不是兩個，而是一體了。爲此，凡天主所結合的，人不可拆散。」（馬竇福音 第十九章第四節）夫婦結成一體，象徵基督和祂的教會的結合，聖保祿宗徒稱它爲一大奧秘：「這奧秘真是偉大！但我是指著基督和教會說。總之，你們每人應當各愛自己的妻子，就如愛自己一樣。」（厄弗所書 第五章第三十二節）

夫婦既是一體，便不能分離，基督乃說：「如今我對你們說：無論誰休妻，除非因姘居，而另娶一個，他就是犯奸淫；凡娶被休的，也是犯奸淫。」（馬竇福音 第十九章第六節）中國儒家也主張夫婦白頭偕老，但卻允許離婚，又常娶多妾。基督則一切從嚴，男女結合，祇有一男一女，從不分離。既是一體，當然要彼此相愛：「作丈夫的也應當如同基督愛教會愛自己的妻子，如同愛自己的身體一樣；那愛自己妻子的，就是愛自己，因爲從來沒有人恨過自己的肉身，反而培養撫育它，如基督之對教會。」（厄弗所書 第五章第二十八節），妻子應服從丈夫，古來中外都是相同，今天男女平等，互相愛敬，同有貞操的義務：「丈夫對於妻子該盡他應盡的義務，妻子對於丈夫也是如此。妻子對自己的身體沒有主權，而是丈夫有；同樣，丈夫對自己的身體也沒有主權，而是妻子有。你們卻不可彼此虧負，除非兩廂情願，爲專務祈禱；但事後仍要歸到一處，免得撒旦因你們不能節制，而誘惑你們。我說這話，原是出於寬容，並不是出於命令。我本來願意衆人都同我一樣（獨身守貞），可是，每人都有他各自得自天主的恩寵，有人這樣，有人那樣。」（格林多前書 第七章第三節）

獨身守貞，乃是天主的特恩，基督也曾說不是一般人所接納的（馬竇福音 第十九章），男女合婚，結成一體，心身互相授受，延續生命，衍生子女。人工避孕，違反婚姻意義，夫婦相愛而結成罪惡，天倫樂趣深受染污，也遭蟲蛀，終難維持。自然節育，則可磨鍊意志，堅強自主力。

家庭天倫快樂因子女而完滿，而持久。聖保祿宗徒教訓說：「你們作子女的，要在主內聽從你們的父母，因爲這是理所當然的。」「孝敬你的父親和母親，……這是附有恩許的第一條誡命—爲使你得到幸福，並在地上延年益壽。」「你們作父母的，不要惹你們子女發怒；但要用上主的規範和訓誡，教養他們。」（厄弗所書 第六章第一節），聖保祿在〈致哥羅森書信〉中，重覆這些教訓，希望教友家庭，充滿聖德和快樂。「作妻子的，應該服從丈夫，如在主內所當行的。作丈夫的，應該愛自己的妻子，不要苦待他們，應該事事聽從父母，因爲這是主所喜悅的。作父母的，不要激怒你們的子女，免得他們灰心喪志。」（哥羅森書 第三章第十八節），孔子當時最注重正名，父親盡父親的責任，兒子盡兒子的責任，丈夫盡丈夫的責任，妻子盡妻子的責任，兄長盡兄長的責任，弟弟盡弟弟的責任。因此：「孝弟也者，其爲仁之本與！」（學而）

現在，大家忘記了自己的責任，大講自己的權利，父子有代溝，夫婦有平等。但是，普通每個人既生活在家庭裡，家庭生活便是心靈生活的核心。

天主聖三最奧秘的生活，用家庭生活的名詞以述說：聖父在無始之始生聖子，自己本體的肖像，聖父聖子相愛，引發聖神。聖三乃絕對精神，無男女性別，聖父聖子聖神共成一體，爲至高的神妙家庭。聖子降生，雖有肉體，絕無肉慾，由聖神的創造力，在童貞女的淨胎中孕育而生；既生則有家庭，造成納匝肋聖家作人世家庭的模範。

每一教友家庭，號稱家庭聖堂，家中有天主基督，爲一家之主；家中有聖經，爲傳家之寶；家中有聖母瑪利亞，爲家人的母親。清晨深夜，家中升起祈禱經韻，每逢家中喜慶喪祭，又逢教會和社會節期，聖誕節、復活節、端午節、中秋節、父親節、母親節、青年節、清明節，常有宗教儀式。日常生活，勤守天主規誡；心中且懷著基督的教訓：「誰愛父親或母親超過我，不配是我的徒弟。誰愛兒子或女兒超過我，不配是我的徒弟」。（馬竇福音第十章第三十七節）當然誰愛自己丈夫或妻子超過祂，也不配是祂的徒弟。一切在基督的愛中相愛，天倫之樂更純潔高尚，如聖詠所說：

「敬主邀天樂，從容聖道中，
勤勞應有果，君子豈終窮。
妻比葡萄樹，葡萄結滿廊，
麟兒紛繞膝，和氣溢門牆。
悃悃寧無報，西溫與汝親。
平生濡帝澤，長樂瑟琳春。
積善有餘慶，兒孫世世芳，
和平臨義塞，國泰民斯康。」（吳經熊　聖詠譯義　第百二十八首）

十八、以友輔仁

曾子曰：「君子以文會友，以友輔仁。」（顏淵）儒家以講學交友，交友以增進善德，行善避惡，克慾修身，全靠自己，從來不講祈求上帝，或叩請鬼神。子曰：「君子求諸己，小人求諸人。」（衛靈公）雖是說君子對自己反省，小人卻祇批評別人；但也是說君子行事靠自己，小人作事靠別人。儒家以人性爲善，祇有慾情蔽塞，努力克慾，便可明人心的明德。然而，每個人自己的力量總是有限，雖不應該常靠別人，也不能不同別的助力。儒家乃看重朋友，在五倫的倫常生活裡，有朋友一倫，朋友互相切磋，攜手進德。

孔子曰：「益者三樂，損者三樂：樂節禮樂，樂道人之善，樂多賢友，益矣；樂驕樂，樂佚遊，樂宴樂，損矣。」（季氏）多有好友，爲君子的有益樂事。

孔子曰：「益者三友，損者三友：友直，友諒，友多聞，益矣；友便辟，友善柔，友便佞，損矣。」（季氏）好的朋友有三種：一種是直言的人，可以指點過失；一種是誠實的人，可以互相信任；一種是有學問的人，可以長進學識。不好的朋友也有三種：一種是專求人喜好，諂媚別人；一種是優柔寡決，不辨善惡；一種是壞人卻好自己辯護。孔子指示門生，有朋友爲樂事，「有朋自遠方來，不亦樂乎。」（學而）但須選擇交友。

孟子曾經說：「責善，朋友之道也。」（離婁下）孔子因此說：「無友不如己者。」（學而）比你好的朋友，才知道勸善；若朋友比你壞，他就看不出你的過失。

儒家對於交友，以朋友之交淡如水，然必信於友，孔子言自己的志向說：「老者安之，朋友信之，少者懷之。」（公冶長）雖信於朋友，互相責善，但若受勸告的人不願接納，則止。「子貢問友。孔子曰：忠告而善道之，不可則止，毋自辱焉。」（顏淵）子游曰：「事君數，斯辱矣。朋友數，斯疏矣。」（里仁）屢次諫勸君王，不聽，自己會取辱；屢次勸告朋友改過，不聽，友會疏遠，也是自己羞辱自己，便不再勸告，交情也就終止。

我們信仰基督的人，有信仰的啓示，行善避惡，必須有基督的聖寵以相助，我們便誠切祈禱，不信任自己的能力。但雖不信任，並不能袖手不動，等候天主的靠助，我們仍應盡自己的力量，自強不息。且不僅盡自己的力，又還請朋友指點，因爲「當局者混，旁觀者清」。我們也很看重友情，聖經指示我們：

「如要交友，先要考驗，不要立刻信任他。因爲有的人只是一時的朋友，在你困難的日子就不見了。有的朋友，一旦變成仇人，就把你爭執的事和仇恨，洩露出來，爲凌辱你。有的人是酒肉朋友，在你困難的日子，就不見了。你幸福的時候，他和你同心，對你的僕婢也任意使喚；若你遭了難，他就翻臉攻擊你。但對於良好的友誼，你應恆一不變。你當遠離你的仇人，愼重對待你的朋友。忠實的朋友，是穩固的保障；誰尋得了他，就是尋得了寶藏。忠實的朋友，是無價之寶，他的高貴，無法衡量，金銀也比不上他忠實的美好。忠實的朋友，是生命和不死的妙藥；惟有敬畏上主的人，才能尋得。敬畏上主的人，才有真正的友誼，因爲他怎樣他的朋友也怎樣。」（德訓篇 第六章第七—十七節）

孔子的益者三友和損者三友，也在〈德訓篇〉這篇訓詞裡詳細說出；但德訓篇指出：敬畏天主的人，才可以有真實的朋友，友情是建築在天主的愛德上。中國儒家對朋友的信，也造成忠實的朋友，交情建築在天理的仁道上，「仁，人心也。」（孟子 告子上）人心來自天地之心，天地之心，反映上天之心。

朋友責善，有一位忠實朋友，勝過金銀寶石；但，儒家更看重老師；朋友乃平輩的人，學識道德尚難作人模範，老師則以言以行，教授人生之道。唐韓愈作〈師說〉一篇：「古之學者必有師。師者，所以傳道，授業，解惑也。人非生而知之者，孰能無惑？惑而不從師，其爲惑也，終不解矣。」

孔子自己說：「三人行，必有我師焉。擇其善者而從之；其不善者而改之。」（述而）

孔子以善事爲師，凡有善者都可從他學習。孔子自己開私人授徒的傳統，以聖賢之道教授學生。他曾說：「若聖與仁，則吾豈敢！抑爲之不厭，誨人不倦。」顏回因此稱頌孔子說：「仰之彌高，鑽之彌堅，瞻之在前，忽焉在後；夫子循循然善誘人，博我以文，約我以禮。欲罷不能，既竭吾力，如有所立，卓爾！雖欲從之，末由也已。」（子罕）孔子沒後，門生墓廬，守喪三年，如喪考妣。孟子後來乃說：「君子有三樂，而王天下不與存焉：父母俱存，兄弟無故，一樂也；仰不愧於天，俯不怍於人，二樂也；得天下英才而教育之，三樂也。君子有三樂，而王天下不與存焉。」（盡心上）儒家既認定師道的尊高，弟子們也就歷代都「尊師重道」，每人家中，供者「天地君親師」牌位，上香禮拜。

目前，社會變了，教育制度改了，一陣狂風打教師們如同秋風掃落葉，落在地上，任人踐踏。教師乃爭著治校大權，學生卻也在爭著治校之權，大學法修改後並不能恢復教師的地位，還要教師自已敦品修行，教導學生做人之道，學生才會仰慕老師的教誨。

基督以天主聖子，降作人師，在最後晚餐中向宗徒們說：「你們稱我『師傅』、『主子』說得正對，我原來是。……我給你們立了榜樣，叫你們也照我所給你們所做的去做。」（若望福音 第十三章第十三節）祂並且還說過：「至於你們不要被稱『辣彼，教師』，你們的教師只有一位，就是默西亞，救主。」（馬竇福音 第二十三章第八節），基督，天主聖父的聖言，創造宇宙萬物的模型，萬物都因祂而受造，祂是真理，是光明，當然是人們的唯一教師，就如祂是人類的唯一司祭。但，祂建立了教會，繼續救世的工程，教會分擔了祂的司祭和教師職務；教會有教導的權利和職責，用所選的分擔基督司祭品職的人去執行，教會內乃有宣道者和教導者。聖保祿宗徒告誡教友，服膺他所言所行：「凡你們在我身上所學得的，所看見的，所聽見的：這一切你們都該實行。」（斐里伯書 第四章第九節），聖伯鐸宗徒則勸告司牧要作羊群的模範。（伯鐸前書 第五章第三節）

人生最痛苦的事，是困難重重，心神紛亂，理智昏迷，孤獨無援；這時若能有明智的老師，指示途徑，有誠實的朋友，好語支持，精神必可一振，心靈驟見光明，體驗到「其實我並不是獨自一人，因為有父與我同在。」（若望福音 第十六章第三十二節）而且在聖父的愛中，知道基督有和基督的兄弟手足同在。

「弟兄同居樂無涯，渾似靈膏沐首時。
靈膏流浹亞倫鬢，直下浸潤亞倫襬。
又如黑門山上露，降於西溫芳似飴。
君不見西溫山，主所喜，
永生泉，福履綏。」（吳經熊 聖詠譯義 第百三十三首）

十九、為政以正

「季康子問政於孔子。孔子對曰：『政者正也。子帥以正，孰敢不正？』」（顏淵）

「子曰：苟正其身矣，於從政乎何有？不能正其身，如正人何！」（子路）

孔子對於政治的理想非常清楚，政治是教民爲善，以求民福。他周遊列國十三年，求做官，沒有得到，因爲他求做官，是爲行堯、舜之道，教民爲善。孟子也周遊列國，也求做官，也沒有得到，因爲他非堯、舜之道，不向君王去講。秦以後，天下統一，士人不必周遊列國，祇等著考試，考試上榜，入朝作官。儒家學者的志向，在於有官位，以行仁政。孟子說：

「故士窮不失義，達不離道。窮不失義，故士得己焉；達不離道，故民不失

望焉。古之人，得志，澤加於民；不得志，脩身見於世。窮則獨善其身，達則兼善天下。」（盡心上）

「孟子曰：『說大人，則藐之，勿視其巍巍然。堂高數仞，榱題數尺，我得志弗為也；食前方丈，侍妾數百人，我得志弗為也，般樂飲酒，驅騁田獵，後車千乘，我得志弗為也。在彼者，皆我所不為也；在我者，皆古之制也；吾何畏彼哉！』」（盡心下）

孟子的志，就是一般儒者的志，志在爲官。但，孟子的爲官，不爲求富貴，求享受，所以說「我得志弗爲也」，孟子做官求以仁政謀民福利，他敢說：「王如用予，則豈徒齊（國）民安，天下之民舉安。」（公孫丑下）

人民屬於國家，國家屬於社稷，社稷屬於皇帝；皇帝由上天選立爲民君，爲民師。全國的政治歸於皇帝，皇帝派官治理人民。

「孟子謂齊宣王曰：『王之臣，有託其妻子於其友，而之楚遊者；比其反也，則凍餒其妻子。則如之何？』王曰：『棄之（絕交）。』曰：『士師不能

治士，則如之何？』王曰：『已之（罷之）』。曰：『四境之內不治，則如之何？』王顧左右而言他。」（梁惠王下）

王受上天之託，治理全國；官吏受皇帝之託，治理人民。不在官位，則不治民，孔子故說：「不在其在，不謀其政」（憲問）不得志，則「獨善其身」，自己修德，「脩身見於世」得志做官，則兼善天下，使百姓安，使百姓福。大學篇中講治國平天下，先要修身齊家，修身則要正心誠意。一部廿四史中，賢臣良相不多，但也不少，足見儒家的政治理想，能有實踐的賢者。一般官吏，雖不貪污，大都自私，私於自己一身，私於自己一家，不以政治爲公。

基督降生，身爲救世主，然深恐猶太人誤信傳統，以救世主爲救以色列國之王，常稱自己爲「人子」，禁止門徒稱祂爲救世者。當增餅靈蹟後，群眾將強他爲王，立即遣散門徒，單身深入荒山。然而猶太人竟誣告祂自稱猶太王，羅瑪總督審問祂真是猶太王否，基督答說：「你說的是，我是君王。我爲此而生，我也爲此而來到世界上，爲給真理作證。」「我的國不屬於這世界；假使我的國屬於這世界，我的臣民早已反抗了，使我不至於被交給猶太人；但是我國不是這世界的。」（若望福音　第十八章第三十六—三十七節）耶穌基督乃是天主聖言，創造了萬物，又是人類救主，以自己的血洗淨人的罪，賜給人新的神性生命，人

類和萬物都歸屬於祂；但，這種歸屬是精神上的歸屬，所以基督聲明祂的國不是這世界上的。祂的兩個徒弟，雅各和若望兩兄弟，由他們的母親向基督求說：「你叫我的這兩個兒子，在你王國內，一個坐在你的右邊，一個坐在你的左邊。」耶穌回答說：「你們不知道你們所求的是什麼！……你們知道：外邦人有首長主宰他們，有大臣管轄他們。在你們中間卻不可這樣；誰若願意在你中間成為大的，就當作你們的僕役；誰若願意在你們中間為首，就當作你們的奴僕。就如人子來不是受服事，而是服事人，並交出自己的生命，為大眾作補贖。」—（馬竇福音 第二十章第二十一節）

政治，為人服務；這是基督的教誨。孔子說政是正，正是正義，以義養自己的身，盡自己名份的責任，教民為善，使民得福利，因為政治的權來自上天。基督在受審判時，對羅瑪總督說：「若不是由上天賜給你，你對我什麼權柄也沒有。」（若望福音 第十九章第十一節），人由天主所選，天主所造的人應在國家裡生活，使生活有保障；國家組織為人性的要求，乃天主所定，天主便給國家治理人民的權。國家以人民所選擇的方式，將政權交給政府，政權的主人是國家，政權的目的是人民的利益。

古代以國家為皇帝的產業，全由皇帝治理，人民「不在其位，不謀其政」；今天以國家為人民所組成，國家的事為人民大家的事，人民將國家的事託給政府，人民對於國家的事，

仍舊有責，人民仍舊要協助政府管理大家的事，謀求大家的福利。因此，「政者，公也。」，為大家公眾的事服務。服務，乃是從政者的精神生活。服務是愛，從政便是愛人。基督的服務觀念，同儒家的「仁」觀念相合，孔子說己立立人，己達達人；范仲淹說，「先天下之憂而憂，後天下之樂而樂。」

儒家的仁，爲參天地之化育，發揚天地好生之德。基督教誨人服務，以光榮天父。天父由聖言創造天地時，命令人掌管宇宙萬物：「你們要生育繁殖，充滿大地，治理大地，管理海中的魚，天空的飛鳥，各種在地上爬行的生物！」（創世紀 第一章第二十八節），人用自己的才力，駕馭自然，創造自己的生活環境，由野蠻進到文明。人類是歷史，乃一本文化史，述說人類各處努力，改良生活的狀況，建造更好的人類社會。但，人類科學發達，人自覺可以駕馭宇宙，抬頭祇見星辰，而不見造物者天主，人便自尊爲宇宙主人，一切歸於自己；人不單是政府服務的目標，人還是一切倫理法和國家法的製造者。人和人相爭，國和國相鬥，自然界也反搏，人以自由而摧毀自己的自由，以智慧而封殺自己的智慧，以科學增加生命享受而毀滅自命。

今天的政治生活，不僅是一個正字，也不僅是一個忠字，而是要發展仁愛；為大家服務，不是爲自己一個人服務。服務不是止於人的身上，也不止於國家的身上，而是要止於至善，上達到造物者天主。倫理是天主的，不是人隨時隨地而改的；國法是天主的，不是國家可以反對倫理而立法；經濟是天主的，不是人隨意浪費以滿足私慾；國家社會是天主的，不是國家至上而頭上沒有神明；宇宙是天主的，由祂創造而主管；人類是天主的，誠心感激創造和救贖大恩，叩首禮拜。政府的努力，社會團體的努力，每個私人的努力，合成全體的政治力，重建人類生活的秩序。

從事政治的人，政治工作乃仁愛的服務，以基督的愛，結合人們的心靈；以基督的愛培育萬物的生命；將人們的心靈和萬物的生命，呈獻於造主，救主基督，由基督再奉獻於萬善之源，眾美之美的至尊天父。

結語

心靈純潔明淨，得見心中的基督和天主聖三；生命和基督的生命相合爲一，充滿天主的仁愛，誠心孝愛聖父，懷著赤子心腸。每天閱讀聖經，增加信仰的智慧；勇往直前，自強不息；主宰情感，克制肉慾；中立不倚，事事光榮天主；精神流露，滿具浩然之氣，「神而明之，存乎其人，默而成之，不言而信，存乎德行。」（繫辭上 第十二章）「樂天知命，故不憂。安土敦乎仁，故能愛，範圍天地之化而不過，曲成萬物而不遺。」（繫辭上 第四章），常生活在神化的境界中。

下篇　神而通篇

二〇、通於世人

精神生活的境界，層層上升，純而明，明而神，神而通。通的意義，普通說是貫通。在精神生活上，莊子最注意「通」；他以通於天地，稱爲逍遙，「若夫乘天地之正，而御六氣之辯，以遊無窮者，彼且惡乎待哉！」（逍遙遊）通於是非，稱爲齊物，「彼亦一是非，此亦一是非。果且有彼是乎哉？果且無彼是乎哉？彼是莫得其偶，謂之道樞。樞始得其環中，以應無窮。是亦一無窮，非亦一無窮也。」（齊物）通於死生，稱爲物化，「昔者莊周夢爲蝴蝶，栩栩然蝴蝶也，自喻適志與！不知周也。俄然覺，則蘧蘧然周也。不知周之夢爲蝴蝶與，蝴蝶之夢爲周與？周與蝴蝶，則必有分矣。此之謂物化。」（齊物）通於道，稱爲眞人，「古之眞人，其寢不夢，其覺無憂，其食不甘，其息深深。」（大宗師）通於造物者，稱爲無心，「予方將與造物者爲人，厭，則又乘夫莽眇之鳥，以出六極之外，而遊無何有之鄉，以處壙埌之野。汝又阿帠以治天下感予之心爲？」（應帝王），通於萬物，稱爲天樂，

「『……一心定而萬物服。』言以虛靜，推於天地，通於萬物，此之謂天樂。」（天道）通於天下，稱爲忘我，「以敬孝易，以愛孝難；以愛孝易，而忘親難；忘親易，使親忘我難；使親忘我易，兼忘天下難；兼忘天下易，使天下兼忘我難。」（天運）莊子在各方面都講「通」，使自己的精神和道和天地和人物和世事，貫通無礙，順乎自然，一切天然，無知無欲，素樸天真。

儒家的聖人，以仁德的心，和天地日月四時鬼神相通，「先天而天弗違，後天而奉天時。」（易經 乾卦 文言）

基督的生命，既和天父相通，又和人類相通，且通於宇宙萬物，造成一種新天地。亞當爲人類的原祖，人類由他的生命而得生命，他的血脈流於整個人類血脈中，因而他的罪惡也就通於整個人類，人類在罪惡的流毒中相通。聖保祿宗徒在他的書信中多次提到因一個原祖的罪，人類都有了罪；原祖因著罪而死亡，人類也都要死亡。人類不僅在血肉的生命上相通，在精神的生活上也都相通。

基督降生，拯救人類，給予人類一種新的精神生命，祂因著這種新生命，成爲新的人類的原祖，祂因聖洗造生新的人類，祂的神性生命通於因著神聖而新生的人。新生的人結成一種新的人類，在精神生活裡彼此相通。

亞當具有整個人類，不是代表人類，而是具有人類的本質，他的罪留在人類的本質上，在本質上加了一層污染，因爲他是第一個具整個人類本質的人，人類由他因著生育而發出，他的罪流傳到一切由生育而出生的人。基督降生爲創造新的人類，取了人的本質，基督的人性本質是整個的人性本質，聖保祿宗徒乃說因一個人的聖善，由死中復活，人類也因此洗除罪惡，得達聖善而復活。基督不是因著爲人類代表的法律地位，也不是因著聖父認定祂的救贖有替全人類贖罪的價值，而是整個人類本質的生命，都在基督以內，整個人類的生命和基督的人性生命相連，祂的人性生命，就是整個人類的生命，祂洗除人性生命的罪債，整個人類生命的罪債就被洗除。但是，基督洗除罪惡的人類，不是因生育而傳生的人類，乃是由聖洗獲得新生命的人類。由亞當因生育而出生的人都可以得到基督的救贖，因爲大家因著人性本質的生命，和基督的人性本質生命相連，基督所以是一切人的救主。每個人爲獲得救恩，祇要領取聖洗，由聖洗而獲得新生命；新生命爲基督的天主性生命，使原先人性本質的生命提高到超性的天主性生命。受了聖洗的新人類，一同得有基督的天主性生命，和基督相連，又彼此相連；如同基督自己所說：祂是葡萄樹幹，受了聖洗的人是葡萄樹枝，彼此同有一個生命，生命在彼此間相通。

我們的精神生命，爲基督的天主性生命，因著聖神的神力而成立。我們的第一種反應和意識，這種生命是一種團結的生命，生命的來源爲天主聖三，聖三爲超越一切的神妙團結，聖父聖子聖神永恆地互相交流。這種生命的主體爲基督，祂上與天主聖父相通，下與因聖洗而參預自己生命的徒眾相通，縱橫通流，生命唯一。

我們受洗後，參預基督的神性生命，同時，也參預基督教會的團體；因爲教會爲基督繼續在世的生命，稱爲基督的妙體，稱爲天主的子民。受洗後對基督神性生命的參預爲不可見的心靈活動，可見的活動則是參預教會的團體；這種參預不是象徵性，也不是偶然式的活動，而是長久性，和正常性的活動。一個受洗的基督徒，應該體驗到自己加入了一個團體，和團體的組織相通，和團體的成員相通。領了洗的人，造成一個新的以色列選民，稱爲天主的子女。在基督內的得救，是在教會團體以內的得救，要以聖洗加入這個教會團體才能得救。我們領洗的生活，乃是天主選民的生活，是團體的生活。好比中國以往的生活是家庭團體的生活，每個人的生活，和家庭相連，倫理的根本以家庭孝弟善德爲根本。中國人的精神生活也就是家庭的精神生活，每個人的心目中常有自己的家庭。領了洗禮而得有基督生命的人，參預基督的妙體教會生活，成爲教會的一份子，以教會的聖事作爲精神生命的基礎，常要意識到教會的團體生活，和教會息息相通。一旦孤立了，精神生活就要萎縮。聖女小德蘭爲一位苦修會的修女，一步不出門，一次也不露面見客，卻日夜爲教會的傳教工作祈禱，去世後，竟被教宗庇護十一世奉爲傳教的主保。

儒家素講世界大同，《禮記・禮運篇》說：「大道之行也，天下為公，選賢與能，講信修睦。故人不獨親其親，不獨子其子，使老有所終，壯有所用，幼有所長，矜寡孤獨廢疾者，皆有所養。貨惡其棄於地也，不必藏於己，力惡其不出於身也，不必為己。是故謀閉而不興，竊亂賊而不作；故外戶而不閉，是謂大同。」這種理想雖在四千年的政治史上，沒有實現，然不失為儒家的一大理想，賢人君子勉力為別人福利著想。宋范仲淹曾有一名句：「先天下之憂而憂，後天下之樂而樂。」（岳陽樓記）和基督的愛，在本性方面相合。

我們天主教的信仰中，在超性中更進一步有「諸聖相通功」的一條，我們相信人的精神生命相通，彼此可以共享生命的成果。

教友生命的相通，是在基督生命中相貫通。基督曾經說自己是善牧，為自己的羊，甘願捨棄生命。我們透過基督的這種愛而互相愛，我們相愛不為情慾，不為自私，而為愛基督以愛基督的羊。基督的生命在每個教友的生命裡，我們愛人是為使基督的生命在人的心靈裡發育茁長。我們愛人，不為使人的心靈傾向我們，更不為從人手裡領取報酬，而是使人的心靈傾向基督，以表示我們對基督的愛。在基督的生命中相通，祇有罪惡可以阻礙，其他的缺失，阻擋不了愛的通流。身體的缺欠嗎？心靈的缺欠嗎？殘障也好，白痴也好，醜貌也相，仇敵也好，暴躁也好，盜竊也好，在基督的愛中，卻已融化，都不能阻擋愛的通流。若說美貌、善德、智慧、友情、相知，在基督的愛中，更可加強愛的通流。

聖保祿宗徒說：「首先的一位亞當成了有靈的活人，末後的一位亞當成了給人生命的聖神。」（哥林多前書 第十章第四十五節）末後的亞當爲基督，基督給人新的生命，獲得新生命的，結成一個軀體，聖保祿說：「就是身體只是一個，卻有許多肢體，但肢體雖多，仍是一個身體，基督也是一樣。我們不拘是猶太人，是希臘人，是奴隸人，是自由人，都因一位聖神受洗而成一體，充滿同一聖神。」（哥林多前書 第十二章第十三節）聖保祿宗徒又說：「你們受洗同歸於基督，穿上了基督（的生命），再不分猶太人，希臘人，自主的，爲奴的，或男或女，因爲你們在基督內都結成了一個。」（迦太拉書 第四章第二十七節）

我們受洗獲得基督的生命，因著基督的生命合成一體。在一個身體內，生命通流；若一個肢體阻擋生命進入，馬上痿痺成爲死肢體。我們和一切信友，生命相通；生命是仁，仁爲愛之理，我們的愛在信友中通暢貫流，不分階級，不分種類。聖若望宗徒說：「我們知道我們已經由死亡而進入了生命，因爲我們對弟兄們有愛，誰沒有愛，仍舊住在死亡裡。」（若望一書 第三章第十四節）「親愛的弟兄，我們應當彼此相愛，因爲愛是從天主來的，凡有愛心的，都是由天主所生，並且認識天主，沒有愛心的，就不認識天主，因爲天主是愛。」（若望一書 第五章第七節）愛不僅是愛心，不僅是善德，而是真實的生命。誰對弟兄沒有愛，就是行屍走肉，因爲他沒有天主的生命。天主的生命經過基督，藉著聖洗給予了受洗的人，他卻對弟兄沒有愛，阻擋了基督流入他的心靈，他就沒有天主的生命，成了基督身體上的一個死肢體。

我們要敞開心靈，讓基督的生命大量流入；基督的生命在我們心靈內發育了愛心，愛心四通八達滾滾地流入弟兄的心內，通於各色的人。

基督在世時，愛一切的人，爲救全人類而捨生，但是祂的愛也有高低。在十門徒中，若望自認是基督最愛的門徒。門徒們阻擋小孩走近時，基督特別吩咐把小孩帶來，誠心祝福他們。當基督看到瑪爾大和瑪麗哭自己的弟兄拉匝祿時，便流淚悲傷，在場的群眾都說：「祂多麼愛他們。」凡是有病的人呼號求救，祂必詢問他們的心願，應允他們的呼求，治好他們的病。在山中聖訓裡，祂說明八種人特別取得祂的愛，賜給他們幸福；這些人是貧窮人、痛苦人、受壓迫的人、追求正義的人、心地純潔的人。愛的高低，並不阻擋愛的通流，因爲在一個身體上，也有些肢體須要多加照顧。孔子也曾說明自己的心願：「朋友信之，老者安之，少者懷之。」

我們的心靈有基督的生命，基督的生命是無限，我們不要把無限精神生命的愛，緊縮在幾條窄隘的溝裡。我們心靈的愛，如同一座大水庫，積滿了基督神性的生命水，敞開攔水壩，萬馬奔騰地滾滾奔流，灌溉平原裡的生命。

在一個自私享受，排除異己的社會裡，在一個種族，宗教，政治，思想，建立許多籬芭，造成四分五裂的世界裡，我們獻心於基督的人，盡力因著聖神的神火，燒毀社會裡區分的籬芭，築成人間的精神水溝，四通八達，流放活躍的愛，流到基督的全部肢體的人，並且流入還未而都可以成爲基督肢體的人，泛愛一切的人，精神生活達到通於人的境界，帶有天上教會純淨愛心的神樂。

二一、守口如瓶

「誰若自以爲虔誠，卻不箝制自己的唇舌，反而欺騙自己的心，這人的虔誠便是虛假的。」（雅各伯書 第一章第二十六節）不僅是宗教生活是虛假的，而且他的心必定不能安定，生活也進不到定而安的境界。

聖雅各伯宗徒又說：「舌頭雖然是一個小小肢體，卻能誇大。看，小小的火，能燃著廣大的樹林！舌頭也像是火！……我們用它讚頌上主和父，也用它詛咒那照天主的肖像而受造的人；讚頌和詛咒竟從同一口裡發出！我的弟兄們，這事決不該這樣！」（雅各伯書 第三章第五—九節）

聖伯鐸宗徒在書信裡引用聖詠第三十四首的話說：「誰是愛好長久生活的人？誰是渴望長壽享福的人？就應謹守口舌，克制嘴唇，不言欺詐。」（伯鐸前書 第三章第十節）

謊言失掉語言的意義；語言表示自己心中所想，傳達到別人心中，謊言所表示的，不是心中所想，爲欺騙別人。「你們說話，是就說是，非就說非。」（雅各伯書 第五章第十二節）基督自己也曾教訓門徒說：「你們的話，該當是：是就說是，非就說非；其他多餘的，便是出於邪惡。」（瑪竇福音 第五章第三十七節）

誠實爲儒家的美德，在《中庸》書裡，誠是天道和人道。漢朝和宋朝的儒者講五常：「仁義禮智信」。信爲誠實，在五常中不是一種達德，而是仁義禮智四達德的共同條件，每種達德都該有信。

巧言玩弄言語的用途，心不正，情不實；誑言誇大自己的行爲。子曰：「巧言令色，鮮矣仁。」（學而）。「司馬牛問仁。子曰：『仁者，其言也訒。』曰：『其言也訒，斯謂之仁已乎？』子曰：『爲之難，言之得無訒乎。』」（顏淵）明知實行所說的話多麼困難，說話當然要謹愼。子曰：「君子恥其言而過其行。」（憲問）「子曰：「君子欲訥於言而敏於行。」（里仁），子曰：「古者言之不出，恥躬之不逮也。」（里仁）孔子絕對不自誇，常說自己不敢自比聖人或仁人，就連君子的善德都沒有，自己所有的，祗在於力行不怠。

直言，實現語言的用意，表示心靈的正直，一生的幸事，在能有一位直言的朋友，「益者三友，損者三友：友直，友諒，友多聞，益矣。友便辟，友善柔，友便佞，損矣。」（季氏）柔言，即是「巧言令色」，沒有益，反有害。

聖經舊約箴言書說：「嚴格的勸告是生命的道路，使你遠避惡意的女人，離開淫婦阿諛的言詞。」（箴言 第六章第二十三節）「謹口愼言，方能自保性命，信口開河，終必自取滅亡。」（箴言 第十三章第三節）

箴言書還有一段針對口舌的訓詞：「惡人失口，自尋苦惱；義人卻能自免受累。人必飽嘗自己口舌的果實，必按自己的行爲獲得報應。……吐露真情，是彰顯正義；作假見證，是自欺欺人。出言不慎，有如利刃傷人；智者的口，卻常療癒他人。講實話的唇舌，永垂不朽，說謊話的舌頭，瞬息即逝。……欺詐的唇舌，爲上主所深惡；行事誠實的，纔爲他人所中悅。……憂鬱使人消沉，良言使人心快活。」（箴言 第十二章第十三節）

使人心最不快活的，是惡言誹謗人，捏造假事誣陷人。孔子深表痛恨，「子貢曰：『君子亦有惡乎？』子曰：『有惡：惡稱人之惡者，惡居下流而訕上者，惡勇而無禮者，惡果敢而窒者。』」（陽貨）朱熹註說：「稱人惡，則無仁厚之意；下訕上，則無忠敬之心。」孔子說君子深惡這種人。而且對不誹謗，祇批評，孔子也不稱許，「子貢方人，子曰：『賜也賢乎哉？夫我則不暇。』」（憲問）子貢批評人，自作比較，孔子對他說：你是賢人嗎？批評人，我則自己反省以改正自己，還沒有做好，那有時間去批評人！

聖保祿宗徒對於批評他人的人，責備卻很嚴厲。「誰使你異於別人呢？你有什麼不是領受（天主所賜）的呢？既受是領受的，爲甚麼你還誇耀呢？」（格林多前書 第四章第七節）「所以，時候未到，你們什麼也不要判斷，只等主來，他要揭發暗中的隱情，且要顯露人心的計謀；那時，各人才可由天主那裡獲得稱譽。」（格林多前書 第四章第五節）

聖雅各伯宗徒警戒教友們說：「弟兄們，你們不要彼此詆毀！詆毀弟兄或判斷自己的弟兄，就是詆毀法律，判斷法律。若是你判斷法律，你便不是守法者，而是審判者。只有一位是立法者和審判者，就是那能拯救人，也能消滅人的天主；然而你是誰？你竟判斷旁人？」（雅各伯書 第四章第十一節）

基督自己曾教訓門徒說：「你們不要判斷人，免得你們受判斷；因爲你們用什麼判斷來判斷，你們也要受這樣判斷；你們用什麼尺度量給人，也要用什麼尺度量給你們。爲什麼你只看見你兄弟眼中的木屑，而對自己眼中的大樑卻不理會呢？」（瑪竇福音 第七章第一節）基督很明白地告訴我們，我們怎樣待人，照樣天主也一樣待我們；我們寬恕，天主也寬恕我們；我們判斷人，天主也照樣判斷我們。這樣，基督給我們放了一面方便的門，使我們容易取得天父的赦免；祇要我們大量赦免別人，我們就可獲得天父大量的待遇。

孟子曾說：「言人之惡，當如後患何！」（離婁下）孔子說：「君子求諸己，小人求諸人。」（衛靈公）反觀自心，待自己須嚴，待人則要寬。

言語爲天主賜給人的一種工具，使人能群居共處，把自己的心，傳達到別人心裡，大家互相共融。彼此交換知識，彼此互相切磋，彼此互相鼓勵。父母師長的勸告，乃是金玉良言。聖經舊約箴言書中說：「我兒，應堅守你父親的命令，不要放棄你母親的教訓，應將二者刻在你的心中，繫在你的頸項上。它們在你行路時引領你，在你躺臥時看護你，在你醒來時與你交談；因爲父命是盞燈，母教是光明。」（箴言 第六章第三十節）人長大了以後，離開了自己的父母；或是在父母去世後，回想他們，父母的教訓會回到心頭，理會到他們教訓的貴重。自己對於子女，也就要盡心教訓。

老師長談，娓娓動聽；同道相見，攜手言歡；這時的心境，如沐春風。「君子之所以教者五：有如時雨化之者，有成德者，有達財者，有答問者，有私淑艾者。」（盡心上）

但有時，言詞有如轟雷，有如利刃；震動人心。基督向法利塞人所說的「禍哉，你們經師和法利塞假善人！」一連說了七個「禍哉！」（瑪竇福音 第二十三章）洗者若翰直接指著黑落德王說：「你不可佔有你兄弟的妻子！」（馬爾谷福音 第六章第十六節）這些話有如燒紅的鐵鍬，燙手燙心。身負先知先覺職責的人，爲維護正義真理，挺身而出，嚴詞斥責；但話中沒有仇恨，祇含沉痛的正義感。孟子也曾經說：「我亦欲正人心，息邪說，距詖行，放淫辭，以承三聖者，豈好辯哉？予不得已也！」（滕文公下）有仁心的人，不樂意傷別人的心；但爲檄正他的邪心，也不怕嚴辭指責了。孔子曾說：「可與言而不與之言，失人；不可與言而與之言，失言。智者，不失人，亦不失言。」但是子曰：「志士仁人，無求生以害仁，有殺身以成仁。」（衛靈公）基督直言，殺身成仁；若翰直言，也殺身成仁。他們的直言，他們的精神，留傳萬世。

人心和口舌相連，口舌動，心也動；謹守口舌能使心安。心正，言語也正；人狂，口舌也訕；「仁者，其言也訒。」聖賢，守口如瓶。

他們為安定自己的心，便常記著聖經的話：

「上主憎恨的事，共有六件，連他心裡最厭惡事，共有七件：傲慢的眼睛，撒謊的舌頭，流無辜者血的手，策劃陰謀的心，疾趨行惡的腳，說謊的假見證，和在兄弟間撥弄是非的人。」（箴言 第六章第十六節）

七件被上主憎惡的事，中間有三件屬於口舌：撒謊、假見證、撥弄是非；口舌的禍真大！

但，口舌的價值也很高，聖若望宗徒在默示錄記載，在天上，天使聖人將永遠歌唱：「願讚頌，尊威，光榮和權力，歸於坐在寶座上的那位和羔羊，永世無疆。」（默示錄 第五章第十三節）在天上將是無聲的語言，無聲音的歌詠，語言的形色失落了，語言的功用永久長存。

賢者的唇舌常是可貴的，從他唇舌中所發出的，是指人途徑的良言，是安慰人心的溫語，是激勵人意的好話。從他們口中所發的歌曲，溫暖人心，安慰人情頌揚造主，稱讚天父。

一般的教友，也應謹守聖保錄宗徒所說：

「要叫基督的平安，在你們內作主；你們所以蒙召存於一個身體內，也是爲此，所以你該有感恩之心，要讓基督的話充分地存在你們內。以各種智慧彼此教導規勸，以聖詠，詩歌，和神聖的歌曲，在你們心內，懷著感恩之情，歌頌天主。你們無論作什麼，在言語或行爲上，一切都因基督之名而作，奉著基督感謝天主聖父。」（哥羅森書 第三章第十五節）

守口如瓶，以保心安；啓發唇舌，以愛旁人；開懷歌詠，頌感感恩。

二二、通於萬物

《易經》六十四卦，有許多卦的卦辭，都說「亨」，例如乾卦「元亨利貞」，坤卦「元亨利牝馬之貞」，蒙卦「亨」，小畜卦「亨」等等。亨，是亨通；在天地間，天道和地道要相通；在人間，人道要和天道地道相通。例如謙卦的卦辭說「亨，君子有終。」彖辭說：「謙，亨，天道下濟而光明，地道卑而上行，天道虧盈而益謙，地道變盈而流謙，鬼神害盈而福謙，人道惡盈而好謙。謙尊而光，卑而不可逾，君子之終也。」《易經》以天地有好生之德，萬物都為天地所化育，同具一種生命，生命的高低雖不同，生命的存在則相通。不僅如同王陽明所說人的生命，需要動物植物礦物來滋養，並且萬物都具有活動，彼此交流。中國古人常說「人傑地靈」即是「地靈」，乃生「人傑」，好的山水中，產生優秀的人。萬物和人事都由陰陽五行而成，陰陽五行之氣，週游於萬物和人事間，互相貫通。山峰延綿，脈絡相連；儒家的明達之士，常能體驗到萬物的生氣。對著一望無際的大海，望著峰巒迤邐的高山，看到「江隨平野闊，月湧大江流」的壯觀，自覺和宇宙同化，自己生命的無窮。孟子所以有充塞宇宙的浩然之氣，慷慨地說：「萬物皆備於我。」（盡心上）古代文人騷客，多人在山水清秀的地點，建造樓閣，和詩人朋友，飲酒賦詩，欣賞自然美景。蘇軾曾說：「唯江上之清風，與山間之明月……為造物者之無盡藏，而吾與子之所共適。」（前赤壁賦）這種生活境界，稱為生活的雅興，由萬物形色之美，而與萬物的生命相通，進而參天地對萬物的化育。

道家通於萬物的境界，已達到天人合一的境界，稱為至人的境界。「古之真人，……登高不慄，入水不濡，入火不熱。是知之能登假於道也若此。……古之真人，其寢不夢，其覺無憂，其食不甘，其息深深。……古之真人，不知說生，不知惡死；其出不訢，其入不距，翛然而往，翛然而來而已矣。不忘其所始，不求其所終；受而喜之，忘而復之，是之謂不以心揖道，不以人助天，是之謂真人。」（莊子 大宗師）「之人也，物莫之傷，大浸稽天而不溺，大旱金石流土山焦而不熱，是其塵垢粃糠，將猶陶鑄堯舜者也，孰肯以物為事！」（逍遙遊）真人和萬物相通。「物莫之傷」，水不浸，火不焚，周遊天地間。

佛教講通於萬物，「萬法圓融」。萬法（物）為真如的現象，通於真如，彼此又相通。真如稱為一，稱為理；萬物稱一切，稱為事；「萬法圓融」，一入一切，一切入一，事理無礙，事事無礙。譬如，海水和波浪相通，波浪和波浪相通，海水貫通一切。

天主教的信仰，教導人們認識宇宙萬物為天主所造。天主以自己的觀念創造萬物，天主的觀念即是對自己本體的觀念，即是聖言，聖言稱為道，若望福音開端說：「太初有道，道和天主同在，道就是天主。萬物是藉著祂而造的。沒有祂，萬物都不能存在。在祂內有生命，生命就是人們的光。」（第一章第一—四節）天主本體是全美，是全善；萬物因著聖言而受造。必定和聖言所想的相同，真實無妄。在萬物的真實中，表現天主本體的幾分美善。萬物的美善，有理性的人都能認識，都能體驗，且能欣賞。中國的詩文裡，有無數稱揚自然界美景和物體美妙的篇什。我們祇要讀范仲淹的〈岳陽樓記〉，王禹稱的〈黃岡竹樓記〉和王勃〈滕王閣序〉：

「若夫霪雨霏霏，連月不開；陰風怒號，濁浪排空；……滿目蕭然，感極而悲者矣！至若春和景明，波瀾不驚；上下天光，一碧萬頃；……則有心曠神怡，寵辱皆忘；把酒臨風，其喜洋洋者矣。」（岳陽樓記）

「落霞與孤鶩齊飛，秋水共長天一色。」（滕王閣序）

「夏宜急雨，有瀑布聲；冬宜密雪，有碎玉聲；……江山之外，第見風帆沙鳥，煙雲竹樹而已。」（黃岡竹樓記）

自然景色在風雨晴晦裡的變化，激發人心靈的雄放或悲憫深情，使人忘懷天地，冥然與物同化。

但，宇宙萬物的美善表現造物主的美善，歌讚造物主的愛心，即《易經》所說「天地有好生之德」，不僅爲供人們的欣賞，更不爲供人濫用；人因原罪的流毒，卻常使萬物屈人權下，不再歸屬造物主。聖保祿宗徒說：「一切受造物都在等候天主子女的出現，因爲受造物遭受濫用，不是出於自願，而是由於管制者的意旨。然而受造物必將脫離奴役的羞辱，進入天主子女的光榮，所以我們知道一切受造物，直到如今，都在嘆息呻吟。」（羅馬人書第八章第十九—二十二節）

人們因著原罪的流毒，背棄天主，轉向自己，使用世物以滿足自己慾情的享受；但受造物本然地伸向造物主天主，歌讚造物主的美善。因此，嘆息呻吟，等候救世主重造新的人類，構成新的天地，人和萬物，企首長望，歌唱造主。

「吁嗟吾魂，盍不頌主，我主蕩蕩，威耀寰宇，披光為裳，黼黻文章。……」

地基既立，永不動搖，被之以水，有如褐袍。厥水滔滔，淹彼岩嶢，我主怒譴，退彼洪濤。慑主雷霆，逡巡潛逃。山嶽以升，衆谷以沈，高卑定位，實合天心。作之防閑，莫使相侵。引泉入谷，水流山麓。群獸來飲，野驢解渴。飛鳥來集，巢於其林，相顧而樂，嚶嚶其鳴。主自高宮，沐山以霖，大地欣欣，結實盈盈。離離芳草，飼彼六畜。青青新疏，酬人勞作。俾我芸芸，取食地腹，酒以怡神，膏以潤顏。餅餌養生，可以永年。相彼喬木，酣暢芳澤。麗盆之柏，主所手植，以棲眾禽，以憩倦翮。雍雍慈鶴，家於喬松。……

中天挂月，以序時節，叮嚀驕陽，出納無忒。……

巍巍我主，經綸無數，陶鈞萬物，澤被寰宇。相彼滄海，浩蕩無垠。鱗族繁滋。巨細咸陳，以泳以游。載浮載沈，以通舟楫，以憩鱷鯤。凡屬受造，仰主資生。……

惟願我主，光榮長存。惟願我主，悅懌生靈。……終吾之身，惟主是讚。有生之日，惟主是歎。……吁嗟吾魂，可不頌主，芸芸眾生，歡忭鼓舞。」（吳經熊 聖詠譯義 第一百〇四首）

一位達到通於萬物境界的賢者，舉目向天，俯首向地，旁觀草木飛禽，注視鮮花艷蝶，心情愉快，讚美造物主的偉大，欣賞造物主的美妙。心靈和萬物相合，同聲歌頌造主。

「讚主於六中，讚主於蒼穹，讚主爾眾神，讚主爾萬車。
讚主爾日月，讚主爾明星，讚主爾九天，讚主爾靈淵。
讚主為何因，莫非主所成，讚主為何故，恃主很安固。
各各有定分，祇守莫踰矩，讚主於大地，讚主於海底，
溟海與源泉，冰雹與氛氣，
雷霆與白雪，飄風布聖旨。小丘與高嶽，果樹與喬木，
爬蟲與飛禽，野獸與家畜，王侯與眾庶，權位與貴爵，
壯男與閨女，白髮與總角，皆應誦主名，主名獨卓卓。
峻德超天地，子民承優渥。眾聖所瞻仰，義塞所依托。
天下諸虔信，莫非主之族。」（吳經熊 聖詠譯義 第一百四十八首）

聖人中曾有這般赤子童心的人，喜對萬物，如對兄弟姊妹。體味造物主所施予萬物的美麗神奇，不約而同，高聲頌謝造主。亞細細的聖方濟。作太陽歌，邀請太陽兄長同歌唱；遇一豺狼，好言相誨；因眼疾用火攻，敦勸火姐減少威力。聖方濟的心靈，無憂無懼，所喜好的是貧窮和痛苦，他的生命已和基督的生命融化為一了，因基督之愛以愛萬物。

巴杜瓦的聖安義為著名講道家，一次，在湖邊講道，群眾不來，來者散走，聖安義向湖

中呼喚群魚來聽，湖中一時萬頭爭動，群魚昂首出水，靜聽聖安義講話：「魚兒們，你們要感謝造物主，你們不勞而有吃，爲生活常有水。」

有人或者以爲這都屬於神話，但在巴黎大學和牛津大學創立的時候，歐洲社會上不容易產生這類的神話罷。假使就是神話，也是很可愛的神話。

目前，我們的社會，大聲疾呼愛護自然生態環境，保護瀕臨絕種的植物動物。中國人本來是有愛心的人，而且懷著四千年的文明，卻不料竟狠於野蠻人而濫殺濫挖濫墾濫丟，在千百人面前表演殺虎的技倆！父母帶著小孩郊遊時，小孩背著捕捉蝴蝶蜻蜓的小網圈，去捉已經遍山遍園難得一見的蝴蝶。又在公園裡睡蓮池傍弄水捉小魚，用小杯盛著，幾分鐘後，小魚直挺不動了。從小孩時就沒有愛惜生物的心，長大了可能變成殘暴。

我們的生命通於萬物，因爲我們的生命就和萬物的生命相通。宇宙萬物的存在，和我們的存在相連。萬物仍存在，無論通常所謂有生物無生物，都是在體內有活動，每一秒都由能夠存在而成爲存在，這種內在活動就是生命，生命雖有程度的高下，卻是因同一生命而相連貫。原祖亞當的罪，不僅流毒於人類的生命，也使整個宇宙萬物的存在生命受傷，聖保祿稱爲奴役的羞辱。基督降生成人，取了人的生命，和人類的生命爲同一生命，和萬物的存在生命也相連。基督以救贖工程再造了人類的生命，同時也再造了萬物的存在生命，救它們出於奴役的地位，分享人類成爲天主子女的光榮。

因此，人的生命達到和基督的生命，完全相融合的境界時，宇宙萬物將和他在基督的愛內相通。聖保祿說：「因爲我們深信，無論是死，是生，是天使，是掌權的，是有能的，是現在的事，是將來的事，是高岸的，是深淵的，或是任何別的受造物，都不能叫我們和天主的愛相隔絕，這愛融會我們在基督以內。」（羅馬人書 第八章第三十八節）

而且，在救贖工程完滿結束的一天，新次序完全建立。「再後，末期到了，那時，基督既將一切執政的，掌權的，有能的，都毀滅了，就將王國獻於天父；因爲基督必得王國，天父要把一切放在祂的腳下。……萬物既服屬於祂，祂以孝子之情也必服於叫一切屬於祂的聖父，使天父在萬物之上，爲萬物之主。」（格林多前書 第十五章第二十四—二十八節）

聖保祿當時就囑咐格林多教友：「無論誰，都不可拿人來誇口；因爲萬物全是你們的。即使或是保祿，或是亞波羅，或是蓋法，或是世界，或是生命，或是死亡，或現今的事，或將來的事，都全是你們的；你們則是屬於基督的，基督又是屬於天父的。」（格林多前書第三章第二十一節）

順序看萬物，萬物來自天主，歸於天主，人則居於中間，萬物受天主所造。供人生命使用，人使用萬物以歸於天主，原罪隔絕了天地，萬物和天主不相通，人類成了障礙，不再引萬物歸屬自己，阻擋和天主相通。人心以基督的生命，通於萬物，以基督的愛，愛惜萬物，在超越的境界裡，實現儒家的「參天地之化育」。

二三、天人合一

心靈生命的境界，能夠通於人，通於物，必定要天人合一。不通於天，則不通於人和物，通於人和物，目標也在通於天主。

領受洗禮，接受基督的神性生命，與基督結成一體。力行克制私慾，在日常生活上，常常意識基督在心內，指導一切，承行天父的旨意。天父和聖神也必降臨到心中，開始天人合一的圓融生活。雖然一切都憑信德，信德則堅定我們的心。

與基督結成一體，融會在基督的愛裡，用基督的愛，將宇宙間的人和物，提進我們的心內，我們和人和物同化，同化於基督的愛裡。在我的心裡基督的愛，結合了天主聖三，結合了宇宙的人和物，不僅是和孟子所說：「萬物皆備於我」，而是真能實現佛教的最高圓融觀：「一入一切，一切入一。」雖入而仍獨立存在，雖獨立存在而彼此相通，在生命的深處，歸聚到生命的源泉。

中國古代的傳統，常以天人合一爲精神生命的根源和目標。儒家主張人與天地合德，以仁心參預天地的化育，發揚萬物的生命，道家主張人的氣合於天地的元氣，再合於道，駕馭萬物，和天地而長終。佛教主張空虛自己，在自心顯現真如，進入涅槃，長樂我淨。我們領洗，因聖洗和基督結成一體。我們因基督和天主聖三相結合，在世界生活中以信德而渡這種天人合一的生活，死後升天進入永生，乃完滿地實現天人的合一。

在信德的生活中時，天人合一的境界，可以增可以減，而且還可以消失；消失的原因則是罪惡。

1. 通於聖事

基督爲加強我們和祂的結合，建立了聖事，聖事供給我們聖寵，聖寵乃是我們和基督合一生命的養料和力量。

聖體聖事，由基督在最後晚餐所建立，以祂的體血作我們精神生命的飲食。基督自己向猶太人曾經明明說：

「我是從天上降下來的生命之糧；人若喫這糧，就必永遠活著。我所要賜的糧，就是我的肉，爲世人的生命而賜給人。

因此，猶太人彼此爭論說：這個人怎麼能夠把自己的肉給我們喫呢？

耶穌說：我實實在在告訴你們，你們若不喫人子的肉，不喝人子的血，生命就不在你們內。喫我的肉喝我的血的人就有永生；在末日我要叫他復活。我的肉真是食物，我的血真是飲料；喫我的肉喝我的血的人，常在我裡面，我也在他裡面。」（若望福音 第六章第五十一—五十六節）

耶穌又說：

「叫人活著乃是神，不是肉體，肉體是沒有益處的。我對你們所說的話是神，是生命。」（若望福音 第六章第六十三節）

耶穌所說肉和血，不是肉體的肉和血，是祂從死者復活後的精神體之體和血。祂在最後晚餐裡，建立聖體時：

「他們喫的時候，耶穌拿起餅來，祝福了，就擘開遞給他們說：你們拿著喫，這就是的身體。又拿起杯來，祝謝了，遞給他們，他們都喝了。耶蘇說：這是我立約的血，為眾人而

傾流。」（馬爾谷福音 第十四章第二十二—二十四節）

和基督合一的生命，須要用基督的體血去支持，去養育，去發揚。當基督的體血藉著餅和酒的形相進入我們口中，基督自己進入了我們的心靈，聖父聖神一同也來臨，如同基督自己所說：「我在他們裡面，父，你在我裡面。」（若望福音 第十七章第二十三節）我們和基督合一的生命，便能日益增長，對基督在我們內的體驗，日漸深切；對基督愛我們的愛心，更能領悟，我們對基督之愛，日新又日新。渡天人合一生活的人，必有和聖事相通的境界，領聖體聖事決不是偶而或間斷地的實行，而是常常領取的境界。

2. 通於祈禱

兩個同居的人，怎麼不常相交談？若不交談，必是兩人反了臉。兩個相戀的青年男女，怎麼不常密語談心？若不談心，必是彼此想要疏遠了。我們和基督結成一體，當然常要和他談話，傾吐心情，祂既是我們的主，是我們的天主。一體的生命，須要通於祈禱。

祈禱是我們和基督談話，又是我們同天父交談。

晚間不能入睡，一片黑暗，舉目無所見，心中卻有基督，談一天的經歷，談以往的憂喜，談將來的希望。靈光中，和基督一同轉向天父．體驗到慈愛的照顧。

清晨起床，開燈，心神一亮，將一天的事託付基督，「願主與我同在。」慢步進聖堂，恭向聖體致敬，行默想，行聖祭，一天的精力，一天的光明，一天的熱火，大量補充。

出門上班，進到辦公所，通常見面的面孔，日常手頭的公務；主，求賜我尊奉天父旨意而和祢一同工作的興趣。

突然有了難事，主管誤解，同事推諉，聽見有人怒吼；主，求祢平息風暴，還我安寧。朋友反目，周圍熱嘲冷笑；主，求祢掃除黑霧，雲消天清。

家中似乎空虛了，一片寂寞，流入心頭。主，不要遺留我孤獨一人。

同事上升，鄰居氣派大，親戚們都側目相看；主，祢許下了要以祢聖父賜給祢的光榮賞給我。

身體酸痛，精力疲倦，病魔纏繞；主，祢說過祢的神力在軟弱中更顯堅強。

晚間，聖堂清靜，一燈獨照，聖體櫃默默無言；主，一天的生命，一天的工作，一天的遭遇，都是天父的恩賜。

每段時間，有向天主要說的話；每樁事件，有向天主討主意的需要。基督在世講道的忙碌三年中，常徹夜到荒郊獨自祈禱。聖人們的生命，溶化在祈禱的熱火中，尤其在老年患病時，不接觸人世的事，少見來訪的人，手不能寫，耳目不聰，心中可以想的只有以往的事，心中可以希望的只有信德給的希望。喃喃地誦唸玫瑰經，求聖母牽著手，安渡風燭的殘年。但，在祈禱中，找到自己安寧，找得自己的力量。聖保祿宗徒說：「我的好仗已經打完，我的路已經跑盡，我保全了信仰，現在我等候公義之主給我應得的榮冠。」（弟茂德第七書第四章第八節）

3. 通於痛苦

聖保祿宗徒說：「我曾定了主意，在你們中間我不知道講什麼，祇知道講基督，而且是祇知道講釘在十字架上的基督。」（格林多前書 第二章第二節）在現世我們所結合的基督，而是繼續救恩的基督，基督爲完成救恩，遵行天父的旨意，以自己的體血作犧牲，奉獻了十字架的聖祭。基督爲繼續完成救恩，便繼續十字架的祭祀，建立了彌撒聖祭。在彌撒開始時，主祭者邀請參禮者者：「各位教友，現在我們大家認罪，虔誠地舉行聖祭。」預備了餅酒，正式進行祭典時，主祭者又說：「各位教友，請你們祈禱，望全能天主聖父，收納我和你們共同舉行的聖祭。」正式祭典開始，在第一感恩經裡，主祭者說：「至仁慈的聖父，我們仰賴你的聖子，我們的主耶穌基督，懇求祢悅納並降福這些聖潔無玷的犧牲。」成了聖體聖血以後，主祭者祈求天主聖父：「求你慈祥地垂視這些祭品，並欣然予以接受，就如祢曾接受了祢的義僕亞伯爾的祭品，我們的信仰之父亞巴朗的祭獻，和祢的大司祭默基塞德所奉獻給祢的，聖潔的祭品，無玷的犧牲」。同時，在第三感恩經中，主祭者還說：「願聖神使我們成爲祢永恒的祭品。……但願這與祢修好之祭，有助於整個世界的和平與得救，並使旅途中的教會，……在信德和愛德中堅定不移。」我們在彌撒聖祭中，和繼續救恩工程的基督合而爲一，奉獻基督的體血，並把我們自己的生命，一同奉獻。我們的心情和十字架上的基督之心情，融會同化，我們也願成爲永恒的祭品。

天天的生活，成就我們的願望，如同基督所說天天背著十字架，跟著祂走。工作的勞累，人際關係的摩擦，環境的變化，壞心人的陷阱，處處都是十字架。同事者的不瞭解，主管者的誤會，好奇者的惡言傳述，妒嫉者惡意的毀謗，處處也插上十字架。精神的疲倦，心情的低潮，病痛的打擊，更是加重十字架的重擔。我們想起早上的彌撒，憶到自己同基督奉作犧牲，我們呼求聖神助一臂之力，使我們的十字架，也成爲聖潔的祭品。

「疾風知勁草，板蕩識忠貞。」一同受苦的人，真爲知己，具有同情。在十字架的痛苦中，我們和基督合一，基督認我們爲知己，愛惜我們的同情。彼此間的感情，有加無已。

每天的十字架，可多可少，我們都樂於接受，以參加基督的救世工程。聖人們則自己主動製造十字架，既爲克制私慾偏情，更爲表現對基督之愛。對自己的言行，嚴加規律，眼睛不亂看，耳朵不亂聽，能夠「六根清淨」。目前的社會充滿享樂主義，青年人更活潑自由，但，總要如孟子所說「有所不爲而後有爲」，更要有聖女大德蘭的志願：或是受苦或是死。受苦才可以表現對天主的愛，才可以參預基督的救世工程。

4. 默觀

我們領洗，取得基督的生命，和基督合成一體。我們的心靈「本質」，被提到基督的天主性「本質」，在「本質」上有了改變。我們的心靈因此具有觀看天主「本質」的能力，又具有超性活動的能力。但是我們的「存在」，則仍是我們人性的「存在」，在人性的「存在」裡，懷著天主性的「本質」。就如聖體聖事，聖體的存在是麵餅的存在，聖體的本質則是耶穌的身體，在麵餅的存在有了變化使麵餅已經不存在時，聖體的本質也就消失。在麵餅的存在完好時，耶穌身體在聖體內的活動表現於麵餅的活動，或是由司鐸拿起，或是被擘開，或是被領入口，或是放在聖櫃裡，一切是麵餅「存在」的活動。我們領洗取得天主性生命的「本質」，繼續我們人性的「存在」，我們心靈的天主性生命，也就以人性「存在」而活動。我們具有觀看天主本質的能力，但因人性「存在」的認識活動，由感官供給感覺印象，再由理智攝製理性的觀念，沒有能夠直接觀看天主本質的可能。因此，祇能經由信德而在世物的象徵裡觀看天主。然而，一顆完全清潔的心靈，空虛了對世物的想念，全心愛慕天主，在由信德觀看天主時，雖不見天主的本質，但能體念到心靈因天主而得到欲望的滿足。這種滿足感安定心靈，堅固心靈，使心靈有得到生命目的之意識。生命雖然仍有痛苦，仍有誘惑，仍有黑暗，然而心靈必定安寧，在痛苦中有快樂，在迷惘中有途徑。他會意識到有一種超然的力量。如同一隻無形的手，在旁支持他。這隻手是基督的手，由基督手中發出聖神的神力，養育他的天主性生命。

我曾在一天清晨由夢中醒來時，記憶夢中所見，得一對聯：

「處理人世事不以人世事以天世事處理
接觸塵世界不以塵世界以神世界接觸」

人性的「存在」，處在人世裡，活在塵界中，凡百事來，看到天父的意旨，適意的事，用愉快的感恩心情接著，不適意的事，用同基督受苦的心情接著。輕鬆地這樣看事，不勉強，不繞圈，事事看到天父意旨，這是心靈的默觀。

接觸各色的人：高官，學者，富商，美婦，貧者，病者，朋友，仇敵。接觸時，看到天主的子女，顏色和言語的表情，濃淡不同，然而基督的愛心，溢於言表。人性的「存在」，還有時免不了發怒，憤意，基督的愛也仍藏在怒氣和憤氣中。這種對各色的人所具的愛天主子女的愛心，不因同感而偏，不因惡感而絕，看人人爲天主子女，這是心靈的默觀。

宇宙萬物，各有顏色，各有美妙，春花秋月，狂風驟雨，都顯示天主的美善。對著太陽看見天主的光明，對著月亮看到天主的良善，對著大海的巨浪看到天主的威嚴，對著雨後群山的清新看到天主的微笑。朵朵小花，片片樹葉，處處流露造物主的化工。敞開胸懷，近接萬物，同萬物歌頌造主的愛心，這是心靈的默觀。

靜靜的聖堂中，對著長明的聖體燈，回憶著天父在本人一生的歷程中，各色各樣的照顧，心靈濃厚地體驗到天父的慈愛。逐漸放寬天父照顧的範圍，每天照顧宇宙無限的群生，心靈體驗天父的愛有如無垠的大海。大海一片光明，海水共長天一色，在一片光明的愛海中，默觀天父對自己，對世界一切處置；這是心靈的默觀。

若是天父高興提攝人的心靈，暫時離開人性的「存在」，使精神性的心靈直接面對天主絕對精神的本體，兩者都是純淨的透明體，精神性的心靈收了天主絕對精神的本體，心靈所見和所受的，都不能言宣，人世的語言不能傳述。聖保祿宗徒祇能述說自己的經驗：「我認得一個在基督內的人，在十四年前，被提到第三層天上，他或是在身體內，或是在身體外，我都不知道，祇有天主知道。我認得這個人，當時是在身內或身外，我都不知道，祇有天主知道。他被提到天堂樂園，所聽所見的奧妙，不是人可以說的。」（格林多後書 第十二章第二—四節）這乃是超越的神妙默想，可望而不可求，完全由天主自己定奪。

默想生活的境界，乃誠實地實現和基督結成一體的生活。心靈安祥，純樸，同基督工作，事事處處看到聖父的愛，時時刻刻尋求聖父的光榮，常常默念：

「全能的天主聖父，一切崇敬和榮耀，藉著基督，偕同基督，在基督內，並聯合聖神，都歸於你，永世無疆。」

民七十六年七月廿九日陽明山中國飯店完稿
民七十六年九月十二日改正稿

羅光全書

冊廿五之二

生活的體味

臺灣學生書局印行

再版自序

生活的體味，成於羅瑪。當時我在安靜的環境裡，事事留心，處處反省，對於自己每天的生活，或暇想將來的生活，細細體貼趣味，有如嚼青果，清新淡樸，滋味平淡而雋永。

回到臺灣以後，生活忙碌，少有在星月之下回味日常生活的機會，但是在忙碌之中，生活仍不失清淡而雋永的滋味。

在再版時，乃加上第三編，選自羅瑪四記、臺南五年和中央副刊，共文八篇。

羅光　民國五十六年三月四日於天母

生活的體味

目錄

中編

下編

上編

所需唯一

坐在安茲阿（Anzio）「奈樂古宮樓」中，遙望西天將沉的夕陽，全海橘黃，一道波光接天。波光如金閃、如銀耀，如珠玉相炫。樓前羅馬皇奈樂（Nero）離宮的廢址，迤邐半里，洞門陰黑，愁迎海水。昔日門內雕柱畫牆，樂聲滿室。今日黑土陰塞，糞穢狼藉。東望漆而謙和（Circeo）小島，巖峰現於霧間，如有如無。亞斯杜樂堡（Torre Asturo）屹立於能杜諾海灣盡頭，有如一探海燈塔。樓側曠地數畝，市聲不及，俗客少至，我獨坐樓中緩酌啤酒。

窗戶連著海波，我展胸深深地呼吸，胸中的積慮，輕輕飛散波面。凝神窗外，我讚賞造物者的偉麗。

深深藍
碧碧清
正好把一心罪污洗淨
然怕出水時
反滿身鹹腥

浪閃閃
光晶晶
一輪斜日竟使海水靈
遙望水鷗飛
心歌天父榮

浩淼淼
水平平
即使浪高萬丈海仍寧
萬污流入海

海水碧碧清

（海濱閑思）㈠

想到「萬污」與「海水」，我不覺昂首看安茲阿的海灘浴場。夕陽下，灘面清涼，小孩三五，爭逐遊戲，兩三婦女，坐在躺椅上閒談。這時海灘看來清潔極了；然而三年前，我對海濱浴場的感觸：

繁燈下
歌舞鬧鬧通宵
碧浪層層
人間罪惡難淨漂
漁火稀
點點星辰小
靜禱天父
洗山水洗人心竅㈡

人間最清潔的境界，可以數萬丈高峰，白雪連天，可以看千里峰巒，古木叢密，靜息於海濱巖，浩浩海水。然現代文明人，攀雪峰，入森林，浴海濱，竟使這些清潔的境界，失去了天然的清潔。

現代文明人，熬不住夏天的太陽，大家追求雪峰、森林、海濱的清涼。肉體非有清涼不能滿足；既安怡必求享樂，於是雪峰、森林、海濱，到處看見男女，尋歡取樂了。天然幽靜之地，竟較城市還更俗化了。況且豐衣足食，而又避暑休閒，這班男女，遂縱情而樂，於是天然清潔之區，不但遍染俗氣，且成爲罪污之藪了。

我翻開身邊所帶的《蘇東坡集》，讀東坡自興國往筠宿石田驛南二十五里野人舍一詩。詩云：

「溪上青山川百疊，快馬輕衫來一抹。倚山修竹有人家，橫道清泉知我渴。
芒鞋竹杖自輕軟，蒲薦松床亦香滑。夜深風露滿中庭，惟見孤螢自開闔。
」(三)

這大約是東西文明的不同了。西方文明人登山臨水，爲求肉體的快樂；東方中國只有詩人雅客，登山臨水，以求精神的舒適。

求精神舒適者，以享山水的美景爲主。山水的景色，越自然越美妙，不需人工的裝飾。求肉體快樂者，以肉體之樂爲主，天然景物只能充快樂之一部份，於是需要許多人工的設備。

蘇東坡曾說：「惟江上之清風，與山間之明月，耳得之而爲聲，目遇之而成色，取之無禁，用之不竭，是造物者之無盡藏也。」（前赤壁賦）人人皆可享受。然而以人工設備而供享樂之地，則非金錢不能買，故只有富豪才能避暑享樂。

然而人人可享的自然美景，也並不是人人知道享受。剛才我在海濱看見的漁父，一籃一籃的送魚上岸（少時在家，我常常看見家父家叔等，從塘裡網出活拉拉的魚，在海濱看籃籃的死魚，心裡很覺不快活）。這班運送死魚上岸的漁夫，每天觀海上的日出日沒，每夜頂著海上的星月，然而他們一心注意在撒網，雙眼盯視著白鱗鱗的魚兒。他們每天生活在詩人騷客所追求的美景中，卻盲目無所見。

當我童年鄉居時，初夏天旱，夜間車水者的歌聲，十里相應。我聽著很入神，以爲非常有趣。夏季割稻時，夜間我臥在稻場看星月，耳聽田間拍拍打稻聲，心中愉快極了。然而家叔等，車水割稻時，從不會想到農歌與打稻聲，可以動人雅興；他們則只苦著每晚精疲力盡哩！

於今夕陽沉海了，海天相接處，團團紅雲，堆堆金光。奈樂離宮的廢址上，坐著雙雙的青年男女，偎依情話。

我走出「奈樂古宮樓」，漫步入安茲阿鎮。鎮中心市場上，站滿了人。兩旁咖啡桌上概無空位。站在場中的人，都東瞧西望。男子們短衣短褲，女子們則奇裝異服：有短衣長褲者，有短袖短褲者，有裸肩長裙者，有寬袖寬裙者。紅紅綠綠，新奇相炫。我穿鎮步上馬路，馬路上青年男女，飛踏腳踏車相追逐，笑聲飄隨晚風。

沿途我想起聖經上耶穌對瑪大所說的話：「瑪大，瑪大，爾煩心焦慮，所務何多；然所需者，一而已矣。瑪麗所選，乃其善者，志之所在，不可奪也」(四)

瑪麗所選的，是坐聽耶穌的談話，這些人爲什麼都忙亂不止？單止爲過一個夏天的避暑生活，就有五花八門的忙亂！誰的生活有福呢？誰的生活更快樂呢？

「然所需者，一而已矣！」詩人的雅興，富豪的肉樂，苦力者的辛勞，青年人的情愛，女人們的服飾，都祇能變化生活的外相；生活的中心，卻抓不到。

於今天已暮了，我步步走近寓所。世上有誰不覺得日暮呢？日暮即是說生命又少了一天。天天有日暮，生命就有終止的一日。一想到了終止，五花八門的生活，便失掉顏色。阮嗣宗「詠懷詩」云：

「朝陽不再盛，白日忽西幽。去此若俯仰，如何似九秋。人生若塵露，天道邈悠悠。齊景升丘山，涕泗紛交流。孔聖臨長川，惜逝忽若浮。去者余不及，來者吾不留。願登太華山，上與松子遊。漁父知世患，乘流泛輕舟。」(五)

因「白日忽西幽」，阮嗣宗想拋棄一切去登山學仙。因「白日忽西幽」莊周則夢爲蝴蝶。

「昔者莊周夢為蝴蝶，栩栩然蝴蝶也，自喻適志與，不知周也。俄然覺，蘧蘧然周也。不知周之夢為蝴蝶與？蝴蝶之夢為周與？周與蝴蝶則必有分矣，此之謂物化。」（莊子　齊物）

與物同化而不知爾我之分，人便成了醉生夢死。因此若我不得生活之道，則無論生活怎樣五花八門，只能使人「惜逝忽若浮」。

然所需者，一而已矣。人至日暮入眠時，只有自己的心繼續跳動。若是人心一停止，人的生命就絕於人世了。故人的生活全在一顆心，心的活動乃爲愛情。人的生活只在一個愛字了。

若是人的生命至現世就完結了，人心當然愛現世之物，以求現世生活的安適。但現世之樂既因有終止而令人悲傷；則人心所愛者，該爲一超過現世而令人心常滿意之對象，這便只有愛天主了。

人的生活所需唯一，唯一便在愛天主。

我進了寓所，走進聖堂。堂中長明燈閃閃怯怯，我跪在祭壇前敬拜聖體。我感謝天主，賞我今早溫溫暖暖地曬太陽，涼涼爽爽地洗了海水澡。我感謝天主，賞我午後欣賞了日落的美景。在祭壇前，我回想今天的生活，一切已成了過去。然而今天的每個念慮、每句言談、每椿舉動，在我的生活上，都留有永久不滅的痕跡，助我進於愛天主的永生。

鎮上的男女服裝，路上的歌聲車聲，這時都離我萬里之遠了。我自覺心靈清靜安寧，我找著了生活的唯一所需，我愛造我的天主。

八月二十日，一九四九年Nettuno

註：

㈠ 海濱夕唱　第一八一頁。

㈡ 羅馬晨鐘　第三十三頁。

㈢ 蘇東坡集（國學小叢書）第四冊　第十三卷。

㈣ 吳經熊譯　新經全集　露稼福音　第十章第四十一節。

肉體

天空雖浮著魚鱗般的白雲，今天太陽卻比前幾天更熱了。海水分外平靜，小波輕擊巖石，白沫濺不上石巖，我喜今天可以痛快地游泳一番。前幾天不是天陰，就是大風，浪高丈許。

坐在石巖上曬太陽，靜靜地閱讀英文小說Rebecca《萊白伽》㈠。近處海灘，乃私人浴場，但隨時有公共浴場的浴客，到這邊來散步，來炫耀身體的美麗。我是習慣在公共電車上閱書的，無論人聲怎樣嘈雜，我的眼不離手中的書本。不料坐在石巖上閱書，一聽見說：「啊，這是一個中國人呢！」我便要昂首。說這話的人，普通都是女人。她們眼睛上照例架一副墨水眼鏡，胸前一片護胸布，雙乳聳立，下面一條短浴褲，其餘的四肢百體，照著太陽，晶晶發亮，嘴唇上則點著珠紅，手指甲足趾甲也閃閃紅漆。

今天坐在石巖上一點半鐘，我昂首十幾次，每次常見四肢發亮的女客，無意識地我得了一個結論：女人們的美感必定下於男人，不然，她們必不會這樣裸露百體，在百個裸露四肢百體的女人中，難找到兩三個可觀的。一般都是肥手肥腳，粗身粗腰，更不要說四十歲以上的女人了。可是女人們尚恐自己裸露的不夠呢！然而女人卻又只願在海灘上或戲台上裸露肢體，平日則苦心苦腦，講求時裝。

前日我曾見羅馬一滑稽報上一幅漫畫，地上躺著一個中年男子，旁邊立著一個口含香煙的青年女子，門邊站著一個衣服整齊的人，手中拿著一張小紙條，紙條上寫著熊伯（Shubber）。漫畫下一行小字說：「我的丈夫一聽熊伯的歌曲，就要出神。」可是漫畫上的熊伯乃是羅馬著名的裁縫。躺在地上的丈夫，不是因聽音樂家熊伯的名曲而出神，是因熊伯裁縫來索賬，嚇得魂不附體。暈倒在地。世上見妻子的裁縫而暈倒的丈夫雖不多，但腦筋發痛，必是常有的事。為避免同妻子爭執而更加頭痛，最後他們也只得聳一聳肩，自己安慰自己說：「女人們都是這樣，你有甚麼辦法！」

「你有甚麼辦法？」女子不喜歡打扮，不知道裝飾，不愛聽人說她美麗，已經不是女子了。近代一些男性化的女政客，最叫男子們忌視的，就是他們的粗俗。

既然女子天性求美麗，人體必定有其美麗之處。人體乃造物者所造，且算造物中最高尚的；四肢百體生得勻稱相當，人體自然有其美點。無怪乎女子天天運用腦筋，以增加自身的美麗，裝飾品乃是女子的文明。

世界有一日，女子的文明，進化到極點時，或將有一座女子展覽所。按理說：女子既日求美麗，則應有展覽之所。一個最會打扮的女子，就會坐在一架玻璃龕內，任人欣賞。然而女子的腦筋，素不愛邏輯，女子便不因邏輯而行女子展覽會。她們高興聽人讚美自己艷如牡丹，卻不高興別人以牡丹相待，供人賞玩。

女子既然反對去做展覽品，這可見女人之天性，不願以人體供賞玩。人體有其美麗，人也求增加自體的美麗；但人卻覺得人體不像花草，徒供賞玩。

提倡肉體美的人；是提倡以人體爲展覽品嗎？他們至今只能拿裸體畫和裸體彫像去展覽。

「人體非展覽品。」我重覆地想著。忽然一陣浪沫，濺上石巖，灑在我背上，我的思路被冷水點打斷了。抬頭看看海，海上加了風。我惋惜今天又不大宜於練習游泳了，轉首看沙灘，近處一枝大傘下坐著一家人。傘外臥著一男一女，頭頸互偎肩上，這顯然是一雙訂婚的未婚夫婦。我低下頭閱讀《萊白伽》小說。正閱到第十二章，書中女主人打碎了一尊白磁的Cupid像，引起了一番小風波。因著Cupid（送情之神），我又抬頭看那雙未婚夫婦，他們倆已拿著皮鼓，在對打球了。我又連想起希臘Afrotid（愛神）。忽恍然於希臘之重人體美，乃是以人體美充愛神，近世主張人體美者，大約也以人體美充愛神了。

李白的詩，便恰得其意。「襄陽歌」說：「千金駿馬換小妾，笑坐雕鞍歌落梅。」「恰得其意」這句話說得不適當！無論資本主義的國家怎樣鼓吹自由離婚，無論共產主義的政府怎樣獎勵國婚夫妻，沒有一個男子高興聽人說他縱慾放蕩，女子們更不容許人呼她們爲娼妓。

假使人體只是愛神的工具，人生便是淫與酒了。恣情賞樂，乃人生的目的，還怕旁人說甚麼荒淫和娼妓呢？進化論者或以爲這種怕人說荒淫娼妓，乃一種遺傳的心理；人們繼續向文明進化，有一天這種心理將被淘汰。可是進化論者一世紀來，力圖把人進爲猴子的子孫，似乎於今已精疲力竭，不去再找人猿的化石了，還是讓人做人的子孫。那麼千萬年後人們，還是不高興聽人指爲淫蕩不軌！

「人體不是愛神的淫蕩工具。」一想到了這個結論，我以爲不必往下想了。時已近正午，該下海洗澡。放下書，摘下墨鏡，脫下帆布小帽，縱身下海，海水清涼，熱熱的身體起初有一秒的顫慄，立時就感到舒適。我又想到若是去學禪，我一定被逐出山門。第二步禪，教人洗涼水浴時，覺到清涼，不要感到身體舒適。第三步禪，教人洗涼水浴時，連涼水的清涼也不要感到。這除非吃蒙藥，不然我就修禪百載，也不能叫我身體不感覺涼水的清涼，或者除非把身體弄成枯木槁灰，痲木不仁，那麼造物主爲何要給我一個身體呢！

啊！不要亂想了，海水衝進了鼻孔怪難受，提步出海，讓海浪撲打身背。

抹去髮上的海水，抹去臂上和胸前的水點，身體真焦黑極了。我又想究竟這個身體幹甚麼的？我曬太陽，洗海水浴，是想強健身體，則是知道身體有點價值。

我抓住沙灘上一個五六歲的女孩兒，問她說：「你的腳幹甚麼？」她睜眼看自己滿了沙的腳說：「腳是走路的。」我問：「手有甚麼用？」她舉著手上的小球說：「手是拿東西的。」「眼睛呢？」「眼睛看東西。」「耳朵呢？」「耳朵聽話。」我問：「你常聽媽媽的話嗎？」她笑著不答。我又問：「嘴巴呢？」「嘴巴吃東西。」我說：「你說話不用嘴巴嗎？」她又笑了。我說：「咱們來玩一玩球。」

我又回到石巖上，坐在我的石窪裏，想剛才女孩子答應很聰明。四肢百體，各有其用，這些用處都是爲人生活。那麼整個身體，也是爲人生活的。身體的價值，則看人生活的目的若何了。

翻開《萊白伽》，繼續閱讀二十分鐘，身體又曬熱了。我跳下石巖，到海灘更衣所內，穿了衣服，慢慢走回寓所，沿途還念了兩頁小說。

進入了寓所，洗了頭面。我找八月十五號的Quotidiano日報，房裏遍找不著，我知道一定是抛在字紙簍，被侍女倒出去了。心裏有些惋惜，因爲那份報紙上，有我的朋友德露伽（Gi seppe De Luca）的一篇文章，論八月十五日聖母升天節，發揮他對人肉體的思想。我當天只念了一小段，今天想找來念念，以完結我一早的思索，然而報紙已不見了。

從我所念的一小段裏，大約可以推知他思想的綱要。他說八月正是人們在海濱雪峰，養育肉體的時候。聖母升天節恰好提示人們知道肉體的貴重。

聖母的肉體，九個月曾懷孕天主耶穌，一生冰清玉潔，無慾情之擾，無罪惡之玷，一舉一動，常合理順情，完全歸於愛天主。死後乃不遭蟲蟻的毀壞，重與靈魂相結，升登天國。

聖保樂宗徒常呼我們的肉體，爲天主聖神的住所。「故弟兄務須自愛，於邪淫之事，避之惟恐不遠。一切罪惡，施於身外，惟邪淫爲褻瀆自身。豈不知天主已賜爾以聖神，而爾身即爲聖神之宮殿乎？」(二) 聖若望福音也說天主聖三臨居人心。「耶穌曰：人若愛予，必守吾訓。則吾父必愛之，且將偕予同就若人，而以之爲安宅。」(三)

我看著壁上的十字架，耶穌裸體釘於架上。耶穌取了人身，以人身作愛天父和愛世人的工具，受難而死以救人類。

人體作爲愛天主和愛人的工具，這是人體的真正價值。

人體死而復活，重生於天主的生命裏，這是人體的尊榮。

在天主的尊榮裏，肉體完全了自己的美麗，所以我們慶祝八月十五日，聖母升天節。

八月二十二日，一九四九年Nettuno.

註：

㈠ Duphne du Maurier, Rebecca.

㈡ 吳譯 新經全集 聖保樂致格林多人書一 第六章第十八節。

㈢ 吳譯 新經全集 若望福音 第十四章第二十三節。

名銜

昨夜忽然身體發熱，蓋上三床毯子，還四肢冰涼。三點鐘以後，轉而覺熱了，漸漸出汗，也漸漸朦朦睡去。今早六點半起來，頭痛極了，身體還是畏寒。我決定今天不下海，犧牲了海水浴。

夾書走入寓所旁的松林中。前幾天曾在林中作一詩：

天陰海灘涼
挾書入森林
遍地螞蟻不敢坐
步踏松陰
枝頭遙見遊艇近
滿林蟬聲噪
節拍不相混
空山無人任腳走

忽忽雨霖

蟬聲靜絕松風緊㈠

松林中多四五丈高的古松，枝葉相接，太陽不著地。林中缺樹處爲麥田、牧場、也有菜圃、花畦。松林中心，聳立著一座高樓，樓色蒼白，樓窗間有缺處。樓護以圍牆，牆內植花。牆門釘有鐵牌，牌書「遊人至此止步。」我轉身走入松林的另一端。然而松林的直徑三里許，我走了一陣，只好就此止步；因爲兩腿日來疲於游泳，不宜於遠行。

松林路徑，到處灰塵沒腳；松樹下多生荊榛，風聲呼呼，四處無人跡，我又回到高樓的圍牆下。圍牆後門，一狗進出。貴族家的狗，雖常供玩品，不會咬人；我以爲還是不近後門爲佳，不被咬而被吠，也非必要。

這座高樓一帶松林，稱爲「波而格瑟山莊」（Villa Borghese）。在羅馬城內也有一座廣大的「波而格瑟山莊」，即現在的羅馬公園。

「波而格瑟」乃義大利一王爵貴族。羅馬聖伯鐸祿殿門上，刻有「教宗葆樂第五世，波而格瑟」，波而格瑟，王爵之號，就起於葆樂第五世御極之時。從那時到如今已三百年。三百年的長久，中國最久的朝代也要換了。歐洲的貴族的封爵，還世代相傳於家。

在圍牆附近，忽然遇著一個老太太和兩個小孩。在羅馬的宴會場中，我也曾遇見過波而格懸家中人。這位老太太，我卻不認識；但也得打招呼。她見我是中國人，便表示很關心中國的時局，希望天主早點垂顧，我謝謝她的好心。老太太似乎很有興趣講話。我只好把手中的法文小說（Andre Gide Les Caves du Vatican）梵蒂岡地產合起來，夾在腋下，預備同她談天。

老太太問中國社會是否有嚴格的階級制度，像不像印度的階級社會？我說中國向來窮書生一躍可以做卿相。她問中國有沒有貴族？我說中國古來只有貴家，沒有貴族。老太太驚異不懂。我說中國昔日帝國時代，皇帝常常大封功臣，不過封號只有受封者本人享用，不一定傳給兒孫，所以說只有貴家，沒有貴族。

老太太說封號本是家庭遺產，而且別種遺產可以消沒，封號總常該世襲。我說中國人看封號，像人看官銜一樣，居其位者受其名。明天不在位了，爵號也就完了。

兩個小孩子跑來叫奶奶。一男一女，都是栗色的金髮。老太太說兩個都是她的外孫，笑嘻嘻地叫他們跟我拉手。

老太太問我在羅馬有甚麼任務？我只說我在羅馬傳信大學教書。她問教甚麼課？我說中國文學、哲學。

兩個小孩子向圍牆裏跑，老太太連忙向我告別，也隨著走向牆內。我周繞圍牆到大樓的正面，面對泱泱海水，一座粗重鐵欄杆，擋住行人入松林。護樓圍牆作環抱形，抱住一花圃。圍牆外兩小徑直通鐵欄。鐵欄內一水泉，水柱高噴閃爍於松櫚間。圍牆口又釘著「遊人至此止步」的鐵牌。我轉向圍牆的右翼，重踏我來時的舊路。

沿途我想著中國的哲學。孔子分人爲君子與小人：「小人喻於利，君子喻於義。」（論語 里仁）「君子無終食之間違仁」。（同上）孟子說：「天下之達爵有三：曰位、曰德、曰齒。」（孟子 公孫丑下）孟子又說到大人與小人，「體有貴賤，有小大：養其小者爲小人，養其大者爲大人。」（告子上）

可惜那位老太太走了，我本想向她發揮孔、孟的階級思想，住著一座巍巍的高樓，享有萬頃的園囿，就稱爲大人。爲甚麼呢？因爲父親死時，把園囿高樓和封號，都遺留給他。羅馬內有多少貴族的樓殿，今日已易其主人了。一班貴族，大都住在小小房間內，苟延昔日的繁華，但是他們的封號，必定常印在名片上，而且片上通常都冠以尊稱。

可悽傷而又可憐惜的顧戀！幾百年前老祖宗弄了一個封號，於是便萬代傳之而不易。可惜秦始皇不知道這種妙訣！不然他又何必去焚書坑儒，以保天下？就是失了天下，他的子孫尙可二世、三世，萬萬世而稱秦皇帝。

當然「君子」「小人」，不能印在名片上；不然，名片上都是君子，小人便絕跡於社會了！可是人們的心上，是有君子小人的。一個名片上印爲王爵的大人，若是人們知道他行類小人，他在別人的心上總爲小人，即使別人口頭恭維他爲王爺。人貴於在得人心，不在得人口。

美國的小姐們，似乎心裏很羡慕王爵夫人、侯爵夫人等等爵號。這或許歐洲人遷入新大陸者沒有一個帶有這個世襲封號的貴人，而愛封號的戀心，則常存在歐洲人後裔的美國人血管裡。美國沒有皇帝，男人們無法受封，女子們則飄洋渡海，挾巨資以求嫁於有封號的歐洲男人。歐洲貴族男子也喜用封號，能換得一批家資。

共產黨徒一定要駡這是封建的餘孽，我卻不知道究竟這班唯物論者，這班勞工的代表人，較比封建餘孽的子孫，更輕視爵號否？這次大戰後，史達林功厚勳高，因而受得了全國至上將的尊銜。在國府或外交的儀典中，他便也喜滿身金花的至上將禮服。假使外賓失口不稱他爲至上將軍，便要遭他的白眼。

封號、爵位、頭銜，爲什麼使人都眼紅？我受了教廷蒙席銜，聽別人叫起我來，似乎響亮好聽，常不覺哂然而笑。

剛才那兩個小孩，大一點的男孩，就對小妹妹發號施令。人生來就好爲人上，女子們不求施威行令，則求美於人。爵號頭銜乃「爲人上」的一種標記。

歸途上我見三個園丁在疏剪一叢小松樹。這三個園丁，當然下於莊主王爺。可是王爺若自己估量一下，自己有甚麼可以稱上於園丁的呢？封號嗎？家產嗎？學問嗎？

人自覺高過人的，每每是一樁本生本有的東西。不用說封號和產業，不是人本生本有的，就是人的學問，也不能視爲本生本有的，因爲人生智愚，不憑人自擇。即使得天獨厚，聰慧過人，他的腦筋，也不常受他指揮，只要有一陣小頭痛就無法應付了。

我憶起近日閱墨爾西（Maence Van der Mesrsh）所著《聖女德蘭（La petits Sainte Therese）傳》，著者標出聖女德蘭的特殊精神，在認明自己一無所有，一無所能；只知奮志以求善。認明自己，便誠心謙虛；奮志求上進，便一心依恃天主。聖女德蘭說人生所可貴的，就是這點奮志求善之心。得善與否，不足爲定論，所論者，只在堅持奮志，至死不懈。

這點奮志求善之心，造成公教的聖人。

世上只有一個頭銜，真正偉大，即是公教所稱的「聖人」。

吳德生公使常說，只有聖人值得做。他自己雖敬重但丁、莎士比亞，但從不會跪在他們的像前，虔誠叩拜；他卻常跪在聖女德蘭像前，孺慕情深，因爲德蘭是一位聖女。

我將走出松林了，走近寓所的側門鐵欄，側門附近麥田裏，前一旬曾紮有一隊電影拍照人員。他們在這裏攝取郭肋弟瑪麗（Maria Corette）影片的最後一幕。郭肋弟瑪麗乃一個十三歲的窮女孩，因堅拒誘奸，被殺，死在寓所的施診所裏。當地人尙有能談她坐馬車來鎮賣雞蛋、賣蔬菜者，而今羅馬教宗謚她爲聖。在羅馬聖伯鐸祿殿裏，自教宗、樞機、外交團、各團體參禮要人，以及教士教民等，都跪叩她的遺像，敬禮一個十三歲的窮女孩。不是敬禮一個十三歲的窮女孩，乃是敬禮一位聖女。

聖人不僅是一位英雄豪傑。英雄豪傑我們可以敬之，然敬之猶已死之人。聖人乃永生者，我們敬之且愛之。

我走出鐵欄，欄外馬車、汽車，訪客，連續不斷。我默然說：「只有聖人值得做。」

八月二十五日，一九四九年 Nettuno

註：

㈠ 海濱夕唱　第一八〇頁。

㈡ 論語　里仁。

㈢ 論語　里仁。

㈣ 孟子　公孫丑下。

㈤ 孟子　告子上。

精神樂

又收拾行李了。

在海濱休息了二十四天，明天又該在使館辦公室枯坐了，又該在寓所房中研讀書籍了。雖然無所謂惋惜，然也不能不覺得時間過的很快。在海濱雖除曬太陽，洗海水澡，散步松林，間而看電影以外，從沒有找過別的娛樂；然而生活的安閒自由，很令人可愛。二十四天這樣可愛的生活，一瞬就完了，在收拾行李時，不能說無絲毫之惋惜。

假使我們豪門富戶的男女，在海濱天天是花天酒地，收拾行李時，必是另一番心理，必要說李白的話：「浮生若夢，爲歡幾何！古人秉燭夜遊，良有以也。」（春夜宴桃李園序）

既然以浮生若夢，急急求歡，還有甚麼真正爲歡的時候？

人心歡樂，是在無憂無慮，安然享受自己所心愛的對象。若心中有時過境遷的思慮，心中的快樂，已經不是快樂了。

但是人在樂中，每每胡天胡地，哪還想到時間；然而這也只是一種表面的心理。究其實，最感慨時間迅速的，就是一心求樂的。

時間既不足，便想盡量享受能享的快樂。「盡量」兩字即表示所享受的快樂在不完滿。快樂若真完滿時，人心自滿，決無所求了。兩個情人，當互相了解彼此的愛情，互相授情於一吻時，彼此無言，心血似乎停止。這時他們倆心滿意足，然而一瞬後，實際的環境立刻使他們要憂前顧後。

以「僅求眼前快樂」的心理去享樂，心底裡必煩悶極了。所以這派求樂者，世人稱之爲頹廢派；世界上沒有一個較頹廢者更煩悶的了。李白說：「棄我去者昨日之日不可留，亂我心者今日之日多煩憂。……抽刀斷水水更流，舉杯消愁愁更愁。」（襄陽歌）

心中的感悶，欲以外間的世樂去消除，那只有「舉杯消愁愁更愁。」中國古人乃教人以不求樂而得樂。心不滯於物則心轉安的灑脫。蘇東坡最能享受這點清閒福。他在「超然臺記」裡說：「以見余之無所往而不樂者，蓋遊於物之外也。」

「遊於物之外」，即東坡所說：「君子可以寓意於物，而不可留意於物。寓意於物，雖微物足以爲樂，雖尤物不足以爲病。留意於物，雖微物足以爲病，雖尤物不足以爲樂」。（寶繪堂記）

寓意與留意，只相差一個字。寓意於物，乃如蜻蜓點水，飛在水上，故能自由不拘；留意於物，則如蒼蠅黏在糖上，再也飛不起了，終而被黏死。

寓意於物，在求精神的適意，當我坐享海濱日落時，精神隨著日色的變幻，適意而樂。有時讀二首好詩，閱一篇好文章，精神也感覺愉快。這種適意之樂，不限於時地。人之精神無形，所樂的對象也爲無形。以無形之精神而滯於有形的物質，精神怎能適意快樂？越能超越形質的對象，越能適合我們精神之意。而且只有無形質的物體，超出時地之限制，能使我們的精神自由發展。

我們的精神越能自由發展，越有適意之樂。若我們的精神能擴充到極點，適意也到極點。然這種可以擴充我們精神到極點的對象，自身也當無限。而世上無無限之物；所以我們的精神從不能無遺憾的愉快。

中國古人常想超過時間以外，使他們的精神接於天地。《中庸》裡說：「唯天下至誠，爲能盡其性。……則可贊天地之化育，則可與天地參矣。」（第二十二章）

精神參於天地，以助天地之化育，這是孔門最大的精神樂了。可是天地也還有限！即使人能參於天地之至理，與日月而長明；日月終於仍是有盡！而且人的精神參於天理，欲助天地之化育；然在人事上天理常不能流行。所以孔、孟也不能暢行其道。因此孔門之精神樂，遂常不可樂。

故確實得到精神之樂者，只有公教的聖人。

公教聖人的精神整個都貫注於天主。現世雖不能面見之；但世間的各種真美善，都代表天主的一分精神。聖人與之相接，心靈即覺愉快，代表天主的精神愈豐富者，愈能愉樂聖人們的心靈。而且堅信來生與天主完全相接，則今生的失意處，不足摧毀他們的精神樂。

這種精神之樂，隨時隨地都可享受。因天主無限，而世上包蘊天主的精神之事物，無處無之。則聖人門的精神常可有發展之自由。

聖女德蘭曾自述一事說：「有一次冬天晚上，小小心心如剛才所說，服事了那位姊姊之後，天又冷又黑。……忽聞遠遠吹來音樂之聲，便想見一座高堂大廈，鋪得富麗堂皇，燈光閃爍，照耀得金碧輝煌，許多青年女子，盛服靚裝，晉接週旋，無不溫存欽洽。繼而回顧我手中扶著的病人，給我哀聲嘆氣，作為音樂之悠揚，四壁的磚牆，黑沉沉，燈光如豆，給我作為懸燈結綵之輝煌。這等背景，慢騰騰印入腦筋。蒙吾主真光，光照我心。看世上的榮華都烏黑，世上的酣樂即黃連。不肯拏十分鐘的愛德工夫，換取千百年的宴會，朝朝元旦，夜夜元宵也。」——（靈心小史 第十章）

使館的汽車到了，我叫車夫把行李裝上車，辭別客寓中居停人，乘車回羅馬。這座客寓，大半為小孩的居留所，由修女們照管，今天星期日，有許多父母，來看寄存在客寓中的兒女。父母與孩兒，彼此格外親熱，眯眯的笑個不止。我上了汽車，就想這些小孩子，算是天下最快樂的人了。日間跳著笑著，夜間安睡著，於他們沒有日出與日落，他們常是安然無憂。

天下要求快樂的人，就該變成小孩子。耶穌曾說：「爾若不幡然化爲赤子，則末由進天國。」天國乃極樂之國，人若無赤子的精神，必定不知道欣賞天國之樂。

聖人們在世預嚐天國之精神樂，即是因爲他們能恢復童心。他們虔信天主爲父，以赤子之誠，愛之信之，無憂無慮。聖女德蘭乃現代精神童心之提倡人，她說：「耶穌惠示我以神愛火窰，惟一必由之路。是路也，即具小兒信賴之心，安臥於乃父懷中，泰然無懼。」（靈心小史 第十一章）

大人怎樣能變小孩？秘訣在一愛字。兩個相愛的情人，彼此就如小孩，互相信任，對談常說無意義的瑣語。大人能在天主前而成小孩，就在一心愛天主。舊約裡的雅歌，所以借男女相愛之情，描寫人心愛慕天主之情。

隨時隨地都有天主，隨時隨地便能與天主相參。與天主相參則盡心愛慕之，愛慕天主則一心信任之。信任天主則無憂慮了。隨時隨地無憂慮，則心中常享赤子之樂了。

一瞬間，汽車已離了海濱，駛入原野。葡萄林果實纍纍，色青而轉黃，葡萄快成熟了。西瓜籐蔓滿田中．老青的葉下，臥著圓圓的大瓜。一瞥農家之景，促我想到衡陽的故鄉。

汽車進羅馬了。進了寓所，看著房中的日曆，還是八月四日，而今天已是八月二十八日了。二十四天的假期，只有日曆上還保存著。聖女德蘭五歲時，因星期日過的更快，便想長樂的來生。她在《靈心小史》上說：「請在講主日（星期日），這一天，一面過得快，一面又帶愁來。從早到晚經時，其樂融融不帶愁。晚經後，不由人不愁明日，依舊要做工，要上課，我心終覺世上是充軍地。若要放假，要休息，惟有唏噓天上的假期。不夜城中過主日，無日落西山之說也。」

五歲小孩知道要享真正的快樂，惟有等待來生的天堂。蘇東坡雖不信天堂，然而他也說：「當年衫鬢兩青青，強說重臨慰別情，衰髮祇今無可白，故應相對話來生。」(二)衰髮無可再白之時，一生常是失意，則天生求樂之心，若無一幸福之來生，無處可滿足！那爲何天生這種求樂之心呢？

八月廿八日，一九四九年羅馬

註：

(一) 吳譯 新經全集 瑪竇福音 第十八章第三節。

(二) 蘇軾 別杭州南北山諸道人三絕。

生死

九月二號，郭藩神父領著衡陽的六個修生，從香港乘飛機到了羅馬。我們見面後，不單是一別十三年的老友重聚，而且他帶來衡陽故鄉的消息，所以第二天我倆坐談了五個鐘頭，我反覆地追問故鄉的情景。問問舊日相識的親友，誰生誰死。細細數來，幾乎十個中有八個都不在人世了。不是死於日本人的槍砲，就是死於疫疾和饑饉。我心中感傷極了，贈郭神父一首詩：

十三載後回母校
絲絲變動一眼數
你驚天地變色
母校能存舊門户
兩天促膝談鄉族。
十人中八人入墓
纔信衡陽故鄉

於我已成異鄉土㈠

郭神父又贈我，一張衡陽保衛戰士陸軍第十軍陣亡將士忠骸攝影。枯乾的頭骨，行行成堆，數不清是多少頭顱。

「死有重於泰山，有輕於鴻毛」，這輩殉身衛國的人，死都重於泰山，受人追悼。然而泰山之死，或鴻毛之死，爲死者究有甚麼關係？死後都是一堆骸骨；而且都是一堆無知又被蟲蛀的臭骨。

但是活著的人，卻以泰山之死有別於鴻毛之死。就是完全唯物派的共產黨，也敬禮列寧的遺體，還說列寧的精神不死。

唯物而說精神不死；精神不死，祇是活人的一種印象而已。

但豈是一種印象！誰甘心死去的人，一咽氣就完了呢？乘飛機的人，個個計劃各自的事；不幸，飛機遇險，一分鐘內，全飛機的人化成灰燼。這些人就完全消滅了？遇險人的親戚，就安心不想他們了？古今來敬禮亡人的儀禮，還有甚麼意義？進化的維新人物，要說這都是迷信，然而唯物的共產信徒，不祭弔他們的領袖嗎？

不用說雄心勃勃的人，不甘心自己一死就完，即是庸碌無奇的人，誰又甘心一死就完結呢？尋短見而自殺的人，以一死而脫目前的苦境，不一定就信死了完了。

莊子最講達觀，他還說生死爲往返，妻子死了，箕踞鼓盆而歌，他以爲「雜乎芒笏之間，變而有氣，氣變而有生，今又變而之死：是相與爲春秋冬夏四時行也。人且偃然寢於巨室，而我噭噭然隨而哭之，自以爲不通乎命，故止也。」（莊子　至樂）人死爲偃然寢於巨室，巨室乃宇宙之氣。

《列子》書上也說：「死之與生，一往一返；故死於是者，安知不生於彼。」（天瑞）

李太白沈於酒色，卻又最願長生。「客遇王子喬，口傳不死方。入洞過天地，登眞朝玉皇。吾將撫爾輩，揮手遂翱翔。」㈡

蘇東坡自以爲能超於物外，不朝玉皇不求仙；然他也曾試過煉丹以延命。

誰願意死呢？誰甘心一死就完了呢？

孔子說：「未知生，焉知死？」（論語　先進）究其實應說：「不知死，焉知生！」

佛教能流傳於中國民間，不就因爲講死後嗎？孔子不講死，只講生；中國人便生爲孔子的弟子，死爲佛的信徒。

若是信一死就完了，當然盡量求現生的享樂。若是信有來生，就不能只顧到現生了。所以說知死纔能知生。未知死，怎知生？

郭藩神父領著修生們去參拜羅馬古墟墓聖地。古墟墓乃羅馬公教古墳，掘向地下，深數丈，長廊相連蜿延數里。當羅馬皇帝殘殺教士教民時，教士常藏在墟墓中執行教儀。殉道之士，藏身於墟墓內。後世遂以墟墓爲聖地。在古墟墓裏，遊客可見一千七百年前的墓石。石上刻著「某某安眠於天主。」或「某某安然長眠」。

「死爲安眠」，中國古人也常言之。蘇東坡有一篇〈惠州祭枯骨文〉：

「爾等暴骨于野，莫知何年。非兵則民，皆吾赤子。恭惟朝廷法令，有掩骼之文；監司舉行，無吝財之意。是用一新此宅，永安厥居，所恨犬豕傷殘，螻蟻穿穴；但為聚冢，罕致全軀。幸雜居而靡爭，義同兄弟；或解脫而無戀，超生人天。」

陶淵明心襟曠達，未死以前，作〈自輓詩〉和〈自祭文〉。〈自輓詩〉云：

「有生必有死，早終非命促。昨暮同為人，今旦在鬼錄。魂氣散何之，枯形寄空木……」

「……昔在高堂寢，今宿荒草鄉……」

「……死去何所道，託體同山阿。」

〈自祭文〉云：

「歲惟丁卯，律中無射。天寒夜長，風氣蕭索。鴻雁于征，草木黃落。陶子將辭逆族之館，永歸於本宅。故人悽其傷悲，同祖行於今夕，羞以嘉疏，薦以清酌。」

淵明以人生爲逆旅，以死爲歸宅。公教信友以人死爲安眠，因信人體葬於墓中，終有復活的一日，故爲安眠於天主，等待天主喚之使醒。

「安眠於天主」這是初期公教信友新造的名詞，聖保樂嘗勸教友說：「對於已亡之人，勿過於悲傷，一如未具望德者之所爲；此吾不欲兄弟不知也。人既信耶穌之復活，亦應信天主必引諸凡安寢於耶穌懷中者，與之俱來也。……彼時號令一出，總領天神一呼，天主之號角一鳴，主乃自天降臨，而已亡之信徒，即先復活。於是同道中之尚在人間者，乃將與彼等一齊被攝入雲，迎主於天際。」(三)

人之靈魂，死後入一精神之域。人之肉體，死後深藏於地。入精神之域，靈魂不死不滅，肉體藏於地，朽化為塵土。幸而天主全能全慈，於天地終窮時，重使已朽化之肉體原子，再聚而與靈魂相結，復享新生。

所以死為入新生之門。聖人們今生愛天主，而參入天主的生活；然而今生，人與天主，隔於肉體，僅僅靠著信仰，靠著希望，以維持愛天主之愛。死而超脫了肉體，人靈乃能與天主相結，滲浸於天主之內。聖女德蘭於第一次吐血，知道自己抱不治之癆症時，反以為喜訊，安然就寢，絲毫不亂。

「去年封齋時，我比素常更強健。雖嚴謹遵守一切齋期，直到開齋，皆平安無事。惟『受難瞻禮』那天，耶穌似乎未報喜信，快要召我同赴化光美妙之天。噫，此等想念，是何等快慰並耶！」

「聖瞻禮五晚，未蒙允准全夜陪聖體，守聖墳。及至夜半回房，頭方就枕，忽然覺有血潮滾滾，湧到口邊，吐在手帕子上。一想死在眼前了，喜的花迸裂。但小燈已熄，我便克制這好奇之心，留待天明再看罷。不多時，便安然睡去了。」

「晨鐘五點，一報起身。想著夜間的好消息，走近窗前一看，果然滿手帕都是血。好母母，這不恰如所望麼？深信吾主，於她受難週年日，先投一信，隱隱中，已如聞鹵薄駕臨，開道之聲也。」㈣

「死」乃是耶穌來迎。在現世不獲與耶穌見面，一死，乃與耶穌相見，永遠同居。死而歸天，歸天乃完成現世愛天主之愛。現世與永世，乃一種愛的生活的繼續。惟現世愛天主之愛，缺而不全。永世愛天主之愛，全而無憾。

死非完結，乃繼續。死非毀滅，乃成全。

九月十四日，一九四九年Roma

註：

㈠ 海濱夕唱　第一八五頁。

㈡ 李白　贈別舍人弟臺卿之江南。

㈢ 吳譯　新經全集　聖葆樂致德颯洛尼人書一　第四章第十三節。

㈣ 靈心小史　第九章。

風月

清晨六點，開窗。朝陽出於樹梢，遠山托著醬色雲堆，雲堆披著紅光，紅光的中央，鑲著耀眼的朝陽。樹葉微濕，夜雨使綠葉更綠。松樹梢頭，噪著群群的小雀。

中園的一草一木，在這秋光爽朗的清晨，都特別照眼。前夜月明中，開窗對月，樹木團團陰影，只有高高的孤松孤棡，枝幹直立如畫。

然而我卻喜歡月夜的園景，眼看朦朧的樹蔭，凝視孤立的高幹，腦中可以在任意遐想，可以給樹蔭和高幹，加上種種名目。樹蔭能夠變成山巖，高幹能夠作爲獨立的人。月明的小園，完全成爲我的天地，任憑我的心意去改造。

晴亮的太陽下，樹木各現自己的面目。一莖小草，一枝小花，各有自己的名字。如今我立在窗前，何嘗不覺得清晨園景非常美麗。一片葉、一片花，在陽光裏閃爍著，姿態動人，跳躍松枝上的小雀們，隻隻靈活；但是我嫌陽光下樹木鳥雀太分明了，他們跟我分得過於清楚。我爲我，樹木鳥雀爲鳥雀，彼此只是互相觀望罷了。

凡是人世的物件，越看清楚，越覺得距離遠，越不能滲入我們的生活裏，於我們沒有意義。明眼人的原動力。

駕馭自然，乃是人類的進化，這是現代人類的文明。

我想，眼前清晨窗前的美景，若都爲我有漏心所虛構，我則不問外界有沒有實體，我願意保存我這顆有漏的心，而不使成無漏。這顆有漏心的能力，真太可愛了。

懷疑派的哲學家高呼外物的實體，非我所能知，唯心派的哲學家主張人的智識，只有主體的觀念。可是這些懷疑者和唯心者日常生活時，他們也要同常人一樣，以白爲白，以紅爲紅。他們也認他們的妻子爲自己的妻子，而不高興妻子從他人。

和尙應以萬物皆空，無物無我，那麼又何必守吃素的戒律？雞也空，牛也空，白菜也空，何必又更硬加分別，認爲雞牛的肉不可吃，僅可吃菜蔬呢？

無論誰也不能抹殺實際的物體，無論誰也不能擺脫具體的生活。

一草一木，在人的生活裏，也有牠的意義。古今來的人們，常以這種意義，在一個利字。萬物都利於人生。人所求於萬物者，在求利於一己的生活，上下左右的人都交征利，而生活危矣。人生也就不幸了。

以求利的眼光去看旁人，旁人便成爲競利的仇敵。以求利的眼光去看女人，女人便變爲慾情的工具。以求利的眼光去看禽獸，禽獸便視爲出賣的貨物。以求利的眼光去看草木，草木便充作出產的原料。以求利的眼光去看山水，山水便算爲可估的不動產。以求利的眼光去看日月風雨，日月風雨便被駕馭而成生產，便看到世物無常，花開花落，不足值人的繫戀。哲學家且以人與物間，鴻溝萬丈，人決不能越鴻溝而認識外物。佛祖更徹底言明萬物皆空，所有唯心，萬物皆有漏心所虛構。

但是這種進化，未免太精明了。看事過於精明的人，往往吃自己精明所造的虧。於今進化到文明很高的人，生活便成一架機器，一天忽然心臟停止了，這架機器算壞了，人也就咽了氣。

這種精明就不是精明。普通精明的人，常是把事體的一方面，看的很精明，既忽略了事體的別方面，更看不到事件的全體。就像如今專科的醫生或工程師，於所專者很精明，於所不能專者則茫然。現代的文明人，於求利一道，太精明了；因此弄的大家都無利可求，人人都不聊生。

我們何妨站在遠處去看萬物，或是從飛機上去鳥瞰。物體雖看不很清晰，然而我們可有與物相親的心情，像是在明月下，人影與物影攙和相接。

詩人立在一座荒涼的海巖上，百里內無人聲；可是詩人卻看到海波向他怒吼，看到樹木向他搖頭，看到石巖向他傲目。週圍的一切草木石沙，都有言有語。反之，詩人夾在萬人往來的通衢裏，眼睛卻不見一個面孔，耳不聽一句人聲。這或許因爲詩人發狂；但是發狂而發到陶淵明的所說心境，則詩人的瘋狂，非超過常人一頭不可。

「結廬在人境，而無車馬喧。問君何能爾，心遠地自偏。采菊東籬下，悠然見南山。山氣日夕佳，飛鳥相與還。此中有眞意，欲辯已忘言。」(一)

不聽見人境的車馬，卻看見飛鳥的往還，不與人境的人相接，而與南山東籬菊相親，所以說此中有真意，欲辯已忘言。詩人眼中，萬物靈活，彼此互相默契。

天下人笑這種詩人的幻想。但這種幻想裡的萬物，較比求利者精明眼光中的萬物，更能使人的生活愉決。陶淵明臥東軒以觀南山，較之美國煤油大王，伏案計算煤油噸數，他們兩者眼中的天地，哪個較有生趣？

駕詩人的幻想以上，用超性的眼光去看萬物，則天下萬物更有生趣了。

生命的活動在一愛字；愛的最高點，在愛天主。人生的快樂在與天父相結合。萬物乃天父所造，爲成全人的生活。從天父那面去看萬物，萬物都爲助人與天父相結和的工具。每件物體，都帶有天父的一分愛。

心飛在天上，則不爲物所拘束。用萬物以愛天父，則人役物，而不爲物所役。以愛造物主爲生活，則役物而物得其宜，物得其用。

萬物非特供人役使，尙能與人爲侶。中國詩人雅士已有「侶魚蝦而友麋鹿」，(二)或與白鷗爲盟者。

「帶湖吾甚愛，千丈翠奩開。先生杖屨無事，一日走千回。凡我同盟鷗鷺，今日旣盟之後，來往莫相猜。白鶴在何處，嘗試與偕來。……」(三)

詩人與風月鳥獸爲侶，乃詩人想像所造的默契。我們由天父一方去看風月鳥獸，一切都出於天父之手，同是大造之物。非徒天下人爲一家，天下物也都共屬一主。每種受造物，都顯出大造的一項權能，都表露天父的一種美好。對著淸晨的美麗園景，我不禁讚嘆造物者的神能。

義大利亞細細的聖方濟各，乃聖人中之最有詩情者。他隨處稱禽獸草木爲兄弟姊妹：連豺狼也變成弟弟。他至誠地看萬物爲天父的造物，處處跟禽獸草木談心，叫牠們一同讚美造物者。他所作的太陽歌，且爲義大利文學的開山祖宗。

聖方濟各的精神，即是古經聖詠的精神。聖詠詩集裏，有許多邀日月風雨讚美造物者的歌，最著者爲第百四十八首：

「讚主於天中，讚主於蒼穹。讚主爾眾神，讚主爾萬軍。讚主爾日月，讚主爾明星。讚主爾九天，讚主爾靈淵。讚主為何因，莫非主所成。讚主為何故，恃主得安固。各各有定分，祇守莫踰矩。讚主於大地，讚主於海底。溟海與源泉，冰雹與氛氣。雷霆與白雪，飄風布聖旨。小丘與高嶽，果樹與喬木，爬蟲與飛禽，野獸與家畜，王侯與眾庶，權位與貴爵，壯男與閨女，白髮與總角，皆應誦主名。主名獨卓卓，峻德超天地。子民承優渥，眾聖所瞻仰，義塞所依托。天下諸虔信，莫非主之族。」㈣

九月二十日，一九四九年Roma

註：

㈠ 陶潛 飲酒詩 第五首。

㈡ 蘇軾 前赤壁賦。

㈢ 辛棄疾 水調歌頭鷗盟。

㈣ 吳經熊 聖詠譯義。

事業

今天薄暮，往訪明馬女士。

見面她便笑說：「於今成了資產者，買了房子，我該鞠躬致敬。」我說：「若不是窮，住不起客店，我必定不買小房三間，自己管家，多麼可厭。」

她詳細問我，所購小房的式樣，和房裏的傢俱。她又展開一張建築地圖，說自家打算購地建屋。她母親卻說：「這都是紙上美夢。」明馬女士說：「美夢已做了多少年！」

我們坐著講管家的瑣事。她告訴我書架應該用甚麼樣式，書房皮椅不要帶醬色，因爲看見醬色皮椅，就令人想起醫生們的候診室。書房的皮椅，若帶綠色，不觸眼而又美觀。

由家中瑣事，我們的談話，溜上了婦女問題。明馬女士一向主張男女平權，我每次聽她替子女抱不平時，常含笑不置辯。

今天她又說了：「假使我若再生，我決投胎爲男，女子我已做夠了。」

我笑答：「既是男女平等，又何妨再生爲女子？」

她罵男子們霸道，不讓女子自由發展各自的本領。男子到辦公室辦公，自以爲了不起了，實際是在抽煙，是在跟同事談天，間而清理了幾種文件，回到家時，則喊自己累極了，叫水叫飯。答應稍晚，便憤憤不安。吃了飯，躺著看報，吩咐太太把小孩們領開，不要吵他的清福。做太太的，從早起一直到深夜，手常不停，做一件又一件，還總不能在丈夫前誇說自己累了。

她說：「我也辦過公，可是臨去辦公室以前，我要收拾房中的衣衫，我的丈夫早晨換衣，常是東摔西摔，有時還要幫兒女整床，預備早點。辦公回來，又要下廚。我的丈夫則辦了公，到家要人服侍。」

我笑答：「不然，丈夫爲何結婚！」

她氣極了，冷笑道：「呵！男人們要當先生，女人只堪供使役！」

我說：「話不是這樣說，男女平等，分工合作，各有各自的事。事情的價值，也是相等。」

她說：「你有寫作的本領，假使上峰如今叫你去到教堂服務，打掃堂宇，燃燈熄燭，你再也不能寫書，你將怎樣呢？」

我說：「我當然去打掃堂宇。你不要想燃燈熄燭，跟不上寫書的價值。」

「呵！你又作道學先生了。你又要說聽命是種犧牲，犧牲常有益於人倫，我根本就不信這一套。」

「無所謂信不信。既然人事常有天意；人一面須盡己力，一面須祈禱天助。犧牲即是祈禱之上乘，不是可以造福人倫嗎？」

「那麼你的人格何在？天主給你寫作之能，你卻廢而不用，去打掃堂宇。我想這不但不能邀天佑，而且是逆天之意呢？」

「我的人格：在發揮我所有的才能，造成一個真正的自我。怎麼發揮我的才能？是我把所得於天的才能，都得其用，都用得其道，助我達到生活的目的，生活的目的在愛天父。我發揮我的才能，便是用之於愛天父。然而天父既是全能全知全善全美，哪裡希罕我們為祂作甚麼事。祂所喜於人的，是我們的一份孝愛心。孝心的表現，在事事翕合天父的旨意。這種孝愛心，可表之於大事，可表之於小事。有這種孝心，事件才有價值。事件價值的高下，在於孝愛心的厚薄。孝心厚者，事小而價重；愛心薄者，事大而價輕。所以聖嬰仿德蘭每天在隱修院只做些家常瑣事，因愛天父心之極濃，便成了現代的大聖女。她的事業，不亞於聖奧斯定和聖多瑪斯的著作事業。」

明馬女士打斷談話，促我喝茶。她以為夏天宜於喝涼茶，把茶冰在冰裡。

她吸著香煙，煙氣騰騰上升時，她又發問了：「你總不能說，聖奧斯定或聖多瑪斯的著作事業，於社會的影響，跟聖嬰仿德蘭的家常瑣事，價值相等。」

我笑道：「我本想替女子們爭口氣，你卻自願喪氣。一樁事在社會上的價值，可以從兩方面去看。從人事一方面去看，凡影響力較大者，事件的價值較高。一樁事的影響力，若能驚動天地，當然要算一樁非常大的事了。然而這種社會價值，仍是相對的。宇宙萬物本是相對的，有限的、暫時的。宇宙間的事業，便只有相當的價值。超過這種相對的宇宙以上，從天主方面去看，一樁事在社會上，另外有種價值。一樁日常的瑣事，爲孝愛天主而行之，天主體念行之者的愛心，因而加惠人倫。行之者的孝愛心愈厚，天主愈欣賞所行的事，加惠人倫也愈多。聖嬰仿德蘭未出隱院一步，死後被奉爲傳教之主保，和聖方濟各沙勿略受同等的敬禮。聖沙勿略足跡遍東亞，歸化數萬人民，創立印度日本之教會。聖德蘭一弱齡女子，困居隱院，日爲傳教者祈禱。教宗則承認她的祈禱瑣事，與聖沙勿略的講道化人，對於傳教，有同等的價值。」

明馬女士的母親搖頭說：「你倆辯論紛紛，我用心聽著，也跟不上你的思路。」

我連忙向她道歉，改換談話的題目。可是明馬女士逼我說：「假使聖多瑪斯遇著一個不高明的院長，派他掃地，燃燈熄燭，他如果聽從長命，那不是有負社會，有負上天所賜的天才嗎？」

「我不信聖多瑪斯自己有負於人，有負於天。錯處都在那不高明的長上。爲聖多瑪斯自己，寫書與掃地，沒甚麼分別。對於社會，從人事一方面去看，寫書重於掃地；從超性方面去看，天主可以使掃地比著書更有益於人類。」

「那麼天主又何必給聖多瑪斯著作的能力？」

「天主給人天才，當然希望人能發展之。假使環境不容許天才者用其才，過不在天主，人是有自由的。有自由的人能阻止天才者發展天才，這是人的惡作劇。從人的惡作劇中，愛天主之心，尙能收其利，能默誘天才者以自己的犧牲，獻之上天，祈福人類。天才者被環境阻止盡用其才時，應該謀環境的改良。若環境非己力所能改換，不必憂憤成疾，或自尋短見；因爲在不能盡其天才時，仍可盡其愛天主之才，仍能達到生活的目的。」

「不盡才而又盡才，這有甚麼意義？」明馬女士似乎有些不耐煩了，面色稍赤。

不盡才，是說不能盡自己的一種特長。盡愛天主之才，是說能發揮人愛天主的本能。愛天主的本能，人人都有。哪個人沒有能愛之心？那一處不能發愛天主之情？無論外面環境怎麼樣，心裏的愛情，沒有外力可以阻障。愛人世的人，愛情須表於外，以求爲對方所知；爲愛天主，愛心一動，天主已見。所以無論何人，無論何時何地，都可以愛天主。愛天主既爲生活的目的，人事的價值，既按愛天主之愛而定，那麼人人對於事業的創造，機會完全均等了。愚者、智者、貧者、富者，做大官的、做百姓的，只要願意愛天主，所做的事，就成爲大事。所以公教裡成聖人的機會，各等人都有。而已成聖者，各階級的人也都有，這才是真正平等，不用說男女平等，甚麼人都平等了。」

明馬女士睜眼看我，她似乎不大相信。時間已不早了，使館同仁還等著我吃晚飯，應該告辭了。明馬女士說下次再談，今天她不認輸。

我走到門限外，她還說下次再說。

九月二十四日，一九四九年Roma

自我

今天，義大利慶祝本國主保聖方濟各節。義大利人常說：方濟各乃義大利人中最完全的聖人；方濟各乃聖人中最完全的義大利人。

聖方濟各熱情而瀟灑，淡樸而高雅，以聖人兼詩人的眼光看世物，真切同情人們的痛苦，超於物外，而又愛人世的友情，他集義大利民族性於一身。

我最喜歡聖方濟各的性格。他律己極嚴，待人則常溫和可愛。他甘貧乞食，平生則常心安神怡。他棄俗絕世，一心則常親愛萬物。

這一位事事不苟切，處處求全德的聖人，並不自異於人，不像文學家所假造的「超人」，處處顯出異於人之處，事事招人注意，而且「超人」多是高眼看不起世人。聖方濟各則稱鳥、雀、牛、羊爲弟妹，看待世人多親同手足了。

當今年春在醫院施行手術時，住院的時間，長於我預料的日數。最後幾天，我把帶去的書都看完了，便打電話向明馬女士借易卜生的《戲劇集》，閱了集內最著名的〈群鬼〉與〈社會棟樑〉兩劇，便看易氏的中心著作〈Brand〉。易卜生所造作的這種超人，立志要澈底遵守道德倫理，錙銖必較，絲毫不苟；但是我把這劇讀了一半，就無法往下讀。劇中「超人」的眼中無人，和盲目的硬性犧性，既反乎人情，又背於倫理。願意行仁義，乃殘殺仁義。這等「超人」最可厭、最可惡。我後來向明馬女士表示我的感想；她說她自己最喜歡這篇劇，因爲劇中主人最能表現「自我」。那一次，我卻沒有同她爭辯。

究竟是聖人們能表現自我，或是超人們能表現自我？超人們只是文人的幻想品，而且大都如易卜生的超人，不著一分實際。聖人們則是有肉骨的活人，實際地完成各自的人格，而造成一己的個性。所以公教會成千的聖人，沒有兩個的個性相同的。我認爲只有他們真能表現各人的「自我」。

可惜我沒有問明馬女士：「自我」有甚麼意義。若按我的意思去推想，「自我」當然是「我自己」。我是「我自己」而不是他人。他人看著我，知道我是我，而不是另一個人。我的皮膚相貌，可以把我同別人分別，然而皮膚相貌並不算是我。女人們或許要以相貌作爲自我；但作這樣想法的女人，必是美貌的西施。可是四十歲以後的西施，大約也不願以相貌爲「自我」了罷！相貌得於天，人無法改造。美容社的高手，無論用甚麼科學方法，也不能把闊嘴的婦人，改成一顆櫻唇。完全不受人統制的相貌，當然不可算爲自我。

分別我的，有我的性格，跟人相接觸時，除了相貌，第一件招人注意的，就是各人的性格。性格代表一個人，造成各人的個性。一個人在社會上所能有的成就，也常看各人的性格如何。然而性格也是生來的，一個人生而剛毅，或生而柔弱。一個人生而暴燥，或生而堅忍。不過性格較比相貌，較能受人的節制。日常我們所說的正心修德，多半工夫即用在制馭各人的性格。生於天的性格，不足稱爲「自我」，鍛鍊出來的性格，是人的理智和意志之產物，較近於「自我」了。

文學家和思想家所稱的「自我」，則在發揮本人的天才，造成自己的個性。李白的詩異於杜甫的詩，但丁的《神曲》，異於歌德的《浮士德》。孔子的思想和人格，異於老子的思想和人格。彌琪安琪爾的畫，異於辣法厄爾的畫。每個藝術家，每個哲學家，每個偉人，都有各自的個性，各自的「自我」。

可是天才雖足爲世所貴，然也是得之於天。我常想著：騷人雅士罵富豪以富驕人，假外物以長傲氣；而不回思假天生的才力，自視高人一等，同是假物以凌人。智者不足以凌愚者，有口才者，不足以凌訥言結舌者。因爲能者無功，不能者無罪；只是受於天者，有所差異而已。

天才者的創作，天才者稱爲自己的創作；因爲他發揮自己的天才，自己創造一種新的作品。天才愈高，作品愈良；發揮越大，作品越精。然而天才既受之於天，天才的作品，決不能完全歸於本人。可歸於本人者，只是從事創造的一番努力。

凡作一事，必該努力。所作的事越難，努力越大。然而努力的成績，不一定常如作者所期望的；因促成成績的各種條件，多不受作者的支配。不說外面的環境，不受作者的支配，即作事的技能，如理智力、記憶力、想像力，也不完全受作者的支配。作者所能的，就只努力。他能夠願意努力，或不願意努力。「努力」受他意志的支配。

人所有的，只有人的意志。其餘一切都不能說完全是人自己的。

一種物件是我自己的，是在我能隨意使用它。一樁事說是我的，是因我願意而做了它。凡我意志所不及的，都不可稱爲我的。所以我是我自己，完全靠著我的意志，我的個性，整個由我的意志造成。

每個人都有個「自我」。則造成「自我」者，應爲每個人都具有者。理智力，每人所有不同，富貴權位，每人所有，各有差異。然而決不能說，聰明的人所有的自我，一定較愚蠢者的自我更完備。更不能說，權威與勢力高的人，具有更完善的自我。

唯有意志，乃智者愚者所共有，富者貧者所同享。所以《論語》上說：「三軍可奪帥也，匹夫不可奪志也。」(子罕)匹夫愚婦也有他們不可奪之志。

志不可奪，才可算真正我所有的。人所有的物件和技能，只有意志，外力不可強迫。公教信天主之全能，天主且尊重人的意志，外力無論怎樣強，也不能阻止我心裏愛我所愛的人物。我若不愛時，乃我自己不願意愛了。

一個人的自我，就只在自己的意志。意志可以作甚麼呢？現代的人，把人舉到天上，以爲人乃萬能，只要人願意，天下沒有做不到的事。拿破崙以爲字典上，不該有一「難」子。科學家以人能駕馭自然而自豪。但若是天下的人，每個都願意做皇帝，且拼命去爭皇帝做，做皇帝的人，最多也只能有一個。所以天下有許多事，不能說你願意，就可做到。

人願意而真可做到的，是甚麼呢？是在統制自己的官能。把官能所受於天者而發揮之，乃成一人之「自我」。「自我」在盡我之才，所造成的一分成績。

然而當我願意往上進時，卻不免常要向後退。誰不想成正人君子，但多有流爲小人者。不僅是自暴自棄的人，不能長進，就是終日孜孜的人，也常事與願違。剛定志不圖利，一見利又圖了；剛決意不自傲，忽又怒口傷人。可見人的意志可做到的事也很少，這是因爲在人以內有情意之爭，有慾智之鬥。私慾反抗理智，感情違背意志。我們公教人稱這種內戰，爲人類原罪的流毒。

爲戰勝這種流毒，須靠天主的寵佑。

我的真自我究竟若何呢？一晚我獨自跪在經堂中，腦中來回有這個疑問。經堂燈光暗淡，看不見別人的形色，只有我的心對著天主。

經堂靜寂
沒人呼我「蒙席」
長明燈暗淡
照不著我所著書籍
聖體臺前
靜靜有我自己
名銜權位勢
有如隔世不沾我體
空空虛虛
不知來時明日
眞的我自己
全憑天主慈愛意旨(一)

天主全美無限，不要求人向祂有所貢獻。天主所賞與人的，只在人的一片好心。我既努力求成全自我；這種努力就算有價值。而且唯獨這種努力有價值，努力的成績，常不跟努力相等。天才高的，得天獨厚的，享有優良境遇的，他們努力的成績，當然高。天主所看的，則在一個人自己本人所作的。一個人真正本人所作的，就只是他的努力。人所有的，唯有意志，意志所能的，唯有努力。

人的努力，即是人的「自我」。

十月四日，一九四九年

註：

㈠ 海濱夕唱 第一六八頁。

我

近日從國內有幾十位青年司鐸與修生，乘飛機來羅馬，再轉往歐洲各地求學。跟他們談話時，詢問國內戰事情形，探問各處舊友消息，常常使我悲淚盈懷。山河變色，故舊凋零，那能使我不掉淚。

從這些談話中、得知宣化張潤波主教於今年八月二十五日在香港逝世。張主教在羅馬教學三年，是我的中文教授，又是我的前任。

由宣化，我聯想起一位宣化同學，那時別人都叫他的混號爲「Io」（我）。他當日講義大利話的本領不太高，說到第一人稱，常是把主詞「Io」（我）說在第一，連著說動詞。義大利話的動詞，每個人稱都變尾語，所以習慣上常省去第一人稱代詞。宣化的那位同學，則句句不離「我」，因此掛上了個「Io」（我）的混號。

「我」同學說我時，不過是文法上有些特殊，人家便替他起混號。究其實世界上的人，在行動思想上，沒有一個不是說「我」的。只因他們聰明，口頭上不多說「我」，便無所謂渾號的「我」。

使館花園裏，常有幾個小孩在草地上玩耍。有一個女孩才兩歲半，剛能說話。另一個還不滿兩歲的小女孩有時搶她的玩具，兩歲半的女孩，便哇哇大哭，哭叫「玩具是我的」，及到玩具送回了，才破涕為笑。有時，我拿件玩具，問「哪一個要？」兩歲半的女孩，連聲喊說：「我要！」

「我的！」「我要！」剛能說話的小孩，便一心記住了這兩句話。這兩句話將一直跟她到死榻上，時刻縈繞她的胸中。

在天上無月無星的黑夜，我有時單獨在涼臺上，依欄沉思。黑暗裏我看不見自己的身體，看不見自己的手足，只有自己的思索。思索飛上天空，飛過海洋，飛過宇宙的界線以外。我覺得自己偉大極了，我不僅大過地球，還大過千萬的宇宙。但是一覺醒來，第二天早晨，看著街上的物物色色，便覺到自己過於渺小了。不用說不能跟地球相比，連同樣的人，都有大過我的，而且街上的女人都多半比我更胖。

「我」之偉大，所以是在飛過宇宙的思索，是在包括天地的一顆心。肉體只能使我縮小，使我自覺卑弱。

因為思索飛過宇宙，心靈包括天地，我又在另一方面感到渺小了。今年十月七號，我收到商務印書館所印的《陸徵祥傳》。我頗得意於自己的這種著作。午後，我到聖依搦斯堂拜聖體，將這書籍獻於天主。捧首沉默，自己理會所知道的東西確實少得不堪。抬頭看看堂中的物件，沒有一件我知道它的歷史、它的性質。我眼看祭壇：聖體中有全智的天主，祂才真正有智識，祂自己乃是真理。我則只有一滴海水之智。而且爲寫這冊傳記，所用的技能還不是天生的嗎？決不配說這本著作是「我的」。

收到自己所著的書，心中當然滿意；但是心中的空地尙廣大無垠，決不是一冊書所能塡滿。小的時候，人小，似乎心也小，幾片糖糕，幾件玩具，就可佔滿我的心。身體長大，心似乎也大了；年歲增多，心的空缺越廣。我的心就沒有滿足的一日了。心不能滿足，便理會自己的無能。

所以儘管你說：「我的」、「我要」，能夠實行的機會，則千萬次中不能有一次。高踞龍位的秦始皇，嘗想「我要」長生，卻只稱了十年皇帝。他又想「我要」秦氏世世王天下，秦氏卻二世而亡。氣蓋天下的拿破崙與希特勒，何曾不想「我要」併吞歐洲，而竟慘遭敗亡。

近世的人類，又何必繼人文主義而以爲「萬能」？他們以爲宇宙間沒有神靈，只有人類的「我」。天地間沒有一樁奧妙，是「我的」智力所不能解釋的；然而人類的「我」，卻因此反作了社會的奴隸，大家成了一團灰色的蠢蟲，受獨裁專制者的驅使，失去了每個的「我」。

許多人把肉體充作萬能的「我」，日惟求肉體的享受；然而結果不但「我」不成萬能，肉體早已在肉樂的穢病中朽敗了。另一方面有少數人把精神充作萬能的「我」，以自己的智識和心靈，絕對不受拘束；然而結果智識和心靈反倒沉於物質，連精神的自由都失掉。

人類的「我」，乃是一個有限的「我」，而懷無限的要求。不承認「我」是有限，而硬迫它作爲無限，把人供作神。好比尼采以超人即是自己的天主，是自己的倫理，是自己的法律。「我」就已不存在了，只成了病態思想家的幻想。我讀尼采的Zarathustra，就似乎讀《莊子》、《老子》，覺得所說的，都掛在雲霧裏。若不承認這個有限的「我」有無限的要求，拘束牠於物質的範圍以內，有如物質主義的求利求樂，或如佛教的絕慾：那就殘賊了整個的「我」。

前幾天，中國政府派一大員來歐洲視察駐各國中國的使館，駐教廷使館盡情與以招待。暗中觀察這位大員對於我一個教士，以乎有道不同不相爲謀的態度。我對他則盡禮而已，無所謂屈躬盡致。因爲我對人，常沒有多大希望，知道別人所能給與我的，很有限；而且更不求人了解，因爲人與人，每個隔著肉體，根本上就不能相了解。我這個「我」，雖長不過五尺，體瘦如一木竿，然而心靈之深，有如海淵之淵。

當我散步海濱，默望渺渺無際的海波時，我常感到我的微小；但是我的精神很舒服，似乎遇著了一個相知。渺渺無際的心靈，對著渺渺無際的海水，覺得有馳騁之地，心靈不受拘束。

海水的無際，究竟是眼目不可盡罷了，心靈盡量馳騁時，飛過海洋千萬位。心靈能盡一世界又一世界，要到一個無窮的所在，才能得其所止。

無窮的所在，乃是天主。

「我」對著天主，才知道自己的小，也知道自己的大。

對著世上無論任何人物，也不能照出「我」的真面目。沒有一件人物可以滿足我的智識，滿足我的愛情。「我」從不能知道自己的心靈究竟若何大。

對著無窮無限的天主，「我」知道我的所以然了。智識的無限之慾，得有一無限的真理。愛情的無窮之望，得一無缺的美善，心靈乃得其所止。止而后有定，定而后有福了。

「我」以天主爲福，「我」的偉大，無可比擬了。文人哲士，所幻想的超人，願意以人爲神，惜求之不得其道，反使人淪爲禽獸。公教教義以天主降凡，自取人性。人乃能結合於天主，以天主之生活爲生活，以天主之幸福爲幸福。聖若望福音傳說：

「道（天主聖子）彌六合，締造乾坤，茫茫塵世，不識眞君。降莅領域，見拒屬民，凡納之者，厥名是信，授以權能，超凡入聖。天主兒女，卓哉身份。若輩之生，非緣血氣，惟自天主，無與人意。」

「道成人身，居我儕中，吾儕親覩，孔德之容。唯一聖子，無上光榮，妙寵眞諦，充溢厥躬。」(一)

十月廿八日，一九四九年

註：

(一) 吳經熊譯 新經全集 福音 第二三一頁。

自由

最近一連幾個晚上，深夜輾轉不眠。本想生氣，又不願生氣，心緒不寧，再沒有入眠的可能了。

這幾晚輾轉不眠，是因多吃了小半碗飯，身體不舒服。使館夜晚吃中國飯，一面談，一面吃，吃了一碗飯，覺得肚子尙空，再加小半碗飯，可是上床時，雖近午夜，肚子反有些漲滿了，便想明晚還是少吃一點。明晚吃飯時，一碗吃後肚子仍空，於是又加飯。上床時，又覺肚子漲，因此打主意明天晚晌再不加飯了。不料晚晌吃了一碗飯，肚子還有些餓呢！豈可不加飯？加了飯，晚上肚子又作怪。我乃決定晚晌以一碗飯爲例。誰知道個例禁又犯了，晚間在床上又輾轉些時。我氣自己的意志力太薄弱，然而轉念這樣生氣，只是自傲的變形，還是安然承認自己的無能。求天主相幫，第二天晚晌重懸禁例。這兩天，禁例絲毫無損，夜間安然就眠。

以意志力治口腹，我願吃多少就吃多少，能澈底實行這一點，我才覺得爽快，覺得自己真正自由了。

人真正自由，人就得到了幸福。

孔子說：「吾十有五而志於學，三十而立，四十而不惑，五十而知天命，六十而耳順，七十而從心所欲，不逾矩。」（論語 為政）人生七十古來稀，孔子到了七十歲，才能從心所欲，享到了真正的自由。爲達到從心所欲不逾矩，孔子經過了好幾個階段。由求學到立志，由不惑於慾惡而知天理，由聽事知事理而到心之自由。那麼講自由，談何容易！

現在中國人比孔子聰明的多了！十幾歲已經就知道自由，事事想從心所欲。他們說，自由乃天生，何必學呢？然而這班聰明小子，沒有注意到孔子的「不逾矩」。「不逾矩」，又何必要自由？圈在規矩以內，就是作奴隸，奴隸者，無自由也。「不要矩」，才自由。

可是你從心所欲，不要矩；十次就有十次不能從心所欲了，因爲警察和法庭，較比你的心和慾望力強大一些。

哲士文人們便主張「超人」。「超人」超出人世一切規律以上，他的心就是規律。人世規律乃是一班庸人的範圍，決不足範圍超人。可惜中國前代帝王，不知道這種「超人」的學說，不然他們都將藉王位而登超人之域，省得一班諫官們引經據典，說甚麼非先王之法，非聖賢之道，因爲這一套都不能用之於超人。

可是世界上尚沒有見過這等「超人」，誰也沒有勇氣說自己乃自己的法律；就是說了，警察和法庭，大約不一定像哲士文人們承認超人的特權，大約就要請超人進瘋人院了。

你真以爲從心所欲，沒有規矩，算爲真正的自由嗎？自由是不受強迫，若是你自己本不願意做的事，而被一種力量，強迫你去做，不論這種力量是外來的，或是身裏面的，你既受強迫，你便不自由了。人誰甘心作惡，然而覺得自己常被私慾的魔力，迫去做惡。做惡即是行動逾矩，那麼你敢說真正的自由在逾矩嗎？

你當然說：從心所欲，怎麼能有強迫？但是我勸你撫心自問，所謂從心所欲，是不是有些像縱情恣慾呢？剛才我所說的加飯，明明我決意不加，臨時竟又加了。吃了以後，我又後悔。我一定不說這是從我心之所欲，卻是我的心遭了食慾所迫。

你若沒有見過吃鴉片的，我說吃鴉片者不自由，你可以不信。平日抽紙煙的人，你則見過。假使煙癮大的人，半天不吸煙，你看他見了煙以後自由不自由。見了煙就要吸，自己也不能作主。自己不作主，大約不算自由。

有癮、有嗜好、有習慣、有強慾的人，對於所癮、所嗜、所習、所慾的事，都覺得有一種強力迫著自己去做。美其名的人，說是心從所欲，本人自問良心，則應該自認，心爲慾迫，不得不爲。

內慾強迫與外力強迫，同是侵犯自由，所以耶穌說：「予剴切語爾；凡犯罪者，即罪之奴。」不爲人奴，而做了自己慾情的奴隸。

「耶穌因爲之曰：爾能恪守吾道，是真吾徒，且必能了悟真理；而真理必使爾爲自由之人矣。」㈠孔子所說的求學、而立、不惑、知天命、耳順，都只是求知真理。知道了真理，才可以從心所欲，不踰矩而爲自由之人了。

知道真理才可以爲自由之人。自由是人自己能做本人動作的主人，能自己定奪。人所定奪的，當然該爲求達到生活目的。爲達目的，則須知道人生目的何在，這就是知道真理。知道真理可以自由，尚不是自由。以真理爲生活，則真正自由了。然爲能生活於真理，須要知道不自由，從不自由中，然後得到真正的自由。

我明知晚晌加飯，於身體不適，便決定不加飯。不加飯是我真正的自由，然而上了飯桌，吃了一碗飯，口味好，菜氣香，肚子似乎未飽，就很想再加點飯。不加飯，心裏有些難受，自己須勉強自己，這便不自由了。實行這種不自由，以求達到適合於體健的決意，而得自行作爲自己行動的主人之自由，自由然後完滿了。若使我勝不過要加飯的衝動，不顧不許加飯的決意而加了飯，當時心裏覺得爽快，自以爲自由了；但是反對我自己的決意而求自由，這就是破壞自己的自主之權。自由何由而存在？反對自己決定的自由，乃是奴於慾情的別名。犧牲這種奴隸性的自由，才可有真正的自由。

人之「自我」所有者，只是一點意志的活動，自由乃意志活動的主人翁。那麼自由應是人生最尊貴的。人有自由，生活便向上；人有自由，人格便高潔。自由而使人儕於禽獸，自由已不是自由，乃是慾情的衝動了。

人格的造成，由於意志繼續不斷的奮鬥。奮鬥甚麼呢？在求生活的理性化。理性的障礙何在？在慾情。若是以隨慾情的衝動爲自由，則又何必奮鬥？每個人都自然成聖賢，成豪傑了。老子雖說：「棄聖絕智，民利百倍；絕仁棄義，民復孝慈。」（道德經 第十九章）然而他的絕仁棄義，是在絕了利慾之爭以後，再絕精神上的標榜，使人罷脫了一切得失之念，而歸於一片天真之「反璞」，得到心靈的自由。所以老子的棄絕倫理而求自由，也是須經過一番奮鬥。就如佛家的無我無執，也是由不自由中去求自由。只是老佛的絕慾，較比公教和儒家所說的「不逾矩」，便難而無效罷了。

因老子的「反璞」，佛家的「絕我」，不是人所能做到的，老佛看透人的幸福，在於人的心靈能馳騁於精神之域，不受物質的限制。慾情驅人於物質，限制人的精神；乃以「無爲」「無欲」以絕慾情之擾，心靈乃得自由。可是人的本身，就充滿慾情，絕慾就是殺絕本人。哪一個人真能無一欲之念？絕慾則人的精神也絕了。所以爲求真正的自由，乃在按照真理去引導人的慾望。可是慾情藉著感官的引誘力，常能淹沒人的意志，故須一種超性之助力，以克慾情。耶穌之來，就是給人帶來這種超性的神力，助人超凡成聖。所以他說：「爾能恪守吾道，是真吾徒，且必能了悟真理；而真理必使爾爲自由之人矣。」耶穌的真理，不僅光照人的理智，而且授以寵佑，使人能夠實踐，實踐真理，人乃自由。

人有自由，人才有幸福。

二十年來求自由
今天才覺心無拘
雨後滿天燕
碧空飛自如

縱目羅馬百里城
樓殿接天車馬驅
酒然我一笑
無物牽我慮
名利本已早忘懷
惟喜友愛心可娛
而今知友愛

煙花同樣虛
從此斷情棄外物
自由一心歸天主
人心和天心
包宇宙有餘(二)

十一月八日，一九四九年

註：
(一)吳譯　新經全集　若望福音　第八章第三十一第三十四節
(二)海濱夕唱　第一五四頁。

時間

今年我在傳信大學的中文課程是講授中國小說。近日重讀《水滸傳》，傳首的序文給我一些很深的感想。

序文說：「每怪人言，某甲於今若干歲。夫若干者，積而有之之謂。今其歲積在何許？可取而數之否？可見已往之吾悉已變滅。不寧如是，吾書至此句，此句之前，已疾變滅，是以可痛也。」

歲月如流水，東流入海不復還，當然是可痛哭的事。為形容時光的迅速，中國古人找不出適當的形容語，只好說「白駒過隙」或「曇花一現」。

一個花容月貌的女子，在香花燦爛中，只覺得自己的美貌，一天較比一天美。一個早晨，在鏡中忽然發覺兩鬢露著一絲白髮，又發現前額的縐紋深些了，於是心中驚悸，才知自己的美貌不能常留。回想以往的歲月，尚如昨日，真可以說四十年一彈指間了。

假使就這樣罷了，倒也很簡單，人間不致於流著許多痛哭青春逝亡的眼淚，無奈人都有心，有心人對著草木的零落，尚有傷感，何況對著自己年華的消逝呢！

因悲傷年華的消逝，人便愛戀自己的年華。我少時就讀熟了這句格言：「一寸光陰一寸金，寸金難買寸光金。」

成天懶著，不願做事的人，他也愛惜他的光陰。他以為生命這樣短，可以享受一刻清閒福，就該盡量享受。李白則以為浮生若夢，為歡無多，故該及時行樂。他也自以為最愛惜時光。老、莊卻認為凡是好動都不惜時；人要順性而行，安然無事，才可養生。

但是普通社會上的人，以為坐享清福或安然無事，或及時行樂，同樣的為妄費時光。只有孜孜不倦，埋頭苦幹的人，才算愛惜光陰。

可是外國人到美國去，又以美國人那般食不安、坐不穩，整天忙碌的生活，實在沒有意義，因而所謂忙，也該有忙的道理。

我間而因寫作到深夜，上床後，不能立刻闔眼，腦子裏便常湧出平日不曾理會的一些問題。有時我問自己：年歲已近四十，在羅馬也幾乎居了二十年，究竟作了些甚麼？假使我如今死了，別人對我有甚麼話說？必定是沒有話可說！

難道四十歲就如流水流過了沒有一絲痕跡？難道年歲就如行雲，風吹就散了？若是真像流水和行雲，深夜自思時，為什麼又要有所感愧？為什麼自問良心，常有點不安呢？若是「已往之吾已變滅」，好的壞的，於我都沒有關係，我為何要回顧以往呢？

可是我們卻都怕已往！並不是因爲我們沒有建設大業，垂名後世，我們想到往日而興愧。建設大業不是每個人都可做的，假使每個人都能垂名後世，則名也就不成名了。一個鄉間的老太婆，決不會因爲沒有成名而痛惜以往。而且若是時間，只因建設事業留名後世，才有價值，那麼普天下往古來今的人，有幾個人的時間是有價值的？時間既是天下人所共有，時間的價值也應爲天下的所共有。

哲學家有以宇宙人生，乃一永久的輪迴。宇宙間只有永久，沒有時間，只是永久輪迴的一片段。

然而普通的人，不能因爲哲學家說沒有時間，只有永久，而不悲傷歲月的馳逝，愧悔往日的失德。他們覺得以往的歲月，在他們的生命上，留下了一些不能磨滅的痕跡。

少年力學，智識豐富，則一生常可受用所學的智識。時運好，忽然發了財，錢財也可經一時之用。遇著了情人，發生了戀愛，終生或可常燃戀愛於心。創造了事業，名聞天下，名譽則能夠遺留於後代。學識、金錢、愛情、名譽，生之於一時，不毀於一時。時間的產物，卻能久於時間。

然而這些久於時間的產物，尚留於時間之內，雖久於一時，仍終歸於毀滅。時間的價值，故不能求之於時間以內。名譽算是最長久的了，卻仍是在時間裏流轉，跳不出時間的門限。

中國儒家說，各事都有天道的報復。積善之家，必有餘慶；積惡之家，必遭天罰。中國佛教也說，凡事都有報應，惡有惡報，善有善報，不報於今生，必報於來生。這樣，人的一動一念，具有超過現生的報應力。這種報應，可及於本人的來生，可及於本人的子孫，然而子孫和來生，還是在時間以內，人一生的時間所有的價值，尚不能算是絕對的。

馬竇福音上耶穌說：「若有因門徒名義，而予此中最小者以一勺之水，我確語爾，彼亦不失其報矣。」㈠一杯清水的小事，也有應得的賞報，人生沒有一樁善事，可算爲白作了。耶穌又說：「我語爾，審判之日，凡人所道輕薄之言，必須一一負責。」㈡一句閒話，都該負責，人生沒有等閒的事了。耶穌再又說：「第吾語爾，見婦人而懷邪念，心中已犯奸非矣。」㈢一念之微，也有所謂邪正，人生不能有無關輕重的幻想了。

人生的時間，是由一念、一言、一行，積疊起來的。人的一思、一言、一行，都有各自的價值，或有酬賞，或有罰報。耶穌說：「善者則享永生。」㈣「被詛者流，其離我！當投諸不熄之烈火。」㈤

耶穌的賞罰，爲永賞或永罰。永遠則超出時間以外矣。人的一思、一言、一行，各有永遠的報應。那應人生的一瞬時間，也具有永遠的價值了。時間已攙入永遠之中。

於是人生的時間，每分每秒，都有永遠的價值了。這種價值，不在事業的大小，不在成效的高低，而在於心地的光明。人心正，則一思一言一行俱正；人心邪，則一思一言一行都邪了。正邪即決定永遠的報應。

如是，每個人的生活時間，都可以有同樣的價值，因爲心地正邪，在於每個人的意志自由。每個人不分智愚，不分貧富，不分尊卑，都能運用自己的自由。

一天，一個掃地的修士對聖文篤拉博士抱怨說：你們有學識的人，能愛天主，能建事業，像我這般愚魯的人，可以作甚麼呢？聖文篤拉答說：「你們愚魯人同博學人一樣的能愛天主，能立永遠的善功。」掃地的修士喜極欲狂，連忙跑出修院，找著幾個鄉下老太太，大聲喊說：「聖文篤拉博士說了，我們愚魯人能同他一樣愛天主，立善功。」

這個掃地修士喜自己獲了珍寶，發現自己一生的時間也能有永遠的價值。世界上做大官，做大事業，做大學者的人，都說他們的時間很寶貴，言外是說平常一般人的時間就沒有意義了。殊不知天下人的時間都是同樣的可貴。一個鄉下煮飯的窮婦，和一位國務總理，他倆生活的一分一秒，同是在永遠的靈魂上，留下永遠的痕跡。

十一月十七日，一九四九年

註：

(一) 吳譯 馬竇福音 第十章第四十二節。

(二) 同上，第十二章第三十六節。

(三) 同上，第五章第二十八節。

(四) 同上，第二十五章第四十六節。

(五) 同上，第二十五章第四十一節。

痛苦

「一嘴鮮血
一堆紗布
一唇疼痛
算抵償人世狂吻

窗外亂聲
臥床孤獨
腦中祖國
我默念代民受苦

堅食不進
饑餓絞腹
安然坦臥

悲中國餓莩滿路」（鮮血）

這首詩作於今年五月二日。左上唇生一個小瘡，連年用電療，不見效，乃施行手術。開刀後，精神漸漸恢復感覺，整個口不能動，不但不能說話，連笑也不能。然而我心裏很坦然，而且還覺得愉快。我不斷把我的痛苦獻於天主，求天主早日救拔中國人民，能享和平與自由。同時我也想到國內多少主教司鐸，現在正遭著各種危難。我因開刀而痛楚，也算同他們一齊受苦。

這樣，我的肉體痛苦，我精神愉快。

與人同苦，與人同樂，中國古人也有這種精神。范仲淹曾說：「先天下之憂而憂，後天下之樂而樂。」㈠大家都快樂時，快樂的興趣增高。大家都憂苦時，憂苦的程度減輕。當國家爲圖自存，跟敵國拼命時，在後方的，想到前線的戰士，在砲火炸彈之下，血肉橫飛，折肢斷體，那麽在後方無論有甚麽痛苦，都不敢抱怨了，恐怕對不起前線的英勇士卒。中國眼前的主教司鐸們，就是前線的將士，我怎敢偷安，致對不起他們。

當然，國家並不是每年每月都有戰爭，教會也不是年年遭難。在天下太平時，自己一個有了病痛，遭了危難，當然不能想是同國人或同教胞一齊受苦。而且就是在國難和教難時，那一些在前線浴血的豪傑們，該想是同誰受苦呢？公教人有痛苦，乃想是同救世主耶穌一齊受苦！

今天乃病人節，教宗由梵蒂岡電臺廣播，向全球害病的人演講。誰可以慰藉病人的痛苦呢？教宗告以須回想耶穌的苦難，耶穌因愛我們而受刑，而被釘死；我們爲愛祂，甘願同祂一齊受苦。

痛苦成了愛情的標記，痛苦才能使人心愉快。

耶穌同信仰祂的人，合成一個妙身，耶穌乃妙身的頭，我們乃妙身的四肢百體。頭既遭難，百體也應跟著遭難。所以耶穌說：「人欲從予，必先舍己，負其十字架而隨我後。欲救其生者，將喪其生；爲予及福音而舍其生者，終必獲生。」㈠

愛自己甚於愛耶穌，求自己的快樂；終於不得快樂而常遇痛苦。愛耶穌甚於愛自己，求苦己克身，終於不以苦爲苦而常享安樂。

求樂得苦，求苦得樂。

陸徵祥院長曾說：「痛苦並非他物，只是我們本性的嗜欲，和天主的觀點不相同。天主讓我們吃苦，是叫我們把自己的視線，擴充到天主無限的遠見裏，叫我們從自己卑鄙的狹心，渡入天主汪汪洋洋的聖心裏。」㈡

不但從我們這方面去看，忍受痛苦可成爲我們愛天主的標記；從天主一方面去看，允人受苦，也是天主愛我們的標記。

我們的智力，所能看到的，少則一天，多則一年。一年後的事，誰也難預料。我們的心，常被感官所包圍，我們心所想的、所願的，都爲感覺所衝動。以人短小的智力和被感官包圍的心力，去評判人間的遭遇，必定要以痛苦爲不幸。誰不願意豐衣足食，舒舒服服過一天？但是天主的上智，統攝千千萬萬年，古往今來的事，一眼看清。天主就能看到我們今天的舒服，或能有害於明天，我們今年的豐衣足食，或能留禍於明年。天主是有慈心的，並不是以「萬物爲芻狗」爲著我們的幸福，於是不讓我們享受那麼足以致禍的快樂。我們因爲今天眼前受苦，又看不到受苦乃爲來日種福，便嘆氣，便抱怨了。這就是「我們本性的嗜欲，與天主的觀點不相同。」

人生的幸福和痛苦，常有程度深淺的不同，有大苦小苦，有極樂微樂。聰明的人，必定知所選擇。若是以小苦能贖大苦，當然寧受小苦而避大苦。若是捨微樂而換極樂，當然不追求微樂了。所不幸的就在人看不清楚，哪種小苦能贖大苦，哪種微樂能換極樂，只有天主的上智能觀澈萬事。於是祂慈父之心，就替我們選小苦以避大苦，棄微樂以換極樂。我們不懂得其中道理，便怨天尤人。這又是「我們本性的嗜欲，與天主的觀點不相同。」

若我們的觀點和天主的觀點相同了，我們便知道痛苦的意義了。聖伯鐸祿宗徒說：「蓋爾目前雖不免殷憂多難，然此所以鍛鍊爾之信德，而於耶穌基督顯現之日，玉成爾之光榮及

天爵耳。夫黃金乃必朽之物，尙且以火煉之，而信德固貴於黃金也。」㈢

假使我家擁巨資，位高爵尊，出有車馬，入有僮僕，食必珍饈，衣必錦繡，所言必信，所行必成。那麼我必很滿意我的生活，很愛惜我的生命了，我將以現生爲天堂，將如秦始皇、漢武帝求長生不死了。耶穌的大道怎樣還能入我的耳，我爲何還要信有身後的天堂地獄呢？可好我的生活，並不像我所想像的。越長大一歲，越感到人生多痛苦，這樣我才不戀現世，我的信德便在痛苦中越鍊越純。

聖女德蘭嘗以不曾遇到世樂爲大幸。「噫！幸蒙主知我軟弱，經不越誘惑，世物都帶假光而來，所幸不曾閃昏我目，使我到處，但覺辛酸而已；不然，我定被焚燬。……故我不爲外物所困，皆由天主仁慈，我則何功之有！」㈣

知道痛苦乃是天主的仁慈，乃是天主的愛情，人世便可說沒有痛苦了；因爲痛苦已變成愛天主之愛了。

假使人信仰天主，僅爲求天堂的永福，他的信仰已有些自私自利，假使人信仰天主，爲求現世生活的安適，則他的信仰已不純潔了。人信仰天主，爲一心愛天主，愛天主不是爲得利，故愛天主之心，在盤根錯節之中，才顯得更純淨。然而天主愛人，爲什麼他的愛情偏在人世的痛苦中，更顯明昭著呢？這因爲我們人，生來帶有原罪的流毒，易於爲惡。人世痛苦，一則可以贖罪，一則可以防罪。以現世暫苦而免來世的永苦，豈不更顯天主的愛情嗎？

而且人世的痛苦，常可潔淨人心，開拓人的眼界，使追求超現世的無限精神之福。超性的無限精神之福，即是天主。人心追求這種幸福，就是愛天主了。「叫我們從自己卑鄙的狹心，渡入天主汪汪洋洋的聖心裏。」

人世的痛苦，不因人的及時行樂而減少，也不因佛教的絕慾而消滅。人類從受了原罪的餘毒，肉體上懷有疾病，精神上藏有貪欲。疾病貪欲，便是人世一切痛苦的種子，將隨人類而生，隨人類而絕，一天有人，一天有痛苦。

用倔強的勇氣，你可以蔑視痛苦。受苦時，口不發嘆，面不變色，然而在精神上，你必覺到冷靜枯燥，不如以愛情的熱火，去熔化痛苦。心中有愛天主之愛，則人世的痛苦，將成愛情爐中的煤炭。炭越多，火越旺，人世的痛苦越深，戀世之情越淺，愛天主之情越增。人在痛苦的煎熬裏，心中常享愛情的愉快。

十一月二十一日，一九四九年

註：

㈠瑪爾谷福音　第八章第三十四節。

㈡羅光著　陸徵祥傳　第一八三頁。

㈢聖伯鐸祿第一書信　第一章第七節。

㈣靈心小史　第四章。

孤獨

昨閱吳德生公使所譯若望福音傳第十六章，章尾，耶穌曾對門徒說：「惟時將至，玆即是矣。爾將各自散去，遺予獨處，然予不孤，父與予偕。」㈠

形體孤，而心不孤。

孤寂決不在乎形體。擠在電車裏，前後左右，人氣擁身。然而我閉口不言，不知何處放眼睛。

「臉面相接不見臉
腳踏腳
肩擠肩
各人中間似有牆隔斷
偶而無意互舉眼
停眼球

伸眉睫
多少猜疑還夾無限嫌
同伴人世車中轉
天賜有
顆赤心
何不開心略把旅途煖」(二)

可是人世旅途之煖，也不在乎笑容嘈雜。在茶會中，我滿面笑容，滿口笑語；然而所說的，都是一套不關痛癢的客套話。

「門鈴響了無人應
偃臥你未起
秋雨蕭蕭打窗帘
淒涼病中意
閉門靜聽己心跳

燈昏影搖曳
一心尋樂樂安在
擁衾不能睡
我才身入雞尾會
高堂滿羅綺
珠光寶氣炫人眸
笑語何溫膩

周旋未久急告辭
人生豈兒戲
走來告汝汝可安
心靜福所繫。」㈢

所以我的經驗是人越多，越覺孤寂；人越少，越覺有伴侶。幾時與一知心朋友，坐談或散步，那一刻可暫忘人世的孤寂。

但孤寂痛苦最深的一刻，也就在感到知心友仍不我知的時候。我嘗作一短詩，表示我對

「知心」兩字的感觸。

「盞盞明燈
傍依河岸照路人
耿耿似秋星
淺淺河水
反映燈影亂朦朦
強說心相印」㈣

人間知心最高的程度，也不過河水映燈影。河水常流，燈影朦朦，人心感情常動，朋友的思想又是無形，以流動的感情，反映無形的思想，宜乎所映出者，都迷濛不清了。

把人世暫時忘記，單獨走在清靜的家中，反而可以不覺到孤寂。亞爾巴諾湖畔，梵蒂岡花園，都曾作我獨步之處。雖不注視一花一木，我也知道花木都開眼向我。我們彼此天然地相看，無所矯飾，彼此且在同感。

但這種同感，在我心中雖很活潑，一走出清幽的境地，立即消失。只有在聖堂中，可以找到持久的真正同感。早晨彌撒後，獨跪對天主，閉眼閉嘴，靜靜聽自己的心說話。這種心語沒有聲音，沒有手式；然而我確實知道有另一顆心在聽這種無聲的語言。而且不單是聽，還能懂得每個字的意義，較比我自己懂的更透切。這另一顆心，是一顆無形的心，因此能透進我的心，能看透我心裏的一切。看透了以後，油然地與我心起同感，或更好說使我心與其同化。這另一顆心，乃一顆全能的天主心。有了全能的天心之同感，我也可以說：「然予不孤，父與予偕。」

有了「父與予偕」，再到人群裏週旋，便覺自心已滿，無求於世。安然應接人事，而與外物無牽掛，親熱地接待人，而自身完全孤立。

然而這種孤立已不是孤寂；「然予不孤，父與予偕。」

五月二十三日，一九四七、一九五〇年改作

註：

㈠　吳譯　新經全集　若望福音　第十六章第三十二節。

㈡　羅光著　海濱夕唱　第三十七頁。

㈢　香港時代學生　一九四九年十二月份　第三十八頁。

㈣　羅光著　羅馬晨鐘　第一八八頁。

愛

傳信大學中華同學，編寫一種公共刊物，名爲「課餘」。他們的動機，說是因爲生活太寂寞，想公開各自的心思，以求心靈的共鳴。

離開家庭入修院，拋棄了所有的親人。離開修院來羅馬，割別了所有的朋友。傳大中華同學於今所接觸的，是一些面生的人，有的甚至語言不通。面既生疏，心當然不近，語言既不通，講不到談心，怎能不感到生活寂寞呢？

然而豈僅是新做旅客的人，感到生活的寂寞？我做旅客已十七年，寂寞之感，無時或免；然而又豈僅旅客，家居者也多寂寞之嘆。

此刻，我看著窗外一株寒楓，枯枝撐天。這株寒楓必定寂寞極了，有生氣不能向外發，卻被冷氣逼著條條枯杈，瘦削孤立。

凡是有生氣不能向外發的人，都要感到寂寞，都要覺得沉悶。

假使一個人，懵懵無覺，醉生夢死，他或許不會感到寂寞。或者一個位極人倫，勳業蓋天地，四週千百人侍立，仰其鼻息，他也或許不會感到寂寞。或者是工作繁多，日無暇晷，這個人或許沒有寂寞的時候。六年前，我曾寫過一首詩，題爲「沉悶」：

「榆葉叢
小雀臥
任憑風把樹枝飄
閤眼不開翅
從不覺夏天沉悶惱

巨松立
枝衝天
長與風雨爭高傲
人間沉悶氣
摸不著萬丈青針梢

蜜蜂飛
繞花朵

一朵一朵花上跑
我翻手中書
沉悶時工作正可好」㈠

六年以後，我如今決不寫這首詩了。寂寞之感，不在腦中，乃在心頭。人心的生氣是愛情，而不是功業。凡是有愛情，無處可發洩者，必感寂寞，而且僅在愛情不可發洩時，才有寂寞，別種寂寞，都是淺而不深。

愛情之發洩，要在找得一顆適合你的心的另一顆心，愛情既可順暢流行，你的心便覺愉快；然而人世間走遍天下，也不能找得一顆心，完全適合你的心。即使幸運遇到一顆心，與你情誼相投，這種相投，也是有限。即使遇到一顆情誼有限相投的心，不一定他願接受你的愛。即使他願，或者禮法不容。在這痛苦顛連之中，你的痛苦，便層層加重。

若你既棄俗修道，獻心與天主。你就再不能找人心發洩你的愛情。即使遇到一顆追求你的愛情的人心，你也該轉首迴避。然而你的心並不因獻於天主，便涸了愛情。有愛情必求發洩，不得發洩，或不得發洩之正途，你必感到無限的寂寞。

人世間惟有聖人不寂寞。然而每個聖人必定孤獨；不牽於人，不繫於物，像是孤立的高松。但聖人決不感嘆寂寞。他們有團團的愛火，盡量發洩，因爲他們找到一個心，完全適合他們的心，而且能盡量把愛情流到這顆心裏去。

這顆心乃天主的無限神心。

這顆神心能澈底明瞭你心，能整個愛你心，能完全滿足你心，能時刻不離你心，能到處陪伴你心。那麼你心的愛情，便可繼續不斷地向天主神心，順暢而流。沒有一刻，你會感到寂寞。

然而你的心是靈肉結合的心，你所要求的心，也是一顆靈肉的心。你的愛情的發洩，要求有感覺的回應。天主的神心，則完全爲靈性。神心的表示，超於感覺，所以你不知道以天主的神心，作爲受你愛情的友心。

要緊有超凡的信仰，堅信有這顆完美的神心。要緊有誠切的希望，切望時刻與神心相結合。要緊有極強的愛火，把你心的肉慾，煅煉精淨，那時你心的愛情，也就完全精神化，然後可流於天主的神心，你就成了聖人。

聖人以神愛而成，寂寞因聖人而絕。

二月十五日，一九四八年

註：

㈠ 羅光著 羅馬晨鐘 第四十五頁。

中編

幸福

中古的歐洲人，都稱世界爲涕泣之谷，世界誠是滿了人的眼淚！然而同時，世界也是滿了人的笑聲，是眼淚多於笑聲呢？或是笑聲多於眼淚？

以世界爲涕泣之谷的人，認爲人生只有痛苦。以笑聲充滿世界的人，認爲人生常可享樂。但是眼淚究竟是否常表示痛苦，而笑聲究竟常表示快樂呢？人心有苦，自然就流淚；人心有樂，自然就發笑？可是進化了的文明人，人力征服自然，眼淚和笑聲也被人所征服了。文明的人，哭有其地，笑有其時：他們認爲該哭該笑時，即使心中沒有痛苦和喜樂，他們也勉強流淚或發笑。他們認爲不該哭不該笑時，即使心中有苦有樂，面上也一點無所表情。所以文明人的哈哈大笑，並不能相信。

我自己反省，假意流淚的時候，從未有過。假意發笑的時候，則每天常有。我本不足稱爲文明人，然而每天要與文明人相接觸，就不能常板著臉，而且每當大家哄然大笑時，一個人啞不作聲，那不是太煞風景！

若是單看外面的形跡，世界是笑容多於眼淚，然而因爲文明進化，笑容不一定表示心中快樂，結果並不能說世界是幸福多於痛苦。

我自己的經驗，是生活常不能有滿意的時候。不一定說生活是痛苦，但是可以心悅神怡，陶然而笑的機會，實在難得。然而我對於生活並不悲觀！我雖不信世界的愛情能純淨持久，我雖不信世人的讚譽常出自真誠，我雖不信人類能互相了解，互相體貼；然而我對於生活並不悲觀！因爲我認識人的生性，知道人所能給於我者，是有限度的，我就不向人有所苛求。而且根本上我就不求人給我愛情，以金錢，以聲譽。因爲人所可給我的，常非我心所求；然而我對生活並不悲觀，反之我對生活倒樂觀了。

佛祖以爲人生完全是痛苦，一切世上的形形色色，盡屬愚痴的物執我執。能去此執而至物我皆空，則可去苦而享樂了。但若萬法皆空，則禪樂也爲空，所以涅槃曰寂靜，以寂靜爲樂，則無異以寂滅爲樂。然而既滅又怎得樂？人世的痛苦，不因人追求空虛的世物，因爲世物並不是空虛，人世的痛苦，乃因人以無限之心，追求有限之物。

若以世物爲過路的橋樑，由世物而求世物以外的無限與絕對的幸福，人心則不會以世物爲不足，又不會感到世物之空虛而心覺痛苦，人生便可有幸福了。

我明知人們的心，彼此看不見，我難於了解他人，爲什麼我硬要他人了解我？我明知每人都有一己的利益，我難於犧牲一己去愛人，爲什麼我硬求別人犧牲一己來愛我？我明知我讚美人時，多爲敷衍情面，那麼我怎麼可求人讚美我時，都是忠誠赤膽？看清了世上所善所美者，都是有限，都能相對，那時心中不苛求於人，心中便不會有失望的時候了。中國古人所謂隨遇而安，跟這種態度相近。老子教人知足，孔子教人知天命，都是使人不要苛求，以免失望與悲。昔日一般胸襟瀟灑之士，有陶淵明，蘇東坡的氣量，到處知道從樂天一方面看，在苦中也能找到幾分適意處，自以爲足，怡然而樂。然而我的不苛求，並不是以世上有限的美善可以爲足。因爲中國古人的知足而安，仍是一種不得已而已，強而安之。

我的不苛求於世物，是要從相對的美善過到絕對的美善。從有限的美善，追求無限的美善。因著無限的美善，才看重有限的美善。當有限與無限，能夠一心相通時，我的心便暢然條達，無不適意者。若不幸在有限與無限之間，私慾蔽塞了道路，或竟至只見有限的美善，而否認無限的美善，我的心必要感到生活沒有意義，常感到失望，常感到痛苦。

清晨，我讚賞山頭新起的朝陽。晚晌，我欣賞萬頃銀碧的月景。獨立海濱，我讚嘆海浪的雄偉，攀登雪峰，我驚異冰天的曠闊。看見鮮花我心喜，參觀藝術品我心羨。這些人世之美，決不會因佛祖所謂萬法皆虛，而使我的心不動情。然而我也不能如唯物者所說，以此世物之美而心滿。當我欣賞這些美物，而知其爲一分之美，由這一分之美，我心飛越物上而思造物者無限之美，於是我的心便得其所了。

一個朋友向我表示好感，我心領他。一位上級向我表示器重，我感謝他。一個僕人忠心事奉我，我感他的德。痛苦時，人向我表同情；急難時，人與我以幫助；快樂時，人與我同樂。

我既不是一個木石的人，對人世的這點善心，必要有動於心感到幾分幸福。但若我的心，這幸福爲止境，我就要改樂爲悲了。我該知道人世的這點友愛與同情，乃是天主無限愛情的點滴。由人世的點滴之愛，我攀入天主無限之愛，我的心才可悠然而樂。

人世的一分美、一分善，的確俱在，非假善，非假美。既是美是善，即可愉悅以心。我們人哪一處不能遇著一分美一分善呢？則隨處都可感到一分幸福，然而爲何人們處處見到苦惱，事事感覺失意呢？這是因爲人錯認這一分的美善爲整個的美善。加之人們的私慾，又常攙入這一分的美善中，使美與善失去了本來面目。

聖人們具有天主神聖的上智，故能參透這一層。他們又能擺脫私慾，所以在任何環境中，常能心安神怡。

天下只有一事，可以使聖人失安樂，那便是妨礙由人世的美善通到天主無限美善的障礙物。這種障礙，即是人世的罪惡。罪惡使人拘於世物的圈套以內，不容許人飛向世物以上的天主。聖人唯一的恐懼，即在罪惡。

不幸犯了罪，急悔罪求赦，趕緊把這種障礙物除去。當人心再通於天心時，人心感激之情，較前愈增，愈加愛主之情了。聖女德蘭說：

「並非我幸無大罪，故敢坦然靠託，欣然向慕吾主天主。即使我良心上，有世間種種能犯之罪惡，仍不失我絲毫靠託之心。心中一面惱恨，一面投奔救主懷中……世間罪惡縱多，一與耶穌相接，便如一點雪花，投入洪爐，頃刻間罪惡清除，無蹤無影。」（靈心小史　第十章）

聖人眼中所見的，隨處隨事，都是天主的愛情。自己既是天主的小兒，時時蒙天父的照顧。世上最幸福的，要算小孩。他們無憂無慮，一心靠託父母，盡量享受父母的愛情。聖人就是精神上的小孩，所以爲人世最幸福的人。他們在一切事物上，能夠見到天主的美善，又能夠欣賞這一分的美這一分的善。聖人的生活才有幸福。

十二月十日，一九四九年

貧

「安貧樂道乃眞福，巍巍天國若輩屬。」(一)

世國和天國的分界線，就在一個「錢」字。孔子以君子和小人的分別，也在乎「小人喻於利，君子喻於義。」(論語 里仁)

世國的標語說金錢萬能。世上有金錢，世界就大放光明。人有了錢，世界就都在他手上了。

往古來今的聖賢們，卻都鄙棄金錢，因爲天國的標語說：安貧樂道乃真福。哪種標語適於人生呢？

假使天下的人，都「視富貴如敝屣」，天下的盜竊、奸詐和欺騙，可以絕跡了。這較比因好利，而盜竊、奸詐和欺騙，生活要稍爲幸福些罷！

認爲足以使人幸福的金錢，越求之越無福，這不是人生的一種怪現象嗎？

莫非金錢本身就是罪惡？造物者爲何造此物質之物！若以金錢乃人類慾情的製造物，金錢自身又有何罪惡？牠是人用爲代表世上物體的價值，世上物體皆係造物者的恩賜，其代表價值，何惡之有？

可是世上萬物雖各有其價值，人有自由，能隨意改變物體的價值，於是世物的代表價值，即不與物體的本身價值相等，甚而與之相反。金錢的罪惡，就產之於人們自由估定物價，反背物性，以物質的價值超過精神的價值。

衣服對於人生有甚麼價值呢？女人的估價和男人的估價就不同了。種種時髦的服裝，誰能斷定其價值呢？女人們各有各的看法。

金錢就代表人類對於物體所估計的價值。

若使一個人愛錢，僅只在愛錢，因而積金如山，塵俗中的人也要嗤他愚蠢。

世上愛錢者，乃是愛它所代表的價值。一個人袋中帶有錢票，他隨地能有物質的享受。

金錢的價值，代表物質的享受。生有萬貫家資的紈綺子弟們，「豈知盤中飧，粒粒皆辛苦」。自己積錢的人，一分一角，都滿了苦汗。費苦心而絞汗水得來的金錢，所換得的物質快樂，是否能抵償所流的苦汗？

聰明的人，便想少流些汗。他們每天的發明，在能以極低的勞力，獲得極多的金錢。然後拿極多的錢，換取極高的物質享受。

然而除非有點金之術，觸手成金；那些爲減少苦汗而多獲金錢的法門，則常夾有欺騙和盜竊。於是，金錢在汗水的腥氣以上，又加了血污，金錢所代表的物質享受，乃常蒙不義之名。所以孔子說君子與小人之分，在於義利兩字。利與義成了對立的名詞，好利則不好義，好義則不好利，君子人那能不輕看錢呢？

就是由不義而得的錢，尚不足叫人享幸福！假若金錢真是幸福之源，那麼王公貴人，巨商豪富，就該不知道人世的痛苦了。可是人類幾千年的歷史，也找不出一個富有天下的國王，無憂無慮，幸福地過了一生！唐明皇和隋煬帝可說是富有天下了，而且他們倆也算知道求樂的人了，但誰敢說這兩位淫逸之君，真享了幸福。

人心本來虛靈無底。拿物質的逸樂，往心裏塞，剛放進去就已失沒了，人心仍舊常是空虛，常懷著失望。用金錢以求幸福的人，終於愁悶滿胸。

輕薄的少年從不會想到人心虛靈的問題。他們的感官浸沒在適意的感覺中，自以爲幸福了；可是當適意的感覺一停止時，他們就起無名的煩悶，於是便設法使這種感覺延長，使這種感覺常繼續。然金錢爲物質之物，怎有用之不竭的！金錢有盡，人身的感官也日日消磨。即使輕薄少年不願意知道心靈的失望，也要因感官的摧殘而頹廢！

所以福音上乃說：「安貧樂道乃真福。」

貧者，是手上沒有一分貝帛的人。安貧者，是心中沒有一分貝帛的人。手上沒有貝帛金銀，則沒有物質的享有，心中沒有貝帛金銀，則心中不以物質的享受爲樂。顏回所以安貧而樂。「子曰：賢哉回也。一簞食，一瓢飲，居陋巷，人不堪其憂，回也不改其樂。賢哉回也。」（論語 雍也）顏回的志在於仁義，沒有貝帛金銀而能行其志。「求仁而得仁，又何怨？」（述而）因爲「君子憂道不憂貧。」（衛靈公）

求仁乃是求精神之樂。仁的全德爲天主，仁義既與利相對，天主當然也與金錢相對了。故耶穌說：「一身不能兼事二主；天主之與財富，兩者固不能並事也。」㈡耶穌既爲天主，便命門徒弟子說：「愛父母勝於愛我者，非吾徒也。愛子女勝於愛我者，非吾徒也。」㈢人若愛人世的物件，勝於愛天主，不能算爲耶穌的信徒，不能升登天主之國。

亞細細的聖方濟各，捨富而就貧。他本可豐衣足食，卻寧願衣不禦寒，食不充饑。他以爲身上的每根紗線，口中的每塊麵包，都有千斤的重量，能夠壓住他的心靈。身上的衣服越貴重，口中的食物越珍貴，人的心越被衣食壓住不能往上飛。再加以高樓大廈，田產萬頃，人心便困鎖在鐵籠裏，連見青天的希望都少了。聖方濟各的心靈則時刻向天上飛，他的心不受地上東西所縛，金錢在他眼中便失去了價值。

聖方濟各並不以物質爲罪惡，也不以金錢爲元凶，因爲世上一切的物體，莫非天主所造。但他知道金錢本身的價值，他能把金錢放在這種價值以內。金錢所代表的價值，非爲物質享受，乃是爲人之役，助人以愛天主。

然而他又明白人心被感覺所包圍，感覺傾向物質。若人不遠離物質，拋棄金錢，金錢所代表的物質享受，便要使人心眼俱迷了。

所以聖方濟各提倡實行福音所訓人的神貧。人既無所求於世，則不計較物質的奉養。既不計較物質奉養，則金錢失掉了價值。不以金錢爲貴，則不患得患失。既不患得失，又何畏於饑寒？世上還有甚麼可以亂心的事呢？

人不爲世物所亂，心乃專於天主，心既專於天主，再回頭去看世物，世物已另是一種顏色了。貧可喜，而富可悲。貧者易於淸心寡欲，易登精神之域，所以耶穌說：「安貧樂道乃眞福，巍巍天國若輩屬。」

十二月十六日，一九四九年

註：

㈠ 吳譯　馬竇福音　第五章第三節。

㈡ 吳譯　新經全集　馬竇福音　第六章第二十四節。

㈢ 吳譯　新經全集　馬竇福音　第十章第三十七節。

哀

「哀悼痛哭乃眞福，若輩終當承溫燠。」㈠

我常討厭我的兩付眼淚，念書念到動情時，眼淚就汪汪直流。喪禮時看見人家下淚，我也不由自主地下淚。看電影時，情節稍爲悽慘時，又不禁雙淚奪眶，有時叫我很難爲情。在人前不應當出眼淚，而出眼淚，有甚麼話可解釋？

可是眼淚卻是人生最可寶貴的東西！我們雖不必如浪漫詩人歌詠愛人的眼淚，以它顆顆如珍珠；但我們平日看見眼淚比聽見笑聲，心裏的感觸較深刻，引起的反省也較強。除非如大音樂家蕭邦（Chopin），因看了情人散特（George Sand）的欺人的眼淚，以後再不相信世上的眼淚了。

眼淚而不爲人所信了，人就失去了爲人的意義。我以爲這次大戰的流毒，最可痛心的事，是叫我們不敢相信人的眼淚。在街頭伸手攔路要錢的窮人，哀聲震耳；然而多半是受奸人指使，而以叫化爲謀利的。登門訴苦的男女老幼，常是句句苦淚，然而多是捏造事故，假心痛哭。我受了兩三次騙，以後，便再不信攔路的和上門的乞丐了，這是一樁最可痛心的事。因爲人心之壞，已壞到利用人最切己的眼淚去騙人；眼淚乃是從我們心坎裏流出來的！戰爭還造成了另一種痛心的事。不幸的人，迭遭慘禍，哭得淚涸腸斷了，於是心頭一硬，淚泉涸乾。以後他們無論再遇甚麼可傷痛的事，再也不流一滴眼淚了！

人到了完全不流淚的程度，已失去了人之所以爲人。哲學家說：人的定義，在於人爲笑的動物。我以爲還不如說在於人爲哭的動物。因爲人的生活在於愛。愛則有情，情有所遏則悲，悲則情動於中而流淚，絕淚便是絕情，絕情便是絕愛，絕愛便已失去人之爲人了。

但若是不因淚涸心硬，而因忍苦不言，咬緊牙根想流淚而不流，則較之流淚時的痛苦更深。淚珠乃是人心的支流，人心的苦痛，若隨淚珠流出心外，苦痛輒減。忍淚不流，苦痛則填滿胸臆，鬱結不散。

眼淚不僅是人心的支流，而且也是人心的弦手。人對著別人的眼淚，自己的心弦，就被彈動，引起共鳴。孟子說「惻隱之心，人皆有之。」（告子上）見人流淚而不起同情，則非人也。

人既都有惻隱之心；流淚的人容易得到旁人的慰藉。所以說：「哀悼痛哭乃真福，若輩終當承溫燠。」一個人憂苦塡胸，雙淚汪汪，得見一個親友，伴同垂淚，心中的憂苦，似乎一半由眼淚爲溝渠，轉流於親友的心中去了，自己就覺到輕鬆。

然而人世的慰藉，也等於人們的眼光，只能達到人的肉體，不易透入人的心靈。苦到盡頭時，旁人的同情淚，旁人的慰藉語，都不能入心了。一個哀哭亡兒的母親，一個痛哭喪夫的少婦，即使慰藉的人儘可流盡同情淚，說盡慰藉語，也不能減少她們的痛苦。因爲人本無能，人的同情話也就無能，不能替哀哭的人拔去痛苦的根源。

何況人世非人的人還很多，人世有多少無惻隱之心者！掛著眼淚的蒙難人，四週一看，何處能找到同情之淚！世界越文明，同情之淚越少了。文明人的時間可貴，哪能管別人的閒事！情面上應說的幾句同情話，也多言之無心，過耳即忘，因此不合流俗之人，寧願獨自受苦，獨自飲泣。

可是人世的淚珠，就白白地流了嗎？我們知道人的一思一語，永不消逝。何況人的眼淚，乃是人心痛苦的結晶！

福音載耶穌兩次見人流淚，戚然興悲。一次見納音城的寡婦哭自己的獨子。「主見寡婦，惻然憫之。慰之曰：『勿慟』！乃進而撫柩，舁者止步。耶穌說：『青年！予命汝興！』死者起坐發言，耶穌乃歸諸其母。」(二)

第二次，耶穌看見瑪麗哭亡兄賴柴魯。「耶穌見其泣，且見同來之猶太人亦與同泣，爲之慨然興悲。……語畢乃大聲呼曰：賴柴魯興矣！死者應聲而出。」(三)

福音載耶穌顯靈，常因人求，而按求者的信德以玉成之。這兩次，耶穌看見了人的眼淚，自動起死回生，以安慰流淚者的心靈。眼淚在天主前即是祈禱，而只有天主，能除去使人流淚的原因。

然而假使每個人流淚求主，立刻就得免除苦痛，那麼苦痛又不成苦痛了。我若知道只要流淚祈禱，我的亡母立即復生，我又何必悲痛呢？這樣連流淚的價值也失了，人世既無所謂痛苦，也就不必有眼淚了！

那麼當我們流淚祈禱時，天主見淚而不救，我的眼淚不是空流一場嗎？可是在天主前，所求必得，我們眼淚所得者，有大於我們所痛哭者。我痛哭母親去世；難道我母親一死就完全滅亡了？你哭你的愛人早逝，難道你的愛人從此就煙消了？他哭自己害了不治之症；難道他生命的幸福，因了不治之症就都毀滅了？我信我母親雖死，卻生於天國；你信你的愛人，死後尚在天與你相結。他信自己雖病死，而另有一永生，那麼我們現生的眼淚，終必獲報於永生。

若相信有一永久的靈生，那麼永生的幸福，當然高於現生的幸福。永生的幸福，在愛慕欣賞天主的無窮真美善。愛慕欣賞天主，非俗眼俗心所可能。常爲世樂所鼓蕩的人，沉於物質，上不了精神界。

不幸而遭了患難，心不滿於世物，於是乃走出世物以外。這時因心痛而灑淚，眼淚則如一壺清水，能洗去人心的塵垢，以承受超性的恩寵。

人心既即然清明了，人的希望也就脫去塵垢。世物所給的痛苦，雖刺激感官，戳傷血肉的赤心，而致雙淚直流，心靈的底處，則蘊藏著超性的平和，以痛苦爲愛天主的確證。

人肯大量爲愛天主而甘心流淚，天主豈肯後於人嗎？不但在人身後，要酬報人爲愛祂所流的淚，就在現世，天主也大量報酬。天主的報酬不在物質，而在精神。使人心因痛苦而愈安，因流淚而愛火愈熾。把人心戀世之情，都被淚水洗淨，所以說：「哀悼痛哭乃真福，若輩終當承溫燠。」

十二月廿八日，一九四九年

註：

(一) 福音　馬竇傳　第五章第四節。

(二) 福音　露稼傳　第七章第十三節。

(三) 福音　若望傳　第十一章第三十三節。

溫恭

「溫恭克己乃眞福，大地應由彼嗣續。」㈠

我生性怕軟不怕硬。別人同我硬幹，用強力來威嚇我，我必跟他硬撞；可是遇著一個和顏悅色的人，就使明明知道他說的無理，也沒有辦法跟他生氣。若見人痛哭涕泣，我更不知怎樣措手足了。我每同朋友們談笑話，說幸而自己沒有作女學校的教授，不然在考試或問書時，女生放出了眼淚，我就要傷腦筋了。

當然不是一總的人都怕軟。然而即使你不怕軟，你若向著一個唯唯是從的人，大發雷霆，你自己也覺得沒有意思。發雷霆是要找著一個對手，陰陽電互相交擊，火光迸裂，那時才是威震海內；不然，你若只知大罵垂頭屏氣，一聲不響的人，罵了一陣，自覺就沒有話可說了。你又要怒他不知還口。

假使大家若都不願自輕，不願輕侮良善的人，世界上可以少了多少的強橫無道！但是我們的世界，人們大都捨難就易，跟一個性格剛強的人吵一架，較比向柔善的人發一頓脾氣，當然吃力的多，而且後慮尤重。那麼遇著難於講話的人，便多方敷衍他；遇到好說話的人，便不惜魚肉他了。

誰又高興作魚肉呢？遇到可以發號施令，叱吒指使的時候，大家都願任性發作。假使自己沒有可指使的人，看見別人可以常發雷霆，受人畏服，心裏便暗起羨慕。若不幸自己作了別人雷霆的對象，遭了罵，無法出氣，便遷怒於下人，沒有下人，則必遷怒於妻兒，自己一個人決不願把這口氣咽下去。

可是任性發作的人，究竟是否享福？當怒火焚胸時，他張口吐出，以爲洩了怒氣，心裏可舒服；但是當怒火未發洩時，氣的臉血紫紅。當怒火發作時，急的喘息不寧。在發洩了怒火以後，看到旁人冷靜退縮，或是對著妻兒無聲的哭泣，大約心中也不會太舒服罷！若使旁人並不退縮，妻兒並不屏聲，他們竟以雷霆對雷霆，那麽既然不曾洩了胸裏的怒火，而且還招了旁人怒火的燒灼，於是便要氣出了肝病！

中國古人常說霸道不足以服人。你若常拿雷霆的霸道去壓迫人，至多只能取得「人家怕你。」一在社交中而以「怕你」爲根基，這就像在沙漠上建房屋了，海潮漲起來，海風吹過來，房屋立刻要倒。人家怕你，並不是怕你的雷霆之怒，是怕你的威勢，一旦大風把你的地位吹翻了，你沒有威勢可憑，那就任憑你怎麽暴躁如雷，人家也不理你了。一位去職的部長若再向部員大發雷霆，部員不回他一個雷霆，已經很客氣了，決不會像從前的唯唯應諾。

爲甚麼要怒火上冒呢？有的人因生來性情急躁，一遇了引火線，怒氣的炸彈立即爆發。有的人則以爲不發怒不足以長威風，他們拿發怒去擺架子。有的人以爲不怒，則不能表示心中的不平。所以怒氣的發作，常因人心滯於世物。假使人若不著意於一事一物，則沒有頭上冒煙的機會了。

一個人安心於貧窮，不汲汲求富貴，而又能忍苦含辛，眼淚也不能亂他的心。這個人看事的眼光常高，凡事從天主那方面出發。他知道世上沒有一椿偶然的事，每一椿事都有天主的亭毒。那麼遇到違心的事又何必暴躁如雷呢？中國古人常說看事要看得透。看透了，心中就平靜多了。

從天主出發，不但事事看得透，而且胸襟也闊大。人心既以愛天主爲終點，天主乃無限無量，包括一切，而又遠出世物外，人心與天主相合了，世上的事物便不足以牽絆他了。所以胸襟闊大的人，不容易動怒。胸襟大至與天主相合，則心中常無芥蒂之滯。

但是與天主相合的人，並不是忘了世事，反而對於每椿世事都看的更清楚，與以相宜的評價。世上的事，有人所不可忍者，孔子見季氏八佾舞於庭，乃生氣說：「是可忍也，孰不可忍也。」（八佾）耶穌曾訓誡門徒，效法祂的謙和溫良；然而當祂看見聖殿爲賈販者所褻瀆時，盛怒而驅逐賈販出殿。

只有心不繫於世物的人，才能夠遇事不動怒；也只有心繫於世物的人，才能於該動怒的時候動怒。他的不動怒，並不是膽怯，心裏因之爽快坦白，無憂無懼。他的動怒，也不是因爲一己的利害，所以雖怒而心不亂。不動怒，是爲愛天主；動怒，也是爲愛天主。

一個人若真能不爲怒情所擾，心裏常能平靜安和，該怒就怒，不該怒就不怒。這種人是怎樣可羨慕呢！而且爲能做到怒情的主人，對於各種感情，都該已有成熟的訓練；因爲人的七情，彼此相關，牽一則動其餘。

不發怒的人，還不能就算爲溫恭的人。一個人輕視旁人，以爲不值得跟他們生氣；他雖然不動怒，他卻是驕氣橫人。輕看世物，安貧樂道的人，不一定就溫恭克己；他可以閉門絕客，不屑與人相接。忍擔世苦，口不出怨言的人，也不一定溫恭克己，他可以自以爲超人，不爲艱苦所搖，溫恭克己的人，要能不求現世的享受，遇苦不怨，且能誠心愛人，自謙自抑。

不求現世的享受，智者能之。遇苦而不怨，達觀者能之。誠心愛人，唯仁者能之。自謙自抑，則非聖人不能。所以溫恭克己之德，不是柔懦，不是畏縮，乃是能看透世物，看透自己。知道世物不足貧，世苦不足懼；又知道一己之才，乃受之於天主，無可傲人者，於是能溫以接人，嚴以待己。

心既不貪世物，則不與人爭，心既自謙自卑，則不與人競。不爭不競，視人爲天父之子女，誠心以愛之，這樣的善心人，豈不受人的尊敬？世上的人，雖多趨炎附勢，然他們心中所敬服者，必爲溫恭克己的人。

所以說：「溫恭克己乃真福，大地應由彼嗣續。」

然而溫恭克己的人，所求者，不是在求克服人心；何況人心並不一定常投誠溫良的人。溫恭人所求者，乃平心靜氣能與天主相接。耶穌說：「大地應由彼嗣續」，即是溫恭者心入精神的大地，身後必能承嗣天堂。溫恭克己者既待人如天父的子女，天父也認他爲子女，而裨以天堂的永產。在天堂的永生中，愛德因以成全。那時不必克己而溫恭，乃心悅而溫恭了。

正月二日，一九五〇年

註：

(一) 吳譯 瑪竇福音 第五章第五節。

慕義

「饑渴慕義乃眞福，心期靡有不飫足。」㈠

人心不能空虛無物。人既能安貧樂道，不變世福；又能受苦不怨，不求世樂；且能溫恭克己，不肆世榮，人心是空於世物了。那麼人心所慕的乃是精神之道，而止於至善。

中國的人生哲學，也以精神安定爲幸福。儒家言止既定，道家言無爲，佛家言禪靜。安定乃人生幸福的一個條件，顯而易見。若使人忙著工作，把行動看作人的獨一生活，行坐不安，終日忙亂，連思索的時間都沒有，不知道生活的意義，怎能享受人生的幸福？不用說在物質上忙碌的人，有了物質的享受也不知道享受；就是在精神方面追求精神福利時，也不可心亂不安。所以儒家說敬，敬是主一。由「敬」而後「定」。「定」而人心合於宇宙，與天地同德同道，乃止於至善。朱子言定性說：「性定，則動靜如一，而內外無間矣。天地之所以爲天地，聖人之所以爲聖人，不以其定乎？」㈡

儒家以人心既能合於天地，人之精神乃成浩然之氣，充塞宇宙，世間的一切悲歡離合，都不能亂之，人能造到這種境界，人便入了生活的樂境。道家講「遊於萬物」與天地相冥合。佛家則教人觀佛坐禪，漸祛各種慾望，以做到禪定。空天地之萬有，而獨觀於真如。三家所說的雖不同，然他們所標榜的境界，都在人達到理想境界，跟至善相接合，人心便安定了，再沒有別的貪想。

可是在沒有達到理想境界以前，儒家主張力行，佛家主張精進，道家主張反璞。都教人向義慕道，克己修行。然只有儒家的力行，乃屬積極，教人時時刻刻追求仁義。

孟子見了梁惠王，梁惠王問「何以利吾國」？孟子勸王不必言利，只說仁義就夠了（梁惠王）。在孟子眼中，利不中求，只要求仁義。有了仁義，也自然有利，孟子是從人事的經驗。講說利害。耶穌在聖經上，從根本上道破這其中的所以然。耶穌說：「故毋事憂慮，曰吾將何食何飲，何以蔽體。此正異邦人之所營者。爾之有需乎此，天父庸有不知；惟先求天國及其正義，則其餘一切，必加爾身矣。」(三)

孔子在《論語》上說：「君子無終食之閒違仁，造次必於是，顛沛必於是。」（里仁）又說：「朝聞道，夕死可已。」（同上）又說「求仁而得仁，又何怨？」（述而），儒家的求仁，乃是叫人步步上登，攀到了極峰，入了理想境，則可以從心所欲，而不離乎仁義了。孔子所以說他自己：「四十而不惑，五十而知天命，六十而耳順，七十而從心所欲，不逾矩。」（為政）

一個人若真的以天地之心爲心，忘記了自己的私利，既不求名利，又忘懷於生死，他對於世上的事物，必另有觀點了。他已經不從各自的私利去觀察，而從天道方面觀察。天道常而不變，人心也像青天一般，超乎風雲變幻之上，不爲外物所擾。

然而天地之心究竟是甚麼呢？儒家以爲是天地好生之德。但人以好生之德而合於天地，難道跟塊然不靈的蒼天土地相合？耶穌教我們跟祂相結合，而成一妙身。耶穌既是天主而人，我們便因著祂而與天主聖三相結合。公教的修德，目的就在與天主相結合。這種結合即是人的超性生活。耶穌說：「予體彼，而父體予，務使彼眾精誠團結。」(四)

一顆心既與耶穌相結合，這顆心必安必止。因爲他所求的是耶穌之愛，而耶穌之愛非外物所可摧殘的。聖葆樂宗徒說：「孰能間吾人於甚督之愛乎？將貧賤憂戚，饑寒困窮乎？抑災患艱危，白刃窘迫乎？……蓋吾深信無論生也、死也、天神也、權威也、現在之事也、未來之事也、宇宙間之一切勢力也，浩浩之天，淵淵之淵，以及其他一切受造之物也，皆不能使吾人與天主之愛，須臾相離。是愛也，實存乎吾主耶穌基督之身。」(五)

現世的生活，常偏於肉體，避肉體而求精神，才可與耶穌相結合。然而少一分肉性，則多一分精神，與耶穌相結合也增加一分。當人心趨於耶穌時，人心得其所止，已不爲外物所亂。人心愈近於耶穌，心中愈覺安定；同時也愈想趨近耶穌，愈求兩者之結合更密切。這便像理學家所說，靜中有動，動中有靜。靜爲安於耶穌之愛，動爲此愛之增加。故曰：「饑渴慕義乃真福」慕義即是慕耶穌。

儒道佛三家，也教人慕道義；但只有孔子的慕道義，有汲汲求道，如饑如渴之概。老子順性無爲，有靜而無動。佛家空心空我，則是物我兩忘。佛老都以道義蔽於人慾，息慾即可見道。孔、孟則以仁義在於力行，使事事合於仁義。佛老欲人斷絕思慮，反乎人之真性，孔孟教人發揚人性，以養成充乎天地之浩然正氣。

慕耶穌者，固當克慾去惡，以發揚人性之善。然於性善之上，又加以天主之善，常記著耶穌所說：「望爾等止於至善，克肖天父之至善也。」㈥慕天父的無限之至善，則竭畢生之力，也不能克肖，怎能不如渴如饑，力求多肖一分呢？既肖似天父一分，越知天父之真善美，則越追求之。行善愈多，知善愈深，追求真美善之心也愈切。

故只有慕義如饑渴者，才可說是真正慕義。不然，則慕義不誠，僅只一絲的善心罷了！善心而不成爲決心，善不能行。人之行善，前善引著後善，越做越多，越做越速。因行善與聖寵成比例，天主的聖寵增多，行善也加多加速，聖寵乃由善工而增。那麼慕義如饑渴的人，才能行善以增聖寵，增聖寵以進於善。

肚饑的人，求食不一定得食；口渴的人，求飲不一定得飲。因世上的物質，非人的意志所可完全支配；仁義則在己不在人。我若求義，雖千萬人反對，也不能阻止我成義。人所能阻止的，是外形，而仁義之成在乎內心。善心有該發爲善行者，但若被阻而不能表之於外，內心之善己足成其善了。人之內心免不了私慾之蒙蔽，想行善而不能；天主明鑒人心，無所私偏。凡人真有了慕義之心，天主必玉成之，於是求仁必得仁，慕義如饑渴之心，終得飫足。

我們所慕的至善，乃在於因耶穌而結合於天主聖三。人若常懷有這種希望，如饑如渴，則是常燃著愛天主之心。愛天主的人，在身後豈能不與天主相結合？他的慕義如饑渴之心，終得飫足了。

「爾毋儲富於地，蠹蝕焉，銹敗焉，竊者穿窬而盜焉；惟宜儲富於天，既無蠹蝕銹敗，又無盜竊穿窬之虞。蓋寶之所在，心之所存也。」㈦追求世物的人，多不得所求。即使得了，又不能常保。求仁義只在吾心，守仁義也只在吾心。人不能阻，人也不能奪。我的生命便真正受我的支配了：我即得了生活幸福的秘訣。

正月十三日，一九五〇年

註：

㈠ 吳譯　瑪竇福音　第五章第六節。

(二) 朱子文集 定性說。

(三) 吳譯 瑪竇福音 第六章第三十一節。

(四) 吳譯 若望福音 第十七章第廿三節。

(五) 吳譯 致羅馬人書 第八章第三十五—三十九節。

(六) 吳譯 瑪竇福音 第五章第四十八節。

(七) 吳譯 馬竇福音 第六章第十九節。

慈惠

「慈惠待人乃真福，自身必見慈惠渥。」㈠

孟子說：「一簞食，一豆羹，得之則生，弗得則死。嘑爾而與之，行道之人弗受；蹴爾而與之，乞人不屑也。」（告子上）救濟人，並不是難事，因爲「惻隱之心，人皆有之。」（同上）然而施濟的價值，不在乎所施物件的多少，在乎仁心的多寡。「嘑爾」「蹴爾」以行施濟，即沒有仁心，雖傾家以濟眾，仍不能稱爲仁者。

普通以爲慈惠一事，輕而易舉。可是「子貢曰：如有博施於民，而能濟眾，何如？可謂仁乎？子曰：何事如仁，必也聖乎！堯舜其猶病諸！」（論語 雍也）博施濟眾，雖有堯舜之德，尚不能完全做到，必是一個全德的聖人，纔可做這種善舉。儒家以聖人以天地之心爲心。天地之心爲好生之德，聖人體之而爲仁。聖人之仁彷彿天地之仁，遍包萬物而無遺，於是乃能博施濟眾，乃能真正成爲慈惠之人。所以慈惠之人，並不是只在捨錢，也不只在行慈善事業。慈惠之人乃是滿懷仁愛之心，與憂者同憂，與樂者同樂。慈惠待人者，乃能慕義如飢渴的人，接人待物，既不虧於正義，而又以耶穌之心爲心，泛愛衆人，待人如天父之子女，如自己之兄弟。

我們處在貧苦中時，喜歡別人金錢之助。但是別人誠心向我們說幾句同情話時，我們覺得比受了他的金錢，心中更感激。況且我們生活中的憂苦，不一定在於金錢。那時別人對我們能有的慈惠，完全在他們的同情心了。

在別人的同情心中，我們能感覺到多種的分別。路人的同情，只在於無聲的嘆惜；鄉人的同情，則有多言的慰情；朋友的同情，乃肯分憂分勞；家人的同情，如有同憂同慮；愛人的同情，可以共赴湯火；母親的同情，乃至忘己忘我。

真正慈惠的人，在具有母親的同情，能夠忘己忘我，愛民如赤子。耶穌說：「吾誠非他，但欲爾等以吾之所以愛爾者，彼此相愛而已。人之愛，莫大於爲其友舍生。爾能遵行吾之所命，是吾友也。」㈡

今天我們過贖擄會聖伯鐸祿（S Petrus Nonlascus）節，當時回族人在西班牙大掠人民，聖人爲贖被擄者，自願代人爲奴。他創立贖擄會，命會士俱宣誓，甘願捨身以贖擄爲奴者。這種慈惠，才真合於耶穌的慈惠精神。

所以然能有這種精神，則是耶穌所說：「爾當慈祥惻怛，一如爾父之慈祥惻恒也。」㈢

天主之慈祥無不包，「蓋天父使旭日上升，兼照良莠；沛然降霖，亦無間乎義與不義也。」㈣人法天父之慈祥惻怛，以旁人爲兄弟，盡自己之所能，以利旁人。常常憶念耶穌所說：「凡以予名義納此小兒者，即納予。亦即納遣予者。」㈤耶穌和信祂的人，結成一妙身，因著妙身，信祂的人便與天父相結合。那麼慈惠於信祂的人，便如向耶穌行慈惠，向耶穌行慈惠，便是向天父行慈惠。即使人不信耶穌，也仍是天父所造，向他行慈惠，也可以說是施惠於天父。人爲天父，爲耶穌，當然願意捨生，因此便肯爲別人捨生。耶穌爲救人捨生，也是因爲他誠愛天父。

人爲愛天主因而懷著爲別人捨生之情，天主也報他以愛情，「天主即是愛德，是故以愛德爲安宅者，即是以天主爲安宅，而天主亦以其人爲安宅矣。」㈥人既有愛天主之情，天主乃臨幸他的心靈，他因是能與天主相合，暢度超性的生活。

暢度超性生活，人還是免不了世上的苦痛。肉體、精神，都將在各種困難，隨時要緊有天主的救護。「慈惠待人乃真福，自身必見慈惠渥。」天主必賜他心中安寧，不以苦爲苦。人世的人雖是壞心腸者多；但是真以慈惠待人的人，大家對於他也必感激。親戚朋友間的相助，人多認爲理所當然，少有感激者。不相識人的相助，則更能表示慈惠者的好心，更能引人感激。

一個真正爲愛天主而慈惠的人，他不求人們的感激，他認識人心的炎涼。然而他的心又何非血肉之心？遇著別人的感恩，遇著別人的敬重，豈能不情動於中？驕傲強暴的人，聽別人滿口恭維，自以爲受人尊敬，心中自滿，究其實別人心中常輕視鄙棄他。慈惠的人，所有別人的敬服，出自別人的誠心，他即不以此爲善，心中自然也要感到快樂。人生不求而得的快樂；分外能愉樂人心。

孟子說：「古之人與民偕樂，故能樂也。」若是「民欲與之偕亡，雖有臺池鳥獸，豈能獨樂哉。」（梁惠王上）一個人擁有萬貫家產，每天食必珍羞，衣必錦繡；雖眼見同鄉同邑的人中，有食不飽腹，衣不蔽體的小孩和寡婦，卻一文必不施濟。這種人已經沒有了人心，那還知道享樂呢？就使他享樂，所享的已經不是的樂，而是禽獸的樂。豈能沒有人心的人，知道享人之樂？

既不作人而作了禽獸，死後當然不能享受天主的慈惠。耶穌預言人世末日的審判，祂的審判詞，便看人的慈惠。祂將對善人說：「吾實語爾，爾所施於我兄弟中之至微者，即施之於我身也。」又對惡人說：「吾實語爾，爾未施之於至微者，即未施之於吾身耳。遂群就天戮，而善者則享永生。」㈦

天戮是怎麼樣？耶穌在聖經上又有一比喻。耶穌說：「昔有一富翁，衣紫披紗，日事飲食宴樂。一丐名辣柴魯，瘡痍遍體，臥其門外，欲食富翁几下餘屑，而不可得，更有犬來舐瘡。無何丐死，天神送諸亞伯漢懷中。富翁亦死，葬後慘受地獄之苦。偶舉目遙見亞伯漢與其懷中之辣柴魯，乃竭聲而呼曰：『大父亞伯漢其垂憐焉！予處燄中，苦不堪言，請發辣柴魯沾水指尖，以涼吾舌。』亞伯漢曰：『兒乎！當懷汝生前如何享樂，辣柴魯如何受苦，今則彼見慰，而汝受罪矣。況爾我之間，實隔巨淵，欲往不得，欲來無從。』」(八)

這個譬喻用幾句最簡單的話，描畫得很入情，把硬心人的報應，刻露於人前。

古經對於慈惠的人，則有一段祝福的詩歌：

「眷顧貧苦，主必賜福。身罹患難，春回黍谷。主必相之，翼而長之。優游一世，潤之昌之。敵人欲害，保之障之。呻吟病榻，扶之掖之。展轉不寧，康之復之。」(九)

正月卅一日，一九五〇年

註：

(一)　吳譯　新經　瑪竇傳　第五章第七節。

(二) 吳譯 新經 若望傳 第十五章第十二節。
(三) 吳譯 新經 露稼傳 第六章第三十六節。
(四) 吳譯 新經 瑪竇傳 第五章第四十四節。
(五) 吳譯 新經 露稼傳 第九章第四十八節。
(六) 吳譯 新經 若望書信 第一、第四章第十六節。
(七) 吳譯 新經 瑪竇傳 第二十五章第四十第四十五節。
(八) 吳譯 新經 露稼傳 第十六章第十九至第二十六節。
(九) 吳譯 聖詠譯義 第四十一首。

淨心

「心地光明乃眞福，主必賜以承顏樂。」(一)

慈惠待人者，結於耶穌之妙身，以耶穌之精神待人。發揚這種精神於外，內心乃能光明瑩潔，無私慾之染，人心與天心愈能密切接合。

今天我草寫王陽明哲學講義，開端便寫他的天人一體的思想。陽明以人心合於天地時，才能體天地之仁，慈惠待人。公教以愛天主而愛人，愛人即增愛天主之愛。愛天主之愛增進至極時，人乃密合於天主。

王陽明說：「夫聖人之心，以天地萬物爲一體。其視天下之人，無外內遠近，凡有血氣，皆其昆弟赤子之親，莫不欲安全而教養之，以遂其萬物一體之念。天下之人心，其始亦非有異於聖人也，特其間於有我之私，隔於物欲之蔽，大者以小，通者以塞。人各有心，至有視其父子兄弟仇讐者。聖人有憂之，是以推其天地萬物一體之仁，以教天下。使之皆有以克其蔽，以復其心體之同然。」(二)

王陽明的天人一體，根之於天地人物，氣同理同，故天人相通，互相感應。然不幸人心常有私慾之蔽，把本來相通相應的都障塞了，他所以主張格除物慾，以致良知，使人重復通於天地。

天人一體的觀念，乃是中國哲學的骨髓。儒釋道都有這種境界。《易經》上說：「大人者，與天地合其德，與日月合其明，與四時合其序，與鬼神合其吉凶，先天而天弗違，後天而奉天時。」（繫辭）

莊子說：「天地者，萬物之所一也。得其所一而同焉，則死生終始，將如晝夜，而莫之能滑，而況得喪禍福之所介乎。」

佛教的證真如，也是與真如相合，物空我空。三家相合的目的物雖不同，或為天地，或為道，或為真如，俱為一種超過時間空間的實體。人在世物的變幻虛渺中，自覺無所寄托，乃寄托於一至大至久的實體，使自己的小我，能擴充延長至無限：天地、道和真如，是人理想中所能想到的最大、最久的實體。人能與天地同其心，能游心於無窮，能無我而常住，這已是人的生活所能有的最高境界了。

人在這種境界中，所日常感覺的，或為天地好生之德，週旋於萬物，或為宇宙之道，渺渺無窮，或為真如無形色，常住不滅。他們的精神浸沒在這種觀察中，與之同化。或同於天地好生之德，或同於宇宙之道，或同於常住的真如，而造成他們的生活境界。然後他們用自己的精神去觀察外物，見外物跟他們都不相干了，他們便可以「一死生，齊得喪。」

到了這種境界，人就算是到了幸福的境界。姑不論道家的成仙和佛家的成佛，本爲虛幻之境；然而那種游心於無窮的境界，同於儒家的天地境界。在這種境界裏，人真能夠有孟子的浩然之氣，真能夠不爲外物所動，真可以役物而不役於物了。

怎麼能夠達到這種通天地的境界？儒釋道都說要心淨，都說要節慾。人所以能夠通於天地，原是以人心同於天心。然而當人心爲物慾所蔽時，人心就與天心隔絕了。佛家則更要斷絕形色和物執我執，到人心看到一切都空時，才可以止觀真如。因爲人慾吸引人心向外物，所以稱爲物慾。人心若向外物，則爲外物所牽，人的精神便與外物同化，變爲渺小有限了，因此稱爲小人。人心與天地相合，則擴至無限，乃稱爲大人。

可是這種通天地的境界，所與結合的天地、道和真如，究竟是甚麼呢？真如雖與道家的道不相等，然相似於道，彷彷彿彿，不可名，不可說。儒家的天地，冥冥蒼蒼，一塊然的宇宙。拿人的有靈的心靈，跟一個無靈的天地，跟一個彷彿不明的道或真如相結合，不是使人心變成塊然無靈覺之物？因此儒家的天地，在聖賢的心目中，常爲一種有靈的天，聖賢才能體天地之仁。而道家的道和佛教的真如，則使人痲木不仁了。

公教的人生最高境界，則在與天主相結合。結合的程度，高低不同。最高者，稱爲妙觀（Contempla tionin fuse），似乎直見得天主。這種直見並不是感覺的直覺，也不是理性的本能，乃是一種超性的相交。人不用感官不用推理，而似乎靈眼見到天主。神學家論「妙觀」說：「妙觀乃是簡明地親切地認識天主，以及祂所創造的事物。這種認識，非由人力，也非由聖寵，乃是由天主聖神的一種特別默示。」㊂（La contemplation infuse est generalement definie:une connaissance simple et affectueuse de Dieu et de ses aoeuvres, qui est le furit,non pas de l'activite humaine aidee le la grace,mais d'une inspiration speciale du Saint- Esprit）

人到了妙觀的境地，雖不能親眼見到了天主，也不能明瞭天的奧妙；可是因此認識天主，較由任何學識得到者，更清楚，更簡明。認識的構成，如閃電、如開眼向太陽，絕不用思索，並不用推理，立地即成，人力無可使用。

妙觀的認識，不止於理智，而止於意志。因妙觀的認識乃是親切相愛的認識，人驟然開眼見到美景或美物，心中不禁有羨慕之情。人到了妙觀的境地，既能分外清明地認識天主，愛天主的心，同時也格外加高，於是與之相結更密。因此妙觀的境界，稱爲「合界」（La Vie Unitive）。

人雖不能用自己的力量，攀上「妙觀」的境界，然而妙觀之來，決不入塵俗之心。不但戀塵世之人物者，不能直見天主，即繫戀於精神之福利者，也不宜於妙觀。能得妙觀之心，乃已洗除自己的小我，完全以天心爲依歸。

這時人的心，就像一池清水，不染絲毫的塵垢，池水清極淨極，反映出碧麗清天。人心既然除淨了一切塵思，人心清明到底，覆罩在天主的神性下，天主的神性便清切地反映於心中。

天主的神性乃至上的美善與真理。人心面對至上的真美善，雖然尙有肉體的隔閡，人心也融洽在天主的神性中。

這種融洽在現世只能是局部的，因爲人在妙觀中，對天主的認識尙爲局部的。到了死後升天，面見天主，則全心全靈融洽於天主神性中了。聖葆樂說：「吾人現時所見，猶如鑑中觀物，僅能得其彷彿；彼時則面面相對，更無隔閡矣。現時所知，偏而不全；彼時則洞悉無遺，有如天主之洞悉吾人者矣。」(四)聖若望云：「愛友乎，吾人今茲已爲天主之子女矣。前途之光明，不可思議。惟當吾主顯現之日，吾人必復見其本來面目，而酷肖之，此則吾人之所知也。凡向天父懷此望德者，亦必努力自致聖潔，以期克配聖潔之天父也。」(五)

聖潔的人，才可配見天主。天主乃精神之精神。塵俗之人，溺於物質，而物質中最重者，則爲淫污。淫污的肉感，重於飲食，故溺人最深。欲聖潔人心者，首應除淫污以淨心，然後改變人的凡質，才能登天主奧妙之堂。聖葆樂說：「若夫氣質未化之人，不能領悟聖神之眾妙，且以爲愚妄焉。是無他，聖神之妙理，必須具有超性之靈光，始能發其底蘊，固非

氣質未化之人所得而領悟也。」(六)

故云：「心地光明乃真福，主必賜以承顏樂。」

二月十二日，一九五〇年

註：

(一) 吳譯 新經 瑪竇傳 第五章第八節。

(二) 王陽明全書 傳二。

(三) R. Garrigau Lagrange-Les trois ages, edetion, Du Cert, V. II. P. 415.

(四) 吳譯 新經 致格林多人第一書 第十三章第十二節。

(五) 吳譯 新經 聖若望第一書 第三章第二節。

(六) 吳譯 新經 致格林多人第一書 第二章第十四節。

和平

「以和致和乃眞福，天主之子名稱卓。」㈠

人既能享天主之妙觀，心中只有天主而無他物，人乃能享受天主的和平。耶穌誕生時天神歡呼：「良人受享平安於地。」㈡耶穌受難前夕，告宗徒們說：「予以平安遺爾，予以己之平安施於爾等。」㈢耶穌之和平，乃與天主相結合之和平。人懷著這種和平，乃能以和致和。

儒家的修身原則，止於一定字，持敬而心靜，心靜而定性。但是定性只是一種境界，儒家修身的目的在於「仁」。孔子說：「夫仁者，己欲立而立人，己欲達而達人。」（論語雍也）這個仁字，與耶穌所說的「以和致和」，有些相近了。

程明道說：「所謂定者，動亦定，靜亦定，無將迎，無內外。……與其外而非內，不若內外之兩忘也。兩忘則澄然無事矣。無事則定，定則明，明則尙何應物之足累哉。」（定性論）心中不亂，不單單是一種沉靜的氣象，乃是自己內心止於當止之所。朱子說：「知止而能有定。只看此一句，便了得萬物各有當止之所；知得則此心自不爲物動。」（朱子語

類）

王陽明跟朱子在格物致知下雖主張不同，可是他的致良知到了極點，也是定。他說：「良知只是一箇良知，而善惡自辨。更有何善何惡可思？良知之體，本自寧靜。」（王陽明全書二），又說：「或問良知原是中和的，如何卻有過不及？」又說「知得過不及處，便是中和。」（王陽明全書四）

「中和」兩字較比「定」字，更適於古代儒家的口吻。因爲「定」字通用於佛家，佛家常談禪定。「定」爲禪家最高的境地。但是儒家以禪家之「定」，空虛渺茫，不足爲法。故爲表示儒家的「定」，更好用「中和」兩字。「喜怒哀樂之未發謂之中，發而皆中節謂之和，中也者，天下之大本也；和也者，天下之達道也。致中和，天地位焉，萬物育焉。」（中庸 第一章）

「中和」的人，就是一個心地和平的人。一個人要心地和平，該使自己的慾情，在發動時，都合於理性的範圍，不多不少，適得其中，而合於性律。既能得其中，則慾情彼此不相鬥爭，慾情和理性，也不相衝突。如此，則心地光明，無絲毫的偏私。能夠常保持心地光明，則達到了心地中和。

人心能保持中和，於是可以「寬而栗，柔而立，愿而恭，亂而敬，擾而毅，直而溫，簡而廉，剛而塞，疆而義，彰厥有常，吉哉。」（書經 皐陶謨）這類的謙和君子，應世接物，不盛氣淩人，故能與人相融洽，以和致和。

以和致和，乃是充發人的仁義，協之以文雅，然後適人之情，彼此相交乃有陶然之樂。因爲欲和於人首該不侵人，這是義。各不相侵，然後可談相愛相助，這是仁。相愛相助，尙該有文雅之態度，才能叫人誠服，這便是古人的禮樂。愛人而令人信服，乃得彼此相見，發其天真，心樂陶陶了。《禮記》以這陶然之樂，稱之爲「肥」。肥則代表人，心廣體胖，陶然有樂。「故治國不以禮，猶無耜而耕也。爲禮不本於義，猶耕而弗種也。爲義而不講以學，猶種而弗耨也。講之以學而不合之以仁，猶耨而弗穫也。合之以仁而不安之以樂，猶穫而弗食也。安之以樂而不達於順，猶食而弗肥也。」（禮記 禮運）

可是這種「以和致和」的理想，談何容易！聖葆樂宗徒說：「吾知寓吾肉身之內者，實無片善可稱也。爲善之願，未始有無；而爲善之力，則未能有也。心欲行善，而卒未能行，心雖疾惡，而卒未之能去也。既云非所願而行之，則自非我之所爲，乃寓吾身中之罪之所爲也。於是吾於自身之內，另見一法。吾欲爲善而有惡潛伏其中，爲之牽引。若依吾內心，吾固以天主之法爲樂也。然吾又見一法，寓吾肢體之中，與吾心之法，恆相對敵，而囚吾於肢體之罪孽法中，嗚呼，我誠可哀之人也！孰能脫我於致死之肉身手？惟謝天主，已予我以生路矣。生路伊何，即耶穌基督吾人之主是已！」㈣

人身之內，靈肉之戰，單靠人力，不能平息。惟有靠天主的聖寵，才能調協靈肉。天主的聖寵，乃耶穌救贖的成績。「蓋基督者，吾人之協和也；身受苦難，以去壁壘之隔，除法令之障。於彼之身本族，外族，融成一體，以作新人，以建和平。」(五)

人類因原罪的餘毒，成為天主的仇敵，因是人的慾情反抗靈性。耶穌降世，引人重歸於天主，乃賜人聖寵，克服肉慾，使人成為新人，號稱天主的義子，自利而利於人，且利於天下，以建人類的大和平。所以說：「以和致和乃真福，天主之子名稱卓。」

人世的大福，在享有和平。人世的大禍，在於戰爭。即使肉慾薰身，全心追求物質享受的，若是不能和於人，也不能享受物質的快樂。孟子勸梁惠王求仁義，就說：「上下交征利，而國危矣。……苟為後義而先利，不奪不饜。」又說：「民欲與之偕亡，雖有臺池鳥獸，豈能獨樂哉。」(孟子 梁惠王)

豈但戰爭破壞人的享受！一個人良心不安，也不容許他坐享快樂。在肉慾熾烈時，良心的呼聲被掩蓋了，人能求樂不厭；可是一到獨居的片刻時，良心就將撕碎他的幸福夢。因此求肉樂的人，最怕單身獨居，常想在熱鬧場中混。可是一個人沒有獨居之時，則不能自己體會自己。他在熱鬧場中享樂，也不過是肉體的膚淺享受，他的內心從未有所快樂。

良心平和的人，仰不愧於天，俯不怍於地。自己能安然呼天主為大父。「嗚呼，天父愛

吾人之深，待吾人之厚，有不能言喻者焉。吾人竟蒙恩召，得稱爲天主之子女，而亦實爲天主之子女矣。」㈥

「實爲天主之子女！」心中無憂無懼。貧不可懼，病不可懼，死亦不可懼。貧中可愛天主，富中也是愛天主。康健時愛天主，病痛時越愛天主。生時愛天主，死後則全愛天主了。而且一切來自天父，豈能有害於我，我還有甚麼可怕呢？

「實爲天主之子女！」則世人皆屬兄弟。愛兄弟即所以愛天父。「天主即是愛德。是故以愛德爲安宅者，即是以天主爲安宅，而天主亦以其人爲安宅。」㈦生於人世，無所仇恨，無所嫉妒，無所爭競，不屈於強權，不傲臨弱小，愛人而無求於人，助人而不望人報，恕人而無怨。這等仁人君子，何往不受人敬服呢？以己之知，而使人也平和了。

「實爲天主之子女！」普世的造物，皆天父所造。聖方濟各乃開心向萬物。他並不在以萬物供自己的娛樂，或是僅以山川風月之美，足以愉悅心神。他欣賞萬物之美麗，是藉著造物之美，心神足以結合天主之美。因萬物表現天主之一分美麗，他所以愛萬物，而視日月鳥獸爲兄妹，隨處常是心曠神怡。

和平乃愛德的美果。「由來只有愛德，能開發我心胸。耶穌乎，自從我心，被您愛火燒煬之後，奉行您的新誡命，其樂陶陶，奔走絕塵。直走到永福之鄉，長生之日，結合了童貞隊伍，跟隨您游行於無窮之境，同唱您的新歌詠，歌詠愛德於無窮世。㈧

二月二十二日，一九五〇年

註：

㈠ 吳譯 新經全集 瑪竇福音 第五章第九節。
㈡ 吳譯 新經全集 露稼福音 第二章第十四節。
㈢ 吳譯 新經全集 若望福音 第十四章第二十七節。
㈣ 吳譯 新經全集 致羅馬人書 第七章第十八—二十五節。
㈤ 吳譯 新經全集 致伊法所人書 第二章第十四節。
㈥ 吳譯 新經全集 若望第一書 第三章第一節。
㈦ 吳譯 新經全集 若望第一書 第四章第十六節。
㈧ 馬相伯譯 聖德蘭靈心小史 第九章。

犧牲

「為義受辱乃眞福，天國已在彼掌握。」㈠

自和而和於人作爲天主之子女，心享平靜之樂。然而天主之子女，卻也比常人受苦很多。耶穌自己訓誡門徒說：「人欲從予，務宜克己，日負其十字架，而隨予後。蓋欲自保其生者，反將失之。惟爲予之故，而舍其生者，克保其生。」㈡並不是天主之子自己去造十字架，自己去自殺；乃是世上人不容祂安生。一個平和的人，可以德感旁人；然不是一切的旁人都將受感化。不受感化的人，則將妒德，耶穌即因佈道行善而被害，故警戒門徒說：「爾若不見容於世，應念予亦未始見容於世也。爾若屬於世，世焉有不愛其同類者乎？正唯予已拔爾於世，此世之所以不能容爾也。宜憶吾言，僕不能大乎其主。人既侮予，亦必侮爾。」

㈢

狠狽爲奸的人，有朋比之誼，暫時不致相仇；然而終必爲利而相爭。可是世俗的人同在一個慾海中週旋，同爲利害觀念所推移，雖互相陷害，只因利不相容，并不因爲心底裏有不共戴天之恨。惟是兩個生活觀念相衝突的人，彼此若因觀念而成仇，這種仇恨則根深蒂固。

世俗人之恨耶穌的信徒，便是生活觀念的仇恨。

聖葆樂戒信徒說：「爾與不信之徒，本非同類，切勿與之同軛。夫正之與邪，不能為侶；光之與暗，不能並存。基督之與彼列（魔鬼），不能相契。信與不信，不能相交。天主之殿與人造之像，不能相親。蓋吾人固永生天之聖殿也……是故主囑爾等獨立特行，毅然離眾，而自成一群。」㈣

凡是顯意獨立特行的人，必遭攻擊。而願意行仁義的人，必定要獨立特行。因為人心之向惡，好似水往低處流。行仁義的人則是要逆水而行，怎樣不獨立特行呢？屈原曾說舉世皆濁，而我獨清。

獨立特行的人是真信自己的人生觀，故其志不可奪。伯夷、叔齊恥食周粟，甘願餓死於首陽山。孟子也說：「生我所欲也，義亦我所欲也，二者不可得兼，舍生而取義者也。生亦我所欲，所欲有甚於生者，故不為苟得也。死亦我所惡，所惡有甚於死者，故患有所不避也。」（告子上）

若是一個人所持的人生觀越貫徹，他的獨立特行也越顯著。若是他的人生觀最澈底，最不容妥協，則他受人攻擊，也最多。「凡真心奉事基督耶穌，而實踐其道者，靡有不遭受危難迫辱。而狂妄不肖，妖言惑眾之徒，且將變本加厲。」㈤聖葆羅且說：「蓋知受苦受難，實爲吾人分內之事。」

爲甚麼該受苦呢？

甘貧樂道，心地光明，而以和致和，這等人已是與世無爭，與人無仇。爲什麼人世還不能容他們呢？就是因爲他們與世無爭，世人越要排擠他們，越要毀滅他們。假使他們若同世人競於名利，世人則只在名利上跟他相爭，心裡則認他們爲同類，可以共圖生存。如今卻遇著一個不與他們爭名利的人，遇著一個事事讓他們的好人；這種相讓和退避，反使那些競爭心最熱的人，最覺得可惡。兩個人相罵，甚至相打，彼此雖互相使氣、凌辱，心頭有千丈怒火；然而在彼此相罵相打時，怒氣已對消了許多。可是當你對一人生氣時，那人卻不回話，只是微笑一聲，戛然而去，你心中的怒火既沒發出，而且看著那微笑而走的人一副自高的神氣，你自覺所受的辱，比遭了一陣痛罵，挨了一陣毒打，更深更刻。於是心裡必恨這種自高的人，認爲不可與他共同生存。

真正作耶穌信徒的人，本心絕對沒有自高之念；可是他的舉世皆濁而我獨清的態度，在狂妄不羈之徒看來，常是一種極可惡的傲氣。他們便想這種人既不願與他們同群，則何必讓他留於他們的群中，叫他們常覺卑下於他呢？所以耶穌告門徒說：「爾若屬於世，世爲有不愛其同類者乎？正唯予已拔爾於世，此世所以不能容爾也。」

世既不能容耶穌的門徒，耶穌的門徒當然常受凌辱。「人以爲予名之故，將爾拘捕，加爾迫辱，解爾於會堂，幽爾於囹圄，曳爾至王侯公卿之前；凡此皆所以授爾良機，爲道作證耳。……惟其時，爾將見鬻於父母、兄弟、親戚、朋友，且將有被人致死者焉。爾必因予之名，而見惡於眾。」㈥

爲耶穌之名而受辱，即是爲道作證。這一點乃公教教難的特徵，亦即人生最有價值之舉。中國古人說：「死有重於泰山，死有輕於鴻毛。」重於泰山之死，是爲國爲家而死，是爲全身保節而死。然而家國與身節，雖重於人生，其價值尙不能超乎茲世。故殉國殉家殉節之死，所留者也只是像一座泰山，人世常存的令名；可是令名終有毀滅的一日。爲耶穌而死，耶穌乃常生之天主，人因死而合於常生的天主，乃得常生的神生，肉體生命有時而盡，神生則永存不滅。故耶穌說：「惟爲予而捨其生者，克保其生。」爲耶穌捨肉體之暫生，乃得永遠之神生。

爲耶穌而捨生，得有永生的代價，人生的生活達到了生活的最高點，因爲爲耶穌而捨生，乃是愛情之極致。人的生活，以愛天主耶穌爲目的，爲見證自己愛耶穌之心，爲使自己不反背耶穌致與之分離，乃甘心捨生捐軀。人若爲忠義爲貞潔而殉身，所殉者爲一抽象的道德。爲耶穌而殉身者，則是爲殉自己的愛情，而所殉愛情的對象，乃是永生的天主。爲愛情而遭難，人在難中有安慰，因人心已爲愛情所塡，憂苦不能入。若爲神性的愛情而遭難，心中則將充有神樂。爲世上的愛人而死，因與愛人的死別而痛心，而愛人也無從相助，且愛人的失望，更加殉身者的悲傷。爲愛耶穌而死，耶穌的聖寵神力，鼓勵殉難者的勇氣，而令他心內欣悅：欣悅自己死後將與耶穌永相結合了。與耶穌永相結合，即是升登天國。所以說：「爲義受辱乃眞福，天國已在彼掌握。」

二月二十八日，一九五〇年

註：

㈠　吳譯　新經全集　瑪竇福音　第五章第十節。
㈡　吳譯　新經全集　露稼福音　第九章第二十三節。
㈢　吳譯　新經全集　若望福音　第十五章第十八節。
㈣　吳譯　新經全集　致格林多人第二書　第六章第十四—十七節。
㈤　吳譯　新經全集　致弟茂德第二書　第三章第十二節。
㈥　吳譯　新經全集　露稼福音　第二十一章第十二—十七節。

總結局

若使人一死就完了，中國古人所說的「蓋棺定論」，已沒有定論的必要。屍體葬在地下，已是無知無覺；而魂魄則已消散無餘，那麼世人的定論爲已死已化的人，有甚麼關係呢？定論或好或壞，爲他比較對牛彈琴還更無意義呢？

世人可以說，人間的定論，即在使已消散枯朽的遺體，能在人間留一長久的精神。然而世間千百萬的死人中，有幾個人在人間引起了人的定論，而能留一精神之名譽？那麼沒有名譽的人，豈不是一死就消滅了嗎？而且人世的定論，那一次真能是定論呢？人世的評判，常缺而不全，常是非顚倒，即留有令譽的人，不一定就名實相符。

人的一生，究意怎樣可以定論他的價値呢？一個人可以抹殺社會上一切人的評論，不顧人說是說非，任意而行。文明進化的人便以這種人爲最高尙的人。他的定論乃自己的良心，而且他的良心並不是反映甚麼天理，只是一己的私願。他對自己的定論，只在自己的願意。自己所願意者，都有價値。

這種自我的定論，誰不說適足長進一己的私慾，破壞社會的道德？人生的定論，應由社會而作。然而誰又能保證社會定論就絕對公平呢？陶淵明飲酒詩云：

「行止千萬端，誰知非與是？是非苟相形，雷同共毀譽。三季多此事，達士似不爾。咄咄俗中愚，且當從黃綺。」㈠

不僅是社會的毀譽，不能常得其平，即社會所說的天道報應，也不常得其平。陶淵明又歌曰：

「積善云有報，夷叔饑西山。善惡苟不應，何事空立言。九十行帶索，饑寒況當年，不賴固窮節，百世當誰傳。」（同上）

陶淵明尚不是完全悲觀的人，然他已看不起人世的「閒名」。若說李白，則更不以留芳百世爲精神不死了。

「……君不見晉朝羊公一片古碑材，龜頭剝落生莓苔，淚亦不能為之墮，

心亦不能為之哀。誰能憂彼身後事，金鳧銀鴨葬死灰。」㈡

「……昔人豪傑信陵君，今人耕種信陵墳，荒城虛照碧山月，古木盡入蒼梧雲。」㈢

人生的活動，就沒有一種真正的評價嗎？人生難道就讓狠心詭計者去騙人，就讓權高勢大者去壓人，就讓金多力強者去欺人？那麼人生何必有所謂倫理？有所謂道德？有所謂法律呢？人們天性反對這種不公平，人們本性要求對於每種行動都還以相當的價值。既然，在現世這種評價不能有，在人們身後即該有這種評價，這就是公教所說的「蓋棺定論」。人嚥了最後的一口氣，靈魂即自知立在天主前，立時看到一生所有的思言行動，馬上知道他們的價值，即刻聽到天主對於他一生的總判詞。這乃所謂私審判，乃是人一生的定論。

人在生時有爲惡爲善的自由，因人的理智不能看透一事的究竟，能與之爲善，能與之爲惡，人的意志遂不被限定於一事，乃能有選擇之自由。人死以後，善惡看得分明，意志不能變換。死時意志傾於惡，則永久爲惡；死時傾於善，則永久爲善。這也是所謂「蓋棺定論」。

人一生所想、所欲、所行，絲毫未曾喪失，在私審判時，都取得一永久的價值。所謂豪舉，所謂大業，所謂家常瑣事，在永久評價時，已有另外一種估計。已失去人世的毀譽，而僅按作者當時愛天主之心之高下而定價值。家常瑣事因愛天主之熱誠而作者，高於人世的豪舉。為謀人世稱譽而行之大業，反變為惡。人生永久價值之估定標準，在愛天主之愛情。

人們的智愚，高下不等；人們的材能，大小不同；人們的勢位，貴賤各異。不是一切的人都可以成學者，都可以做偉人，不是一切的人，都可以建功立業。但是一切的人，無論智愚，無論貧富，無論貴賤，無論病者強者，都有一個可以愛的心。即使人的外部技能，都被阻止不能行動時，可是誰也不能阻止人心發動愛情。為愛天主，世人所有的可能性，一律平等。人能發動這種愛情，高或低，深或淺，多或寡，生活的評價，全在這一點。

按照這種估價的評斷，人的行動乃能在同一的天平上計算輕重。權威、勢力、金錢、智慧、體力，都失去了支配力。人們在天主的面前，才真正的是個人，才真正顯出各自的自我。天主所審判的，也就只是人的這個真正自我。

人在死後，不能憑藉身外的一事一物了，完全顯出自我。私審判即是自我的認識；然而人們還有一次大團圓，一次總認識。宇宙千古的人，都要重新復活，大家一次大團聚，大家共聽自我的最後定論，然後結束人生。大結局之時，即宇宙終窮之時，人的肉體復活後與靈魂相結，大家受耶穌的公審判。

世界最偉大的藝術家米開朗基羅（Micheangelo）在梵蒂岡西斯篤殿的最偉大的壁畫，爲人世最後審判圖（Last Judgement）。圖上耶穌躍然起立，揚臂作聲。祂的一言既出，人世便大結局了。

耶穌在聖經上預言最後審判說：

「行見民族相攻，邦國交戰，饑饉地震，所在多有。然此猶爲憂患之濫觴。……大難甫平，日即晦冥，月失其明；眾星隕墜，天德動搖。至是，人子之標幟，見於中天。時率土眾民，咸將哀泣，見人子威靈顯赫駕雲而降，遣天神吹角，發音洪亮，集簡選之民於四方，自天此極，至天彼極。」㈤

「當人子偕諸天神威靈顯赫，駕雲而降也，將坐於尊位，集萬民其前，而予甄別。」㈥

這次的甄別，永遠沒有轉變！

三月十日，一九五〇年

註：

㈠ 陶淵明　飲酒詩二十首。

㈡ 李白　襄陽歌。

㈢ 李白 梁園吟。

㈣ 吳譯 新經全集 瑪竇福音 第二十四章第七節、第二十九節。

㈤ 吳譯 新經全集 瑪竇福音 第二十五章第三十一節。

下編

寓所生活

一、寓所

一九四九年共匪盤據了大陸，歸國傳教已遙遙無期，幼弟羅濟到了香港，在類思中學讀書，我想將來叫他到羅馬來，於是打算在羅馬買一幢小房以作寓所，乃往見傳信部次長剛恆毅總主教，請准購房。剛公說：「你不要想常住在羅馬，你買屋做什麼？」我答說：「於今誰知道什麼時候可以回去，房子買了隨時可以出賣。」剛公點頭說：「也對，你就買罷！」

寓所的地區，不能離駐教廷使館太遠，房價也不能太高，房子又不宜太壞。在這三種條件下，各方面打聽，終於承一位中國朋友介紹找到了一幢適合上述條件的房子。房子一幢，共三間正房，附有廚房和二間浴室。處在一座戰前新修的樓內，地區為住宅區，頗清靜。房子購定後牆壁稍加洗刷。十一月二十九日，我遂遷入。三間房子，一間爲寢室兼作讀書所，一間爲飯廳，一間爲客廳兼藏書籍，客廳兩壁，置高大書架，由頂到地，遍佈書籍。我在一九四〇年，曾收束行裝，準備回國，把書籍裝在木箱裡，後來再沒有拿出，置了寓所，才把裝了九年的書取出，放在書架上。九年以來，新購的書又不少，客廳的大書架，頓時就滿了。

自己有寓所，便不能不有佣人。我從吳經熊公使原先所用的義大利老媽子中，選了一個最忠實可靠的，名叫愛理，叫她作我寓所的佣人，佣人爲義大利北方人，丈夫在第二次大戰時病死了，遺有一女一男。我吩咐她把女兒雅特里納和男兒伯鐸祿都從外祖母家叫到羅馬。女兒在寓所附近一修女院作工，男兒送入一職業學校。假期他們都住在我寓所裡，便認我的寓所爲家。我又叫他們的一個小表妹，在我寓所住了兩年，和姑母愛理作伴，老媽子也視我的寓所作自己的家，事事勤快謹慎，而且還學會了煮中國菜。在羅馬的中國和義大利朋友，都說我有福氣，雇到一個好佣人。羅馬人從這次大戰後，很不容易雇到忠實的老媽子。

這座寓所裡住了九年半，一切都很安適，房子向後園，大街的車聲，不直刺耳鼓，老媽子睡在走廊過道隔成的小間裡，也還算安適。但是我的書籍，一天比一天多，客廳的兩支大書架，既沒有隙地，又加了兩支小書架，後來寢室也放了兩支小書架，最後在進門的走廊裡，安置了一支大書架。不久，各書架都放滿了，新到的書報，蹲在地上，等待安插，而且書籍分置各處，當我寫東西要參考書時，跑來跑去，耽擱許多時間，於是遷居的問題，就在我腦中，縈迴不已。

一九五八年夏，我看中了一幢新房，正房四間、附有浴室三間、廚房和老媽子房子、以及汽車所都完備。價錢講好了，我便去簽訂購房預約。房錢先付一半，另一半分期交付，一半於五年內交付，一半於二十年內交付。但是五年分期還款的利息，幾乎為原價之一倍，我不願答應，乃暫緩簽約。過了幾個月，初冬，在往「雙聖心本堂」的路上，看到一座新建的樓，形式莊重而雅觀，頗具藝術性。樓外掛著招買的牌子，我就登樓參觀。後面一列的房子，每層都是四間正房，附有應有的附房，房外有一很長的陽臺，陽臺下是人家的別墅花園。房子的房間既大，建築材料又佳。我問准了價錢，乃決定購買。為預防再蹈前次的覆轍，便先向兩位好心人，借定兩筆款。

一九五九年三月十八日，聖若瑟節前夕，我遷入新寓，聖若瑟節日第一次在新寓開火煮飯。

搬家的最大難處，是搬運我的書籍。用二十口大木箱，搬運兩次。書籍取出時，堆滿一地。為安放在書架上，我費了整兩天的工夫，一冊一冊按類集合起來，放入書架裏，書架都放在書齋裏，既雅觀又方便。

新寓的牆壁，潔白美麗，我不敢亂打釘孔，先細心把字畫的適宜地點，配置妥當，然後釘釘子。字畫掛好了，較比在舊寓裏光彩多了，因爲疏密合宜，不像在舊寓緊緊擠在一齊。

朋友們來看新寓，都稱讚新寓很幽雅。謝壽康大使特贈竹一幅，畫上題詩云：

「焯炤蒙席學自怡，藏書萬卷意在斯。舊居窄少無旋地，更置高軒列玉池。」

謝大使畫竹，有元宋畫家之風，已爲中國畫界所推崇，至於題詩，謝大使這是第一次。去年于斌總主教來羅馬，適逢使館升格爲大使館，館中秘書新舊易人。一晚，于總主教到我新寓晚宴，宴畢題一詩云：

「華燈美酒寓嘉賓，慶升送往兼迎新。蒙席新居侖然煥，琳瑯滿目郁郁文。」

我所喜愛的，是新寓的陽臺。以往午後，我不赴傳大授課時，要下樓在街上散步半小時許，獨步誦日課經。於今我不要下樓了。在陽臺上踱來踱去，可以散步，可以誦日課，既無車響，也不撞行人，臺下且有花園的綠樹紅花，又有青青菜蔬。晚晌每當月圓之夜，在陽臺觀月頗有海上享月之感。初夜，圓月出東天，常夾在東方巷端一修女院的兩株柏樹中央，景緻極爲秀雅。夜漸深，明月高升，園中四處都是銀光，天上是碧空鑲著一個玉盤。佇立陽臺欄傍，我常起濃厚的鄉思。有時，靜臥躺椅上，清風曳衣，月光照髮，我不免撫今思昔，心生悵惘。我便起立，招呼老媽子，同立陽臺唸玫瑰經。

在羅馬雖住了三十年，我沒有改完我的湖南土腔，也沒有脫盡中國人的脾氣。我至今不吃麵包，喜歡吃大米飯。原先我身體瘦弱；在自己寓所裏可以燒中國飯吃，我不久就增加了體重。穿衣，在家裏喜歡穿中國長衫；今年夏天且穿長衫到使館辦公。寫字，喜歡用中國毛筆。寓所裝飾，喜用中國字畫和木器。連在陽臺上種花，也愛種中國的花草。近年，稍得閒時，又練習中國畫，畫馬兼畫竹。畫竹至今沒有成就，畫馬似頗可觀。惟一的恨事，就是所藏的中國書不如外國書之多。

二、種花

我性喜花草，在花草間長大。少時在衡陽鄉間，綠竹野花，隨處可見。少年，進衡陽修院，院中有竹林，有梅、桂、茶花等樹。到了羅馬，在傳信學院留住十三年，校園寬大，園中四季多花。離開學校，住在兩所德國旅舍裏，舍周有花園。後來，我自己購了寓所，馬上在陽臺上種養花草。

一位義大利朋友萊因夢老先生的太太，種有熱帶仙人掌一類的植物百餘盆，她送我十幾種。一種名叫「象耳」，葉小，肥厚而圓，有如象耳。一種莖長如蛇，滿莖長刺。一種幹粗如拳，四方凸凹直立而上，每兩年長一段。一種圓如人頭，長刺叢生，一種綠葉肥厚，圓生如荷花。還有小鬚形的草，手掌葉的仙人掌等等。熱帶植物的美麗，不在色澤，而在形狀的奇特。

原先和使館作鄰居的達萊里太太，送我一盆玫瑰花，名「阿歡麗雅」，色粉紅，香幽雅，花瓣輕盈，不愧爲一名種。我又購玫瑰數株，色腥紅。

然而我所喜歡的花，是中國的名花。我乃寫信託香港的同學馬安義先生，購買中國水仙花和蘭花的花根。蘭花花根在香港購不到，水仙芋頭竟寄到羅馬。我收到水仙，種在盆裏，莖長得很茂；不幸總不含苞吐花。水仙芋頭又分裂成小芋頭。次年再種，葉莖細弱，因而便抛棄了。

牡丹薔薇，在羅馬花店裏可以尋到，我購了兩盆，培養數年，只發葉，而不開花。

昔年在衡陽修院，習慣看見梅花、茶花和梔子花。梅花清香，梔子花潔白而濃香，茶花紅白色艷。我在羅馬花店都各買了三盆，又買了兩盆杜鵑，兩盆海棠，兩盆茉莉。

小小的陽臺上，花盆密密地排了一周。中飯和晚飯後，我常一盆一盆地觀看，天天澆水。不幸陽臺的方向，夏天多太陽，冬天常陰。梔子花擋不住傲陽，首先落葉凋謝。海棠盛開了一次花，招得鄰居都很羨慕，次年，海棠枝枯了，只活著兩三小枝，我便把海棠連根拔了。茶花種了幾年，開始一年，開花很多，後來每年結苞滿樹，苞不開而落，葉子則一年較一年少，最後一株茶花樹，在去年也枯了。杜鵑在義大利極多，我種的幾盆年年開花滿枝，過了三四年，太陽終於又把杜鵑曬萎了。我把花送給老媽子的女兒工作的修女院，杜鵑在修院裏，有陰有太陽，又重新茂盛了。

於今我寓所陽臺上的花，以玫瑰爲最多最茂，今年花色花香都勝過往年。其次是茉莉。一種葉稍大，深綠，花純白，香濃，每年逢秋盛開。一種葉細，花白而略粉紅，香清而雅，自夏到冬，續謝續開。秋海棠也有數盆，雖不鮮艷，花常不缺。梅花一盆，則只見葉生葉落，從未看見梅花。

我種花的興趣，已經不似往年了。秋季換盆換土，我常親自動手，每天澆水，則由老媽子澆。在陽臺上花盆裏種花，費力多而收效少；若能有一座小園子，我必要親自墾土植花。花色花香，常可滿園。

三、養魚

在羅馬街上走，多處可以見到賣金魚的店子，有時在廣場或街頭，又可遇到抱瓶叫賣金魚的小販，我從來沒有駐足問價。

一九五五年初春，一天晚晌，老媽子的女兒，從修女院散工後回家，帶來兩條小活魚，每條長約寸許，色灰黑，爲河裏所產，我不知道魚名，兩條魚放在插花的玻璃瓶裏，悠悠遊閒，頗洋洋得意。次早清晨，我起床燃燈一看，兩條魚都直僵僵地死在桌上。玻璃瓶開口很大，瓶又不高，魚兒從瓶裏跳出來，夜間沒有人理會。

當天下午，我就到金魚店買了兩條小金魚，也長約寸許，又買了養魚的玻璃缸，回家，魚入缸中，燈光下，金鱗燦爛。我以老媽子的女兒和男兒的名字，名兩金魚。

魚兒也真聰明，中午吃飯時，一聽盤叉聲，便爭著向人的方向浮來，張口作聲，聲音吱吱，或者嘴裏撞玻璃缸。我撒下魚餌，魚兒口口吞吃。

每次往金魚店買魚餌時，看見一條分外美麗的金魚，我便擋不住買魚的誘惑，要把分外美麗的金魚買回家。不久，缸中已經養著六條魚了。老媽子警戒我說：魚再多了，缸水就不夠魚呼吸了。我正是種花不如意的時候，便飯前飯後，常站在缸旁看金魚。客來了，我也以金魚自羡，邀客人來玩賞。

但是我養魚的磨折，隨著來了。金魚不能多吃，多吃就生病，可是魚兒看見人，馬上游來，張口叫吃，我忍不住就撒餌，後來我定出了撒餌的時間，每天只撒一次。魚兒多吃的危險可以避免，然而另一種更重的危險，無法可逃。羅馬的自來水，消毒劑很重，水不流，消毒劑沉下來，魚兒呼吸了一兩個月，腸胃受傷。金魚店的水是常流的，我所見兩三朋友家養魚的設備，是在缸裏裝置電噴水機。我養魚力求簡單，電噴水機過於複雜，不願安置，所養的金魚，因此常只有兩三個月的壽命。金魚病時，開始是伏在缸底，不游來游去。撒下餌，金魚從缸底浮上吞食。過來兩天，伏在缸底的金魚，浮上來吃餌時，看來很費氣力，尾巴動的特別快。再過一兩天，沉著的金魚不知道浮上吃餌，旁的金魚咬牠的尾，牠才使勁浮上，隨即又沉下。後來幾天，則見那條魚已半側身浮在水中（不在水面），間而動尾翻身。把魚撈出來，向魚嘴吹一口氣，再放在清水裏，金魚正著身子在水內浮沉一兩小時，又復側身漂浮。不過一天半夜，魚就死了。

死了一條，我再買一條，缸中的金魚常不缺。但是後來越看魚病死，心中越不忍，魚一開始沉下不動，我的心也就開始難受。一時把游泳活動的魚都忘了，只看著那條有病的，一直到這條魚死了。我常想像病魚的痛苦，因此在一九五六年九月二十二日，缸中最後一條金魚死了，我便不再買了。明知道金魚養不長久，何必買來養呢！

四、養鳥

小時在家，我喜歡養鳥，我和耀弟常養八哥。我倆出門，八哥半飛半跳，常跟在後面，走在草地上，我倆捉蚱蜢餵八哥。但是因爲養鳥的設備太簡單，八哥很難過冬。

在羅馬寓所，種花養魚的經驗，很使我失意，我的消遣對象，終於轉到養鳥。養鳥，較比種花養魚更麻煩，需要老媽子樂意幫忙。當金魚不斷地病死時，老媽子愛理一天向我說：「養魚不如養鳥，養鳥最少可以聽到鳥叫。」我把話記在心裏，外面一點不露形色。一九五六年八月三十日傍晚，我到一家鳥店裏，選購一只金黃色的黃鶯，又購了鳥籠，興高彩烈地提回寓所，把鳥籠放在臥房裏，走進廚房去告訴老媽子。老媽子劈頭就說：「缸裏的大尾巴金魚沉著不動了。」我立刻轉身到飯廳去看魚，一面埋怨老媽子沒有換缸裏的水。老媽子一氣再不作聲，我便不提黃鶯了。第二天早晨，黃鶯引頸長鳴，歌調婉轉，老媽子一聽，樂了。我乃囑咐她給黃鶯換水換食，把鳥籠收拾乾淨。

金色黃鶯，爲德國Harz種，一身純黃，無雜色，善歌。我給牠起名叫「慶慶」。「慶慶」歌時，引頸昂首，嘴不張開，歌聲在喉裏轉升。開始很低，次漸高漸響，後忽換調，聲音高而顫動，有似弦琴的顫聲，忽而高吭直上，最後戛然而止，餘音滿屋。「慶慶」可以一氣轉換五調，聲音清而雅，不聒噪。

聽著鳥音，觀看鳥的金色，我很喜歡「慶慶」，因而我便憐惜牠整天單獨在籠裏跳來跳去，沒有伴侶。過了兩天，再到鳥店裏買了一只同種的雌鶯，色純白，我起名爲「七巧」。

「七巧」較「慶慶」稍肥，身體秀挺；但是脾氣很凶，大約先已和一雄鶯作配，便瞧不起「慶慶」。每天傍晚，黃鶯都喜棲在籠中最高一支小木桿上過夜。「七巧」偏不願「慶慶」同棲一桿，張嘴把牠趕下。「慶慶」下到一低桿上，也張著嘴，憤憤作聲，重復飛上高桿，把「七巧」趕走，「七巧」馬上又飛上來，把牠趕下低桿。經過了多次的爭執，「七巧」終於讓「慶慶」同在高桿，但一左一右，不相接近。有時，晚晌兩鶯相靠近熟睡。清晨，我一開燈，「七巧」眼見「慶慶」在身邊，把腳一伸，便把牠推往下桿。有特別的蔬菜和餅干時，「慶慶」正吃得高興，「七巧」飛來，伸嘴在「慶慶」腿上一掃，「慶慶」就被趕跑。有時「慶慶」引頸高歌，歌聲正亮時，「七巧」飛來又用嘴掃腿，「慶慶」只得飛到另一木桿，暫時悄悄不作聲了。這樣的潑婦，我悔當初選錯了。

在買了「七巧」的第二天清晨，即九月三日，清晨，開開陽臺的門，忽見一鶯棲在陽臺的鐵欄上。這是誰家逸逃的黃鶯呢？鶯出籠不知歸路，又不知道在自由天空間尋食。我把「慶慶」的籠子放在門前，鐵欄上的黃鶯，立刻飛到籠側，又飛進飯廳。飛來的黃鶯，爲義大利土種，毛色灰綠夾淺黃，鳴時，張口，聲粗。我名牠爲「霏霏」。三鶯的名字，都借用前在羅馬中國朋友的小兒女的名字。

過了兩個星期，一天中午，從使館歸寓，看見「霏霏」的籠子空空地放在地下，急問「霏霏」何在，老媽子說：「霏霏有了很慘的下場」她述說：「霏霏」不知怎樣從籠中跳走了，飛到陽臺下小園的樹上，後又飛到小園鐵欄傍的葡萄幹上。不料，一隻惡貓，悄悄由鐵欄爬上葡萄幹，一口把「霏霏」咬住。「霏霏」哀聲而叫，老媽子飛跑下樓，趕到園裏，惡貓已經逃走無影了。我憐惜「霏霏」的命運，遂從鳥店買了一小黃鶯，又起名爲「霏霏」。

小「霏霏」很可愛，又很聰明，淡淡黃色的毛，長的還不很豐滿；卻知道伸著頸顙學叫。聲音當然不大，歌調更不齊整，只有一連串的吱吱聲。我知道牠尚不能高飛，便把籠子放在飯桌上，我吃中飯時，便把籠門拉開，桌上放些草種子。「霏霏」先在木桿上瞧瞧，便跳到籠門口，再望了一望，就跳出籠門，慢慢走來啄食草種。我輕聲呼喚老媽子來看新奇，老媽子看了，一笑，小「霏霏」膽怯，一溜煙跑回籠裏。過了幾分鐘，牠又出來啄食，稍爲一驚，又向籠裏逃。這樣過了幾天，小「霏霏」每當中飯以前，就在籠中急著跳，跳著要出來，只見籠門一開，箭直跳向盛著草種子的小盤，於是牠便作了我中餐的同桌客。

我買鳥，和買花買魚一樣，在店裏看見好的鳥，就要買。黃鶯到後來一共買了九隻，又買了五隻四種不同的小鳥，還買了兩隻日本夜鶯，老媽子的妹夫從山地捉了一隻義大利夜鶯，特地送給我。一時我設了十幾個鳥籠，老媽子爲清理這些籠子，每早晨花費一個多鐘頭。

中午時，我常放四、五隻黃鶯出籠，小「霏霏」身體小，膽怯，常嚇得兩翅下垂，縮頸，出了籠又跑回籠裏，再又跑出來，忽又跑回去。我以爲牠會習慣和別的鶯同在桌上或地上爭食，漸漸可以不怕，誰知道，牠天天受驚，便種下了病根。因爲黃鶯不宜受驚過大，不然就可以中風。

有幾次，夜晚起來，拿著手電筒照照鳥籠，忽見「霏霏」不睡在木桿上而睡在籠底的紙上。我以爲牠太小，腳底抓不緊，以致跌下來了，把牠拿起，送到木桿上安睡。到後來我纔知道這是夜鶯小而輕的中風。一九五七年夏，一天早晨，我發覺「霏霏」依著籠壁，閉著眼站著。仔細一看，「霏霏」的身體是左右搖動。原來牠這一次，中的風很重。拿棃和碎布把牠扶住，放在籠底。這一天正是老媽子的女兒，動身往瑞士一工廠作工的日子。我看見她們母女離別前的痛苦，又看見小「霏霏」的病況，上午，帶著鬱鬱不安的心情，到使館辦公。中午，回寓，「霏霏」還是閉著眼，左右搖擺不定。但是我叫了牠幾聲，牠竟搖擺地走出籠門，我把牠握在掌中。過了半頓飯的時間，「霏霏」開眼了，還知道啄食。午後，漸漸恢復原狀。我笑對老媽子的女兒說：「這是個好預兆，你到瑞士，必是先苦後樂。」

小「霏霏」病好了，但不如以往的乖了，中午不急著要出籠，以往，在籠裏常啄我的手指作戲，於今也不戲啄。然而牠和我卻更親切。我在案上寫稿時，小「霏霏」在案上啄食，跳來跳去，時而飛到臂端，時而走到紙面。這樣，牠又成了我的伴讀良友。

不幸，到了這年秋天，小「霏霏」在一晚晌，又中了重風。次日，到了傍晚，還是半開著眼，在地上跳動，不食也不飲，便斷了氣。我和老媽子都覺得有點傷心。以前，家裏已經死了兩隻小鳥，我心中不感覺什麼。小「霏霏」死了，我似乎失了一個小朋友。我找出一個美麗的小紙匣，把死「霏霏」裝在匣裏，匣外用白色包著，第二天早晨，帶到我行彌撒的聖心侍女修院，囑咐園丁，把紙匣好好埋在院內花園的草地裏。小「霏霏」是我所養的黃鶯裏最乖巧親切的一個小鶯鳥。

五、烏琳

在買了小「霏霏」後不久，我在鳥店，看見一只特別大的黃鶯，張著嘴大聲歌唱，頗有鶴立雞群的感慨。我把牠買了，取名「琳琳」。

「琳琳」色白而淡黃，較比常鶯大一倍，爲英國種。初來時，和小「霏霏」同住一個籠子。「霏霏」看見牠在小錫匣內啄食，立刻張嘴驅逐，大「琳琳」一聲不響，跳到另一錫匣啄草種子。過了些時，大「琳琳」討厭小「霏霏」的無禮，牠也就張嘴趕「霏霏」，而且是不停地趕，小「霏霏」不能安心吃東西，又不能學唱，於是只好把牠們各置一籠。

「琳琳」高聲歌唱時，不單是引頸，頸下的毛都豎起，而且昂首搖頭，真是氣蓋一世。牠的聲音很洪亮，但不如「慶慶」的圓韻，更不如「慶慶」的高下疾徐，多換聲調。

「琳琳」在籠裏，我怕牠太孤單，又買了一隻雌鶯，取名「芳芳」，「芳芳」全身橙紅，極美麗，爲荷蘭種。可是「琳琳」對牠不感覺興趣，過了些時，我見「芳芳」引頸，試作歌聲，纔發覺牠原來是一雄鶯。於是便把牠和「琳琳」分居，替牠另購一隻頭有黑點，身體兼有紅白黃的雌鶯，名爲「白芳」。替「琳琳」擇配一特種的雌鶯，取名「琳芳」。「琳芳」身材高而苗條，色白黃，牠這種類的特點，是捲毛。背上，毛向左右分開；胸前，毛向左右合抱，俗稱「巴黎婦」，表示這種鶯的時裝新奇。

「琳琳」立刻愛上了「巴黎婦」。在籠子裏從來不見牠們爭吵，而且「琳琳」常常往「琳芳」嘴著送食物。午飯時，我開籠讓牠們出來消遣，「琳琳」是「霏霏」以外，唯一知道出籠又進籠的，「琳芳」跟牠也學會出籠進籠。「巴黎婦」一出籠，「琳琳」就緊追著牠，寸步不離，又用嘴啄牠，趕牠進籠去。「琳芳」不理，安然在桌上或地上覓食，橙紅的「芳芳」忽然飛出來了，「琳琳」馬上飛迎上去，不讓「芳芳」落在「巴黎婦」身邊。「芳芳」那時尚是單身漢，「白芳」還沒有買來，牠偏偏愛往「巴黎婦」身邊飛。有時「巴黎婦」沒有跟「琳琳」飛出來，「芳芳」飛到牠的籠子上，甚而飛進籠子裏。「琳琳」沒有片刻的安閒了，時時飛趕「芳芳」，時時在空中戰鬥，「小霏霏」因此常吃驚。老媽子和她的兒子，看著大聲作笑，笑「琳琳」的醋勁太大。後來我買了「白芳」，再不放「芳芳」出籠，「琳琳」纔能夠安然在籠子外面自由歌唱。

「琳琳」在籠子外面，不要牽掛「巴黎婦」時，在屋裏飛來飛去。飛到飯廳櫃臺上的大鏡子前面，對著自己的像，大聲喧叫。飛到櫃臺頂上，飛到窗簾桿上，飛到鳥籠的鐵柱上，引頸高歌。鼓起脖子，搖著頭顱，氣蓋一世，寓中沒有另一鶯可以和牠相抗。老媽子的兒子替牠起個渾號叫「小將軍」。

「小將軍」愛老婆，可是婚姻的命運不好。「巴黎婦」的身體普通都不壯實，容易生病，第一隻「巴黎婦」，過了一年就病死了。死的一天，「小將軍」在籠裏成天叫喊，我立時買了另一隻「巴黎婦」。「琳琳」愛牠和愛第一隻「巴黎婦」一般。這第二隻「巴黎婦」也僅活了一年。我於是不再買捲毛的「巴黎婦」，乃購一頭上毛羽分披，號爲「帶帽子」的雌鶯。誰知道放進籠子裏，「琳琳」看牠如路人，不跟牠吵，但總不親近牠。晚晌，讓「帶帽子」，睡在最高的木桿上，牠自己寧願悄悄地棲在下面的低桿上。「帶帽子」，似乎滿身是傲氣凌人，從不跟「琳琳」飛出籠子。老媽子的兒子便給牠一個渾號，叫「女警」。我憐惜「小將軍」生活不安寧，乃把「女警」送還鳥店，另外買了一只和「琳琳」同種的雌鶯，這只雌鶯不僅和「琳琳」種類相同，毛色也相同，身體大小也相同。老媽子的兒子給牠又起渾名叫「羅馬婦」，因爲羅馬婦人年近四十，都很肥胖。

「琳琳」對於「羅馬婦」，雖不像對「巴黎婦」那般親熱，但也算有情，不幸「羅瑪婦」是一老鶯（鳥店騙了我），不久眼竟瞎了，不能不和「琳琳」分居，過了幾個月，也就老病而死。「琳琳」於今是單身。今秋或明春，我擬爲牠再擇一配偶。

六、鳥絲

一九五六年冬，一天到鳥店裏購餵鳥的草種子，鳥店主人說：「請看，日本的夜鶯。」我看見一個籠子裏，裝有四只深綠色的鳥兒，嘴紅，頸脖橙黃，腹淺黃，兩翅綠而夾紅條，頭和背和尾，色深綠。體格較黃鶯大一倍，我喜歡鳥的毛色悅目，問店主鳥是否會歌唱，店主答說唱得很好。我便買了一只雄夜鶯回寓。

「日本夜鶯」，在中國北平和東北也產生。北平和東北的朋友到我的寓所來，看見這隻鶯，立刻叫出他們本地的土名。義大利人習慣把遠東的東西，都稱爲日本東西，看見遠東人也指爲日本人。中國雖較日本大，在義大利一般人的心目中，遠東就是日本。

「日本夜鶯」並不唱歌，只是啞啞地叫吵；（後來我知道單單叫吵的夜鶯是雌鶯。）過了幾天，我回到鳥店裏，告訴主人夜鶯不唱歌而只瞎吵。他說這裏有一個太太送回的一隻夜鶯。因爲夜鶯唱歌聲音太洪亮，鄰居抗議，那位太太只好送回來，換去一隻雌鶯。我便把所購的雌鶯換了這隻雄鶯。

雄鶯聲音果然洪亮，而且是受過訓練的，歌唱時有一定的歌調，我樂極了，把牠名爲「鳥絲」。「鳥絲」爲義大利語夜鶯一語的起頭兩聲。早晨和傍晚。「鳥絲」在陽臺上，歌興極濃，四圍鄰舍沒有不聽到牠的歌聲的，「琳琳」當著牠也要失色。然而「烏絲」很有些孤癖。當「琳琳」「慶慶」和別的黃鶯都在陽臺時，牠閉口不作聲，讓牠們調弄歌喉。一見我們把黃鶯的籠子提進屋裏，牠就放喉吭歌，一小時不休。

一九五七年五月間，一天，老媽子照常在陽臺上，把小磁盤盛滿水，放進鳥籠內，備鳥兒們洗澡。鳥兒們洗過澡，老媽子或者我自己，把小磁盤取出來，再把鳥籠拭乾。五月間的一天，老媽未在陽臺取出磁盤時，忽然轉身喊我，說是「烏絲」跑走了。我到陽臺一看，「烏絲」在兩口花盆間跳動，我一近前，牠從鐵欄孔中飛出，一去便無蹤跡。我睜眼向樓下園中的樹枝，看了半天，老媽子又走上屋頂，向鄰居陽臺觀察很久；各處都不見「烏絲」的形影。我們只好忍耐失了「烏絲」。次早，天尚沒有大亮，我從夢中醒來，忽然聽見窗外有「烏絲」的聲音。跳下床，拖了鞋，跑去開了陽臺的門，「烏絲」真正在園裏樹上歌唱。進門喚醒老媽子，和她的女兒和男孩。「烏絲」先在鄰居園中的一株樹上叫，後來飛到我的廚房窗下的枇杷樹上叫。從一枝跳到一枝，時叫時息，我把鳥籠從窗口垂到枇杷樹枝裏，「烏絲」不飛走也不進籠。過了十分鐘「烏絲」飛上我們的陽臺，在兩傍的鐵欄上飛來飛去；後來又飛到花盆上，從一盆跳到另一盆。我和老媽子的兒子，躲在陽臺門的兩側，窺看「烏絲」的動靜。「烏絲」跳到陽臺門邊了，跳到了門限，跳進門來了。我倆把門一關，「烏絲」又在我們家裏了。走了後再回來，使我們更愛「烏絲」。我養的鳥逃走的和放走的：共有八隻，只「烏絲」有返回故宅。我乃作一畫，繪「烏絲」在枇杷樹上等著進門，畫上題字說：「逸去得自由，饑寒忽交迫，清晨門外叫，求復反舊宅。」

過了一年，我又購一隻兩歲的「日本夜鶯」。「烏絲」成了牠的音樂老師，把自己的歌調教給了牠。這隻年青的夜鶯，取名叫「蔦蘿」。「蔦蘿」爲義大利文夜鶯一語的最後兩聲。

「烏絲」和「蔦蘿」成了我寓所的歌手。每逢宴客時，「烏絲」在飯廳中，「蔦蘿」在書房裏，行歌互答，歌調成韻。「烏絲」每逢聽見談話聲，歌唱越起勁，以致不能聽到彼此的話句，只好停止談話，聽他的歌。

可惜今年七月，「烏絲」忽然得了病，也是中風。開始很輕，聲音嘶啞，後來重了，不能跳上木桿，在籠的底板上亂蹦，有時雙腿朝天，翻不轉身，我看了很難受。中風的第三天早晨「烏絲」死了，我裝以紙匣，包以白紙，埋在陽臺的花盆裏。「蔦蘿」於今缺了自己的朋友，歌時沒有應和者，便不大放喉了。我想初冬時，再買一隻年青的夜鶯，從「蔦蘿」學唱，這樣，室中常能聞「烏絲」的歌調。

東方的夜鶯，毛色美，白日放歌，夜間睡眠，且是終年歌唱，義大利的夜鶯，全身是灰色，春季，清晨和傍晚或月夜歌唱，聲調稍多變換。但是畏人，不易畜養。老媽子的妹夫送我一隻，養了半年多，已漸馴熟，遷居時，新寓在開始一兩星期，東西都沒有次序，夜鶯不能在一定的地方，頓變成很野，翅尾的毛羽，都碰斷了。我怕牠生病，乃開籠放牠走了。

七、咕咕

新寓的房間較比舊寓雖多又大，陽臺也更長，然而沒有一處可以放鳥籠的地方。每天從廚房提到飯廳，提到陽臺提到浴室。而且新寓的地板，是貴重的大理石和小木條，上面蓋蠟油。老媽子不願意鳥把地板弄髒；因此反對我再買鳥。於今買草種子或餅干餵鳥，都歸她到鳥店去買。我既不往鳥店，也就不生買鳥的興趣。

「慶慶」、「七巧」和「白芳」也都病死了。別的鳥，死的死，逃的逃，於今我只有四隻鶯鳥了，有「琳琳」、「芳芳」和「芳芳」的外孫子「莉莉」，還有「蔦蘿」。四隻鶯佔四隻鳥籠，一隻不見，便互相叫喊，但若兩鶯置在一籠內，卻要終日爭鬥。

去年冬駐義大利使館秘書楊卓儕先生，被調往駐土耳其使館。楊先生的小女孩莉莉，養有一只斑鳩，很親熱，捨不得拋開，她曾經來我寓所看黃鶯，知道我愛鳥，便在行前，把斑鳩送給我。莉莉又多次通電話，問斑鳩怎樣；又在動身以前，再來看一次，知道斑鳩在我家裏比在她家裏，更待的好，於是心纔安了。

我給斑鳩起名叫「咕咕」，按牠的鳴聲而定名。

「咕咕」送到我寓所裏，我立刻給牠一個寬大的籠子。牠在籠子裏不動也不叫，也不大吃東西，我以爲牠素性是這樣，對牠不感興趣。過了兩天，我把牠放在籠外，牠從籠子頂上跳到書案傍的字紙簍上，又再跳到籠頂，來回跳動，從不往他處去。我認爲牠很安定，很從容處置。再過了些時，一天，老媽子的兒子把「咕咕」拿到了手裏，又放牠在頭上。再把牠取下來放在籠頂時，「咕咕」卻一翅飛上他的頭頂。再等一會，他咕咕作聲，斑鳩也咕咕而鳴，從此「咕咕」再不是安然不動了。

「咕咕」原來是飛在莉莉的頭上，手上，肩上，常常讓莉莉抱在懷裏。初到我寓所，地方和人都是生的，牠不敢動；又失去自己的女主人，一心很憂傷。於今老媽子的兒子，向牠一表示親熱，「咕咕」立時恢復舊態。

鳥籠放在我的書案邊，「咕咕」從籠門跳出，跳到字紙簍，馬上飛到我的頭頂。我把牠拿下來，牠在書案上週遊一遭，走來藏在我的左袖筒裏，咕咕而鳴。再過幾天，牠捨了袖筒，跳到我的膝上，伏在雙膝間的長衣襟裏，咕咕叫個不休。我厭牠打亂思索，抓牠拋在地上，牠在地毯上走了幾步，「格格」一聲，飛上書案，走到我正在寫的稿紙上，向我胸前細看，尋找可以跳落衣襟的路。於是先跳上我的右臂，再跳到腿上，然後走入雙膝衣襟握成的渦裏。每跳到一處，必格格發聲。在衣襟裏，牠變乖了，咕咕了幾聲，便悄悄靜止。這樣伏在衣襟上，可以一兩小時不動。夏天，我厭熱，不讓牠伏在雙膝間的衣襟上，時常把牠拋開，「咕咕」便飛上肩，由一肩走到另一肩，用嘴揹我的耳柔和臉腮，然後飛到椅沿上，棲在沿上不動。

傍晚，我在陽臺上散步，誦日課經。「咕咕」棲在我左臂上，任憑我踱走踱去，用左手捧書，牠總不跳動。

晚晌「咕咕」睡在客廳或飯廳裏。清晨，我起床入浴室，浴室和客廳和飯廳，中間隔有三道門，咕咕立時聽到步履聲，立時就「咕咕」而鳴。普通我不理牠，有時把牠放出籠，讓牠站在鏡臺上，用嘴刷自己的毛羽。但是若老媽子先我而起，開門關門，甚至到廳裏掃地，「咕咕」一聲不響，動也不動，這時，牠聽不見我起床的腳步聲了。但當我出門行彌撒時，老媽子來關門，我吩咐一兩句，「咕咕」分辨我的語聲，於是就咕咕而鳴了。中午，聽見門鈴響，知道是我回家了，牠必咕咕叫幾聲。我走過去，不放牠出籠，牠又咕咕叫了。老媽子常說：「人家要送隻狗給您，要狗幹什麼？。『咕咕』比狗更靈更親熱。」有時中午，當我放「咕咕」出籠時，「咕咕」從籠中木桿，跳到籠子底板上，頭向籠子的格子裏伸，嘴裏不斷地咕咕、咕咕的叫。老媽子看到，就說：「咕咕」活像一個小孩子，伸手要人抱。

對於老媽子，「咕咕」很不禮貌，只要見她一伸手要動牠，馬上昂起頭，用嘴啄她，再又展開翅膀打她。另外是當「咕咕」伏在小籃裏下蛋時，更不能看見老媽子近前。一見她走近，「咕咕」站起來，立在籃沿伸嘴等著啄她的手。我舉手摸牠，「咕咕」卻咕咕地叫。老媽子因是心中很不平，罵「咕咕」不知恩，她每早替牠換吃換水。實在的緣因，乃是老媽子一次因「咕咕」在她頭上下過糞，用手打了牠，「咕咕」從此見她的手就啄。一次，老媽子把「咕咕」關在她的房裏，關了一早晨以後，「咕咕」再不飛進她的房裏去了。鳥的記性真強。

我於今在寓所的消遣，全在於養鳥。雖是於今也種花和習畫，但不是每天作的，鳥則是時時在身邊，而且稍爲可以懂事。看著鳥，觀看牠們的動作，聽牠們的歌唱，我的思索便打斷了，腦子可以離開書本。當老媽子回家放假時，鳥便是我唯一的伴侶。

一九六〇年，夏（新鐸聲）

聖誕夕

上弦月懸在鏡明的天上，山上山谷的白雪閃閃的發亮。山坡樹林的雪已化了，樹叢合成了一團黑色。我眼所看見的天地，是一片白，一片靜。

今夜是我到瑞士後第一夜，天是這樣清明，沒有雲、沒有霧，而且還有顆顆的明星。山谷兩邊的山坡，稀稀有幾點燈火。附近的旅館，門窗緊閉，悄然無人跡。

我所住的修院，修女們已早就熄燈就寢了。昨夜聖誕夜，子夜唱經，她們已太倦，今夜便早睡。

我站在絕無人聲車聲的窗前，不敢啓開玻璃窗，窗外是零下十幾度的嚴寒，室內則有適身的溫度。

想想臺南，我只在臺南匆匆渡過一次聖誕，不知今年公署內的神父們怎樣歡渡聖節。

想想羅馬，寓所內的女工，冷清一人，她必定想在外的兒子和女兒，也一定想著我。三年以前，女工的兒子女兒，每年常常同我在寓所渡聖誕，佈置馬槽，同進晚餐。今天，女工只一人在寓所裡，冷靜地怪可憐。

想想衡陽家鄉的妹妹和兩個弟弟，十年沒有消息，今天他們怎樣可以在共黨政權下渡聖誕！

窗外園中的雪徑，我散步所印的靴跡，月下看得很分明。

我想想明年的工作：主教座堂、修院、外語中心、教義中心、現代學苑……腦中排著也很分明。

雪徑上的靴跡，明天或是太陽融雪，或是天寒再下新雪，靴跡就不再見了。

我腦子裡的工作，後來是有是無呢？

在瑞士我沒有看見小孩堆雪人，只看見孩子跑著滑雪。我在衡陽家鄉裡子時曾堆過雪人，也看見雪人在太陽下漸漸融化。那時年輕，不曾生過感想，今天卻有很多雪人的感想。我想我的工作，是不是在堆雪人呢？

小時堆雪人時，很開心、很仔細，不會想雪人要融化而不下工夫做，那時，心裡很快活、很滿足。而且有時自己把雪人打翻，重新又來堆，又仔細下工夫。當太陽融化雪人時，我看著雪人慢慢沒有人像，心中仍舊喜歡。小孩子所喜的，是喜眼前所做的。

今天聖誕，我向小耶穌所求的，求恢復這種快活的童心。

雪跡要沒，雪人要化；人世的事跡，人世的建設，也要隱沒，也要散化。

靜寂的夜裡，清悅地響著聖堂的鐘聲，鐘聲九點。

雪人一天兩天就化了，世上的事業十年百年也消失了。一天兩天，十年百年，在天主永遠的史乘上，有同樣的意義。

我眼前立著園籬的枯樹，月下只有黑條的枯林。春天樹林則再發芽。世上的事業，一件消失了，再有另一件建立起了。人世就如此繼續下去。

開亮屋裡的的燈，看看案上小小聖誕樹，我心裡很平靜。旅途奔馳，在異鄉陌生生的渡聖誕，計劃建設事業，不知可否看到成功，我心裡卻不傷感。

耶穌誕生在白冷時，他一眼看清楚了自己的生命，他在馬槽裡就看到了加爾瓦略山的十字架。但是他不悲傷，他不喪氣，他卻很積極地度過一生，很安靜地享有精神的愉快。他知道自己由永遠而來，向著永遠而去，人世的生命，是他聖父給他的一種使命而已，使命要擔負的好。

我也是向著永遠而去的，我握的生命也是聖父給的使命。使命的工作，將來要隨人世而毀滅。然而我的使命也要擔負的好。

案上聖誕樹上的小天使對著我笑。天使的生活常是快活，常是喜笑。他們只有欣賞天主的美善，怎樣不快活喜笑呢！

聖誕夕！耶穌誕生了，就是爲使我們向著永遠生命，爲使我們欣賞天主的美善，我也爲什麼不安靜快活呢？

異鄉也好，工作忙也好，事業成敗也好，後人紀念不紀念也好，這都是我爲向永遠生命所有的過渡使命。我向著永遠看，我心中欣賞著天主的美善，我就有天使的快活喜笑了。

一九六三年聖誕夕於 Jakobsbad

安居

修院以外，遍地白雪。小鳥都聚在窗前的枯樹上，不時飛到窗前階台上啄食。修院女工在階前撒些草種，抛些麵包屑，又放幾片蘋果。

聚在窗前的小鳥，有麻雀、有鳥春、有黑頭鳥、有喜鵲，還有一種善鳴的綠色小雀。

小鳥啄食後，飛到樹上，常是瑟縮地棲著，似乎凍著，怪可憐。在屋內，有修女們養著的一隻黃鶯，隔著玻璃和窗外的小鳥對著，黃鶯跳著唱著，很是活潑可愛。

我因此想起羅馬寓所裡的小鳥。

女工愛倫從羅馬來信說：「小鳥常是一樣。」

普通她寫信，常說：「小鳥很好，唱得很好聽，牠們是我的好伴侶。」

今天她卻告訴我：小鳥常是一樣。一樣，是表示跟我在羅馬時所看見的情況一樣。

在羅馬時所看見寓中小鳥的情況，很有點蕭條的氣色。「慶慶」在半月以前病死了。「慶慶」是生在我寓所裡唯一的黃鶯，年歲最輕，毛色紅黃夾棕，美麗可愛，而且有很響亮的喉嗓，又跟「霖霖」學得張口大唱的曲子。一個月以前，忽然患了腸胃病，排洩不良，以致有臭氣，我替牠每天洗刷。病了兩個多星期，最後不能跳動。我看牠那可憐的情形，不忍牠多吃苦，真希望牠早死。終於「慶慶」在一個夜晚悄悄地死在籠裡，愛倫把牠埋在陽台上的花盆內。

最蕭條的是「霖霖」和「芳芳」。「霖霖」原是寓中群鶯之冠，號稱小將軍，唱歌時，昂首伸頸，有不可一世的氣概，近來忽然變成了蓬首散髮的老鳥了。墜著翅膀，頭也不伸，既不歌唱，又不能飛。成天只坐在放草種的小盒邊，吃個不休。吃飽了，把頭藏在頸毛裡，打著瞌睡，睡了一會，又開始吃。連夜間也不跳到籠裡最高的木桿上去睡，卻睡在草種的小盒邊。夜間醒來，在黑暗裡也伸嘴到盒中，摸著吃東西。

「芳芳」也是一樣。「芳芳」原是最美麗最強悍的黃鶯，從來不能和「霖霖」相會，相會則打架。現在牠也老了，也是羽毛不整，成天只有小盒裡吃草種。愛倫把牠和「霖霖」放在一個籠裡，牠一聲不響。有時竟和「霖霖」同時在一個小盒裡吃。看來又可憐又可笑。愛倫說牠們倆真像兩個老人：吃了就睡，睡了又吃，連吵架的氣力也沒有了。

「霖霖」大約有十歲多了，「芳芳」也有九歲。牠倆是我在寓所裡開始養鳥時所買來的。小鶯活到十歲，算是壽命很長。半月前死去的「慶慶」，已經是第三代的「慶慶」。

其餘還有兩隻黃鶯，一隻是寓所中的第三代，年歲很輕，名叫「乞巧」，種類很貴重，價錢也很高。這兩隻鶯都是母鶯，不會唱，只會叫。「乞巧」看見我到籠邊，常要叫幾聲。

還有兩隻東方夜鶯，去年常是歌聲滿屋。今年九月十七日抵羅馬，愛倫問我是否看到「蔦蘿」有什麼不對的地方。我仔細一看，「蔦蘿」的左眼，起了白翳。過了兩星期，右眼又滿了白翳。「蔦蘿」於是成了瞎子。但稍微還看見一點，不但是知道放食物的地方，而且也看見洗澡的水盆，知道跳著洗澡。可是牠從此不唱了，也不跳動，整天坐在一定的地方，看起來怪可憐。

「烏絲」則很健全。牠是第二代的烏絲，聲音不下於第一代的烏絲鶯。然而第一代的烏絲喜歡單獨歌唱，於今的第二代烏絲，則要和「蔦蘿」一同唱，牠喜歡行歌互應。「蔦蘿」既因目盲不高興唱歌了，「烏絲」也常守默靜了。有時，中午和黃昏，牠也單調唱一唱，總是唱得不起勁。

所以寓所的小鳥，於今已經到了蕭條狀況。若是在往年，我必定增購別的小鶯，替換老的死的，寓所的小鳥，常活潑可愛。現在我不住在羅馬了，只因開大小會議，我纔來羅馬住幾個月。我無心再買小鳥，只讓現有的小鶯老死病死。也可能到了明年，我把年輕的小鶯，都送給朋友，寓所便更冷靜了。

在臺南主教公署裡，去年也曾養了人家送給我的兩對小鳥。不幸，去年冬天，我在羅馬開會時，署中兩隻小母鳥都病死了。今年夏天，一隻小公鳥又飛跑了，剩下的一隻便被我放走了。

在羅馬，在臺南，於今我都不能養鳥！這就表示我沒有安定的住所，常是東西奔走。想起來，當然傷心。

往年，我在羅馬常用心裝飾寓所，養花養鳥，安居爲娛。於今在臺南尚不能安心定居，在羅馬更不能安心定居了。房屋花鳥，都不掛在心上，只求可以暫住。這種情況，當然是種過渡的情況，然而我卻願意保持這種情況下的心境！爲天主傳教的人，本來是沒有安定居所的。

心無牽掛，常視世界爲過渡之地，隨時只求得其宜，小之於花鳥，大之於房屋，低之於名利，高之於愛情，俱無所牽掛。可有則有，可行則行，心如流雲，高於一切以上。心能高出事物，纔能升到天主。心既不拘於今日有昨日無的東西，纔能繫於永久不變的神明。

我目前沒有可以常常隨伴的人和花鳥，我的心便空虛了，我乃讓天主填滿我的心。在我東西奔走時，所遇的人，所住的房屋常常變換，我心裡的天主，則常常在，隨處都在。

我每天所談的事，每天所看的東西，天天不同；我心中的天主常是一個，我爲祂而謀事，爲祂而奔走。天主既不變，天主既常在我心裡，我因此也更安定了。我不是定居在一座房屋裡，我是定居在我心內。

十二月二十七日，一九六三年 Jakobsbad

盡責

耶穌苦難修女院的周圍，空曠無人，前面臨著一條小澗，澗旁一大路，隔澗斜山坡上，半坡兩家農舍，舍後杪樹叢集。院後背依高山，山峰密密杪林，山腳有牧場數頃，白雪厚積。院右離三百步遠，有溫泉浴室一所，地因溫泉而得名，名「雅谷浴室」（Jakobsbad）。

女修院爲方濟會修女院，特敬耶穌苦難，因名耶穌苦難修院（Kloster Leiden Christi）。院內住修女三十餘人，修院設有客房，爲夏季來客休息之所。客房中有一主教室，室爲三間：書室、寢室、浴室。我於民五十二年十二月中旬來院，寓於主教室內，小住三週。地靜氣清，精神舒適，爲三年來我惟一的休息期，且在期內自行退省五日。

初來時，天上地下，一片白雪，氣溫降到零下十七度。聖誕日，天忽晴明，陽光溫煦。聖誕後，每天常是太陽，夜間常見明月。修院對面山坡，白雪日日消融。過了三天，山坡已露青草，後來連雪花都不見了。院後牧場積雪，因面西北，積而不化，青年男女，滑雪馳行，笑聲滿山谷。入夜，明月懸中天，旁綴幾點星辰，山谷白雪，反映成光，谷中明如白晝。我嘆一生未曾見過這樣光明的月色。

每天午後，我在修院客房右側小園，散步半小時許，園中積雪五寸，足陷雪中，水浸靴襪。我用木鈀，掃淨園徑一段。次日客房一老女工，將園徑積雪全加掃除，讓我在園中，上下左右，隨意遨遊，但是在零度以下的寒氣裡，我所穿的羅馬冬季服裝，都不足禦寒。修院的訓育司鐸特爲我購一雙厚靴，修院近處的本堂神父，將自己的重外套借給我穿，溫泉浴室主任司鐸又爲我送來毛絨衣褲。人情煖熱使我在雪地步行時，身上也煖熱了。

今天是新年元旦，又是我的五十三歲生辰。我不在臺南主教公署等著神父、教友來賀年賀生，我卻在距離雅各浴室十幾公里的本堂裡行彌撒、講道理。這座本堂處在山谷裡，本堂區三百多教友，散居在周圍的山坡上和樹林中，都以畜牧奶牛爲業。我在堂中講道時，所看見的面孔，都是飽經風霜，臉多皺紋的面孔。只有幾個青年男女，臉上紅暈光澤。我卻向這班教友操著中文講道，他們竟睜眼看我，穩坐不動。等到辛達謨神父把我所說的翻成德文時，他們都睜眼豎耳，靜聽我說臺灣和臺南的教務。我知道這班教友是家中沒有多少積蓄的人，我卻用耶穌的聖名，向他們勸捐。他們竟爲耶穌的聖名，拿錢送到募捐箱裡。

彌撒後，本堂神父在家中爲我設宴，盡情盡禮，還怕有所不週到。真是捐了錢還要捐人情。

這樣的募捐，從十二月十五日開始，到今天已經是第六次了。下星期日，還有一次，那一次將在這一州的都會的本堂勸募。別人告訴我說都會的人頗富有，捐款的數目必多。

捐款的數目，爲到這裡來勸募的我當然有很大的意義，數目太少，不是冒雪冒寒，而又不能使臺南教區有所建設嗎？可是這幾次勸募，我所滿意的，並不在於金錢數目，而是在於捐款人的誠心。畜牧的農家，竟願意拿出自家所需要的錢，捐給一位從不相識，又遠住臺灣的主教，農村的本堂竟先期勸教友捐獻，後又盡情盡禮招待這位從未見過面的募捐人。他們心中所想的，就是在於耶穌。募捐的主教，是耶穌的代表，又是爲宣傳耶穌的聖名而募捐。這班信仰耶穌極誠懇的瑞士農人和本堂，盡量獻款。他們所能獻的雖然數目不大，他們的誠心則很大。拿著誠心所獻的款，我到臺南教區去建設，建設的事業不會很多，可是這些事業的成績，則可以很多。誠心而做事，將能感動天心。

傍晚，修院背後牧場上今天滑雪的少年男女，較比上星期日更多。我在園中散步獨行，聽見他們的歡笑，我心中爲他們祝福，祝福他們今年一年內，常保全心中的快樂。

我在青年和壯年時，住在羅馬，心中既不愁衣食，也不忙於職務。靜心研究學術，埋首寫作。有時逢人敲門，求助金錢。另外在聖誕和復活節期，來勸募的人特別多。雖然我沒有惡聲拒人，但總覺得麻煩。沒有想到於今我自己卻四處勸募了。心裡常想到別人將有的感覺，常怕別人的冷笑，不敢開口直說。

我唯一的勇氣就是爲耶穌的聖名而募捐。別人獻金，是獻給耶穌，我乃受之無愧。獻金多，我接到時喜歡；獻金少，我接到也喜歡。獻金的人，誠心而有禮，我更喜歡；獻金的人，面帶勉強的神氣，我的面上仍舊是微笑。我是耶穌的工人，我是代耶穌去收錢，我的心於是輕鬆多了。

我爲耶穌作工，耶穌決不會虧我。若是我尚在羅馬，必定不能來瑞士休息。瑞士生活這樣高，羅馬冬天又沒有假期，夏天來瑞士的旅客又太多。我於今爲耶穌募捐，耶穌便賞賜我兩次在瑞士休息了，享一享瑞士的安靜福，看一看瑞士的山水美。

不過這是一種附帶的享受，我心裡所真享受的安樂，是自己盡了責的快樂。耶穌給我一個教區，我爲教區盡一切的責任。假使沒有這一肩的責任，我是更寧願不享受瑞士的清福，不必開口向人乞助。

今夜月亮很圓，星光更亮。「雅各浴室」旅舍窗戶多有燈光，滑雪的少年，寓居旅舍渡年，昨晚除夕半夜，我聽見紙炮響，必是這輩少年的娛樂。今夜，我是過年過生日；我不能不想陷沒在大陸的妹妹弟弟。對著月亮獨念玫瑰經，懇求聖母，照顧弟妹的家庭。

正月一日，一九六四年，Jakobsbad

住所

民國五十年九月五日，杜寶晉主教和我，從羅馬繞道美國，飛抵臺北。臺北上空是密雲，下空是驟雨，飛機在天上繞飛了一刻鐘，終於衝破密雲，安然降落松山機場。機場裡站立成千的教友，一百餘位神父，田樞機、高公使、于總主教、郭總主教、成主教、藍總主教等都在機場相迎，還有靜修女中的樂隊，站在驟雨之下，吹號擂鼓，杜主教和我，又感又愧。

九月八日，高公使陪我乘汽車往臺南就職，中午抵臺南縣新營鎮，鄭天祥主教在方濟會院相候。飯後，稍事休息，三點，動身赴臺南。就職典禮在成功大學禮堂舉行。我當時除認識來參禮的主教和神父外，臺南教區的神父和教友我都不認識。車抵成功大學時，一位身材高大的神父來歡迎我，他自稱是華克施神父，我乃知道他是美國遣使會在臺南的主任，就職典禮是由他負責籌備的。在成功大學的校園裡，四處都是教友，禮堂裡更是地無空隙。典禮畢，在成大餐廳聚餐，來賓繼續散去。

高公使和華克施神父陪我到遣使會會所，鄭主教請我去看臺南教務以前負責的道明會神父為我預備的住所。高公使和十多位中國神父陪我到臺南復興路的一處小房前，我下車，進門，看房間是上下兩間臥室的小房，上為我住，下為秘書神父住，樓上尚有小廳一間。房間簡陋，上下緊靠鄰家。我出門觀看鄰居，門側，豎著一塊招牌，牌上大書「基督教東門佈道所」，抬頭一看，樓上在兩房之間又掛著一塊很長的招牌，牌上又寫著「基督教東門佈道所」，招牌周圍虹霓燈甚亮。我乃進房向高公使及鄭主教說明，我不能住在這間房裡，不然臺南市民要以為我是基督教的主教了。我雖然可以不嫌房屋的簡陋，臺南的教民們都將表示不滿意。陪我來看房子的中國神父們（不是臺南教區的神父），也都說絕對不能住在那間房裡。我們又都回到遣使會會所，我遂決定臨時住在會所內。

夜間已快十點了，藍總主教、蔡文興主教、費濟時主教等，因等候十一點半的夜車北返，還在遣使會會所閒談。天氣很熱，大家喝著啤酒和汽水。送客以後，我回到房裡，吩咐秘書郭潔麟神父收拾行禮時所用的禮服。午夜，我獨自誦玫瑰經，心裡漸覺清涼。熄了燈，登床就寢。

心中的氣早就平了，我在黑暗中反而自己笑說：「你看，你就職了，你是臺南的主教，第一天就連住所都沒有，真像耶穌降生在白冷時，在白冷城找不到住所。」

我又答應我自己說：「我比耶穌還強得多哩！我還有人收留，而且所住的還是會所裡最好的兩間房子。」
我遂沉沉入睡了。
次早起來，行了彌撒，許多教友在小堂外等候，他們都問：「主教好嗎？一定很辛苦了！」
華克施神父給我介紹遣使會會所內的神父，美國會士神父四位，中國神父兩位。他們都很親熱，又很有禮貌。
第三天，八月十日，星期日，我北上往新竹，參加杜主教就職典禮。下車後，就望見北大路的聖堂，雙塔高聳。沿路懸燈結綵，堂前搭有牌坊。進了主教公署，又見樓房高敞，門窗整潔。杜主教乘坐花車，前有數十輛汽車開路，就職時，幾乎有兩百位神父，到教座前叩見，表示服從。
禮畢出堂，高公使一半帶笑一半認真向我說：「不要怕！」
「有什麼可怕！」我也一半笑一半認真地答說。
在兩次就職典禮相形之下，臺南是相形見絀。臺南沒有行禮的聖堂，沒有主教的住所。新竹有主教大堂，有主教公署，新竹神父的數目高於臺南不知多少倍了。
高公使心裡有點過意不去，也有點對不起我的感覺，因此鼓勵我說：不要怕！
那天夜晚我到楊梅看修女們，在甘主教住所過夜。忽然整夜大風大雨。我是沒有經過颱風的，不知道夜間就是各處拔倒屋的大颱風，早晨起來一看，園子裡的木瓜樹都拔出來了。修女們住房相連的農會會所，周圍的圍牆都坍塌了。當天南下的火車不通。第三天回臺南，路過新竹，我看見主教座堂的瓦三分之一被吹掉。

在臺南，隨即視察市縣的各本堂，又赴澎湖視察。一有餘暇，就同華神父在市內各處看房子。在一個月內，找到了西華街一巷，有一棟新式樓房。房子落成後，尙沒有人住過。上下兩層，上層可由牆外石梯登樓，樓外有些少隙地，可供散步。屋有圍牆，自成一家。我就租定這棟小樓，租期六個月。華神父和郭神父備辦傢具，力求樸素。十月十八日，我遷入小樓內，我住樓上，郭秘書神父住樓下，日間有兩個太太（楊太太、陳太太）來掃房煮飯。圍牆門上，釘著一牌，上書「臺南主教公署」。神父們來看，都稱讚住房甚合體統。

華神父又陪著我在市內市郊看屋看地，預備購定一處作長久的公署，免付每月很高的租金。在十一月初，看定了東門路四巷和博愛路的兩所樓房。博愛路是臺南市內的大路，直通火車站。路邊四十五號有一高樓，圍牆堅厚，牆內樹木清綠。樓爲三層，房間不多，灰塵滿屋，久無人居。房東不肯出賣，卻很願出租。十餘年來，沒有人敢進門，傳說日本戰敗時，有日軍軍官在樓上自殺，樓中乃鬧鬼。我看這樓很適合做神父們的住宅。當年十二月，將有五位中國神父，從羅馬來臺南服務。我於是便請華神父與房東規定租約。

東門路四巷五號的房子，院落很大。房東在七年前遷居臺北，樓內空寂無人。我進屋看房時，有地政所的測量人員臨時住在一間房內，其餘樓上樓下的房間都是紙屑狼藉，蛛絲滿壁。院內樹木參天，藤蔓蔽路，草沒人徑，一片荒涼氣象，發人浩嘆。我深愛此樓房，既在城中，又不在鬧區；既有高樓，又多大樹；庭院既廣，氣象雅緻而莊嚴。便囑咐郭秘書神父，進行購置。得龔偉英女士的斡旋，兩方價值已相當接近。

十一月十二日，我離開臺南，動身赴羅馬參加大公會議的傳教籌備委員會。十三日，在臺北將購房簽約的全權，委託龔女士。在羅馬時，得郭秘書神父函報，東門路四巷五號樓房購買契約已簽字。我不禁感謝天主大恩。

十二月廿三日晚，我由羅馬回到臺南，次日聖誕，往博愛路看神父們。他們的住屋收拾得很清潔，園中雜草已除，房中傢具各得其處。他們的心境很好，我也因此心喜。

民五十一年正月底，東門路四巷五號的原有房東，把舊傢具搬走，臨時住著的測量人員也遷出，房東把樓房庭院一併交出，我就動工修理。樓上樓下，從屋頂到屋腳，內外都加以粉刷。在正樓西側，添建浴室，增設客房。院內則剪修樹木，我和工友拔藤斬草。已經枯乾的水池，重加水泥，池旁建一聖母洞。

三月廿一日，臺南教區設立第一週年，遂舉行主教公署落成禮。

五月，再興工，在正樓東側建築神父住宅。八月中，工竣，神父由博愛路遷入新樓，博愛路的樓房，改爲臨時修院。

九月八日，我來臺南就職第一週年，高公使總主教南來降福司鐸住宅、臺南天主教大專學生活動中心，和玉井聖母堂。

當晚，在園中散步，高公使對我說：「我心中有些妒忌了！你有了公署，我還沒有使館。」

別的主教大約也有這種心情。一時，臺灣教會同仁，都傳說臺南主教公署最漂亮，氣態大。

然而，臺南主教公署並不是富麗堂皇，更不是高樓大廈；所可說的，就是雅緻美觀。正樓是略帶日本式的兩層樓房，樓下爲秘書室、客廳和飯廳。樓上爲主教住房，有正廳、會議室、辦公室、寢室及小聖堂。正廳高敞，陳列古雅，壁間多名畫。會議室和辦公室則多書架，架上多書。小聖堂祭壇，木刻龕桌，純粹中國宗教藝術氣色。

東側神父住宅，與正樓毗連，門戶相通，住宅爲二樓，地下爲聖堂、客廳、會議廳，樓上爲住宅。神父每人一房，房間書籍充斥。

西側客室，有客房四，首爲主教客室，共內外兩間，其餘三房各二間，可住來客四。客室樓下爲廚房和工友室。

正樓與東西兩側新建之樓，上下相通，外面形式和顏色，調和一致。驟見以爲同一建築，饒有東方風味。

院中水池已有水，水中畜魚。池分三段，中設兩橋。池旁多巨石，多古榕。我增植聖誕紅於聖母洞側，葉紅時，在榕樹綠葉中，鮮艷奪目。

正樓大門右側有古榕一株，垂根成幹，一株三幹，狀甚古雅。一枝橫貫大門前，達門左側，一根下垂。

樓房前後周圍，大樹參天，樹多果木。芒果四株，葉深綠，蓮霧十餘株，葉密如蓋，陰覆十乘。盛暑，樹大亦有涼意。由外門進內門，兩旁大樹拱護，夾竹桃陪步，來客立覺已身入幽境，胸懷暢通。

我常向來客說：「這座樓房是天主的恩惠。我來時沒有下榻之所，心中不亂，天主乃賜我一座雅緻的公署。」然而我心中，則常懷著聖保祿的心情：「我已學會了在所處的環境中自足。我也知道受窮，也知道享受；在各樣事和各種環境中，或飽飫，或饑餓，或困窮，或富裕，我都得了秘訣。在那加強我者內，我一切都能。」（斐里伯書　第四章第十一——十三節）

正月三日，一九六四年　Jakobsbad

主教公署生活

民五十一年三月十九日，聖若瑟瞻禮，我遷入臺南主教公署居住。二十一日，臺南教區建立週年，我在公署設酒會，招待臺南市各界人士，又爲臺南高等法院龔偉英女推事，贈送教宗獎章。

公署的房屋，不大不壯麗，但是很雅緻，園中的樹木格外令人愛。園門有兩層：走進第一門，有一排樹木掩蔭的大道；進第二門，迎面一株鐵樹岸然獨立。園牆周圍，樹木相接，綠葉滿天。公署正門前，榕樹一株，一枝橫過大門，分根下土，再成枝幹。正幹旁，根由樹枝下垂入土而成粗幹者，已有兩枝，樹形奇特，遊者嘆爲奇觀。

我所喜歡的也是公署的樹木，綠蔭成林，能減暑熱，能清空氣。高枝掩蔭樓房，不示奢華，不示塵俗。臺南主教公署，是一座適合中國民情的住宅。來見的人，不是走進辦公的大樓，也不是走進或長或方的洋房，乃是走進一座幽雅的中國人家庭，心裏覺得親切。

在臺南公署裏，我自己真覺得一切都很親切。同居同食的神父們，常是有說有笑。我住在正門樓上，神父們無事不上樓，有事隨便可以上來。到了吃飯的時候，大家團坐一長桌，笑話說的很多。

「賓至如歸」這是我常囑咐秘書的話，我接見客人沒有時間的限制，本區神父、修女和他處客人來隨時可以見。到了吃飯的時候，留在公署一同吃飯；願意寄宿的，便引到客房休息。過往的客人，常常向女工說，臺南主教公署的客房，算是臺灣天主教會最幽靜清潔的客人房間，我聽了心中很高興。

在公署裏，我的生活，除了祈禱以外，就是見客寫信。每天的生活，大致都很規律，祈禱是在我的私人聖堂中。聖堂毗連臥室，中間一門相通，晚晌，小堂只有聖體前的小紅電燈，堂中靜穆異常，最宜於默禱。我的辦公室，通於會議室，會議室通於大客廳，各室的門常開。客人上樓，脫鞋而上，工友也是一樣，他們步履很輕，常有時進了辦公室內，我埋頭寫字，並不理會。相見，不覺一笑。

晚飯後，沒有客人來，我可以看看書。星期日，午後，若不出門行禮節，則磨墨作畫，畫竹畫馬。但是不能寫作，寫書要是繼續寫稿，思想纔可以一貫；我則沒有可以不中斷的機會。每天我讀幾分鐘的臺灣話，一個臺灣本省女工楊太太給我指點。學習幾分鐘，馬上就忘，總不能有進步。我樓上的女工，爲一日本籍的陳太太，有時她講講中日戰後流落東北，乃嫁給中國軍人，以及遷徙來臺的歷史，我憐惜她的境遇。─楊、─陳兩太太，晚上回家，早上來署，男工都宿在公署內，我看工友如同家人，普通我不管他們的事。

公署的一隻狼狗，名叫「莉莉」，我很喜歡牠。我到臺南後四十天，搬到西華街所租的房子裏，一位養雞的陳先生送我一隻狼狗，狗剛五個月大。起初幾天，我不大理牠，後來看見牠不吃飯，又看見牠打顫，於是特加注意。我在羅馬，本是喜歡養鳥養魚的，一注意狗，也就喜歡「莉莉」了。在西華街時，清晨起床，打開向外的樓門，「莉莉」馬上由梯子跑上樓，搖尾請安，跟隨入內。晚上，我門開向陽臺，「莉莉」又跑上來，跟在腿邊走來走去。搬進公署後，「莉莉」在午飯、晚飯後，陪我在園中散步。晚飯後我登樓，「莉莉」也上來躺在書桌下。女工奉茶下樓時，「莉莉」乃跟著下樓吃飯。吃了飯，獨自又跑上來，到我就寢時纔下到園子裏守夜。「莉莉」最不喜歡公署有第二隻狗，好幾次，有人送狗來，「莉莉」毫不客氣的咬，我們只好把送來的狗又送回去。「莉莉」最怕的是爆竹響。農曆年節時，每晚便要躲在我樓上，怎樣趕也不下去。

公署園內一個日本式的水池，池內養魚。第一年，公署王先生買了一百條紅金魚，放在池裏。一次颱風大雨，街水湧進園內，這時水深一尺許，池裏的金魚隨水而逃。德光校長李神父乃買幾條大魚放在池內。大魚生卵，卵生小魚。池內的小魚成群。我因閒時不多，沒有常到池邊看魚。後來，在中飯後，我拿一個饅頭，分塊拋入池內，小魚大魚蜂湧而上，圍著饅頭吞食。每年春夏，池內的青蛙，生卵很多，小蝌蚪成百成千伏在池邊。我用小網，把牠們撈走。夏夜，青蛙哇哇，又響又鬧。公署張先生拿著電筒，到池邊捉蛙。園內原先有蛇，蛇是吃青蛙的，後來蛇被人打盡了。

公署還有一種鬧聲，那是背後勝利小學學生的念書和吵鬧。我們習慣了，倒不以爲煩。午飯後，我照常可以睡。所不能習慣的，是學校放大播音機，播送歌曲或是訓話，聲音刺耳，使人不安。若逢附近人家有喜喪，喜喪人家放播喜劇悲劇，更使人心煩。

夜間，祈禱畢，我常到陽臺上看星辰，觀月亮。一片藍天，皓光滿園，心中多有所思。可惜很久不再寫詩，此時的感思，就常停滯心頭。

臺南主教公署是我的一座可愛的家。在初搬進來時，魔鬼有點妒嫉，故意給我開玩笑。一晚，我關窗就寢，忽然一隻壁虎掉在左額上，我只吃了一驚，若無其事。過了幾天，左眼忽腫，左額忽爛，全身發燒。請西班牙醫生來看，看不出病症，他給我一付退熱的藥，熱退了，左眼左額的腫不消。我常笑向臥室門外聖堂裏的聖禮說：「將來公署一定很好，魔鬼不服氣，要報復。」過了一星期，腫退了，傷口合了，只是左額一片青黑，西班牙醫生說，黑斑不會消失。我也就慢慢習慣看相片上，我是黑額花面了。一次，遇到一位湖南同鄉，尙標準局長。尙先生的小姐看到我的黑斑，問知是壁虎所造，便陪我去看一位中醫。中醫配了一小瓶藥水，塗了幾天，黑斑竟退了，不留痕跡。魔鬼的玩笑，也就失敗。

四月八日，一九六六年羅馬

小霖霖

「我們所養的鳥，沒有一隻像小霖霖這麼聰明的。」老媽子愛倫常這樣向我的。「小霖霖真聰明！不過，斑鳩鴣鴣比牠還更聰明些。」我每次都這樣答覆。

「小霖霖」是我羅馬寓所裏最「後生」的金絲雀。牠的媽媽叫「七巧」，是我寓居羅馬最後一年買的，粉白帶紅，體態很美。買來時，本爲配一隻名叫「慶慶」的公雀，不幸公雀生病死了。別的兩隻公鳥「芳芳」和「霖霖」又都老了，「七巧」便沒有配偶。在五三年夏，我在羅馬參加了傳教委員會，回國時，臨行，囑咐老媽把「七巧」送到附近的本堂神父家去，他家金絲雀很多。當年秋，我再到羅馬開第三期大公會議。老媽告訴我說，「七巧」在本堂神父處生了一隻小雀，大約是公的，我便向本堂神父把牠們母子兩隻都要了回來，因爲「芳芳」和「霖霖」都老死了，寓所只有「鳥絲」和「蔦蘿」，「蘿蔦」又瞎，「鳥絲」孤單不大歌唱。「七巧」帶了兒子回來，兒子纔一個月，粉白帶黃，開始學唱。我爲紀念已經老死的「霖霖」，便給子雀取名「霖霖」。因爲牠身體較以前的「霖霖」小的多，便叫牠「小霖霖」。

「小霖霖」生下纔一個月，我想是可以訓練的。便把烏籠上邊的小門打開，教牠飛出來。「小「霖霖」」立刻飛出來了，飛到「烏絲」的籠上，在室內飛繞幾遭，然後從「烏絲」的籠上，一翅又飛進了自己的籠子。這使老媽子和我，都驚訝「小霖霖」的聰明。我們養了許多金絲雀，只有大「霖霖」知道飛出籠再跳進籠；但是如跳進籠，大「霖霖」要我們把籠子拿到牠籠邊，把籠門對著牠，牠纔跳進去。還有第一隻「小霖霖」，也知道出籠入籠；可是「霖霖」的籠門是靠籠底，籠子要放在桌上或地上，不是懸在架上。大「霖霖」、「小霖霖」都是跳進籠，不是飛進籠。

「小霖霖」飛出籠，獨自在桌上地下，各處跳跑，玩了一陣，興趣消了，一翅便飛進籠。

「七巧」因爲在本堂神父家中，八月暑熱時孵了兩巢蛋，身弱傷風，便患了氣喘病。氣喘越來越重，我們只好把牠裝入另一籠裏。「小霖霖」出籠時，一看見「七巧」的籠門開著，馬上飛進籠去，和牠的媽媽在一齊。於是我們在地上撒些麵包碎片，「七巧」第一隻飛到地下，「小霖霖」跟著飛來。兩隻吃了一陣，「七巧」一翅飛進自己籠裏喝水，然後坐在籠門口；「小霖霖」也飛進自己籠內去喝水，隨即飛了出來，攀在「七巧」的籠門邊。

「七巧」最喜歡麵包，「小霖霖」則喜歡生菜。「七巧」一看見老媽子拿麵包來，就飛到地下等候；「小霖霖」一見拿生菜來，便飛來相迎。吃了，喝了，玩了，「小霖霖」乃站在籠上，大聲唱歌。身體雖小，歌嗓可以比配「霖霖」，音調也相似。

第四期大會時，「七巧」的病勢更重，夜間也氣喘不息，不能把頭插入翅內睡覺。我們便不讓「小霖霖」飛進牠的籠裏吃東西，免得受傳染。「小霖霖」懂事，看見我們在便不進去；我們不在，牠便跳進；看見我們來了，就趕快飛出來。

今年正月，我在臺南接到老媽子的信，說是「七巧」病死了。我就擔心「小霖霖」孤孤單單，必定叫喊不止。

三月初，我到羅馬執行大公會議的傳教委員會，我發現「小霖霖」有了解悶的方法。籠門一開，「小霖霖」飛上「烏絲」鐵籠。「烏絲」跳上最高木桿，張口作聲。「小霖霖」半張兩翅，嘴向下啄。「烏絲」輕輕啄「小霖霖」指爪，「小霖霖」用勁啄「烏絲」頭顱；「烏絲」跳下木桿，「小霖霖」跟著飛攀籠側；「烏絲」再跳到上桿，「小霖霖」又飛到籠頂；烏絲低頭不動，「小霖霖」雙眼注視；「烏絲」伸嘴啄爪，「小霖霖」拉牠頭毛。「烏絲」有君子之風，自知身大力強，不願傷害小小朋友；「小霖霖」有青年氣態，事事自示不弱，常想佔居上風。

兩鳥玩了半小時，「烏絲」跳到下桿，不再理會「小霖霖」；「小霖霖」一翅飛上櫃臺，在臺上慢步。臺上裝有大鏡一面，臺中放一石像。石像爲聖女則濟利亞臥地垂死像，

「小霖霖」走到石像前，伸嘴啄衣縫，隨即跳上石像，昂首看鏡內小鳥。看了一會，跳下石像，在鏡沿張嘴向鏡內小鳥親吻。吻不到，遂開口大叫，飛撲鏡面，上下狂呼。

老媽子愛倫說這樣不行，「小霖霖」神精太緊張，可以中風，以前「小霖霖」和第一隻「慶慶」和一隻「烏絲」，都是中風死的，更好不放「小霖霖」出來。「小霖霖」在籠子裡跳上跳下，吃吃喝喝，不看見我們或不聽見我們，倒也安靜。一聽見門鈴響，一聽見說話，便吱吱叫個不休。把頭撞鐵籠，吵著要說出來。我可憐牠太悶，把鳥籠拿到書房裡，開開門，「小霖霖」出來了，到我書桌上亂跑。

「小霖霖」真聰明，也真調皮；不過也真使我開心。牠跟著「烏絲」學唱。「烏絲」的歌調有好幾種：有大聲唱，有對話，有低音細詠。大聲唱和對話，不是「小霖霖」可學的，因為金絲雀沒有夜鶯的嗓音；「小霖霖」便學會了「烏絲」的低音曲。不看見牠，只聽牠唱，我們都分不出是牠或是「烏絲」。

下週我要動身回臺灣了。我囑咐老媽子好好照顧「小霖霖」，有閒便要放「霖霖」出籠散心；可是要注意關好窗戶，不要讓「小霖霖」飛出去了。飛出去，牠不一定有第一「烏絲」的聰明知道再回家。

愛鳥愛狗，我每天可以有一刻工夫，解開心襟的思慮，我的精神藉以安定。我因愛鳥愛狗，便爲牠們操心，生怕牠們受饑受餓。牠們雖然淘氣，我至多罵牠們一頓，或打狗幾下。牠們若表示親熱，我便更疼牠們。我在天主前，便不知道學鳥學狗嗎？天主愛我難道不及我愛鳥愛狗？對於人事，我又害怕什麼？雖然我犯罪，我也可以學「莉莉」，乖乖地和天主更親近，天主必定忘了我的淘氣，更加疼愛我！這樣想一想我就心安神怡了。

四月九日，一九六六年羅馬

「莉莉」的慘局

前兩天晚上，在臺北民生路教堂主持了爲大陸祈禱彌撒，回到天母，身體疲倦，上床，看了半點多鐘的書，滅燈就寢，朦朧裏聽得狗叫，剛纔睡熟，忽被一聲尖銳的狗聲鬧醒，房外似乎有說話聲。忽然有人敲門，我問是誰。門外張先生說：「主教，莉莉要死了！人家給牠吃毒藥？」我跳下床，跟著張先生走到工友浴室，看見「莉莉」躺在浴室地上打滾，四腳直伸直縮，口裏哼哼有聲。修女已經在廚房忙著用雞蛋摻牛奶，張先生把牛奶拿來，我抓住「莉莉」的頭，把牛奶灌進嘴裏，牛奶可以解毒，「莉莉」似乎平靜了一些。張先生又拿來第二碗牛奶，我又灌了進去。「莉莉」前面兩腳伸縮不止，口裏也哼著。我摸著牠的身體說：「莉莉，你的腸子必定痛斷了。」牠卻不動了，口裏也沒有聲音。我摸腰間，心已經不跳動，「莉莉」已經死了。

我直著雙眼看牠，一滴眼淚也沒有流；但是心裏面苦痛極了。我叫張先生把「莉莉」從浴室拿出來，放在後園草地上。牠伸著前足，縮著後足，很像是在熟睡。張先生拿來了麻袋，我把「莉莉」裝進袋裏，綁住了麻袋口。秘書郭神父，三位修女、女工、外姪孫女張小姐，都站在旁邊看。每個人的面色都慘白，郭神父說：「剛才看見莉莉在窗外嘔吐，嘔了又嘔不出來，後來牠站起走。」張先生說：「在房裏聽見莉莉尖叫聲大叫一聲，從後園飛跑到前園，馬上跑入了浴室，我想牠是在追貓。」

我走進小聖堂裏，跪著祈禱，再進房登床，一夜不能闔眼。

第二天早晨，張先生用塑膠袋把「莉莉」裝了，再放在一個大紙箱裏。我吩咐在後園水池旁挖坑，把「莉莉」埋在坑裏。午後，辦公回來，我到後園，看著一個新的小土堆，我默默地說：「可憐的莉莉，你從來不咬人，夜裏也不亂叫吵鬧鄰居，究竟是誰恨你，要把你毒死呢？我們在這裏才住了四個月，又沒有得罪過人！你唯一咬過的人，就是前一個月給你打針治病的獸醫，你那時是因爲打針很痛，醫生難道會恨死你嗎？大約是小偷們恨你，有你，他們不能來。前幾年田樞機住在這裏，有兩隻狗在一夜裏遭人毒死，你和牠們有了同樣的命運！」

「少了莉莉就像少了一個人。」今晚，張先生陪我出門散步時對我嘆惜說。

「莉莉」對我真是如同一個人，是我的一個最好的伴侶。在天母，我吃了晚飯，必牽著牠出去散步。我在家的時候，牠躺在我的書桌底下，我起身去見客，牠就跟到客廳。我吃晚飯，牠坐在我的腿邊，晚飯一完，牠就跑到廳門邊，跳著叫著，高興著要出門。出門跑到園牆小門，直立起來，前面兩腳撲門高叫。我用鐵鏈牽住牠，然後出門散步。

晚上我坐在書房裏，或讀或寫，常到深夜。「莉莉」吃完了牠一天唯一的一頓飯，常自己走進書房，走到我膝邊，把頭放在膝上，等著我用手撫摸，我若不摸，牠就舉起前腳抓我。有時，牠更不客氣，一腳踏在我膝上，一腳踏在書桌邊站著，把頭昂到我的頸邊。我只好撫摸撫摸，叫牠坐在地上。

天母居所裏，雖有秘書，有修女、工友；可是他們都是我有事呼喚時，才進書房。得了吩咐，他們就出去。唯有「莉莉」跟我在書房，跟我在飯廳，跟我散步解悶。

少了「莉莉」，對我真是缺少了一個良伴。今年八月時，「莉莉」因咬了獸醫，被送到臺大農學院附設的獸診所檢驗，留所十天。我每天回天母，就覺得不安，很寂寞，而且很孤單。在牠死後這兩天裏，更是全屋沉悶。入夜，門窗緊閉，一聽見風吹窗門響，人都有戒心，只怕小偷光臨。

五年前我到臺南，過了一個月，在西華街租了一間房子作主教公署，一位陳先生把六個月大的「莉莉」牽來送給我。「莉莉」是隻母狼狗，身體不很高大，棕色，氣態秀雅。

西華街的寓所，院落不寬，樓房兩層，我住在樓上。早點和晚飯後，我牽著「莉莉」出門散步十分鐘，歸寓，登樓。「莉莉」在樓下，白天鎖在狗屋，黑夜自由。每天晚上就寢前，我在涼臺誦經，「莉莉」從屋外樓梯，跑上涼臺，跟在腿邊，寸步不離，等我進屋關門，牠才下樓。冬天，天氣寒冷，牠就不願意下去，要躺在書室裏過夜。農曆年節，家家放鞭炮，「莉莉」最怕鞭炮的響聲，成天成夜藏在我的書桌下或床底下。

我遷入了臺南東門路的主教公署，公署有樹木參天的園子。「莉莉」得意極了，夜晚在園子裏，前後奔跑。園子裏有老鼠，「莉莉」專以捕鼠爲樂。有時老鼠竄進老樹根的穴洞。「莉莉」奮力挖土，大聲狂叫。有時老鼠爬上樹，「莉莉」站在樹底下高吠，而且試圖上樹，有時「莉莉」追貓，貓上樹，一天不敢下來。有時深夜，「莉莉」吠聲甚急，我們夢中驚醒，知道有人跳牆，不速之客臨門，便扭亮電燈。再過幾分鐘，「莉莉」平靜了，小偷必定逃了。五年之中，臺南主教公署，沒有遭過偷竊。今年「莉莉」北來以後，小偷便光臨了臺南公署的廚房。

住在臺南主教公署的神父雖多，「莉莉」則是跟我親近，大家也認爲「莉莉」是主教的狗，中飯和晚飯後，我牽著牠在園子裏走。晚飯後散步畢，「莉莉」跟我登樓，樓板抹有蠟，很滑，「莉莉」便沿著牆壁走，不敢在廳中大步。走進書房，牠睡在書桌旁，伸腿熟睡，看來睡得很甜蜜，女工楊太太捧茶上樓，「莉莉」醒來，跑到門邊，跳著叫著，要求跟女工下樓，因爲是到了牠吃飯的時間。吃了飯，在園裏花叢中亂竄。有時又獨自跑上樓來，九點，女工陳太太上樓關閉門窗，再把「莉莉」帶下去。男女工友回家去了，「莉莉」便在園子裏守夜。有好幾次，「莉莉」不願意下去，我便走到樓梯邊叫牠，「莉莉」跑到身邊，把頭夾在我的腿下，可是我指著樓梯要牠下去時，牠就回身再往房裏走。從會議室走進書房，我再叫，牠更走進寢室。我進寢室，牠就退往書房，然後蹲在會議室的長桌下，任憑我叫，牠再不出來，我只好讓牠睡在桌下。

「莉莉」很知道表情，由牠的眼睛，耳朵和尾巴，我可以知道牠是高興，是氣憤，是不喜歡，是自己認錯。簡直可以說牠只缺少言語，不會把感情說出來！

當「莉莉」在我樓上時，看見有人進我書房，和我講話，或是站在我身邊，「莉莉」必定走來，夾在客人和我的中間，嗅嗅客人，再將頭貼住我身，等待撫摸。

牠最不喜歡園裏另有一狗。好幾次，我以爲牠太孤單，另外抱隻小犬來養，給牠作伴，「莉莉」總是咬小犬，不容牠安身，沒奈何把小犬送人。有一次，人家送我一頭大雄狼狗，「莉莉」毫不客氣地咬，大雄狼狗竟至被咬傷不能起身，又被送走。今年初，臺南西區王神父養一隻小黑狼犬，被人偷走，三天後才被警察找回。王神父遂把小黑犬帶到主教公署豢養。我教訓「莉莉」不許咬牠，「莉莉」頗聽話。飯後，我牽「莉莉」散步時，王神父也牽他的小黑犬，可是怎麼樣我們也不能使「莉莉」和小黑犬相親近。小黑犬走近，「莉莉」就走遠；小黑犬在一處，「莉莉」就不從那邊過。甚至於晚上「莉莉」下樓吃飯時，若見小黑犬在樓梯下，牠就不下樓，或是反轉上樓去。平時，「莉莉」吃飯吃得很慢，吃了一頓，撇下飯，在園中跑，跑了一會再回來吃飯。當小黑犬在時，「莉莉」只要五分鐘把一盆飯就吃完了，馬上跑到我樓上的書房，蹲在書桌邊。男女工友都諷刺「莉莉」，說牠是主教的狗，看不起那隻小黑狗，不屑和小黑狗做朋友。一夜，我在樓上忽然聽見樓下狗叫的兇，下樓去看，工友說是「莉莉」咬了小黑狗，因爲小狗想吃牠的飯；我說這是小狗的不是。再過幾天，一夜聽見小狗叫的又兇又苦，下去看，又是因爲小黑狗走近「莉莉」的飯盆，「莉莉」咬牠，而且咬的很厲害。第二天我們只好把小狗送給碧岳神哲院。

但是「莉莉」很知恩，牠的原先主人陳先生，每次來看我，「莉莉」又跳又叫趴在他身上，口裏嗡嗡作聲，好像小孩受了委屈，向父母訴苦。牠在陳家只過了六個月，五年以後，「莉莉」還是看見陳家的人，便忘了我。

我調任臺北，遷居天母，我把「莉莉」帶來。每天，我到臺北辦公，早出晚歸。每晚歸來，「莉莉」跳躍相迎，撲向胸前，口中嗡嗡而鳴，似乎有許多話要說。

這兩天進門時，院子裏冷清清的，洪修女或張修女接過皮包，我慢步走入書房，坐在案頭批閱信件，再不見「莉莉」貼近椅腳，伸頭到我腿上，等候撫摸。我見得身邊缺了一個伴侶，房中怪靜寂得很！晚上，我登床就寢，滅燈閉眼，馬上看見「莉莉」臥在浴室地上，伸腳打滾，慘痛難忍！人心怎麼這般毒，竟毒到家畜！十月四日，而且是聖方濟節。聖方濟是一位最愛禽獸的聖人，他的仁心及於禽獸，在家常愛撫小羊，登山常呼喚鳥雀，一同讚美造物主！我在羅馬寓居三十年，在寓所養魚、養鳥、種花。養狗是到臺南才養，「莉莉」是我所養的第一隻狗，第一隻狗竟這樣慘死！跪在聖堂中，我默默地向天主說「主，我甘心接受您聖意所允許的事，您若不許，誰也不能毒殺我的愛犬。我寧願承受這種痛苦，但是求你，保佑我留在大陸的妹妹和弟弟，莫允許他們被紅衛兵殺人像殺狗一般所毒殺。」

我的心安然了，我信天主接受了我的祈求。

十月六日，一九六六年天母（中央日報副刊）

羅光全書

冊廿五之三

宗教與生活

臺灣學生書局印行

自序

一、

民國六十三年，輔仁大學董事長蔣宋美齡夫人致畢業生訓詞裡說：

「很多人都頌揚總統之豐功偉業，這固然是總統應得的讚仰。可是我認爲總統最大的成就，還是總統追慕基督耶穌大仁大慈的修養。所以我寄望本校同學，持躬治事，待人接物在在都要發揮宗教仁愛，好善惡惡的精神。

我們的學校有雙重的特點：一是宗教信仰，一是學術研究。在相互切磋成器的環境中成長，應較其他青年更佔優勢，應有更遠大的發展。

人生的經歷，不是佛教的「生老病死」四個字可以了結的。「生老病死」衹能標出人生的起點和止點，在起點和止點的中間，有多少的辛酸甜蜜，痛苦和快樂。對於起點和止點的來源和歸宿，一片茫茫的迷惘。現代人以科學自豪，科學對於這些人生情景，啞口無言。一名寡婦爲亡兒而悲慟時，科學可以說什麼安慰的話？一名青年聯考失敗，心中茫然無主，科學可以拿什麼去振作他的精神？一對青年戀愛成功，踏上紅毯結成夫妻，心情洋洋充滿喜樂，科學可以講什麼使他們愛情永固呢？當人身患癌症長臥病榻，科學可以說什麼以平靜他的心情呢？蘇東坡遊赤壁時，自覺「寄蜉蝣於天地，渺滄海之一粟」，科學能夠向他說什麼？范仲淹登岳陽樓時，遇陰雨霏霏，則去國懷鄉，感極而悲；遇春和景明，則心曠神怡，喜氣洋洋，科學又能向他講什麼呢？當韓愈祭十二郎時，「嗚呼？言有窮而情不可終，汝其知也邪？其不知也邪？嗚呼哀哉！」科學更能向他談什麼呢？

在這些人生的境遇中，祇有宗教信仰可以說話，可以平靜人心的感觸。社會事業熱使人心沸騰踴躍，偶然「姑蘇城外寒山寺，夜半鐘聲到客船」，獨自一人聽到，一定構成一帖清涼藥，涼卻心中的名利熱。

中國古代詩人騷客常到寺院作客，或者像韓國前總統全斗煥被迫隱居佛寺，「萬籟此俱寂，惟聞鐘磬音」，必自見自心，理會世事的價值。

天主教信仰告訴人生的來源來自造物主，指示人生的歸宿歸到生命的根源。說明死亡時生命並非毀滅，祇是走過人生的旅程，升入永遠的安所。

人的受造乃是造物主之愛，人爲行善避惡有救主基督的助祐，人生的歷程常走在上主的照顧之愛光中。

閱讀新約福音，人生的遭遇，在基督的一生中都有對照。家庭的窮苦、無理的迫害、社會的聲望、群眾的歡呼、仇敵的陷害、無辜的慘死，基督都遭遇過；然而基督一心愛天父，接受天父安排一生遭遇的旨意；又一生爲愛人，甘心受苦而完成救世工程。基督生活的心境，就是我們因宗教信仰而生活的心境，在任何境遇中都有愛心，因愛心而生活，生活在痛苦中，心境也平靜安祥。

二、

我曾出版《哲學與生活》一書，是爲作證「生活不可沒有思想」。人爲有理性的動物，一切屬於人的行動，意識地或無意識地由理性指揮；至於生理方面的變化，則屬於一切動物共有的作用。哲學講論道理，不僅在抽象的形上玄想，也在於形下的日常事務。哲學和生活連結在一起，中國古人乃講人生之道或「君子之道」。

我出版這本《宗教與人生》，則是爲作證「生活不可沒有信仰」。中國傳統哲學以人爲「倫理人」，人的生命以人心爲主，人心生來有仁義禮智的根端，人的生活就在於發揚這種根端而成爲有倫理道德的人。中庸稱爲「盡性」，盡量發揮人的本性，達到完人的境界，以贊天地化育萬物的工程。

爲實踐這種做人之道，必須要有堅定的信仰，孔子到了老年曾述說自己一生的經歷，「吾十有五而志於學，三十而立，四十而不惑，五十而知天命，六十而耳順，七十而從心所欲，不踰矩。」（論語 爲政）孔子篤信上天的天命，一生奉行天命以傳承文王、武王的大道，終身不惑。

近代的人，以及現代的人，卻以宗教信仰爲迷信，又以科學反對宗教，不屑以宗教信仰來指導自己的生活。於是，便以金錢，便以性慾，便以名位來作生活的導師，生活天天沈淪在物質裡，人心隨著物質腐。先總統　蔣公中正乃警戒人們說：「人生不可一天沒有宗教信仰！」

中國古人懷有藝術家的天性，知道欣賞「山間之清風，江上之明月」，（蘇軾 前赤壁賦）在「雨雪之朝，風月之夕，擷園蔬，取池魚，釀秫酒，瀹脫粟而食之，曰樂哉遊乎。……名其台曰超然。」（蘇軾 超然台記）體驗到造物主在自然界所賦予的美好。今天的人雖然大家也在週末，趕著往遊山巔水涯；然而大家的心，卻厚厚的包在金錢和飲食色慾裡，不能超脫。宗教信仰則提攝人心，不僅有孟子所講的充塞天地的浩然之氣，而且還超越宇宙，脫離時空，昇入精神的永恒境界。

成年和壯年的人，目前心中燃著金錢慾和事業慾，不會讀這本書，更不會想到宗教信仰。我們只要看今年高雄佛光山舉辦大專學生禪學營，青年學子今天對著富裕的經濟生活，心中反而覺到空虛，尋求精神的資糧。又看今年輔仁大學開辦老人大學班，退休的人渴望填滿空閒的時間。一方面，在人生起頭的青年，向人生遠處瞻望，希望能看得遠；一方面，在人生盡頭的老年人，在快走盡人生時，願意知悉生命的歸宿，這兩方面的心情，使青年和老年人，走向宗教信仰的門戶。這本不講系統哲理的書，由生活的體驗，述說宗教信仰溶解在生活裡的成效，或者可以作爲他們的讀物。

民國七七年十一月廿八日羅光序於天母牧盧

宗教與生活

目錄

中編 生活與宗教信仰

下編　宗教信仰與文化

上編　宗教信仰與生活

宗教信仰與生活

在傳統文化的現代化的聲浪中，我來講宗教信仰與生活，不是在開倒車，回到舊日迷信的黑暗裏嗎？現代化當然要是「倫理、民主、科學」，既然要科學化，怎樣可以又要宗教信仰呢？何況儒家的人生哲學並不談宗教信仰，儒家思想現代化，便拉不上宗教信仰了。但是講歷史哲學的人，例如湯因比，講中國哲學的人，例如唐君毅，卻都認爲世界和中國的文化生活，將是一種綜合的宗教生活。我雖然不同意他們兩位學者的看法，但也認爲世界和中國的將來文化生活，必定少不了宗教信仰，在後面我就講一講我的理由。

一、人生的志向

孟子說士人的事，在於立定志向：「王子墊問曰：士何事？孟子曰：尚志。曰：何謂尚志？曰：仁義而已矣。……居惡在？仁是也，路惡在？義是也。居仁由義，大人之事備矣。」（盡心上）

我們常向青年人說：人生必定要有志向，而且志向要高要遠。就好比射箭，必定要有一個標的，又好比練習射擊，也不能亂射。先總統　蔣公最後留給大家的兩句話：「置個人死生於度外，以國家興亡爲己任」，就是給大家指出一個人生的目標，「以國家興亡爲己任」作爲一生的目標。蔣公在壯年時，又曾指出人生的目標：「生活的目的在增進人類全體之生活；生命的意義在創造宇宙繼起之生命。」把全人類的幸福和整個宇宙的生命，作爲人生的目的。在第一個人生目標裏，要以「置個人死生於度外」，這是「殺身成仁」的精神，這種精神乃是一種宗教精神，不是傾向物質享受的人所能夠有的，天主教成千成萬殉道的聖賢，就是因著信仰而慷慨就義。在第二個人生目標裏，要有儒家所講「與天地合其德」，即是具有天地好生之德，才能爲全人類全宇宙服務。天地表現好生之德是因上天造生萬物，宇宙的生命繼起不絕；這又是一種宗教信仰的精神。現前的人沒有宗教信仰，要求他們有這兩個人生目標，便很難了。這兩個目標，乃是人生最高遠的志向，既和宗教精神有關，便不能說宗教信仰和人生志向沒有有關係。

中國古人信天命，孔子、孟子更自信負有天賜的使命，以傳道安民。孔子在匡地遇難時，說假使天不願意文武之道絕滅，匡人用什麼辦法都害不了他，他可以絃歌不輟。孟子也自認「五百年後必有王者興，其間必有名世者，當今之世，捨我其誰也？」（公孫丑下）孔子、孟子有了天命的信仰，立志傳堯舜文王之道，雖不能行道安民，然能教授弟子，成了百世之師。

放低一層來說，我這個小小人物，出生在一個虔誠的天主教家庭，從小習慣宗教生活，就在十二歲上，定志獻身教會，一生作爲教士，傳道救人。現在快近八十歲了，還爲目前社會的問題，提倡三代同居和文化統一，六十多年來，從未懷疑自己的目的。在台灣也有幾百位的天主教神父和修女，都因自己的宗教信仰，和我一樣抱定志向，獻身教會，做傳道救人的工作。

當然沒有宗教信仰的人，一定可以有自己的志向，目前大學生，尤其大一的學生，都願意受心理測驗，以知道自己天生的傾向和天生的才能，以便爲自己決定一生的志向。心理測驗所顯露的傾向和才能，爲科學的作法，科學作法祇能顯露傾向和才能是天生的，卻不能解答從何而來，宗教信仰解答說是上天所造生的，這一解答和科學並沒有什麼衝突，而且可以堅定科學的解答，更可以加強志向的決定和奔向。普通有心人都勉勵從事工作者，要有宗教的虔誠，這就表示宗教信仰不僅能幫人決定志向，而且更鼓勵人誠心向著志向奔去。

若有一種宗教信仰，說明人生的最後歸宿，是歸到造物的天主；這個歸宿就成為人生的最後目的。造物主造了人，並非任意創造，而是依照自己的本性創造，使人有幾分肖似天主。天主為絕對真美善的實體，人不僅具有幾分真美善，而且生來心就傾向真美善，最後在身後乃歸到真美善的絕對主體。但是先要經過一次考驗，看是否配於欣賞絕對的真美善，現生就是考驗期，在現生人若依照真美善的原則而生活，身後便達到最後的歸宿；否則失去歸宿而受永遠的痛苦。這種信仰標出人生的終極目的，又指出人生的途徑，人生不是夢，也不是戲台，祇有處處的考驗，平靜地向前走，不被世物所拘束，常因愛慕追求真美善而心中具有愛心，便能隨遇而安、知足常樂。

唯物而無信仰的人，笑這種信仰為迷信。這種信仰本來就不是迷信，乃是合理的人生觀。民國初年，丁文江和張君邁等人熱熱鬧鬧地爭論科學的和哲學的人生觀，根本沒有了解人生觀的意義，也沒有說出究竟何種人生觀是科學的或哲學的，結果祇有吳稚暉的無人生觀的怪論，因為科學和哲學本來就不能標出人生觀，兩者都不能解釋人生的究竟，人生的究竟乃是宗教信仰。儒家雖不明講宗教，然而以「與天地合其德」為人生觀時，蘊藏著對上天造物者的信仰。因此，有了宗教信仰，才能有人生最高、最遠的目的志向。

二、人生的勇氣

我雖然不贊成佛祖釋迦牟尼以人生完全是「生老病死」的痛苦，也不能不承認人生中常多痛苦。辦大事業固然有許多困難，做小事也少不了困難。家庭生活本來應該充滿天倫之樂，然而每家都有一本難念的經。夫婦原來因相愛而結婚，婚姻中的愛情卻多折磨，子女豈不是父母的安慰嗎？而實際上又有多少使父母碎心的子女！社會上的行業，互相合作，以求共榮；但是互相傾軋者卻很多。若談政治上的共謀國事，則勾心鬥角，不擇手段，互相排擠，甚至置人於死地。就是青少年的求學，爲謀職業，要經過多少磨練。這一切艱難困苦，乃是人生不能免的。一個有志氣的青年或成人，他會鼓起勇氣往前走。知道人生的成就是要在困難中結成的。但是若是困難接二連三地打來，好比海中的波浪，越來越兇，免不了便要打破了船，船沈海底。一個人若是具有誠實的宗教信仰，堅信他的一生有造物主天主的照顧，所遭遇的痛苦乃是天主好心的磨練，祇要自己伸手接過困難，天主一定加賜勇力，可以勝利地踏過。

國父　孫中山先生在倫敦蒙難時，日夜祈禱上帝；先總統　蔣公在西安蒙難時，要了一冊聖經，以仿效基督蒙難的精神，對張學良所提八項承諾，一個字也不肯簽。蔣公一生喜愛聖經，在改訂吳經熊所譯的聖詠初稿時，看到自己所心愛的詩句，就加圈點。例如：

「群小紛紛起，誣白以為黑。無風與波瀾，以怨報我德。被誣將誰訴，中心痛欲絕。……奸情實昭著，吾主寧不察？祈主毋遐棄，一伸吾之直。發揚爾正義，無令終受屈。」（三十五首）

「惡黨充街衢，行為暴且譎，就中有一人，初非我仇敵，竟亦懷貳心，無所不用極。……豈能改吾度，一心惟恃主。呻吟徹晝夜，呼籲無朝暮。主必聞吾音，主必來相助。」（五十五首）

蔣公一生所經過的境遇，往往是「憂心悄悄，慍於群小」的逆境，而且還遭遇性命危險的攻擊，他能安然有「處變不驚」的精神，不能不歸之他的宗教信仰。蔣公在民國五十一年耶穌基督復活節證道詞中說：

「現在我先要說明十字架的意義：十字架就是耶穌在其黑暗世界中，要為不信不義，自私自利的眾人贖罪，……因之，我們基督徒能以認識十字架、崇拜十字架為最大的光榮。所以十字架就是基督徒的人生觀。」

人生還有一種困難，為著修身，培養自己的品德，須要正心誠意，須要克慾。克慾不是和自己衝突，自己要得勝自己。《中庸》說：

「君子素其位而行，不願乎其外。素富貴，行乎富貴；素貧賤，行乎貧賤；素夷狄，行乎夷狄；素患難，行乎患難；君子無入而不自得焉。在上位，不陵下；在下位，不援上。正己而不求於人則無怨。上不怨天，下不尤人，故君子居易以俟命，小人行險以徼幸。」（十四章）

這一章的白話翻譯是這樣的：「君子的人祇求在現有的地位上行事，不願去貪慕範圍以外的事。處在富貴的地位，就做富貴人應做的事，處在貧賤的地位，就做貧賤人應做的事；處在夷狄人中，就做夷狄人應做的事；處在患難中，就做患難中應做的事；所以君子無論遇到什麼境遇，都能安定地應付。居在上面的位置，不欺凌下面的人；居在下面的位置，不攀援上面的人。自己正身自立不求於他人，便不致有怨望。上不埋怨天，下不怨恨人。所以君子安心居在平易的地位，按照天命而行事；小人則要冒險，希望徼幸地得到所求。」

君子爲中國傳統的標準人格，安於自己的境遇，能伸能縮，知道約束自己的情慾；這種人格的修養必要有勇氣。在富足時能夠不奢侈，在貧困時能夠不抱怨，居上不凌下，居下不攀上；這是必須有修養。君子所以有這種修養，乃是按照天命而行事，有自己的宗教信仰。

對於天命，孟子還另有一種思想：「故天將降大任於斯人也，必先苦其心志，勞其筋骨，餓其體膚，空乏其身，行拂亂其所爲，所以動心忍性，增益其所不能。……入則無法家拂士，出則無敵國外患者，國恆亡。然後知生於憂患，而死於安樂也。」（告子下）有這種宗教信仰的人，決不會以困難爲憂，反以困難爲上天所賦使命的考驗，勇敢前進。

在《中庸》裏，孔子又講了一種勇氣：

「故君子和而不流，強者矯！中立而不倚，強者矯！國有道不變塞焉，強者矯！國無道，至死不變，強者矯。」（十章）

君子的人格是大中至正，不偏不倚，不腳踏兩條船，不作騎牆派，不是投機份子。在國家有道可以創業時，不改變自己平生的操守；在國家變亂無道的時候，也保持自己的原則，寧死不屈。我們民族的歷史上，多有這種正直的君子，目前在大陸的共產暴政下，梁漱溟也曾表現這種精神。但是大陸上天主教的教士，則有成千的人，爲維護自己的信仰，甘願被共黨關入牢獄，送往勞動營，三十年或四十年被囚禁，也不屈服。目前在城市或鄉間，尚有成萬的教徒，反對共黨組織的愛國教會，不屑作騎牆派。

孔子曾以「勇」爲「智仁勇」三達德之一，「勇者不懼」（論語 憲問），不懼，不是一時衝動，盲目向前，孔子也曾說：「暴虎馮河，死而無悔者，吾不與也；必也，臨事而懼，好謀而成者也。」（論語 述而）勇是一種善德，並不是天生的，而是修養塑成的。認識事件的困難，也明瞭自己才力的限度，戰戰兢兢，謹慎地向前走，決不憑著一時的衝動，徒手去碰老虎，或徒步去涉暴漲的河水。

有虔誠宗教信仰的人，深信上主天主愛人，曾遣聖子耶穌降生救援人類，耶穌基督爲救人自願捨生；他又深信人生常有上主天主的眷顧，所遇困難，乃是上主的考驗。他便常有兩種心情：一種心情是信賴上主的助祐，在困難中可以祈求上主來助；一種心情是愛慕基督，願同祂一起受難；懷著這兩種心情，一定不敢「行險以儌幸」，而是「居易以俟命。」對人生不會悲觀，更不會自殺，常有勇氣以面對現實。

三、人生的意義

我現在已活到了耄耋的年齡了，對於一生究竟得到了什麼？大家都說我得到了很多——學術、名譽、地位。但是我自己近來連最親近的學生或朋友的名子，忽然忘記了，平日常用的字也忽然想不起來，還說什麼腦子裏的學術！現在我寫文章或演講，人家就說怎麼常是孔子孟子的話！教會的人士還很客氣地說羅總主教老了病了，讓他休息，一些工作不必麻煩他了，我對於一生究竟得到了什麼？

若是一位建立了大事業的偉人，在臨終的時候，他看自己擁有了什麼呢？單獨和死亡在奮鬥，誰也幫不了他！

那麼生命有什麼意義？

中國古人說在於「不朽」：《左傳》曾講三不朽：立德、立功、立言。這種不朽，乃是「名」的不朽。胡適曾批評這三不朽有三種缺點：因爲只能限於少數的人，又沒有消極的制裁，而且範圍很含糊。胡適自己提出「社會不朽論」作自己的宗教，以自己的小我，全部生命都留在社會大我中。㈠其實，中國古人早也有宗族的不朽，父親的生命傳給兒子，祖宗的生命承傳於後代子孫，子孫乃舉行祭祀，一個人死後有人祭他，他的生命就沒有斷。

上面所說的無論那種不朽，都是關於生著的人來說，死去的人無論有名沒名，無論有人祭沒有人祭，他總是死了，不存在了。若以這些不朽作爲生命的意義，生命本身得到了什麼呢？什麼都沒得到。

但是人卻都不願意一死就完了，人都想永遠存在。人的心追求心靈的享受，常要求真、美、善，一生追求到死也不停止，難道人心天生的欲望，絕對不能滿全嗎？人的生命，爲心靈的生命，心靈生命的意義在於追求精神生命的發揚，精神生命（心靈生命）以理智和意志兩種功能而活動，理智追求真，意志追求美和善。宗教信仰乃說明人的心靈即是靈魂永遠不死，人死後能歸到造物者天主，永遠欣賞造物主的絕對真美善。不過，人在現生要經過考驗，他要一心傾向真美善，不要追求不合於真美善的享受，就是說要行善避惡。

胡適說這種靈魂不滅的不朽，乃是迷信。而且死後有賞罰，「這種修行全是自私自利的，也算不得真正道德。總而言之，靈魂不滅的問題，於人生行爲上實在沒有什麼重大影響；既沒有實際的影響，簡直可說是不成問題了。」(二)

實際上則是影響很大，而是人生最大的問題。身後賞罰絕決不是自私自利。每一件物體都天性傾於保全自己的存在又傾向發展自己的存在，這不是自私自利，乃是物的天性，來自造物主。但是造物主創造宇宙時，制定萬物彼此互相聯繫，每一件物的存在也關聯到別的物體的存在，彼此要遵守一定的次序。所以人爲保全和發展自己的生命，便不能不守次序而妨害別的物體和人。人的生命以心靈爲主，心靈追求真美善，身後的天堂所有福樂，就是欣賞絕對的真美善；身後的地獄，就是心靈不能回歸自己的根源，永遠和真美善相脫離。胡適能夠說這種「不朽」不合理嗎？他可以說他不相信，因爲沒有自然科學的證據；然而自然科學不能證明的事件還很多呢！例如人有自由，自然科學如生物學、化學，怎樣解釋或證明人的自由！身後有賞罰，不可因爲普通說天堂有福、地獄有罰，就評爲自私自利的迷信，實際乃是人天生傾向應有的結論。人一生所思念和所做的，沒有一件不是或屬於真、或屬於美、或屬於善，祇是人在判斷時，理智和意志可以沒有看正確，把不是真美善的當作真美善而犯惡，若說爲著身後能夠欣賞絕對的真美善，達到生命的本來目的，和造物者天主相結合，說是不道德，那是沒有懂得宗教信仰的真正意義。

儒家的傳統以生命的意義在於現生，人在現生就和造物者上天相結合，參加天地的化育，孔子乃講「仁」，范仲淹曾說「先天下之憂而憂，後天下之樂而樂」㈢這種人生的意義，和天主教的信仰很相符合，人是相似造物主天主的，朱熹曾說人得天地之心以爲心，造物主愛萬物而造生萬物，又支持萬物以得發育，人便有「仁民而愛物」的仁心，以贊天地的化育。這種的人生，是高度地傾向真美善，所以能成聖人。先總統　蔣公所說：「生活的目的在增進全體人類之生活，生命的意義在創造宇宙繼起的生命」㈣也就是儒家傳統的生命意義。

我說我一生沒有得到什麽，對於現世的事物都沒有得到，或者更好說得到了又都過去了，我所得到的就是宗教信仰，我信我有來生，來生要由我自己去創造，在創造來生時，我有耶穌基督的助祐，來生是永遠欣賞絕對眞美善，無限地發揚我心靈的生命。在老年，我可能把學術智識都忘了，可能和人世脫離了，但是信仰的光明和愛火，常會引導我走向生命的最後目的，以完成生命的意義。

四、生命的快樂

目前社會盛行享樂主義，所享受的還是物質的快樂，用錢可以買，金錢的價值在人們的眼中很高，因而造成社會上許多的強暴、搶竊、綁票、欺詐的罪惡。政府也覺到這種現象不合理，乃提倡文化建設，提高生活的品質。

人生追求快樂，本是人的天性，快樂是什麽？快樂是人得到生命的一項發展，感到滿意。爲什麽快樂有時不是幸福而是罪惡呢？那是因爲人心錯以有害於生命的事物，爲有益的事物，予以追求。

人雖愛錢，但少有人以蓄藏金錢作守財奴爲快樂；人愛錢是用錢買物質享受。中國人愛吃，吃是一種物質的享受；但若過多過久，不僅反胃，身體內臟還要生出許多毛病，叫人痛苦難受。愛情是種快樂；但是愛情的葫蘆裏，藏著酸甜苦辣，若單祇追求物質的色情享受，愛情就可以變成恨，而又可以有慾火燒身。蘇軾曾經說：「嗟夫！南面之君，雖清遠閑放如鶴者，猶不得好，好之，則亡其國；而山林遁世之士，雖荒惑敗亂如酒者，猶不能爲害，而況於鶴乎！由此觀之，其爲樂未可同日而語也。」㈤

中國古人素有以飲酒爲樂者，陶潛飲酒必醉，醉便忘形。李白稱爲酒仙，「人生得意須盡歡，莫使金樽空對月。天生我材必有用，千金散盡還復來。……五花馬，千金裘，呼兒將出換美酒，與爾同銷萬古愁。」㈥可是李白自己卻也說：「抽刀斷水水更流，舉杯消愁愁更愁。」㈦醉後忘形，暫時忘卻愁，醒後則更愁上加愁，飲酒作樂究竟不樂。

孔子乃教人另一種求樂之道：「子曰：飯疏食，飲水，曲肱而枕之，樂亦在其中矣。不義而富且貴，於我如浮雲。」（述而）所以孔子形容他自己說：「其爲人也，發憤忘食，樂以忘憂，不知老之將至。」（述而）門生們描述孔子的生活：「子之燕居，申申如也，夭夭如也。」（述而）孔子是以實行堯舜之道而樂，「子曰：朝聞道，夕死可也。」（里仁）所以他生活的原則是這樣：「子曰：富與貴，是人之所欲也，不以其道得之，不處也。貧與賤，是人之所惡也，不以其道去之，不去也。君子去仁，惡乎成名。君子無終食之間違仁，造次必於是，顛沛必於是。」（里仁）堯、舜之道就是仁道，「子曰：苟志於仁矣，無惡也。」（里仁）「子曰：士志於道，而恥惡衣惡食者，未足與議也。」（里仁）

目前社會的人，必以爲孔子的教訓太汙闊，太死舊，不合現在的社會。但是孔子的生活快樂，在於心靈的快樂，心靈的快樂爲精神的快樂，精神的快樂必定有原則，守著原則而生活就是孔子所講的「志於道」。

孟子曾就實事上說君子有三樂：「父母俱存，兄弟無故，一樂也。仰不愧於天，俯不怍於人，二樂也。得天下英才而教育之，三樂也。君子有三樂，而王天下不與存焉。」（盡心上）第一樂是天倫之樂，第二樂是良心之樂，第三樂是工作之樂；這也都是心靈的快樂，也是一般人所可以得到的。

心靈的快樂並不排斥身體的快樂，而且可以放射到心體上，普通常說「心廣體胖」，身體的快樂，只要不過度，也可以轉入心靈裏。人是心物合一體，心物互相溝通。

生命的快樂，第一便是要心物平衡。

但是實際上人生來就失去這種平衡，因爲人有物質的情慾，情慾由外物激動人身的物質感官，人的意志便被情慾所牽制，常傾於物質的利益和享受。心靈的利益和享受爲精神性，看不見，摸不著，便不易爲人所注意。因此，中國傳統的修身方法在於克慾。孟子就說過

「養心莫善於寡慾。」（盡心下）

天主教的信仰，雖以人性爲善，但以人的物質情慾常誘人向惡，這種情況由人類的原祖的違反天主命令犯下原罪所造成。耶穌基督降生救援人類脫離原罪的境況，給予人克制情慾的力量。克制情慾是相反人天生的傾向，人必覺到痛苦；但克制情慾爲表現愛敬天主的情懷，尤其表達和耶穌基督相結合的意願；因爲基督爲消除人類的罪，甘願受苦至死，人爲克慾而受苦，願意和基督一樣受苦。爲愛而受苦，苦就變成快樂。天主教的信仰，不僅教人不貪戀世上的人物，而要追求永生的享受；這樣便常可以「知足不辱」，「知足常樂」，又能使人以痛苦爲向天主和耶穌基督表示愛心，受苦不苦而反以爲樂。人的生命便是一種快樂的生命。孔子稱讚顏回居在陋巷，「一簞食，一瓢飲，在陋巷，人不堪其憂，回也不改其樂。」（雍也），是因爲顏回的心不在物質的享受，而在實踐孔子所講的仁道，「回也三月不違仁」，仁即愛心，參贊天地的化育。在那裡有愛心，在那裏便有快樂，問一位愛子女的母親，問一雙相愛的青年，他們可以答覆說這話是真的。宗教信仰教人全心全靈愛天主，又愛人如己，人生有愛心，人生便有快樂。

註：

㈠ 胡適文存　第一集　卷四　不朽。

㈡ 同上。

㈢ 范仲淹　岳陽樓記。

㈣ 蔣總統介石　自述研究革命哲學經過的階段。

㈤ 蘇軾　放鶴亭記。

㈥ 李白　七言古詩　將進酒。

李白　宣州謝朓樓別書叔雲。

中國古代聖人的宗教精神

一、易經的大人

近幾天再度閱讀法國當代神學家龔加（Yves Congar）論教會一書（L'Eglise: une, sainte, cathslique et apostolique），他對於「聖」的修成，主張不僅是因天主教以「聖」爲特色，有多數修成的「聖者」，在反的宗教內也可以有聖者，他所指的別的宗教，是　指從天主教分裂出去的東正教和誓反基督教。㈠他說明「聖」的特徵在於透過基督和天主聖父相接，基督的工作因聖神而作，聖神則是在普世以內工作。

既然成聖是賴聖神，聖神在普世界以內工作，聖神的工作又是精神的號召和精神的振作，我便想在中國古代的文化中，也有「聖者」；不僅中國儒家的傳統中有聖者，而是中國古代的「聖者」，和我們天主教所稱的「聖者」有相同的（或相似的）宗教精神。

首先，我要解釋所謂「宗教精神」。宗教精神不是中國普通所說敬神的信仰生活，普通中國人所說的宗教常指著敬神以求福免禍。歷代的儒家學者傳承孔子的思想以禍福是上天所定，但是上天不隨意定賞罰，而是按每人的行爲之善惡，人行善有賞，行惡有罰。孔子講易時，便以《易經》的吉凶，代以善惡，孔子一生的行爲，常是以「道」爲標準。孔子所依的「道」，即人生之道，或君子之道，也就是堯、舜之道。因此後代的儒者，也祇講倫理的善惡，不談敬神拜鬼以求福免禍。普通一般的學者，乃標明儒家哲學不談宗教。實際上儒家學者都相信上天，又都以最高的精神生活在於「天人合一」。

「天人合一」按照《易經》和《中庸》的思想，乃是「天人合德」。《易經》的乾卦文言說：「夫大人者，與天地合其德，與日月合其明，與四時合其序，與鬼神合其吉凶。」《易經》的繫辭又說：「天地之大德曰生，聖人之大寶曰位，何以守位，曰仁。」（繫辭下一章）

宋朝朱熹乃以天地之大德和「生生之謂易」相連，以「仁」爲「生生」，仁即生，因而他說：「天地以生物爲心者也，而人物之生，又各得夫天地之心以爲心者也。」（朱文公文集 卷六十七 仁說）「仁者，天地生物之心。」（朱子語類 卷五十三）「天地以生物爲心，天包著地，別無作爲，只是生物而已。」（朱子語類 卷五十三）

自《易經》開始，儒家講天地的變易，就是爲生化萬物，漢朝易學以易經的卦，配合天地的變化；天地的變化爲春夏秋冬四季，四季爲春生夏長秋收冬藏，爲五穀生化的過程。整個宇宙都是生命的變化，朱熹便以「仁爲生」。

說「天地之大德曰生」，或說「天地以生物爲心」，所指的天地，不能祇是指著有形的蒼生和大地，在《易經》裏天地也代表陰陽，所以泰卦以天地相合，萬物可以化生；否卦以天地不合，萬物便不能化生。陰陽是兩種「能」，爲天地變易的動力。但是朱熹從來沒有說陰陽有德有心以生物。老子說天地不仁時（道德經），以天地指著形天形地，代表自然界。然而《易經》和朱熹說天地有德有心，決不能指著形天形地，因爲孔子知道「德」是有心人的善行習慣，朱熹知道「心」是有靈明的；既然孔子說「天地之大德曰生」，朱熹說「天地以生物爲心」，這個天地應該是上天或皇天的代表。儒家承認有造物主，孔子又承認自己負上天所給的使命，朱熹也承認有一主宰之天，這樣說來，天地是皇天所造，天地的變化按造物主所定原則而動，造物主的原則在《易經》稱爲天道地道人道，孔子講「禮」時以造物主的原則爲天理，聖人按天理而制禮。朱熹雖以天理爲人性之理，人性之理則爲天然之理。然而天然之理，即生來之理，人所有生來之理即造物主所定之理，《中庸》曾經說過「天命之謂性」。天命不可解爲自然，否則，儒家和道家在基本的重要觀念上就沒有分別，變成了魏晉南北朝的思想。因此，天地有德有心，天地代表造物主—皇天上帝，所謂「與天地合其德」，便是和皇天同有仁德，以生物爲心。這種境界代表儒家的最高精神生活境界，也就是聖人的生活境界。

二、中庸的聖人

「故至誠無息，不息則久，久則徵，徵則悠遠，悠遠則博厚，博厚則高明。博厚所以載物也，高明所以覆物也，悠久所以成物也。博厚配地，高明配天，悠久無疆。如此者，不見而章，不動而變，無為而成。天地之道，可一言而盡也：其為物不貳，則其生物不測。……詩云：維天之命，於穆不已。蓋曰天之所以為天也。於乎不顯！文王之德之純。蓋曰：文王之所以為文也，純亦不已。」（第二十六章）

至誠在中庸代表聖人，聖人以至誠而能盡性，贊天地之化育（第二十二章）。天地化育即「其爲物不貳，則其生物不測。」生物既爲天德的大德，至誠聖人與天地合德，乃能有天地的精神，高明博厚，而且悠久無疆。這種精神不能夠是物質的精神，應該是分有皇天上帝的精神。《中庸》在這一章的結尾，乃引《詩經•周頌》所說：「維天之命，於穆不已」，又提出文王，文王爲儒家的聖人，朱熹在註釋中引程頤的話說：「程子曰：天道不已，文王純於天道亦不已。純則無二無雜，不已，則無間斷先後。」程頤的話更顯出文王純一的精神，乃分有天的精神，故純淨而悠久。

「大哉聖人之道，洋洋乎發育萬物，峻極于天，優優大哉！禮儀三百，威儀三千，待其人而後行！故曰：苟不至德，至道不凝焉。」（中庸 二十七章）

這一章明白地標出聖人之道，中心是在於發育萬物，和第二十二章所說「贊天地之化育」相同，也和《易經•乾卦》所說：「夫大人者，與天地合其德」，「天地之大德曰生」也相合，聖人充滿天地的大德，懷著皇天的好生之心，仁民愛物。聖人發育萬物的愛心，「峻極於天」上達皇天，和皇天的精神相結合，這種精神，浩浩蕩蕩，充塞宇宙，有孟子所說「浩然之氣」的氣態，「禮儀三百，威儀三千。」精神總能在實際生活的表現，乃是禮儀和威儀；宗教信仰的生活也由禮儀而見諸形色；宗教禮儀越高尚，越嚴肅隆重。《中庸》說明這種精神的活躍，必定要有聖人才能夠成就，因爲「苟不至德，至道不凝焉」，沒有最高道德的聖人，聖人的精神絕對不能具體地表現出來。

「仲尼祖述堯舜，憲章文武，上律天時，下襲水土，辟如天地，無不持載，無不覆幬，辟如四時之錯行，如日明之代明。萬物並育而不相害，道並行而不相悖。小德川流，大德敦化；此天地之所以為大也。」（三十章）

孔子在《中庸》成書的漢朝初年，已經被尊爲聖人。孔子的聖人精神，就是《中庸》第二十七章所說的精神，「發育萬物，峻極於天」，和天地的大德相合，在行動上和皇天的行動也相配，「辟如天地之無不持載，無不覆幬，辟如四時之錯行，如日明之代明，」也和《易經・乾卦文言》所說：「與四時合其序，與日月合其明。」孔子能有這種精神，乃能作萬世的師表，包含各種「善」，不相排擠，小德大德各有自己的功能。皇天化育萬物，大小各類互相呼濡，互相助化。

「唯天下至聖，為能聰明睿知，……寬裕溫柔，……發強剛毅，……齊莊中正，……文理密察，……溥博如天，淵泉如淵。……」（中庸 三十一章）

至聖的精神生活，和皇天的仁愛精神相結合，溥博淵深，衝天入地。在生活中的表現，智慧，慈祥，剛毅，中正，謹慎，能夠通於一切的人和事，使「聲名洋溢乎中國，施及蠻貊，……凡有血氣者，莫不尊親，故曰配天。」（同上）

聖人配天，不是皇帝郊祀祭天時，以父母先祖配天；聖人配天，是聖人的善德和天地之大德相合，是聖人的精神和皇天的精神相連。這一點不能用道家的元氣來解釋，像漢朝儒者以人都具有天地的元氣，人的元氣乃能與天地之元氣相通，這種解釋不能完全吻合中庸的意義，因爲聰明睿知，寬裕溫柔，剛毅中正，各種善德不能由生理方面的元氣而發，因爲元氣究竟還是物質性之氣。聖人的精神，超越宇宙人物以上。

三、理學家的聖人

「天道四時行，百物生，無非至教；聖人之動，無非至德，夫何言哉！」（張載　正蒙　天道篇）

宋朝理學家張載繼承《易經》和《中庸》的思想，以聖人與天地合德，化育萬物。天地的化育，以四時運行而成；聖人的化育，以善德而化。

「天體物不遺，猶仁體事無不在也。『禮儀三百，威儀三千，』無一物而非仁也。……上天之載，有感必通；聖人之為，得為而為之。天不言而四時行，聖人神道設教而天下服。誠於此，動於彼，神之道與！天不言而信，神不怒而威，誠故信，無私故威。天之不測謂神，神而常謂天。」（同上，天道篇）

「聖人以神道設教」，所謂「神道」，張載說是「誠於此，動於彼」，即是誠於皇天好生之德，「天地之大德曰生」，事事以「好生」爲動因，爲目標；也就是以皇天之道設教，便能夠有信有威。

若是說張載主張太虛之氣爲宇宙的根本。太虛之氣的本性是太和，太和則「中涵浮沉，升降，動靜，相感之性，是生絪縕，相盪，勝負，屈伸之始。……散殊而可象爲氣，清通而不可象爲神。」（正蒙 太和篇）太和之氣究竟是精神或是物質？中國古代哲學不採對立的兩分制，不像西洋哲學以精神和物質對立而分爲兩類，中國古代哲學採漸進制，由最重的物質，漸漸上升減輕物質性，少一分物質性就多一分精神性，太和絕無物質性，則完全是精神性。太和的氣向外動時，乃成爲「散殊而可象謂氣。」因此不能把天道和氣相混。

「大其心則能體天下之物，物有未體，則心為有外。世人之心，止於聞見之狹。聖人盡性，不以見聞梏其心，其視天下無一物非我，孟子謂盡心則知性知天以此。」（正蒙　大心篇）

聖人之心與天地之心相合，即是與皇天之心相合，愛宇宙的一切萬物，不把任何人物放在自己愛心以外；這就是孔子的仁道。

「聖，誠而已矣。」（周敦頤　通書　誠下）

「誠者，聖人之本。大哉乾元，萬物資始，誠之源也。乾道變化，各正性命，誠斯立焉，純粹至善者也。」（通書　誠上）「通書」的誠，被有些學人講得非常神秘，簡直變成絕對實體，和「太極」和「道」相等。其實《中庸》的誠和通書的誠，不是在本體論，而是在倫理論的重要觀念，是講誠於人性而動，所以是「聖人之本」。聖人誠於人性，而且是至誠。《中庸》也說：「誠者，不勉而中，不思而得，從容中道，聖人也。」（中庸 第二十二章）聖人誠於人性，乃能發揚人性，以「贊天地之化育」。

「寂然不動者誠也，感而遂通者神也，動而未形有無之間者幾也。誠精故明，神應故妙，幾微故幽，誠神幾，曰聖人。」（通書 聖）

誠，是自然，自然不是人爲，所以稱爲不動，《易經》已經有這種思想。神，不是講神塞實體，而是講一種特性，即神妙莫測，感而遂通，這也是《易經》的思想。幾字，代表一件事在將要發生時的情況，聰明睿知的人能夠知道，《中庸》曾說：「至誠之道，可以前知。……善必先知之；不善，必先知之；故至誠如神。」（中庸 第二十四章）周敦頤以聖人具有至誠的德性，具有神妙的感應，具有先見之明，這些特點，不一定和宗教精神相連；但是儒家既然以聖人與皇天的精神相合，具有皇天好生之心，則聖人在生活上的表現，也分享皇天的誠德，皇天的神妙，皇天的智慧。若是否認皇天，而把這些特性歸之於物質之氣，便不容易溝通了。

我不願再講朱熹對聖人的見解，並不是朱熹的見解和周子張子不同，而是相同不必把文章拉長。

儒家的聖人與天地合德，這種精神超越物的宇宙，昇到造物主皇天上帝。宇宙內雖也有精神，精神不能發自物質，須發自絕對的精神。聖人的精神和絕對的精神相接，乃實現了宗教的超越精神。

註：

㈠ L'Eglise. par Yves Congar. P.145. Les Editions du CERF. 1970.

中國古典文藝的宗教精神

一、宗教精神

文學為藝術的一部，其他各部有音樂、繪畫、雕刻、建築和舞蹈。文學則又包括散文和詩詞歌曲。藝術本身的一種精神活動，黑格爾講精神哲學時，分為藝術，宗教，哲學，在這三種活動中，宇宙—即絕對精神的「非我」，要「合」到精神體去，宇宙由人作代表，發展自己是精神，而自己的精神超越宇宙萬物，回復自我的「正」。中國古書的禮記中，談詩歌時，以情於中乃有歌，歌永而有言。「凡音之起，由人心生也。人心之動，物使之然也。感於物而動，故形於聲。聲相應，故生變，變成方，謂之音。……大樂與天地同和，大禮與天地同節。……故歌之為言也，長言之也。說之，故言之；言之不足，故長言之；長言之不足，故嗟歎之；嗟歎之不足，故不知手之舞之，足之蹈之也。」（禮記 樂記）

晉朝鐘嶸著《詩品》一書，開端便說：「氣之動物，物之感人，故搖蕩性情，形諸舞詠，照燭三才，暉麗萬有，靈祇待之以致饗，幽微藉之以昭告，動天地，感鬼神，莫近於

詩。」（詩品上）

散文則用途很多，記事說理都屬散文，但散文中也有發於情的篇章，如古文中的遊記和祭文，便多有因情而發的文字。這類的文字和詩的意境就相近了。

宗教信仰，使人的精神傾向神靈，乃一項精神活動。黑格爾因而以宗教使人回合絕對精神的三部精神哲學之一。宗教信仰的精神活動，主旨不在於向神靈求福免禍，而是在於使人的精神和超越宇宙的最高神靈之精神相結合。中國儒釋道三家的精神生活，都以「天人合一」作最高目標。祇是儒道不認爲這種結合爲宗教活動，釋家佛教則以這種結合爲佛教的涅槃，爲入涅槃而成佛，是佛教生活的最高峰，禪宗便認爲自己達到了這種境界。但是道家因爲老子既不講神靈，更不以「道」的最高之神，所講的「與道冥合」便不是宗教生活；儒家既講皇天上帝，又講天造萬物，儒家的「天人合一」則不能說完全沒有宗教信仰。儒家的聖賢高舉自己的精神，超越宇宙的萬物，冥冥中和皇天上帝的精神相接，這不能不說是表現宗教的精神。

在中國古典文學的詩詞和散文裏，作者對於人生的遭遇，感到無力的悲運，或向上天抗議，或向皇天哀詠。對於人生的意義，深感困惑，乃有悲觀的苦訴，這些作品的作者所表現的精神就是宗教的精神，至於遊仙的作品，在古典文學中頗多；然這些作品所表現的。祇是一些迷信的民間信仰，不可視爲正確的宗教的精神。例如屈原的〈離騷〉，滿篇神話，篇篇鬼神。還有李白的神仙思想，雖可以增加詩篇的飄逸，但不足引著人的精神進入宗教境界。《詩經》中的祭頌，莊嚴肅穆，饒有宗教的感情。後代的求雨求晴的文章，則都缺乏這種嚴肅精神，韓愈的祭鱷魚文，則已近乎滑稽。因此，我們談古典文學的宗教精神，都從嚴肅和高尚情感的作品去求，捨棄迷信和粗俗的低級鬼神文字。

二、向天申訴

在古詩裏，對皇天信仰的表露，在《詩經》的篇什裏和《書經》的誥命裏，表露得非常明顯。《詩經》的作者在痛苦中，悲嗟自己的命運，歸給上天。

「王事適我，政事一埤益我。我入自外，室人交徧謫我。已焉哉！天實為之，謂之何哉！」（國風　北門）

「汎彼柏舟，在彼中河。髧彼兩髦，實維我儀？之死矢靡它，母也天只！不諒人只！」（國風　柏舟）

「彼黍離離，彼稷之苗，行邁靡靡，中心搖搖。知我者，謂我心憂；不知我者，謂何求。悠悠蒼天，此何人哉！」（國風 黍離）

「肅肅鴇羽，集于苞栩，王事靡盬，不能藝稷黍，父母何怙？悠悠蒼天，曷有其所！」（國風 鴇羽）

「天保定爾，亦孔之固。俾爾單厚，何福不除？俾爾多益，以莫不庶。」（小雅 天保）

「昊天不傭，降此鞠訩，昊天不惠，降此大戾！君子如屆，俾民心闋，君子如夷，惡怒是違！……昊天不平，我王不寧！」（小雅 節南山行）

「浩浩昊天，不駿其德，降喪饑饉，斬伐四國。昊天疾威，弗慮弗圖。舍彼有罪，既伏其辜；若此無罪，淪胥以鋪！」（小雅 雨無正）

「旻天疾威，敷于下土，謀猶回適，何日斯沮！」（小雅 小旻）

「弁彼鸒斯，歸飛提提，民莫不穀，我獨于罹。何辜于天，我罪伊何？……天之生我，我辰安在？」（小雅 小弁）

「悠悠昊天，曰父母且。無罪無辜，亂如此憮！昊天已威，予愼無罪，昊天大憮！，予愼無怙！」（小雅 巧言）

三、人生的意義

詩人一生，多苦多難，悲傷自己命運的不幸；但仍舊振作自己的精神，不願消沉頹廢。魏晉南北朝的詩人中，有阮籍和陶淵明，唐宋的詩人中，有杜甫和蘇軾，都有表現這種精神的詩詞。詩人雖不明白說自己有宗教信仰，然而這種精神乃發自超越世物的心境，和宗教精神相合。

「昔年十四五，志尚好詩書，被褐懷珠玉，顏閔相與期。開軒臨門野，登高望所思。邱墓蔽山岡，萬代同一時，千秋萬歲後，榮名安所之？乃悟羨門子，噭噭命自嗤。朝陽不再盛，白日忽西幽，去此若俯仰，如何似九秋。人生若塵露，天道邈悠悠。齊景升丘山，涕泗紛交流。孔聖臨長川，惜逝忽若浮。去者余不及，來者吾不留，願登太華山，上與松子遊。漁父知世患，乘流泛輕舟。」（阮籍　詠懷）

阮籍生在亂世，社會制度崩頹，作官常有殺身之禍，乃佯作野人，不守禮節。當時道家思想盛行，神仙的迷信也流行閭里間，阮籍詠懷詩五古八十二首，充滿悲觀的感情，也接受神仙的迷信，「願登太華山，上與松子遊」。晉的陶淵明，則能曠達，在貧窮中心情平靜，雖常藉酒消愁，但不頹喪。

「開歲倏五十，吾生行歸休，念之動中懷，及辰為玆遊。氣和天惟澄，班坐依遠流。弱湍馳文魴，閑谷矯鳴鷗。迴澤散遊目，緬然睇曾丘，雖微九重秀，顧瞻無匹儔。提壺接賓侶，引滿更獻酬。未知從今去，當復如此不。中觴縱遙情，忘彼千載憂，且極今朝樂，明日非所求。」（陶潛 遊斜川）

「天道幽且遠，鬼神茫昧然。結髮念善事，僶俛六九年。弱冠逢世阻，始室喪其偏。炎火屢焚如，螟蜮恣中田。風雨縱橫至，收斂不盈廛。夏日長抱飢，寒夜無被眠。造夕思雞鳴，及晨願烏遷。在己何怨天，離憂悽目前。吁嗟身後名，於我若浮煙。慷慨獨悲歌，鐘期信為賢。」（陶潛 怨詩楚調示龐主簿 鄧治中）

陶潛表示沒有宗教信仰，甘心接受自己的命運。但是在饑寒交迫中，「不怨天，不尤人」，這種心境爲超越人世的精神。唐朝杜甫的一生遭遇，較比陶潛稍好，然而也是終生憂貧，沒有能夠得志。

「八月秋高風怒號，捲我屋上三重茅。茅飛渡江灑江郊。高者挂罥長林梢，下者飄轉沉塘坳。南村群童欺我老無力，忍能對面為盜賊，公然抱茅入竹去，脣焦口燥呼不得，歸來倚杖自嘆息。俄頃風定雲墨色，秋天漠漠向昏黑，布衾多年冷似鐵，嬌兒惡臥踏裏裂。床床屋漏無乾處，雨腳如麻未斷絕。自經喪亂少睡眠，長夜沾濕何由徹。安得廣廈千萬間，大庇天下寒士俱歡顏，風雨不動安如山。嗚呼！何時眼前突兀見此屋？吾廬獨破受凍死亦足。」（杜甫　茅屋爲風所破歌）

杜甫在難中祝福他人有福，自願受苦，這種精神乃是儒家的仁愛精神，有「與天地合其德」的愛心。宋朝蘇軾謫居黃州，不怨不尤，和朋友們遊山玩水，飲酒作詩，但是他不想求仙，仍安盡官職，在精神上則求超脫。

「夜飲東坡醒復醉，歸來彷彿三更。夜童鼻息已雷鳴，敲門都不應，倚杖聽江聲。

長恨此身非我有，何時忘卻營營？夜闌，風靜，縠紋平，小舟從此逝，江海寄餘生。」（蘇軾 臨江仙詞 雪堂飲酒 醉歸臨皐作）

東坡的曠達胸境，有似陶淵明的情懷，兩人的處境雖不同，然都有超脫的精神。

在散文裏，司馬遷能表達這種心境。他因李陵事，遭受宮刑，他自己說：「刑莫醜於辱先，詬莫大於宮刑。……詩三百篇，大抵聖賢發憤之所爲作也。此人皆意有所鬱結，不得通其道，故述往事思來者。乃如左丘明無目，孫子斷足，終不可用，退而論書策，以舒其憤，思垂空文以自見。僕竊不遜，近自託於無能之辭，網羅天下，放失舊聞，略改其事，綜其終始，稽其成敗興壞之紀，……凡百三十篇，亦欲以究天人之際，通古今之變，成一家之言。草創未就，會遭此禍，惜其不成，是以就極刑而無慍色。僕誠已著此書，藏之名山，傳之其人，通邑大都，則僕償前辱之責，萬被萬戮，豈有悔哉！……要之死日，然後是非乃定。」（司馬遷 報任少卿書）

司馬遷爲作《史記》，甘心受辱。他作《史記》「究天人之際，通古今之變，」必要有宗教的理念，才能去研究。他所以有信心，「要之死日，然後是非乃定。」

在散文中，唐韓愈〈祭十二郎文〉，由衷哀傷，文出自然。文中悲痛說：「嗚呼！其信然乎！吾兄之盛德而夭其嗣矣！汝之純明宜業其家者，不克蒙其澤矣！所謂天者誠難測，而神者誠難明矣！……自今以往，吾其無意於人世矣！當求數頃之田，於伊潁之上，以待餘年，教吾子與汝子，幸其成；長吾女與汝女，待其嫁，如此而已！嗚呼！言有窮而情不可終，汝其知也邪？其不知也邪？嗚呼哀哉。」

人在死亡別離的痛苦中，不能不想到人生的命運，韓愈悲傷地嘆息說：「天者誠難測，神者誠難明矣。」他就無意於人世，歸耕以養孤。蘇軾後來作「潮州韓文公廟碑」說：「蓋嘗論天人之辨，以謂人無所不至，惟天不容僞。……蓋公之所能者，天也，其所不能者，人也。」爲甚麼韓愈能和天同功？因爲「匹夫而爲百世師，一言而爲天下法，是皆有以參天地之化，關盛衰之運。」（同上）韓愈能參天地之化，同天地合德，具有和皇天相接的精神。

蘇軾在所作的台閣記裏，常表露樂天的心情，超於物外，在〈喜雨亭記〉說：「一雨三日，繄誰之力？民曰太守：太守不有，歸之天子；天子曰不然，歸之造物；造物不自以爲功，歸之太空；太空冥冥，不可得而名，吾以名吾亭。」在〈凌虛台記〉說：「夫台猶不足恃以長久，而況於人事之得喪，忽往而忽來者歟！而或者欲以夸世而自足，則過矣。蓋世有足恃者，而不在乎名之存亡也。」在「超然台記」說：「方是時余弟子由適在濟南，聞而賦之，且名其台曰超然，以見余之無所往而不樂者，蓋遊於物之外也。」

四、超越精神

「遊於物之外」，蘇軾也曾說「役物而不役於物」，人心乃能超出物以外，不被物所拘束。孟子曾說自己四十不動心，具有浩然之氣，浩然之氣充塞天地，萬物都放在裏面。有了這種氣概，心不爲任何事物所牽動，這種氣概則由「集義而成。」孟子說：「我善養吾浩然之氣。……其爲氣也，至大至剛，以直養而無害，則塞于天地之間。其爲氣也，配義與道，無是，餒也，是集義所生者，非襲義而取之也。」（孟子 公孫丑上）浩然之氣不是物質之氣，而是人心的一種境界，人由遵守義德而養成。在這種心理境界，心情的動不被物所拘，超越宇宙萬物以上，和皇天的精神相結合，表現宗教的精神。

晉陶淵明安貧樂道，雖似乎信仰老、莊的思想，然實際乃是孔子安貧樂道的精神。這種精神使人心超越物質，顏回便能居陋巷而以爲樂。陶淵明在「歸去來辭」說：「已矣乎！寓形宇內復幾時？曷不委心任去留？胡爲遑遑欲何之？富貴非吾願，帝鄉不可期。懷良辰以孤往，或植枝而耘耔。登東皋以舒嘯，臨清流而賦詩。聊乘化以歸盡，樂夫天命復奚疑？」

「樂夫天命」乃孔、孟的精神；孔子和孟子都深信負有上天的使命，去傳揚堯、舜之道，然而不能取得人君的信任，他們也就安於天命。人生的使命來自上天，人生的遭遇雖來自人，冥冥中仍然有上天的安排；這是中國古人所相信的命。安於命，人心常樂。

唐朝詩人王維，雖然自稱喜好道家的人生觀：然而他的達觀精神，不是老、莊的避世而悲觀的心境，卻是孔、孟的安命心境，乃能有隨處而樂的超越精神。

「寒山轉蒼翠；秋水日潺湲。倚杖柴門外，臨風聽暮蟬。渡頭餘落日；墟里上孤煙。復值接輿醉，狂歌五柳前。」（王維　輞川閒居贈裴秀才迪）

「晚年惟好靜，萬事不關心。自顧無長策，空知返舊林，松風吹解帶，山月照彈琴。君向窮通理，漁歌入浦深。」（王維　酬張少府）

「萬事不關心」的心境，不是對物質有慾望而不能得，因而失望，乃是「晚年惟好靜」而造成的超越心境，所以他以好「道家」靜的心境，又能體驗佛教的靜，

「不知香積寺，數里入雲峰。古木無人徑；深山何處鐘？泉聲咽危石；日色冷青松。薄暮空潭曲，安禪制毒龍。」（王維　過香積寺）

超越的精神藉自然界的美景以表達，心不牽在物質的山水草木上，而是和山水草木所蘊

藏的生機相接，杜甫也有一首五言律詩，表達這種精神：

「細草微風岸；危檣獨夜舟。星隨平野闊；月湧大江流。名豈文章著？官應老病休，飄飄何所似？天地一沙鷗。」（杜甫 旅夜書懷）

宋朝蘇軾在詩詞裏，常能表現達觀的心境，心不爲當時所處的環境所拘束，能夠放懷宇宙之中：

「林斷山明竹隱牆，亂蟬衰草小池塘。翻空白鳥時時見，照水紅蕖細細香。村舍外，古城傍，杖藜徐步轉斜陽，殷勤昨夜三更雨，又得浮生一日涼。」（蘇軾 鷓鴣天）

「莫聽穿林打葉聲，何妨吟嘯且徐行？竹杖芒鞋輕勝馬，誰怕？一蓑煙雨任平生。料峭春風吹酒醒，微冷。山頭斜照卻相迎。回首向來蕭瑟處，歸去，也無風雨也無晴。」（蘇軾 定風波）

這種飄逸的心境，蘇軾在他的遊記散文裏，表露更清爽。例如前後赤壁賦所表現的，「惟江上之清風，與山間之明月；耳得之而爲聲，目遇之而成色。取之無盡，用之不竭。是造物者之無盡藏也，而吾與子之所共適。」（前赤壁賦）「江流有聲，斷岸千尺，山高月小，水落石出。曾日月之幾何，而江山不可復識矣。余乃攝衣而上，……劃然長嘯草木震動，山鳴谷應，風起水湧。予亦悄然而悲，肅然而恐，凜乎其不可留也。」（後赤壁賦）

山水不是呆板的死物，乃是有活動的生氣，私人心的感情相接，引發人的深邃的感觸。例如范仲淹的〈岳陽樓記〉因霪雨引發「去國懷鄉，憂讒畏譏，滿目蕭然，感極而悲者矣」，又春和景明的時候，則引發「心曠神怡，寵辱皆忘，把酒臨風，其喜洋洋者矣。」歐陽修作〈醉翁亭記〉，他說：「太守與客來飲於此，飲少輒醉，而年又最高，故自號曰醉翁也。醉翁之意不在酒，在乎山水之間也。山水之樂，得之心而寓之酒也。」

中國古代文人，具有這種瀟洒心境的人還不算少；瀟洒的心境乃由超越精神所造成。他們的人生觀，爲孔子的「憂道不憂貧」。他們雖不具有宗教信仰，但都能有超越物質的精神。這種精神的來源，不能不歸於一種對上天的深藏信仰。中國古代文人，多不信鬼神，然而沒有人不信上天，也沒有人不信造物者。宇宙間充滿造物者的生化神力，使山水都具有靈氣。人心和山水的靈氣相接，遂有一種遺世獨立的感觸，體驗到一種超越世物的心境。這種心境乃是一種宗教精神。

五、結語

中國的繪畫，和詩詞一樣，可以分成多少品，如嚴羽所著《滄浪詩話》所說：「詩之品有九：曰高、曰古、曰深、曰遠、曰長、曰雄渾、曰飄逸、曰悲壯、曰淒婉。……詩之極致有一，曰入神。詩而入神，至矣，盡矣，蔑以加矣；惟李杜得之，他人得之蓋寡也。」（滄浪詩話 詩辨）陶明濬的〈詩說雜記〉說：「萬事皆以入神爲極致。」（卷七）錢鐘書的「談藝錄」講「神韻」。但數古人對於「入神」和「神韻」的意義都沒有說明，雖略有說明詩也是從作法方面講。我認爲中國的文學和藝術，常常講求內容具有生氣，生氣和所用文字或線條墨色，互相融合，整體如生。融合越高，達到圓融的境界，則能表達飄逸超越的精神。嚴羽又說作詩如同參禪，參禪惟在「妙悟」，作詩也在於妙悟（滄浪詩話 詩辨）。妙悟就是作者的精神能夠體驗宇宙生生的精神，自心的情感和生生的精神相應，在詩文和繪畫中表達出來一種超越的精神。中國的畫不僅花鳥蟲魚的畫要有生氣，就是山水畫更要有生氣，生氣即是宇宙生生的精神。

這種精神不能夠祇是一種物質的精神，而是一種超於物質的精神，不能由物質自身而發，而是源自造物者的神力。造物者創造萬物，祂的神力深透到萬物的本身裏；爲維持萬物的存在，造物者的神力仍舊要深透萬物本身內。這種創造神力是活力，是精神力，是超於物質力。文藝作家能夠心不牽於物質，深入自然界的生氣裏，自心的情感和宇宙生氣相連，在詩文或藝術的作品內，使創造神力可以表現，所有表現便是一種宗教精神。

然而在現有的社會前，講這種超越精神，還有什麼意義。現前社會的人，心中所有的是錢，心目中所求的是物質享受；現在他們所講的，是人權，是自力救濟，是生產增加。若講儒家思想的現代化，提出這種精神，大家不免「嗤之以鼻」，或「瞠目不知所對」。但是今年夏天卻有幾十個大學生到高雄佛光山學坐禪，前十幾年美國和歐洲大學生大鬧嘻皮，那就是在物質享受到高潮時，人心要感得厭倦，有思想的人就想脫離物質。人心是精神，精神傾向無限，久困在物質以內，人心會求解脫，所以在現前的社會裏，必定還有精神超越物質的賢者，必定更有追求精神超脫的青年。儒家傳統的超越精神，應該是現前補救沉淪於物質的良藥，在儒家思想現代化的運動裏，不能少了這種超越精神。

宗教與家庭

一、同堂的家庭

明末顧炎武著「日知錄」，書中談到家人分居說：「宋孝建中，中軍府錄事參軍周殷啓曰：今士大夫，父母在，而兄弟異居，計十家而七；庶人，父子殊產，八家而五。其甚者，乃危亡不相知，飢寒不相恤，忌疾讒害，其間不可稱數，宜明其禁，以易其風。當日江左之風，便已如此。……陳氏禮書言周之盛時，宗族之法行，故得以此繫民，而民不散。及秦用商君之法，富民有子則分居，貧民有子則出贅，由是其流及上，雖王公大人，亦莫知敬宗之道，浸淫後世，習以爲俗。」㈠

雖然同宗共居的習俗，在歷代漸漸消失，尤其在國家變亂的時候，五胡侵華，宋朝南渡，造成社會家族遷徙的大難，數代同堂的習俗又無法維持。但是在變遷的社會裏，三代或四代同堂，則很普遍。明律和清律都禁止父母在時，兒子析財分居。這種事實，本是農業生活所求的，農業爲耕田，須要多數的人力，一家人同居，則能滿足一家耕田所須的人工；再者，一家的田產集中耕種，可以節省人力。因此，我國歷代的鄉村裏都保留三代或四代同居的習慣。在都市裏的人，行商做官，不便多人同居；然而常接父母來家，以便奉養。目前在台灣鄉間，百分之七十的家庭，是三代同居的家庭。

歷代同居的家庭，以孝道爲維持家庭生活的規範，傳統的五倫道德，家庭裏有三倫：父子、兄弟、夫婦；但是大家庭的生活，由家長主管，家中人無論男女大小，都聽他的指揮。司馬光所作《家儀》的〈居家雜儀〉說：

「凡為家長，必謹守禮法，以御群子弟及家眾，分之以職，授之以事，而責其成功。制財用之節，量入以為出。稱家之有無，以給上下之衣食，及吉凶之費，皆有品節，而莫不均一，裁省冗費，禁止奢華，常須稍存贏餘，以備不虞。凡諸卑幼，事無大小，無得專行，必咨稟於家長。」㈡

家人聽從家長，都以孝道的精神而聽從。就是家長治家，也是實行孝道，因爲他要爲孝敬已經去世的父母和祖先，好好照顧家人。這種孝道的精神，在祭祖的典禮中，充分地表現出來。

在每個家庭中，必定供奉先人的牌位。按照禮規，每天早晨要上香致敬，每月十五和三十日，在牌位前供奉祭品，新米新菜上廚，先向先人供奉。清明時節，全家上墳。先人忌辰，長子率家人致祭。同族的人，則三年小祭，五年大祭。《詩經‧大雅‧思齊篇》說：

「惠于宗公，神罔時怨，神罔時恫。刑于寡妻，至于兄弟，以御于家邦。豐城朱氏曰：先神而後人，尊卑之序也。先家而後國，親疏之殺也。誠以奉神，而神無不格；誠以治人，而人無不孚。此所謂接神人各得其道也。」㈢

除致祭先人以外，古代家庭還有家神：門、行、戶、灶、中五神。一般的家庭雖不都供奉這五種神靈，但對於灶神，則家家供奉。普通以歲終二十四日，灶神上天報告家中善惡，這天夜間，家家設祭，恭送灶神。

在這種三代或四代同居的家庭中，雖少不了彼此間的磨擦，但是家中常有天倫之樂，老人得到安養，小孩得到照顧。《古今圖書集成》的〈家範典〉第五卷和六卷記述古代許多家庭和睦的逸事，如「後漢書鄧禹傳，禹內文明，篤行淳備，事母至孝。天下既定，常欲遠名勢。有子十三人，使各守一藝，修整閨門，教養子孫，皆可以為後世法。」㈣「徐承珪傳，承珪萊州掖人，幼失父母，與兄弟三人及其族三十口，同甘藜藿，衣食相讓，歷四十年不改其操。所居崇善鄉緝俗里，木連理瓜瓠異蔓同實。卅以聞，乾德元年，詔改鄉名義感，里名和順。」㈤又宋朝姚宗明傳，自唐貞元中十世祖栖雲，到宋朝宗明已經十世同居，宗明的孫子仍舊同居，「而其家孝睦不替。姚氏世爲農，無爲學者，家不甚富，有田數十頃，聚族百餘人，子孫躬事農桑，僅給衣食，歷三百餘年無異辭者，經唐末五代兵戈亂離，子孫保守墳墓，骨肉不相離散，求之天下，未或有焉。」㈥

這些事蹟當然不是鄉里中常有的事，然三代或四代同居，家中又能安定和睦，則是常見的事。儒家的傳統乃以孝道爲修身齊家治國的大道，所以俗語乃說「家和萬事興」。傳統的家庭便是祖孫同居的家庭，是和睦相處的家庭，是彼此互相照顧的家庭，是天倫之樂的家庭，孔子曾經說：「父母在，不遠遊；遊必有方。」（里仁）「子曰：父母之年不可不知也：一則以喜，一則以懼。」（里仁）「子曰：父母唯其疾之憂。」（為政）這些話都是孔子講論孝道，歷代的人都遵守不違。傳統的家庭，能夠和睦相處，能夠有天倫之樂，也都靠著孝道。

儒家的孝道，在實行上，遵照孔子所說：「生，事之以禮；死，葬之以禮，祭之以禮。」（為政）禮，在儒家的思想裏，和宗教信仰相連，首先用爲祭祀，然後推行到家庭和社會的各方面生活。儒家的孝道，也和宗教信仰相連，以父母配天，在家裏供奉「天地君親師」的牌位。君，代天行道，稱爲天子；親參贊天地的化工，生育子女；師，協助上天，教育青年，每天在這種牌位前，每個人知道自己的生命，無論在家庭，在社會，在國家，都和天地相連，天地則代表上天。

佛教傳入中國，道教同時興起，佛教的菩薩和道教的鬼神，進入了中國的家庭。大陸福建和廣東的人，遷居到台灣來的時候，同時把鄉里所供的神靈也帶來，建廟供奉，祈求保祐。

歷代中國人的生活，以宗教信仰爲命脈，皇天上帝的信仰帶著「命運」的信仰，流在每個中國人的血脈中。祖先在地或在天「有知」的信仰，流在每個中國家庭裏。超渡亡魂的信仰，由佛道兩教傳入中國社會的各角落，因此，中國傳統的同堂家庭，由宗教信仰而產生，又維持的孝道來守護。

二、支離破碎的家庭

當前台灣的家庭，若用支離破碎來形容，當然有些偏急；然而也真有這種事實。

第一，當前台灣的家庭，是支離破碎的家庭，凡是在中日抗戰以後，從大陸遷來台灣的家庭，都可以說是支離破碎的家庭。這些家庭都不是全家遷來的，不用說兄弟姊妹沒有一同遷來，就是父母子女也沒有一齊遷來。祇要看一年來回大陸探親的人數，便可以推測這種家庭有多少。據說已經有二十多萬人，回到大陸探親；況且還有在政府和軍隊的人員，不能去！

這些遷來的人，沒有把祖先的牌位帶來，更沒有把本鄉所恭敬的菩薩請來，他們都是逃難來的，在台灣重新組織家庭，首先都是克難的房屋，或者是違章建築。過了三十多年，目前經濟發達了，大都住進公寓式的房子了，也大都生男育女，身為祖父母了。可以說原來支離破碎的家庭，目前已經變成安居的家庭了。但是這種安居的家庭，决不是已往祖傳的宗族同居的家庭，祇是夫婦倆人和兩三小兒女的小家庭。當兒女稍大，到外縣市求學時，家裏就只有夫婦兩口了。而且夫婦兩口，都在外面有工作，白天家裏就空空洞洞，沒有人在家了。當日逃到台灣的人，現在身為祖父母，和兒女分居，不能說身體常「老當益壯」，有了病，便少了照顧的人，原先所謂「養兒防老」已經不習用了。這種小家庭實際上雖不是支離破碎，在心理上則多少有這種現象。

何況這種家庭，多多少少還不能安居；因為時代的新潮流吹進了這種家庭。夫婦在外工作，兩方面的思想和感情，屢屢遇到考驗，經不起考驗的便鬧離婚，或者是貌合神離，夫婦的生活不安，子女的生活跟著也就不安了。時代的新潮流把青年子女的孝道又吹滅了！到美國留學的，長住美國，和父母隔著重洋，有時回來探親，最後是回來奔喪。有的住在家裏，到國小國中讀書，因不喜歡補習和考試，習慣蹺課，漸漸變成不良少年，在五光十色的街頭躑躅，或者離家出走，或者很不甘心的半夜回家。這種家庭造成當前的嚴重社會問題，那還能夠安居！

台灣本籍的家庭，在台灣光復時，大都住在鄉間，雖遭遇了戰禍的禍患，但是家中人還是團圓的，常能三代同居，都保有祖先的牌位，和家中所敬的菩薩。後來經濟漸漸發達了，工廠逐漸設立，年青的人從鄉間到工廠作工，在工廠附近居住，逢年假回家過年，一家團聚，原有的同居家庭開始分離了，分離慢慢加多，慢慢加久，鄉間的成人搬到城市裏經商，大學和專科畢業的本省青年和大陸戰後搬來的家庭之青年，相愛結婚，或者就是本省籍的青年互相結婚，也都組成小家庭，和父母分居，這種家庭就和上面所說的支離破碎家庭，多多少少遭遇同樣的命運，父母老了病了沒人照顧。夫婦出外工作，丈夫因職務不能每晚回家，單身的妻子在家就怕歹徒搶竊和強暴。小孩子上學沒人接送，課後回家，父母不在，還有遭歹徒綁架的危險。因而家中產生不良少年，少年犯罪率越來越高。社會進步，退休制度建立，退休人員在家枯坐，心理不安。老年人住進安老院，心情常不平衡。西方國家多有這種現象，政府爲他們設立多種社會福利事業；但是總不能使老年人生活圓滿，社會學家已經主張設法使老年人回到家中，和兒孫同居，享受天倫之樂。

目前，台灣的支離破碎家庭已經不少！中國時報本年十月十七日第四版刊出「親仍在而子不養，悲哉！」又刊出「人心不古，孝道式微」，都舉事爲證。再又刊出「說不清楚『媽媽我愛您』，不良的親子關係，將使孩子的語言遲遲不清」，事實在於媽媽出外工作，沒有時間教小孩學話。同報的十月十二日的家庭生活版刊出「把愛找回來，同享天倫樂」，編者說有一群學有專長，熱心社會公益的青年，組成一個「爲愛」的工作群，積極爲在成長中茫然失措，甚而離家出走的青年，謀求正面而良好的溝通，即使離家，也期望他們不要走得太遠。在許多雜誌裏也可以看到關於照顧小孩的文字，例如「關心我的寶貝」，「讓孩子平安上下學」，「小孩面對陌生人時」，都說到目前社會裏有許多令人爲小孩擔憂的事，大家尋找保護小孩的方法。

目前所謂「單身貴族」的職業婦女也越來越多，台北市政府開始設法建造單身婦女的公寓。退休的人員和老年人更逐年加多，政府和社會人士已經設立幾所老人福利服務所，或老年人康樂中心，更有設立美好的自費安老院。這些辦法當然爲單身職業婦女和退休人員的生活，能有相當的福利，然而在精神上總不能給予「心安神怡」的快樂：因爲人心生來要求家庭的天倫之樂，這些福利事業都不能滿足這種需要。

我祇看到八里鄉的天主教安老院，院裏的修女，以基督的愛心，爲愛基督而愛老人，替老人服務，服務的週到，較比兒子還更好。

若說天主教會的修女和神父，終身不結婚，他們或她們的生活，所有天倫之樂的天生要求，則由宗教信仰以愛天主之愛，而又愛天主之愛來填補，大家都能「心曠神怡」。

三、三代同居的新家庭

我曾在中央日報發表一篇文章，呼籲大家一同推動建立三代同居的家庭。中央日報發行人石永貴先生也於當年的母親節前夕，在報社舉行三代同堂座談會，座談會內容也在報上發表。我對輔仁大學老人班講演三代同居，提出一些建議，全稿在中央月刊發表（民七七年九月號）。在建議中有向政府的建議。隨後各報登載俞國華院長指示經建會與財政部，研究對老年人與子女同住給予減稅或其他優待的可行性；各報又登載內政部許水德部長指示社會司在一個月內，研究兩代同堂與三代同堂的相關問題，提供財政部研擬給予有老年人同住家庭所得稅減免方案的參考，許部長并指示營建署在新建國宅時，應考慮三代同堂的設計與鼓勵。新加坡政府，以老年人安居在兒女家庭內，作為施政方針。

建立三代同居的家庭，我們的政府已經在研究鼓勵的政策，我相信將來可以成為今後的一種新家庭，使「老有所終，幼有所長」，家庭充滿天倫之樂。

三代同居的新家庭，不是三代不分家，是分了家以後，父母和一個兒子或一個女兒同居。同居的房屋不一定在公寓的一戶房子內，可以是兩戶相鄰，或是同一層樓，或是在上層或下層，但是最好是兩戶可以相通。

三代同居的經濟，可以是分開的，父母生活費的負擔，可以事先約定一同方式。

三代同居最重要的事，則在於父母和兒女的心理情況，要先有適應準備。首先是同居的父母，不可以懷有家長的心理，父親不要管兒子或女婿的業務，母親不要管媳婦或女兒的家務，他們要抱著養老安息的心情，讓兒女們自己管理業務和家事，又要懷愛兒女的心情，常以耐心幫助兒女們，另外幫助兒女們教養小孫們。為教養小孫們，同居祖父母也不要把小孫們據為己有，按自己的老方法去教養。同居的兒女則要具有對父母的孝愛，以愛心擔持父母的磨擦，不可使他們感到在家是種贅疣。

在老人福利或康樂中心，在老人大學班，要講解三代同居的心理要素，也要講解小孩和青少年的教養學識，使同居的老年人能夠適應新時代的三代同居，而且在教養小孫輩可以產生優良的效果。同時學校舉辦親職教育談話，也要向小孩的父母們，講解三代同居對於父母要有的心理，即孝心和耐心。

在我們天主教方面，我們要求我們的信友，加強家庭宗教生活，家中供奉耶穌基督和聖母瑪利亞的聖像，早晚，另外是晚晌在臨睡以前，全家三代在聖像前舉行簡短的禱告。星期日全家三代同往教堂，參加彌撒典禮。家中藏有聖經本，星期日或假日，在家庭禱告時，誦讀一段聖經，每餐飯前飯後，作簡短祈禱。每逢家庭喜辰，如生辰，訂婚，結婚週年，均舉行簡短的祈福儀式。在父親節和母親節，兒子以宗教儀式為父母祈福。

天主教又向信友們，時常講解婚姻的高尚意義，夫婦愛情持久的重要，子女教育的重大責任，天倫之樂的純潔樂趣。為這一切的家庭生活之需要，宗教信仰予以正面積極的和負面消極的協助：在正面的協助，以基督的愛心，貫注於家庭的親人心中，基督的愛是服務，是犧牲，甚至於為救人而犧牲性命，家庭親人若是能夠具有這樣的愛心，夫婦的婚姻可以持久不變，父母愛兒女和小孫不為佔有，兒女對父母常想服務盡孝。在消極的負面方面，既信仰基督，便要遵守誡命，基督的最大誡命就是愛人如己，而且還要如同他怎樣愛人而愛人，否則便是作惡犯罪。這種宗教信仰可以是三代同居的安祥生活的保障。

三代同居，雖說年青的兩代，得到好處不少，年老的父母幫助看家，年青的媳婦或女兒，在丈夫晚晌不能回家時，不必恐懼；年幼的孫輩，有祖輩的照顧和教育，脫免流浪和壞朋友的誘惑，安定地長大成人。但是年青一代所受到的麻煩和辛苦，在同居父母老病時，確實非常沉重。這時真正地須要愛心，有愛則可以化辛苦爲甘飴。老年臥病的父母，這時體驗到人生的意義，在子女的愛心裏，圓滿地實現。

目前台灣的家庭，半數以上還是三代同居；然而在社會上，少年犯罪的事實已成一大問題；老年害病的人被子女棄養，也是另一大問題。我們若能及時提倡三代同居，預防少年和老年的問題再擴大或惡化，且能將這些問題逐漸縮小，以增加社會的安定。

托兒所和安老院，當然也是解決這些問題的方法。褓母爲專業化，安老院成爲旅館式的醫院，已往作爲美國和英國的社會福利事業。然而科學不能創造愛心，愛心是天生的，是宗教信仰可以培育的；歐美的社會學家現在開始也在想最好的老年人福利，還是安置在兒女家中生活。我們中國素有孝道的傳統，三代同居的家庭，適應新的社會環境，以新的方式實行傳統的孝道。新加坡政府前幾年開始在中小學教育儒家生活之道，現在又進行三代同居的孝道。我們提倡三代同居既合於祖先的傳統，又合於世界新的潮流，也就是儒家思想現代化的一種方式。

註：

㈠ 古今圖書集成 家範典 頁三二。
㈡ 同上，頁一三。
㈢ 同上，頁九。
㈣ 同上，頁四二。
㈤ 同上，頁五二。
㈥ 同上，頁五三。

宗教與自我

——明心見性——

一行翠柏，一行綠榕，來著一條漫長的水泥路。路的盡頭，立著一尊白石的聖母像，像後的鳳凰樹，葉落枝幹，高聳天際，步步走在水泥路上，冷風吹衣，嘉義也有台北的涼意。看著兩旁的園地，上面的寬闊山地，栽植了整齊的果樹；下面細長的菜園，種植了各色的菜蔬，還養著數十隻雞。看似花園，實乃農場。

園中桂花兩排，高可一丈五，黃花盛開，香氣襲鼻。紅白茶花，夾列桂花中，益增鮮豔。大圓水池中，睡蓮開著花，桃紅素白，互相掩映，雨後翠柏，深綠如洗。

前年來住四天，今年再來，時隔兩年，似乎沒有變化，祇是果樹和菜蔬，愈長愈茂。

這座本篤會院，建在嘉義近郊，園地數千坪。前在開封和北平傳教的美國高福隆神父，於民國五十六年十月動工，於民國五十七年五月落成。院房成長方形，前後兩座，中隔一庭院，前座供來客用，後座爲修士用。聖堂單獨立於中央，可容百人。

本篤會爲歐洲天主教最古老的修會，創立的會祖聖本篤爲第五世紀時人。本篤會修士離塵棄世，入院同居，獨身不婚。生活的座右銘爲「祈禱工作」。每晨四點起床，靜默祈禱，舉行彌撒。中午傍晚，歌誦聖詠。晚間入聖堂，輕聲歌讚。白天則勤於工作，抄書、教書、耕田、種菜。當羅馬帝國被蠻族瓜分時，本篤會修院，保全了羅馬的古本，手抄傳寫，教育蠻族子弟，興辦學校。領導蠻人，耕種田地。羅馬古代文化，賴以保存，且孕育了歐洲後代的新文明，歐洲的本篤會所以稱爲歐洲文化的搖籃。

中華民國的第一任外交總長陸徵祥，從外交界退休後，曾在比國進入聖安德肋本篤會院爲修士，居院二十餘年，甘貧樂道，安享晚年。我曾往比國拜訪兩次，每次和他共處半月，細語長談，得到他外交生活和老妻入院的軼事。我同修士們入堂祈禱，欣賞歐洲最古的歌詠聲調，晚間堂中陰暗微明，兩排長衣黑帽的修士，輕聲細詠。聽來好似遠處天堂飄來的仙樂，心神平靜舒暢。三十年後的今天，尙餘音繞耳！

今天來嘉義本篤會院，走在漫長的水泥路上，緩緩地回想一年的生活，漸漸回到七十二年的一生。我在實行天主教的退省週，檢討一年生活的經歷。

水泥路兩旁，立著石刻的耶穌基督受難像，稱爲苦路像，耶穌當時從羅馬總督衙門，背著刑具十字架走赴刑場，及到釘死埋葬，有十四處痛苦的經歷，十四尊石刻像刻畫耶穌受苦情景。我漫步石像前，默思自己一生的經驗，沒有像耶穌那般的痛苦遭遇；但是精神上有過多少的創傷！日寇入侵，家破人亡，父母未能一面。赤禍殃國，不克歸鄉。民族遭受空前浩劫，教會備受摧殘。來到台灣，建立教區，辦理學校，物慾瀰漫社會，人心不重精神。自己一生，立志進德，常退而不前。捨棄塵世，名色常紛擾我心，有似基督肩負十字，寸步踟躕。惟有一片赤心，長望上天。耶穌埋後，驟然復活，一片光明。從艱難中有安慰；從失敗中有勝利；從毀壞中有成功。菜園中的蔬菜，種子埋在土裏再生，鳳凰樹落了葉然後再開花，人世的工作，沒有失敗不會有成功；沒有痛苦不會有快樂，耶穌復活的石像站在祂的墳墓側，神光閃爍。

草地裏幾隻山羊，平靜地在地上啃草，柏樹下面的綠葉也被吃光。耶穌在福音上曾比譬祂是良善的牧人，牧放自己的羊，爲保護羊群，肯和豺狼打鬥，寧肯犧牲性命。因著基督這種關心信眾的愛心，大家敬愛祂爲救主。我想主教也是牧人，懷著基督的愛心，照顧信眾。我不喜歡人叫校長，但喜歡人叫主教，這種人便提醒我在學校我應有的牧人心腸。

大門口進了十幾個年輕人，走入聖堂下層的大廳，院長教授他們音樂。這座修院的院長樂靄賓神父，是美國一座大學的音樂博士，在輔大華語中心學了中文，將修院每週日的聖詠，譜了樂曲，唱來悠揚中聽。又擔任了青年歌詠團和管弦樂隊指揮，曾到台北八里鄉老人之家，以弦歌安慰老人。

四天，安處在寧靜的修院裏，心境較古代人面居寺院時爲佳。蘇東坡、歐陽修，偶宿寺院，夜聞鐘磬聲，聲徹心靈，但他們不信佛，不能體驗寺僧的心情。我則深信基督，在四處浸溶基督精神的園庭裏，在聖堂同修士歌唱聖詠時，我們共同融會在基督的生活中，聽到心弦的跳動，看到了生命的歸宿。

民國七十二年二月六日嘉義本篤會院

宗教與目標

——這世界已不是我的世界——

近來常對社會多多觀察，又常對自己深深反省，體驗到目前的社會已經不是我生命適合的社會：思想改了，生活評價改了，社會結構改了，生活方式改了，政治的設施改了。我到社會裏去，大家敬重我是一位老者；我發表言論，大家認爲是前一輩人的想法。而我看著社會人士的生活，看著社會常發生的罪惡，看著立法院開會的荒唐，看著各界自救的暴力，我實在看不慣，深刻地體驗到目前的世界已不是我的世界，我的世界已經進入歷史，由歷史走向永恒，就像我所認識的許多朋友，也都已經不在這世界而已進入永恒去了。

十年前，我進入輔仁大學任校長時，毫不費心思就可以和青年學生溝通，我不覺得我已老。目前，和學生溝通，就要費一番心思，推想現在青年人的心理，原先第一年級學生最乖，現在第一年級的學生可能造出許多問題，我自己幾乎跟不上，老字漸漸出現在我的心理上，所以就聘請年輕人擔任訓導長。

可是我仍舊活著；既然我的世界已進入永恒，我就努力向永恒世界而生活。

歷史不是永恒，祇是永恒的痕跡。永恒超出時間和空間，乃是絕對精神的上主。宇宙由祂所造，憑祂的力而變易。宇宙的變易乃是上主神力的表現；表現過了，就消熄在上主的神力內；未來的變易則仍在上主的神力中。

老年人的幸福，便在於能夠超出現世的想望，把想望投入永恒，孔子曾經說：「六十而耳順，七十而從心所欲，不踰矩。」（論語 為政）

我對現世的世界，便無所求，無所望，努力步踵聖保祿宗徒所說：「我活著，不是我活著，而是基督在我內活著。」（迦太基人書 第二章第十九節）

對社會原有的活動，現在減少；對外的言論，逐漸少講，不求人的了解，只有了解人。不是烏龜把頭縮進背殼裏，是收心對越上主，在心內和基督共處。

清晨微亮，聖堂的祭壇上已鋪了祭衣，靜靜地等著和基督共祭，把我自己的生命同基督的聖體聖血，奉獻給天父。日間陽光高照，聖堂彩色玻璃窗發亮；或是天上多雲，聖堂陰沉靜寂，從學校辦公室回到自己的牧廬，對著祭壇上聖體櫃內的基督，忘懷了所有的遭遇。晚間聖堂暗黑，聖體燈長明不熄，同基督長談，暢述一天的辛酸喜樂。

天天加強和天父和基督的交談，再去看今天的社會，山水樹木，青草香花，都是上主所造，顯示上主的美妙，舉心向天，頌謝上主的化工，每天遇到的人，黃的，白的，胖的，瘦的，都是基督的手足，都是天父的子女，天父和基督誠心愛所有人，我怎麼不愛人呢？懷著愛心，只求給，不求取，心就得安寧。

在牧盧獨處的時候，有時能有感覺：老了，被人遺忘了，或是被遺棄了。基督在十字架上，不曾喊說嗎？「我父，我父，爲何你遺棄了我！」這樣基督和我，同病相憐，兩心結合更密切，這種密切的結合，就是永恒的世界，聖保祿宗徒曾說：「吾深信無論死也，生也，天神也，權威也，現在之事也，未來之事也，宇宙間之一切勢力也，浩浩之天，淵淵之地，以及一切受造之物，皆不能使吾人與天主之愛須臾相隔。是愛也，實存乎吾主耶穌基督之身。」（致羅馬人書　八章三八節）

宗教與胸襟

——浩然之氣——

一、何謂浩然之氣

「公孫丑問（孟子）曰：『夫子加齊之卿相，得行道焉？雖由之霸王不異矣，如此則動心否乎？』孟子曰：『否！我四十不動心。』……曰：『敢問夫子之不動心與告子之不動心，可得聞與？』『告子曰：不得於言，勿求於心；不得於心，勿求於氣。』不得於心，勿求於氣，可；不得於言，勿求於心，不可。夫志，氣之帥也；氣，體之充也。夫志至焉，氣次焉，故曰：『持其志，勿暴於氣。』……『敢問夫子惡乎長？

『曰：『我知言，我善養吾浩然之氣。』『敢問何謂浩然之氣？』曰：『難言也。其為氣也，至大至剛，以直養而無害，則塞于天地之間。其為氣也，配義與道，無是，餒也，是集義所生者，非義襲而取之也。』（孟子公孫丑上）

我們在目前台灣的情況中，提倡憂患意識，使國民的精神不致頹喪，招致民族和國家的危亡。但是憂患意識多側重在消極方面，又祇是爲應付一種特殊的局面，對生活的發展有所拘束限制。然爲提高我們的精神，須要積極地培養孟子所說的「浩然之氣」。

甚麼是浩然之氣呢？孟子說這很難講。浩然之氣是至大至剛的氣，可以涵蓋天地。也就是我們現在人所說至大至剛的精神，又可以說是大無畏的精神。

浩然之氣，第一是「大」，「塞于天地」，層次很高，向著至善。《大學》說：「大學之道，在明明德，在親民，在止於至善。」（一章）至善是人把人性發揚到最高點。孟子說：「萬物皆備於我」（盡心上）「仁民而愛物」（盡心下）。

第二是「剛」，「配義與道，無是，餒也。」守道以堅持原則；守義以善盡職責。不怕困難，不畏權威，不受利誘。

第三是「不動心」，心常安定。「內省不疚，夫何憂何懼！」（論語 顏淵）「不怨天，不尤人，知我者天乎！」（論語 憲問）「君子素其位而行，不願乎其外。素富貴，行乎富貴！素貧賤，行乎貧賤；素夷狄，行乎夷狄；素患難，行乎患難；君子無入而不自得焉。」（中庸 十四章）

浩然之義，是以道義爲目標，堅守原則，克盡職責，心常安定的精神。然能有這種精神，孟子說應該「善養」，就是要好好培養。

培養浩然之氣，應走的途徑，第一是立志，第二是氣節，第三是知足。

二、立 志

孟子說：「夫志，氣之帥也」。志，即是目標即是意向。亞里斯多德曾講四因：理因，質因，動因，意因。意向爲目標，在四因中爲最後達到的，在行動中則是最先的。人沒有意向，就不會動。人的活動，常受理智的指揮，常受意向的主宰，意向高，行動的價值高；意向大，行動的範圍大。浩然之氣既然是至大的精神，爲培養便要有高尚的志向。

孟子曾以人有大體有小體，小體爲感官，大體爲心靈，人以心靈爲重。（告子上）培養浩然之氣應有的目標，便應該是心靈方面的目標，追求精神的美善。把價值觀確定在道義上，以發揮一己的才能，成爲一個完人。

確定價值觀的第一步，是孔子和孟子所說的「義利之分」；因爲浩然之氣是「集義所生者」。義是什麼呢？是我所按理該做和可做的事。孔、孟把義和利相對，利是私利，私利爲照自己私慾所做的事。義利之分，便在於理和私慾。

孟子曰：「義，人路也。」（告子上）

子曰：「君子喻於義，小人喻於利。」（論語 里仁）

義理，爲人生的規律，孔、孟稱爲人生之道，或簡稱爲「道」。人的目標在於遵守人生之道。

子曰：「朝聞道，夕死可矣。」（論語 里仁）

「君子憂道不憂貧。」（衛靈公）

人生之道成爲我們的人生原則，人生的原則在於守義，守義則在於不做不合原則的事，做合於原則的事。

子曰：「富與貴，是人之所欲也，不以其道得之，不處也；貧與賤，是人之所惡也，不

以其道得之，不去也。」（里仁）

「消極不做」較比「積極去做」還要難，賄賂和貪污，經濟犯罪和盜竊，都是不該做而做了。

孟子曰：「形色，天性也；惟聖人然後可以踐形。」（盡心上）形色是身體感官，身體感官的慾望爲人的天性；然而祇有聖人才能夠知道怎樣滿足這種天生的慾望，普通的人常牽就這些慾望，不合義理。

孟子曰：「無爲其所不爲，無欲其所不欲，如此而已律矣。」（盡心上）然而這一點雖然很簡單，在實際上非常難。爲養浩然之氣，立下了高尙的志向，第二步就在於實踐。立定了目標，就向目標走：立定了原則，就堅持所定原則。這就是鍛煉意志，自強不息。對青年人的教育，最重要的事就在於這一點。青年人經驗不多，學識不足，對於人生價值和生活目標，常常看不清楚。學校所以要有人生哲學課，倫理教育課、心理輔導課，指導青年去選擇。選擇志向，可以靠教師的幫助；但實踐志向則要靠自己努力，導師祇能告知努力的方法，做要自己去做。

子曰：「譬如爲山，未成一簣，止，吾止也。譬如平地，雖覆一簣，進，吾往也。」（子罕）

孟子指出一項自己努力之道，在於「持其志，勿暴其氣」，就是能夠「忍」。忍，是忍耐、忍受外來的壓力、忍受內心的壓力，切勿暴躁。孟子說：「心勿云，勿助長。」心常把持著自己的志向，不要趕急求得。跌倒了，站起來再走；又跌倒，又站起來再走。自強不息，漸漸可以養成不屈的毅力。修身有毅力，求學有毅力，作事有毅力，便能夠以聖賢為己任。朱熹曾說：「凡人須以聖賢為己任。世人多以聖賢為高，而自視為卑，故不肯進。……然聖賢稟性與常人一同；既與常人一同，又安得不以聖賢為己任？」（朱子語類卷八）

三、氣節

浩然之氣在生活上的表現就是氣節：氣節是抱持道義原則，不受任何壓力的影響。孔子曰：「士志於道，而恥惡衣惡食者，未足與議也。」（里仁）朱熹註說：「心欲求道，而以口體之奉不若人為恥，其識趣之卑陋甚矣，何足與議道哉。」人的心要放在事物以上，以精神為重，孔子因此讚美子由，「衣敝縕袍，與衣狐貉者立而不恥者，其子由與！」（子罕）劉禹錫曾作〈陋室銘〉說：「山不在高，有仙則名；水不在深，有龍則靈。」一所陋室裏若住著一位偉人，陋室必要成為觀光處。

孟子描寫大丈夫的氣節，也就是述說他自己的志氣，他說：

「居天下之廣居，立天下之正位，行天下之大道。得志，與民由之；不得志，獨行其道。富貴不能淫，貧賤不能移，威武不能屈，此之謂大丈夫。」（滕文公下）

大丈夫的氣節非常高，非常堅定。富貴，貧賤，威武，各種各樣的壓力，都不能改變他的態度。爲什麽他能夠有這樣高的氣節？不是自高自傲，也不是避世出世，而是自己有生活的原則，原則又是道義的原則，堅定不移。

「堂高數仞，榱題數尺，我得志弗為也。食前方丈，侍妾數百人，我得志弗為也。般樂飲酒，驅騁田獵，後車千乘，我得志弗為也。」（盡心下）

人家都追求生活的物質享受，孟子的心不在這些事上；他心所想的。「夫天未有平治天下也？如欲平治天下，當今之世，捨我其誰也？吾何爲不豫哉！」（公孫丑下）

先總統　蔣公也有這種氣節：「置個人生死於度外，以國家興亡爲己任。」氣節，是守自己職責的節操，有大無畏的氣概。孟子說：

「生亦我所欲也，義亦我所欲也，二者不可得兼，舍生而取義者也。生亦我所欲，所欲有甚於生者，故不為苟得也。死亦我所惡，所惡有甚於死者，故患有所不辟也，如使人之所欲，莫有甚於生，則凡可以得生者，何不用也？使人之所惡，莫甚於死者，則凡可以辟患者，何不為也？」（告子上）

價值觀以義為上，生死在下，有勇氣去「殺身成仁，捨生取義。」基督教訓人，若愛惜自己的生命，會喪失生命；若為真理而捨掉生命，會取得生命。

四、知足

有些人生來冷靜，不衝動，這是天生的一種長處；但是很可能缺欠感情，接人待物常少人情味。而且冷靜的人並不是遇事不動心。強盜偷竊的人，大多是冷靜的人。有浩然之氣之人，則養成不動心的心境，感情熱切，遇事認真，心不爲外物所動。孔子說：

「不義而富且貴，於我如浮雲。」（述而）

志向高尚，不爲名利女色所累；意志堅強，不爲困難所屈；心便安定。道家和佛教常以心安爲生活的目標，逃避人世的事物，不爲事物所累。儒家的心安，則是浩然之氣的美果。入世和和事物相接，給予事物應有的價值。信守道義，役物而不爲物所役，隨遇而安，事事知足，像《中庸》第十四章所說：「君子無入而不自得焉。」

知足而不動心，孔、孟都因爲能知天命。孔子曾說：「五十而知天命」（爲政）當孔子在匡地畏難時，他安定說：「天之未喪斯文也，匡人其如予何？」（子罕）又一次被桓魋謀害，孔子鎮定地說：「天生德於予，桓魋其如予何？」（述而）孟子因嬖人臧倉阻止而不得見魯平公，他直爽地說：「吾之不遇魯侯，天也！臧氏之子怎能使我不遇哉！」（梁惠王下）有誠懇的宗教信仰，更能安定自己的心。先總統 蔣公在西安蒙難時，因宗教信仰而心定。國父在倫敦蒙難時，也是常祈禱上帝而心安。偉人不信命運，但是相信有天命。

結語

青年們聽了孟子的浩然之氣，可能都以爲這是聖人的精神，是偉人們的氣概；實際上每一個人都可以養成這種精神。當然這種精神不是尋常的事，也不是每天都能遇到的；這種精神，確實是聖賢們的精神。我們天主教不以爲聖人是天生的，也不以爲聖人千百年不見一人；而是相信在我們相處的人中就能有聖人。中國人以爲每行都可出狀元，天主教相信每行都可出聖人。聖人是努力自強，確守道義，克盡職責，仁民愛物，不爲物慾所動的人，每個人無論在什麼職位和境遇，都可以成聖人爲志向。孔子曾說：「三軍可奪帥也，匹夫不可奪志也。」（子罕）

宗教與哲學

最近張曉風先生催促我在中國文化學院成立天主教研究所，因爲基督教、佛教和回教的研究所，已經都先後成立了，使我想到宗教和學術的關係。在現代的學術裏研究宗教的學術，有比較宗教學，宗教考古學，宗教心理學；在文化史裏有宗教史，在哲學裏有宗教哲學。在歐美的許多大學裏還有宗教神學。

在我們中國的思想界，則以研究宗教爲落後。學者如蔡元培，吳稚暉，胡適之都詆毀宗教爲文化史上的陳舊遺蹟，學校裏更不能有宗教科。

中國思想界的這種思想，表示思想進步呢？或者表示故步自封呢？中國由歐美回國的留學生，他們素不留心歐美人的宗教，他們講西洋哲學，不懂士林哲學（經院哲學）；他們講西洋藝術，不能講西洋藝術和天主教義的關係。講歐美思想而不研究基督的福音和天主教教義，是如同講中國思想而不研究儒家的天道和佛教的教義。這不是學者該有的態度；尤其不是學術界的進步現象。

一、宗教與哲學

中國思想界的這種態度，有來自傳統的影響。在中國的思想史上，宗教和哲學沒有發生過密切的關係，諸子百家裏沒有人以哲學的方式去討論宗教，祇有墨子講到了志，以天志作他的哲學根基。儒家雖主張天道，然而多由自然界去討論伸說；道家有一冊宗教兼哲學的書，名爲《抱朴子》，然而《抱朴子》不是哲學書；佛經雖含有哲理，然而不是由哲學觀點去講。宋明理學家本來受佛教的影響頗深，可是他們絕對不談宗教。這種傳統的態度。影響了現代的中國學者，大學都以爲宗教處在學術的範圍以外。

歐美的哲學家從古就不抱這種態度。

希臘的大哲學家柏拉圖和亞里斯多德建立了宗教哲學的基礎，他們用哲學的眼光，研究宇宙唯一的神。在他們以前索克拉德已不讚成詭辯派詆毀宗教的態度，他把神的觀念舉到超現實界，人和神的關係由自己的良心表現於宗教儀式和倫常道德，柏拉圖一神觀念雖不清楚，但是希臘神話裏人神相雜相亂的觀念則已經洗除乾淨了，人和神的結合、是精神的結合，宗教和哲學似乎是融合爲一了。亞里斯多德是理性的導師，他用形上學的理論，說明天主的存在，而是更說明天主的本性，是至高至純的現實，絲毫不雜有潛能，超出物質宇宙以上，可是他不以天主爲造物之主，也不是宇宙的主宰；因此天主和宇宙人類脫離關係，宗教生活便失去了意義。

柏氏和亞氏的宗教思想，是和他們的哲學思想互相聯繫，宗教思想是他們哲學思想的一部份。

新柏拉圖派大師布洛丁把哲學變成了神學，宇宙由一居於天主和人的中央之神所造，這位神乃是智慧的泉源，可稱之爲「道」（Logos）。

天主教大神學家聖奧斯定繼承新柏拉圖派的思想，以「道」代表基督，但承認基督是與天主同性同體。若望福音已經以「道」稱呼基督，聖奧斯定發揮若望的思想。基督降生成人，智慧的光明來照人心，人和天主的關係，在人心內形成密切的關係。

中世紀的天主教神哲學宗師聖多瑪斯，則宗繼亞里斯多德，由理性而不由感情去解析人和天主的關係，用形上的理由，說明天主的存在。天主乃唯一的神，在形上學爲至純至全的現實，而又爲宇宙人物的最高原因。天主造生宇宙人物，掌管宇宙，且救贖人類，成爲人類生存的最高目的。因此，人和天主的關係，是私人的而又是團體的，私人關係在團體關係內乃得完成，這種團體便是天主教會。

實驗性的科學思想在歐洲文藝復興以後，逐漸興盛，人們的注意點，由宗教的超物質界轉到可感覺的科學界，人們的宗教情緒乃漸低落，哲學家對於宗教的研究也多採懷疑的態度。

第一步的表現，是第十五世紀的思想家，他們縮短人和天主間的距離，使天主和宇宙相混，天主變成宇宙的心靈。一神論變成了泛神論，有如儒家的天變成了道家的道。

同時基督新教主張人和神的關係，爲每個人和神的精神關係，不必經過團體性的教會，歐洲學者對於宗教信仰便趨於自然宗教觀，人心自然有追求神的傾向，合於人心的宗教，便是自然界的宗教，而不是超自然界的啓示宗教。

可是宗教無論是超自然的，或是自然的，都含有神秘性，都不能由理性直接去解釋。實徵主義的哲學乃把宗教摒於哲學以外。休謨勉強由心理學方面去解釋宗教信仰的起源，初民信仰宗教是由於畏懼和希望的心情，畏懼自然界不可抵抗的力量，希望一種超自然的威力予以助佑。休謨可以認爲是現代宗教哲學的開始人。

唯心論的康德，由另一方面去解釋天主的存在。天主的存在超乎理性，理性不能解釋。可是人的良知確實知道天主是存在的，因爲人的良知知道有倫理規律，人一定有遵守的義務，良心的規律來自天主。天主的存在乃是人心所有一種超乎理性的絕對現象。

黑格爾反對超乎理性的絕對現象，而以宗教爲理性的辯證進步階級。理性爲絕對精神，絕對精神按照正反合的辯證式的變化，絕對精神的正，爲自我；由自我而成一非自我，非自我乃是自然宇宙；由反而合，非自我再有自我的意識，便成爲宗教。宗教信仰，即是人心有天主的意識，人的精神即是絕對的精神。

康德把宗教和倫理相合爲一，黑格爾把宗教和理性相合爲一，另外一位唯心論哲學家謝萊馬格（Schleiermdcher）則把宗教和感情相合爲一，人的精神生活不能離開神，因爲人的精神由神的絕對精神而來，人絕對應和神相聯繫，而且絕對從屬。在謝氏的思想中，各種宗教的價值相等，每種宗教都能引人的精神伸入神的精神內。

柏格森是當代的唯心論者，他的哲學是相對論和動力論，人的存在乃是永恆向前進步的精神動力，宗教助人的精神向前，宗教的教義信條則祇是精神一時的感觸。

存在論的哲學追蹤謝萊瑪格的路線，以自我的存在，常是在精神痛苦的經驗裏輾轉，人的精神痛苦乃是自身罪惡的意識，人知道自己對於天主有虧缺，卻沒有力量可以自拔，不能上進。人的存在，便是一種求上進而不上進的痛苦經驗。天主的存在，在存在主義的哲學中，有很深的意義。

站在唯心主義反面的唯物主義，對於宗教的看法，也正相反，他們把宗教摒在學術的研究以外，且把宗教驅出人的生活範圍。

休謨的宗教心理論，被孔德應用到社會進化論，把人類進化分成神權君權民權三個階段，宗教係神權時代的制度，在君權時代被保留，在民權時代應該遭清算了。

馬克思的前驅費爾巴克（Feuerbach）認爲宗教所信仰的神，原是人的自我崇拜。馬克思和恩格爾便把宗教認爲資本制度壓迫平民的工具，應予以鏟除。

二、宗教哲學

宗教正式進入現代的學術中，應以宗教心理學爲先，休謨講宗教信仰的心理，開啓宗教心理學的路線。第二十世紀的心理學家乃正式研究宗教心理，詹姆士（W. James）以宗教純粹爲一項心理問題，宗教信仰的發生，由於人的下意識，伸入了神秘境界。溫特（Wundt）用社會心理學研究宗教信仰，以爲信仰發自民族的心理，杜克漢（Durkheim）也認爲宗教係由民族心理所形成，不宜由個人心理去解釋。福洛特根據他的性慾心理學，以宗教信仰爲性慾的昇華。

隨著宗教心理學的興起，遂有比較宗教和宗教考古學的發展，慕勒爾（Max muller）創立語言研究派，根據各國語言，研究各國的宗教。民族學研究派何奪（R. Otto）則從初民的宗教和文化，抽出共同的信仰，以求宗教的原始形式。考古和文化學派的史密特神父由各民族的遠古文化和考古文獻，研究各民族宗教信仰，結論以一神論爲原始的宗教。(一)

但是現代最新的宗教學應該是宗教哲學。

宗教哲學和神學不同，神學是按教義去講宗教，以神的啓示爲根據，沒有神的啓示的宗教，便以神話爲根據。宗教哲學則以理性爲根據。研究宗教的信仰，研究人和神的關係。實徵主義的哲學，不承認可以研究這種關係。他們素來主張人的知識，祇限於感覺的經驗。神既超出感覺以外，不能成爲人的知識對象。人對於神的存在便不能知道，也不能置可否。因此，宗教哲學便不能成立。

但是這一點不是宗教哲學的問題，而是認識論的問題。按照我們的看法，人的智識是可以認識非物質體。孟子已經把人的認識官能，分爲心思之官和感覺之官，心思之官可以思索，思索則是靈的，不被物質所拘束。

對於宗教，我們便可以提出許多問題，我們爲什麼要有宗教信仰？宗教信仰的研究意義在那裏？神是否存在？神究竟是什麼樣？人和神有什麼關係？人生的目的何在？這一問題，都是宗教哲學的問題。

神，天主，當然是超於感覺的，而且也超乎人的理性。神之於人，好似道家之道，不可名，不可言，更好稱之爲無。然而老子、莊子對於不可名之道，也勉強加以說明。人對於天主便也可以勉強予以解釋。

道雖稱爲無，但是老子明明說是先天地生之物。老子對於道的存在，說的很確實，絕不懷疑，我們對於天主的存在，便也可以按理性去推論。聖多瑪斯乃有形上學的五路證據，證明天主確實有。㈡羅素和現代的許多學者，譏笑五路證據爲形上學的空架，不足爲據。可是羅素提不出辯駁的理由，祇能說士林哲學爲中古的陳舊物。㈢現代還有許多人則認爲神的存在不能有科學的證明，神便不存在了。然而在我們所有的智識中，不是一切的事都要有科學的實驗去證明。例如我們人心的思索，是不是可以拿實驗去證明呢？我心裏所想的事，科學是否可以實驗呢？可是你不能因爲沒有實驗，就決定我沒有某項思索。因此羅素也說：科學不能證明天主的存在，也不能證明天主不存在。

神存在的問題，是在科學的實驗以外，但是不在理性的範圍以外。

神究竟是怎樣呢？神既超於感覺、而又超於人的理智，爲不可名不可言的實體，宗教哲學便不能講神的本質究竟是怎麼樣。但是從消極方面我們按照理性去推論，可以說明最高之神，應該是唯一的。唯一的神明不能和宇宙同是一體，祂的本性不能是彷彿不定，不能是繼續變化，否則便不能是最高的神明。因此謂多神，所謂泛神，所謂道家之道，所謂《易經》之太極，都不能是唯一的神明，不能作爲合理的宗教信仰。

再就我們理性的推論法，推論人心的精神美和精神善，應該在天主的本性裏也有；不過人心是有限而又有缺的，天主的本性則是無限而又至完全的；因此我們稱呼天主爲絕對的真善美。這種稱呼，誰也不能說不合理。

以上關於神的存在和本性的問題，是宗教哲學的主要研究對象，爲研究這些問題，宗教哲學一定要用形上哲學的觀念和原則。在天主教的士林哲學裏，宗教哲學便是包括在形上學裏，成爲形上學的三部份。形上學的第一部份爲認識論，研究人所有的認識，有什麼價值？人所有感覺，人所有觀念和推論，是否符合客體事實，有真理的價值，形上學的第二部份爲本體論，研究萬有之「有」和「存在」，研究萬有究竟是什麼。第三部份爲宗教哲學，研究萬有的根源，研究萬有由何而來，萬有若由最高神明天主所創造，因而研究天主的存在和本性。

不接受士林哲學的人，便就不接受士林哲學的形上學，他們的宗教哲學便另成系統。如撒巴提（Sabutier）(四)如謝萊馬克(五)等。至於有一些哲學家根本不承認有形上學，在他們的眼中，宗教哲學就不能存在。

但是那一班不承認有形上學的哲學家或學者，他們也承認人生問題裏有人神的關係問題，有人生的目的問題。

人和神的關係，乃是一普遍的事實，在時間和空間裏，都沒有間斷。這種普遍的事實，應該有一種普遍的原因，學者們多從民族心理方面去解釋，如休謨、孔德、溫特、林克漢等學者，各有各自的主張，有的說是初民的心理簡單，遇到自然界的災禍，尋求超自然力量的保佑；有的說是圖騰崇拜；有的說是社會心理的要求。但是凡是心理現象而成爲一種普遍的現象時，則必具有形而上的原因。宗教哲學便應該探索這種形而上的原因。這種古今同有的宗教信仰的現象，不能用一時偶然的心理去解釋。如說宗教信仰，是因爲初民尋求超自然力的保佑；但是怎樣初民知道有超自然的力量，又怎樣知道可以求這種力量的保佑呢？馬克思和列寧則更簡單，聲明宗教是統治階級造出來以統治人民的工具，以神的賞罰威嚇人民，可是問題還是一樣，怎樣各國的統治階級都想到了神，而各國的人民怎樣又知道神的賞罰可畏呢？心理學是一種實驗科學，科學祇能說明事情是怎樣，而不能說明事情究竟的原因。這一層要靠哲學去解釋。

人生的目的在那裏？大家都知道這個問題，不能由科學去解決。主張科學解決人生目的問題，則等於不願意有答案。宗教則對這個問題列出答案，要求人們相信，人們卻以爲宗教的答案乃是迷信。於是我們怎樣可以對於這個問題，予以適當的研究？適當的研究便是從哲學去研究。死了的人不能給我們講述身後究竟怎樣，活著的人又不甘心一死就完，生死兩字的意義便不是簡單的問題，更不能說本來不成問題，牛馬沒有思索，生死爲牠們不成問題，人有思索，生死爲人便成了問題。

哲學研究生死問題，即是按理性說人活著有什麼目的，有什麼意義？生的界限是死，界限的意義不清楚，人生的意義也就不能清楚。可是死既是生命的界限，也就是理性活動的界限，人的理智力便不能穿過死亡而明白死亡的意義。因此宗教乃來幫助理智超過死亡，而知道死亡以後的境遇。於是宗教的教義都指定人生的目的。

理性不能知道死亡以後的境遇，人們乃稱這種境遇爲迷信。迷信爲信不合理性的事，宗教所信死後的境遇，是不是都不合理性？這又是宗教哲學的研究對象。宗教哲學當然不是比較宗教學，列舉各種宗教的身後觀；可是宗教哲學可以照理性去推論，一種宗教提出死後境遇的信仰，是否合理。

人生的目的，對於人生的倫理道德，是不可缺少的基礎。普通一般人，便都承認宗教有益於人心道德。不信宗教而談道德，等於福音上耶穌所講的譬喻，在河灘上建造房屋，風一吹，雨一打，房屋就倒塌，因爲房屋沒有基礎。㈥目前各國社會的現象，不在證實這一點？

宗教的研究，可以成爲宗教哲學，已不容置疑。宗教哲學的研究，在大學的課程中可以有，而且應該有，也不容置疑，研究宗教以明瞭世界各民族的文化，研究宗教以知道人生的意義。

三、人生的目的

我們選擇人生的目的一個問題，從宗教哲學方面加以研究，我們所本以研究的教義，爲天主教的教義；但不從宗教神學的立場，而從哲學的立場，看對這個問題的答覆，藉以表示宗教和哲學的關係。

1. 中國思想家的意見

莊子的妻子死了，惠子去弔祭，卻看見莊子坐在地上鼓盆而歌，惠子很不滿意向他說；你的太太，跟你同居那麼多年，替你養了兒女，又服侍了你的老年，今死了，你不哭已經夠了，你卻鼓盆而歌，這不是太過分嗎？莊子答覆說：不是，當妻子死的時候，我真是想哭，後來一想，當初本來沒有她，不但沒有她，連她的形和氣本來都沒有。後來渺渺茫茫之中有了氣，氣成了形，然後生了她，現在她又死了，回到大氣裏面去了，如同春夏秋冬一樣，循環不息。人家正安息在大氣裏，我卻去嗷嗷地哭，我以爲是不知人生的意義，所以我不哭。

(七)生死乃如同白天黑夜一樣，互相繼續，沒有什麼意義。人的一生就任其自然，莊子還有一個喻言，說：莊子一次作夢，夢見自己成了一隻蝴蝶，飛起來很得意，醒來了，自己又是莊周，他卻懷疑自己究竟是蝴蝶呢？還是莊周呢？(八)因此，李白在〈春夜宴桃李園序〉說：「浮生若夢，為歡幾何？」他們是以人生沒有目的，只要能夠享受一點快樂就夠了。

孔子呢？季路問事鬼神：子曰：「未能事人，焉能事鬼。」問死，曰：「未知生，焉知死？」(九)

儒家不談人死後的問題。既不談死後的問題，人活在世上究竟有什麼意義？儒家以天道為人生的大道，人按著天道去生活，生活便有意義。《易經》說：「天行健，君子以自強不息」（乾卦），人的一生應該常是向上，天天求進步。孔子也說了：天何言哉！四時行焉，萬物生焉！天何言哉！」君子自強不息，可以有什麼好處呢？《中庸》說：「唯天上至誠，為能盡其性。能盡其性，則能盡人之性。能盡人之性，則能盡物之性。能盡物之性，則可以贊天地之化育，可以贊天地之化育，則可以與天地參矣。」（傳二十三章），《易經》說：「夫大人者，與天地合其德，與日月合其明」（乾卦文言）君子自強不息，可以和天地相合，永久不滅。這就是儒家所說的不朽。《左傳》有三不朽論，即立德立功立言。

文章、功業和德行，可以長久存在。一個人若在這三方面有了成就，便可以和日月長明了。中國的古人，有許多人是有這種抱負的。這種抱負便是他們生活的目的。

佛教傳到了中國，給中國人帶來了一個新人生觀。佛教說：萬法皆空，唯有真如，人因自己無明，妄以萬法為有，以自己為有，弄成了物執和我執。人生的目的，在破除物執與我執，明白萬法皆空，物我兩亡，以進入涅槃，而回到真如，人若沒有達到這個境界，便要輪迴再生人世，在輪迴投胎以前，還有地獄以罰人的罪惡，這種信仰，對我們中國人的影響很。大部份的中國同胞，都相信佛教的地獄和投胎再生。

到了民國時代，思想革新，讀過書的人，都不願信佛教的輪迴了，他們的人生觀呢？胡適之曾經答覆了這個問題。他說：「生活的為什麼，就是生活的意思。人同畜生的分別，就在這個為什麼上。」(十)生活的意思何在？胡適之主張以社會不朽論，改正儒家的三不朽論。他主張：「我這個小我不是獨立存在的，和無數量小我有直接和間接的交互關係的；是和社會的全體和世界的全體都有互為影響的關係的；是和社會世界的過去和未來都有因果關係的：……小我是有死的，大我是永遠不死，永遠不朽的。……我這個現在的小我，對於那永遠不朽的大我的無窮過去，須負重大的責任；對於那永遠不朽的大我的無窮未來，也須負重大的責任。我須要時時想著，我應該如何努力利用現在的小我，方才不辜負了那大我的無

窮過去，方可以不遺害那大我的無窮未來。」㈩

這種社會不朽論，和今天在大陸上橫行的共產主義有點相同，共產主義以物質不滅，永遠存在，物質在人類社會的變化，即是階級的變化。個人小我沒有價值，只有階級團體有價值。個人是爲階級的鬥爭，進化而生存。

不贊成這種人生觀的人，把儒家思想另外加以解釋。錢穆先生可以作這班人的代表。錢先生說：「人生只是一個嚮往，我們不能想像一個人沒有嚮往的人生。……中國儒家的人生，不偏向外，也不偏向內，不偏向心，也不偏向物。……因此儒家思想走不上宗教的路，他不想在外面建立一個上帝，他只說性善，說自盡己性，如此則上帝便在自己的性分裏。……儒家思想並不反對福，但他們只在主張福德具備。只有福德具備那才是真福。……飛翔的遠離現實，將不是一種福，沉溺的迷醉於現實，也同樣不是一種福，有福的人生只要足踏實地，安穩向前」。㈩可是讀完錢先生的《人生十論》，你只知道儒家的新解釋，但是你並不能明瞭人生的意義究竟何在。

2. 天主教的信仰

甲、人的靈魂不死不滅

儘管反對宗教的人怎樣批評說靈魂不滅的信仰是迷信，他們也反駁不了我們的理由。我們仍舊可以相信靈魂不死不滅；而且這種信仰是一種合理的信仰。

孟子曾經說了人有大體和小體，大體爲心思之官，小體爲感覺之官，心思之官爲靈，爲精神。（告子上）

人之心爲精神，心即是人的靈魂。精神體的靈魂應該不隨物質而消滅。人在死時，他的生命停止了，我們說這個人不存在了。但是他的靈魂既是精神體，靈魂便可以離開屍體而存在。這不是不合理的事。

人的一生，心中所有的欲望很多很高，可以說是無限的。在肉軀一方面的慾望，如飲食男女之欲，那是到了相當程度就滿足了，而且可以厭倦。在精神一方面的欲望，如對於真善美的要求，則是無止境的，可是沒有一個人在生時，可以滿足這些慾望，假使在死的時候，靈魂也滅了；那豈不是一切的人心中所有的同樣欲望，都不能滿足；這種欲望便是不合理的。一切的人，生來心中就有不合理的要求，這是說不通的。因此便該有精神要求滿足的機會，這便是身後靈魂的永生。

在社會上人心的好壞，絕對不能由事業的成敗和生活的享受去評判。有多少的好人受苦，有多少無辜的人受冤枉，他們到死都不能表白自己的心跡，難道就這樣完結了嗎？假使是這樣，人又何必是好人？儘管你說人是爲立功立德立言，人是爲社會而生存，可是這些目的，爲這些人都沒有用，而且也沒有影響，因此便該有一個使正義昭彰的時候，這就是身後的永生。

因此我們相信，福音上所講的靈魂不死不滅。這種信仰，很合乎情理，也合乎人心。

乙、靈魂應歸於天主

靈魂是精神體，精神體的能力不受限制；精神體便應歸向一絕對的精神體。

靈魂是心思之官，心思之官追求至上的真理，追求至高的善德，追求最完全的美好。天主乃是絕對的精神，便是絕對的真美善，因此，便是靈魂所嚮往的目的。

一個人所求的，不能是他自己，因爲他自己不能使自己滿足。然而每個人又都是求使自己滿足；即是胡適之先生罵信教的人，行善爲求天堂的幸福，乃是自私，他提倡爲社會而犧牲。可是胡適之先生他什麼時候作事離開了自己？他所作的事，不是也求自己精神上的滿足嗎？爲社會工作而以社會爲自己的永生，這是不能使人人滿意的。人生的目在那裏呢？應該在絕對不朽的精神體；自己的靈魂不滅，便可以永遠和絕對精神相結合，而後自己所有的正當要求，都能得有滿足。

丙、這種目的是最高尙，最完善

現代有些學者，批評我們天主教提倡愛天主，是使人把人生目的放在我們以外，而且這個目的離人很遠，空虛渺茫。他們不知道天主是在人以外，可是也在人以內，天主離人很遠，卻又離人很近。若完全在我們以內求人生的目的，那是以自己爲目的，人生的意義不能完滿。若完全在我們以外求人生的目的，目的便和我們不相關，人生的意義也就不能滿全。

我們歸向天主，乃是使我們精神趨向天主，和天主相結合，精神體不受地域限制，不受時間限制，天主和我們是沒有距離的。

我們的精神，歸向天主，往絕對精神體。絕對精神是至善至美至真。我們趨向絕對的真美善，我們便是日常向真美善前進。這是「君子自強不息」；這是以「天主之心爲心」，這是參加天主的化育。這種目的，還不是最高尙的目的嗎？

我們的精神歸向天主，我們相信天主愛我們，我們是天主的子女，那麼世上還有什麼事可以使我們不安呢？天主愛我們，我們愛天主，有什麼災難可以使我們害怕呢？聖保祿宗徒曾經說：「因爲我深信；無論是死亡，是生活，是天使，是掌權者，是現在的，是將來，是有權的，是崇高的，是深遠的，或其他任何受造之物，都不能使我們與那在我們主基督耶穌之內的天主之愛隔絕。」（羅馬人書八 三十八——三十九）

有了這種目的，人心必定是穩固安定的。人心安定，便是人生幸福。

註：

(一) W. Schmidt, Der Urs prung der gottesidee, Eine historische kritische und positive Stude 12 vol., M*nster-viena 1926-55.

(二) Jt. Thomas Summa theologica. Z. 9.2.a.3.

(三) Bertnand Russell Why I am not a Christian. (traduzisne laliuna) Milano, qd, 9.

(四) A. Sabatier Esguisse d' une philocohie de la religion. paris 1901.

(五) Schleiermocher. Ueber die Religion. Berilin 1799.

Hatano Se*che, Philosophy of Religion 宗教哲學 吳振坤譯 臺南 民國五十七年。

(六) 馬竇福音 第七章第二十六節。

(七) 莊子 至樂篇。

(八) 莊子 齊物篇。

(九) 論語 先進篇。

(十) 新生活 胡適文存 第一集 卷四 頁七二五。

(十一) 不朽（同上）。

(十二) 錢穆 人生十論 第一講 人生路向。

宗教與倫理

「天命之謂性，率性之道謂，修道之謂教。」（中庸　一章）這三句話說明了宗教和倫理的關係。倫理是人生之道，即是中國古人所講的人道。人道來自天道：

「天地之道，可一言而盡也！其爲物不貳，則其生物不測……。大哉聖人之道，洋洋乎發育萬物，峻極于天。」（中庸　二十六、二十七章）

這種思想發自《易經》：

「天行健，君子以自強不息。」（乾原）

「地勢坤，君子以厚德載物。」（坤原）

孔子自己也以這種思想作自己思想的中心。

「子曰：『予欲無言。』子貢曰：『子如不言，則小子何焉？』子曰：『天何言哉！四時行焉，百物生焉，天何言哉！』」（陽貨）

宋明理學家，結合《易經》和《中庸》大學的思想，更明白提倡人道應以天地之道爲本。周濂溪：

「立天之道，曰陰與陽。立地之道，曰柔與剛。立人之道，曰仁與義。原始返終，故知生死之說。」（太極圖說）

這種天道和人道的思想，是不是從宗教觀點看倫理？我認爲中國古代的倫理觀念是由宗教出發，又由宗教去完成。《易經》說：

「天生神物，聖人則之。天地變化，聖人效之。」（繫辭上 十一章）

《書經》和《詩經》更多有這種思想的文據。我就根據中國古代的倫理思想和我們天主教的倫理思想，來談倫理。

一、倫理規律是上天之命

《中庸》第一章說：「天命之謂性，率性之謂道。」人生的倫理在於「率性」，「性」則是「天命」，遵照天命去生活，便是倫理。倫理規律由於上天所定，遵守上天所定倫理規律，乃是行善。

孔子最重禮，以禮爲人生的規律。他說：「非禮勿視，非禮勿聽，非禮勿言，非禮勿動。」（論語 顏淵），禮是怎麼製成的呢？禮由聖人所製，聖人按照天道而製禮。

「孔子曰：『夫禮，先王以承天之道，以治人之情，故失之者死，得之者生。』」（禮記 禮運）

天主教倫理的基本規律是十誡，十誡由天主親自所訂，親自所頒佈，舊約出谷記第二十章詳細記述頒佈十誡的史事。同時，天主教的倫理認定人性作標準，人性有天理良心。良心所示，便是規律，人該依從。良心的天理，也是來自天主的意旨。

因此，倫理的規律，乃是代表天主的意旨。

現在許多哲學家和思想家都不承認這一項原則。他們既不承認有不變的性律，更不承認有規定人性的神。在他們看來，倫理規律乃是人因著社會環境的需要而造成的，再藉著傳統的心理潛力，在社會上變成了習慣法，於是便有管制人心的制裁權威。時勢一變，倫理規律也就隨著變。

他們對於倫理的意義也和以往哲學家的主張不同，他們主張倫理的意義不是在行善避惡，而是在使人格合理化或使人生美化，倫理使人除去野蠻的習性，使社會更進於文明。

但是我要問一句：誰造倫理規律，他們答說倫理爲人所造，在上古爲先王聖賢，在中古爲皇帝和名士，在現代爲民眾。我再要問一句：倫理規律既是人所造，人造倫理依照社會的需要，因此，現在在民主社會裏，應該是每個都可以造自己的倫理規律了？假使不是每個人都可以造倫理規律，至少一個人民團體可以造自己的倫理規律。可是，這樣，規律就不成爲規律，倫理也不成爲倫理了。倫理是人和人的關係所有的規律，假使父子對彼此間的關係，各有各的理想，各按各的理想規定自己的行動，關係或者歸於破裂，或者歸於混亂。倫常之道應當具有共同的規律，這種規律的權威，不能來自每個人或每個團體，而是來自創造人物的天主。

康德對於純粹理性，曾嚴厲予以批評，使人對於理性智識表示懷疑；但對於人的實際理性，則非常推崇；認定人的意志，接受道德律的絕對命令，指導人的生活。「所謂善或至善，即能完全遵從此種道德律而行事之表現也。……故最高善之可能性，只有在此最高睿知者（天主）之假定下，始可設想及之。此種假定，在理論方面，即是假設，在明瞭實踐關係上之需要方面，則是信仰；此信仰爲純粹合理信仰，因純粹理性，始能爲合理信仰之所由生。故神之存在，爲純粹實踐理性之又一基準也。」㈠

康德不是爲宗教作宣傳的人，他按形上學的觀念去推論，認定神的存在，乃是倫理道德的基礎和標準。康德所講的道德律爲行動的形式，由每個人的意志去決定，可是意志決定的執行力，則來自最高意志之神。

《中庸》以人性爲行動的形式或模型，人性模型來自天生不由人造，《中庸》因此稱「天命之謂性」。人性的道德模型來自天命。

二、倫理制裁是怕獲罪於天

倫理規律雖是一種形式，可是這種形式不是外在的，而是內心的。人的內心是自己的意識，是自己的良心。爲善避惡，就發自每個人的良心，王陽明說：

「良知在人，隨你如何，不能泯滅，雖盜賊亦自知不當為盜。喚他做賊，他還忸怩。」(二)

《中庸》教導人愼獨：

「道也者，不可須臾離也，可離非道也。是故君子戒愼乎其所不睹，恐懼乎其所不聞，莫見乎隱，莫顯乎微，故君子愼其獨也。（中庸 一章）

假使倫理規律是人定的，那就和法律沒有分別。守法在乎外面遵守法律，不需心裏甘心守法。人所看見的是外面的行爲，不能看到內心；人所規定的法律也只能範圍人的外面行爲，不能範圍人的內心。因此，人又何必慎獨？既然沒有人看見，自己便可任意。但是這就是倫理和法律的不同點，法律只治外面，倫理則治內又治外，法律禁止通姦，人只要沒有犯姦的行爲，便不犯法；倫理禁止通姦，不僅禁止通姦的行爲，也禁止通姦的意願。基督教訓人說：

「見婦人而起淫心，心中已犯姦。」（馬竇福音　五章二八節）

孔子曾談德治和法治的分別，

「道之以政，齊之以刑，民免而無恥。道之以德，齊之以禮，有恥且格。」（爲政）

倫理的制裁達到人的內心，人爲遵守倫理規律要誠心去遵守；否則，外面雖遵守了，內心不願遵守，並沒有行善，而是作惡。《中庸》乃特別強調「誠」。

「誠者，天之道也。誠之者，人之道也。」（中庸 二十二章）

倫理規律制裁人的內心，而人的內心不能被任何人所制裁；共產黨可殺反共義士，但不能使義士的心不反共。倫理的制裁力便不能來自任何人，必是來自神，神明鑒照人心。孔子曾說：

「吾誰欺，欺天乎！」（子罕）

人自對良心，不敢欺自己的良心；良心若是我自己造的，我隨時可以改變良心，又何必怕，大家都知道良心不能隨便改，人背良心，就受良心指責，良心高於自己。不是自己造的，乃是上天所命。人對良心，就是對上天；孔子所以說：難道我可以欺天嗎？

現在的相對倫理論，稱任論，和反對傳統道德論，可以使人的良心以惡爲善，以善爲惡，共產黨以鬥爭父母爲勇爲誠，嬉皮以污穢爲美，竹林七賢以袒體裸裎爲好；但是在他們心裏，他們還是願意行善避惡，只可惜他們把善惡的觀念顚倒了。

又有一些社會學者或一些哲學者，認爲人的良心也是人的產物。人的良心是由於社會環境和遺傳所造成的。中國人原先訂婚務必要有媒人，沒有媒人而直接訂婚是不好的事，這種良心乃是社會遺傳所造。中國女人原先要纏脚，以放脚爲醜，這種良心也是社會遺傳所造。因此良心上的一切規律都是幾百年或幾千年的遺傳所成。這種主張從社會學觀念去看，缺點很多，因爲把風俗和良心混合一起。假使良心不是天生的，原始的人類始祖怎樣可以由遺傳而給後人產生良心呢？進化論的學者要說，整個人可以由猴子進化而來，何況人的良心不能由進化而來呢？然而進化的學者卻又說：不進化的原始人，最怕良心指責，現代進化的文明人則知道良心由遺傳而來，不怕良心了，越進化越沒有良心，這不是自相矛盾嗎？若從哲學方面去講，良心根本不能由人所造，只能由人去培植。良心辨別善惡的能力，孟子稱爲良能，王陽明以爲是不學而能，這種良能不能由後天遺傳所生。㈢

三、倫理的賞罰由上天（天主）而完成

人們爲什麼怕良心的責罰呢？我們說是怕獲罪於天，爲什麼怕獲罪於天呢？怕天的責罰。無論從那個宗教去看倫理，善惡都將得神的賞罰。

佛教的信仰，以因果關係最重，現世種因，來世必有果報，人死後的五趣和六趣，就是因果互相對應。在現代文明人看來，這種報應未免過於機械化，而且全部屬於迷信。

儒家雖不是宗教，卻會有宗教信仰，儒者信有上天，信有善惡的報答。儒家以現世爲宗，以家族爲一體，儒者所信的報答便是家族的現世禍福。「積善之家，必有餘慶」；作惡的人，子孫遭殃。」這就是儒家的倫理賞罰。

天主教當然信來世的賞罰，信有天堂，煉獄與地獄，每個人的思言行，都要受天主的審判。善者，永遠與天主相結合，欣賞真善美；惡者，永遠離開天主，受地獄火刑。

凡是人都相信善惡必定得報應；然而現世的報應，實在不足以賞罰，反而作惡的人多得勢，多有現世的享受。生在窮家的人終生勞苦，忍苦耐勞，受人欺侮凌辱，他們大都是善良百姓，一生不得有現世的福樂。生在富家的人，或是奸邪的人用不法手段而起家，他們驕奢淫逸，卻一生有享受。善惡的報應究竟在那裏?只有相信身後的賞罰，以求完全的公平。

倫理的制裁力，產生於神的賞罰。一種制裁力，若沒有賞罰的實踐，制裁力就失去效用。有些人主張倫理的尊高，就是在於不用賞罰而能制裁人；若倫理有賞罰則流於與刑法同等。修德行善的人，不是用心謀求賞報；否則居心不正，情同小人。孟子明明說：

「今人乍見孺子將入於井，皆有怵惕惻隱之心，非所以內交於孺子之父母也，非所以要譽於鄉黨朋友也，非惡其聲而然也。」（孟子　公孫丑上）

這一點當然對的，人行善不是爲求賞，人避惡不是爲怕罰，人行善避惡乃是因爲應該行善應該避惡。但是爲什麼應該行善避惡？那是因爲善惡的本身，爲著善而行善，爲著惡而避惡。可是賞和罰就來自善惡的本身。善是合於人性天理，惡是背於人性天理，合於人性，有利於人；背於人性，有損於人。例如飲食，若合於人性天理，則足以養身；若背於人性天理，或過或不及，則有害於人身。養身是利於人，損身是禍於人。善惡的行爲屬於人的精神生活，善惡的利害就在精神生活上實現。善行足以發揚精神生活，惡行足以損害精神生活，對於精神生活的利或害，乃是倫理的賞罰報應。這項報應出自善惡的天然，不必人去追求，自然實現出來。人的精神生活，以追求真善美爲目的，天主乃是全真全美全善的實體，人行善則和天主相結合，行惡則和天主相隔離；這就是天主教所信的天堂地獄，人生的最後賞罰，人生的最終目的。現世的或來世的感覺性福利災禍，不足以成爲倫理的賞罰報應，只能作爲行善避惡的助力。

倫理行爲對於精神生活的利或害，既然出自善惡的本身，因此人的天性良心就趨善避惡，人若背良心而行事就有良心的指責。這種倫理善惡的天然報應不來自人，也不成於人，而是來自創造人性的天主，也成於鑒造人心的天主。

由宗教觀點去談倫理，可以說明倫理的來源和目的，可以談得徹底，也可以腳踏實地。當然，不是一切的倫理規律直接來自天主，良心對善惡辨識也不完全出自天生，兩者都有後天人造的因素；但是人造因素要以天主的旨意作根基，否則倫理會像寄生在樹上的雀羅，以社會作寄生的樹，隨著樹的境遇而變。

良心的譴責爲精神的譴責，帶有精神的利和害；精神來自真美善的天主及歸真美善的天主，倫理規律乃能制裁每個人的心，不分強弱，不分貴賤，不分貧富。若是抹殺了真善美的天主，倫理便失去制裁力。

現在世界的社會倫理，處處動搖，事事混亂，人人自私，根源就在於倫理脫離了宗教，失掉了自己的基礎和重心。

但是宗教和倫理的關係，不能反倒過來；因爲宗教必定講求倫理，講求倫理並不是宗教。普通人都認爲宗教勸人爲善，勸人爲善便是宗教的存在意義和目的。我們以我們宗教的意義，在於講解並實踐天人的關係，指示人生的目的。倫理乃是天人關係中的一種，是助人達到生活目的之途徑。

民六十年十月七日天母

註：

㈠ 吳康　康德哲學　現代國民基本知識叢書　頁二三二——二三三。
㈡ 王陽明全書　卷三。
㈢ 周克勤　道德觀要義　臺灣商務印書館　民五九年　上冊　頁二五一。

宗教信仰與中華民族

爲研究現代中國人對宗教信仰的心理，應從兩方面去研究：一、從以往中華民族的宗教信仰去研究；二、從現代中國人的思想和生活環境去研究。第一方面的研究，使我們認識中華民族祖傳下來的宗教信仰，和中華民族素來對於宗教所有的心理態度。第二方面的研究，使我們認識現代西洋思想和社會生活，怎樣影響了當代中國人的宗教信仰，造成沒有宗教信仰的心理。這兩方面的研究就是這次講習會的第一組題目。

我所要向大家講的第一方面的研究，即介紹中華民族祖傳下來的宗教信仰。

一、中華民族固有宗教信仰

——儒家的宗教信仰

在講中華民族的思想史時，大家都以儒家代表中華民族的正統思想。

儒家思想不創自孔子，孔子曾說他自己：「述而不作，信而好古」（論語 述而篇），他繼承堯、舜、禹、湯和文、武、周公的思想。儒家的基本典籍五經或十三經，乃是中華民族文化的最古典籍。自漢朝起，直到民國，二千多年裏，儒家獨尊孔子為中華民族的至聖先師。

我們要研究中華民族的宗教信仰，便不得不研究儒家的宗教信仰。

1. 儒家的宗教信仰

甚麼是儒家的宗教信仰？

儒家有一位獨尊的神，稱為上帝，或稱為天，也稱為皇天上帝。從中國最古的甲骨文和金石文，以及最古的書經和詩經，我們可以知道中華民族信上帝是無形無像，至尊至上，造生人物，掌管宇宙，選擇君王以代天行道。上帝又是大公無私，賞善罰惡；而且是無所不知，無所不能，永遠常存的。

《詩經·大明篇》說：「皇矣上帝，臨下有赫；監視四方，求民之莫。」

在皇皇上天之下，有天神地祇。《書經·舜典》說：「肆類於上帝，禋於六宗，仰於山川，偏於群神。」天神有六宗：即日、月、星辰、風、雷、雨。地祇有社稷、名山、大川、和五祀；五祀爲家中之神，即門、行、戶、灶、中霤。

儒家宗教信仰中最深刻的一點，則是對於祖宗雖死猶生的信仰。《詩經》的〈周頌清廟〉一詩，祭祀文王，以文王的魂，降來饗祭。中華民族在古代又信鬼，信人死後可以成鬼。

儒家的宗教生活爲祭祀。祭祀中最隆重的，爲祭天的郊祭。祭天是敬天的大典，由皇帝主祭。第二種祭祀爲祭地，稱爲社祭，也由皇帝主祭。皇帝的第三種祭爲祭祖，祭祖是在太廟行祭，禮記祭法篇說天子七廟，諸侯五廟，大夫三廟，適士二廟，官師一廟，庶人沒有廟，在家裏祭祖。所謂七廟，五廟，三廟等，是說在祖廟裏有七殿，五殿等，每殿供一先祖靈牌。普通都是祭五代先人，皇帝則加祭開國的兩代祖先。祭祖爲全國最普遍的祭禮，家家都祭。但祭祖可以是宗教典禮。也可以爲社會典禮。對於其他天神地祇的祭祀，由政府官吏行祭，然而儒家不甚鼓勵這些祭典。唯一的隆重的祭祀，乃是祭孔，但是祭孔已是社會典禮了。

2. 儒家的人生觀和倫理

儒家的這種宗教信仰，對於日常的生活不發生關係，因為儒家的人生觀是一種現世的人生觀，孔子說：「未知生，焉知死？」「未能事人，焉能事鬼？」（論語 先進篇）現世的人生觀以現世的人生為中心，一切都集中在現世的人生。

《易經》是現世人生觀的哲學基礎，《易經》所謂的哲理，為宇宙的變易，所以說「易」，即是變易。宇宙變易的目的和趨向，在於天地萬物的發生，所以又說「易」，即是「生」。《易經》說：「生生之謂易。」（繫辭上 第六章）孔子說：「天何言哉？四時行焉，百物生焉；天何言哉？」（論語 陽貨篇）《中庸》講人的精神最高境地，在於參天地的化育（中庸 第二十二章）。明朝王陽明也說：「大人者，以天地萬物為一點者也。其視天下猶一家，中國猶一人焉。」（王陽明 大學問）儒家的人生觀，乃是一個「生」字。求發展自己的生存，也求發展別人的生存，以至於發展宇宙萬物的生存。於是有家族延續人生的信念，又有世界大同的主張。

儒家現世人生觀的倫理，便是一種實踐的倫理，是日常生活之道。儒家的倫理以倫理為目的，使日常生活成為倫理的生活。儒家的倫理和宗教信仰不發生密切關係，不是宗教生活的一部份，也不是爲追求一種超現實的精神生活。

因此，自孔子以來，儒家不講宗教。宋明理學家談修身之道，也從來不提宗教信仰。但是儒家的現世人生觀並不是無神的人生觀。儒家的實踐倫理也不是無神的倫理。

儒家的人生觀以「生」爲中心，而不是以人爲中心，「生」是宇宙的生存。宇宙由陰陽兩氣而成，陰陽兩氣，互相變化，循環不息，宇宙繼續變化，繼續存在。人的生命乃是宇宙生命的一部份，也是宇宙生命的最高部份。我們每一個人，就要知道自己和宇宙爲一體，使自己的生命和宇宙的生命相結合；這樣雖然死了，仍舊與天地同在。《易經》說：「夫大人者，與天地合其德，與日月合其明，與四時合其序，與鬼神合其吉凶。」（乾卦 文言）儒家的人生觀因此充滿了天地宇宙，卻沒有宗教的信仰。

但是儒家信宇宙天地由上帝所造，由上帝掌管；而且還信人由上帝統制。

儒家倫理的基礎，在於天理，天理出於天命，《中庸》說：「天命之謂性，率性之謂道。」

3. 宗教信仰和人生觀及倫理的關係

這種信仰和思想，在儒家的人生觀和倫理有了甚麼影響？

儒家相信人與天地爲一體，天地一體的代表爲皇帝，皇帝一方面代表天，統治萬民；一方面代表萬民，敬禮上天。皇帝敬天畏天，遵守天命。每個私人和天則很少發生關係。在宇宙生生的繼續中，家族代表人生的繼續。人的生命由天而來，家族和天便發生關係。在家族中代表天的，是父母和祖宗。因此，每個人和天的關係，是間接經過皇帝和父母。忠孝兩德，乃是儒家的兩種最重要的德行，但都不是直接以天爲對象。

儒家的人生觀和倫理，在基礎上是建在宗教對天的信仰上，在實行上則不直接和天發生關係。

可是這種態度，祇是儒家思想在學者心理上的反映，古代一般的中國人，在日常的生活上，則有濃厚的宗教色彩，充滿了信神信鬼的信仰。甲骨文爲最古的文字，是爲卜吉凶；中國最古的詩歌除《詩經》外，就是《楚辭》。《楚辭》有〈九歌〉，爲祭九神的歌章：〈東皇太一〉、〈雲中君〉、〈湘君〉、〈湘夫人〉、〈大司命〉、〈少司命〉、〈東君河伯〉、〈山鬼〉。《楚辭》又有〈國殤〉、〈河伯招魂賦〉，每篇都充滿了鬼神的思想、代表古代民間的宗教生活。

不過，這種民間信仰，不受儒家的鼓勵，孔子曰：「務民之義，敬鬼神而遠之。」（論語 雍也）

二、佛教的宗教信仰

佛教在漢末傳入中國以後，經過南北朝到隋唐，傳遍了中國。在這段時期中，雖然佛教僧侶盡力翻譯經典，經律兩藏已得完成。可是佛教信仰傳遍中國的工具，不在所翻譯的經典，因為可以讀懂佛經的人實在很少。佛教在中國所以廣傳的理由，是在於能夠看到儒家思想的缺欠，又看到人民的要求，乘虛而入。

儒家在民眾生活上的第一個缺欠，是不顧身後。身後的生死問題乃是切身的問題。祭祖的祭祀也和身後的問題密切相關。佛教以因緣論而講輪迴，由輪迴而講地獄，由地獄而講超渡，提出有系統的身後信仰。這種信仰彌補了儒家的缺欠，中國人民完全予以接受。中國民間所流傳的佛教，就是這種佛教的身後信仰。中國古代最大多數的人，不長齋念佛，不讀佛經，也不守佛戒。但是在父母喪葬時，就要請僧侶來誦經，設道場，立醮壇，燒紙錢。地獄惡鬼的思想，充滿鄉村，幾乎每一個中國人，都在這一方面成了佛教的信徒。在現世的生活方面，中國人都實行儒家的倫理；在祭祀祖宗時，也遵守儒家的禮儀；但是在對於已亡的先人，則加入了佛教的宗教活動。

佛教的身後輪迴信仰，是全部信仰的一部份。佛教的宗教信仰很複雜，宗派又很多。簡單摘要地說來，可以有下面幾點：

一、人生都是痛苦，痛苦由因緣而造成，因緣就是人的無明，愚昧無知，把一切本來是空有虛無的事物，認爲實有，因起貪戀，造成痛苦。於是便要求滅絕痛苦的大道，大道在於得到佛的光明，知道萬法皆空以進涅槃。

二、沒有得到光明的人，死後便要再生，稱爲輪迴。人的再生要按照人前生的功德或罪惡而定，死後有五趣，即有五條路可走。五趣爲地獄、畜牲、餓鬼、人、天。

佛教的地獄有如一個國家，有閻王，有判倌，有鬼卒。罰入地獄的人，受盡了刑罰，便可以轉生。在地獄的人，若有在世的親戚，替他們請和尙做道場或別的宗教典禮，他們便可以減少刑罰，早日超渡。

三、爲能得到光明，人要一方面守誡行善，一方面要坐禪。又可以求佛和菩薩的助佑。

四、禪宗是中國的大宗，主張頓悟成佛。

五、人成了佛，就斷絕因緣，進入涅槃，涅槃中有常樂清淨。

佛教在中國民間的影響，除輪迴之說外，乃是拜佛、拜菩薩，菩薩是佛教的得道人，他們修自利利他之道，本來可以入涅槃，享受常久的清淨快樂，可是他們願意留在天界來救拔世人。觀世音菩薩和阿彌陀佛便是人民所敬拜的對象。敬神求福，原來也是中國人的一般心理，佛教爲迎合這種心理，便向佛和菩薩燒香膜拜，呼誦佛名。

佛教在中國士大夫中間的影響，不在於身後輪迴的信仰，而在於禪靜。唯識論的萬法唯識，華嚴宗的三觀，天臺宗的止觀，雖是佛教的高深哲理，但是對於中國的士大夫並沒有發生影響。宋代理學家本來採取佛教的哲學思想，滲入儒家的思想裏；然而並沒有採取這種深奧的哲學。理學家以及歷代士大夫喜歡佛教的禪靜。儒家的思想以現世實際的生活爲重，倫理和禮儀，規則很嚴。士大夫們感覺到精神生活不能自由發展，於是傾心老、莊的清靜生活，在自然界的美景中求超脫，遊山玩水，飲酒賦詩。可是老、莊的思想，沒有真正的繼承人。佛教坐禪求靜，卻是佛教的一種制度。理學家便接受佛教禪靜的影響，主張明心見性，主張靜坐。詩人們到佛寺裏休息，深深感到禪房和整座寺院的清靜幽美，似乎自己的心靈浸在一種純淨新鮮的空氣裏，脫出了一切的俗情，恢復了本來的純潔面貌。他們在自己的作品裏留下了許多禪靜的詩。

佛教禪宗的禪，頗像我們天主教的妙觀，是一種很高的精神境界。由禪而得到領悟的人，直接和唯一的絕對真實體相結合而超出世物以外；世物的種類，世物的形式，對他失去了意義。萬物完全相同，互相融會，絕對真實是無限的，是不能言傳的，禪宗便主張不用文字，只用心傳。

三、道教的信仰

道教的信仰很複雜，由漢末張道陵開始，魏晉葛洪和魏伯陽加以擴充。唐朝皇帝奉老子李聃爲祖師，崇奉道教，使道教正式成立。道教的信仰中有三皇、五帝，有老子，有仙人，有長生不死之術，有符籙治病，有司公捉鬼等等。

長生不死之術，是道教信仰的中心，也是道教在哲學思想方面稍有系統的學說。爲能長生不死，方法可有三種：最簡單的是靈芝仙草，最普遍的是胎息養氣，最寶貴的是煉金丹。葛洪和魏伯陽運用漢朝易緯的思想，把秦漢以來民間流傳的長生不死之術加以哲學的解釋。

由長生不死之說，乃有神仙的信仰。神仙於是代表了道教。

但是中國民間信仰有神仙，並不是爲求長生不死；而是爲向神仙求福。拜鬼神求福免禍，原是中國古代的信仰，在荊楚間很盛行。然而儒家並不鼓勵這種民間的信仰，也不承認這種信仰是儒家宗教信仰的一部份。道教接受了這種信仰；加以鬼神降凡的因素，構成了中國民間有系統的神仙敬禮，上天神靈可以降凡成人，世上高人可以成仙，樹木禽獸也可以成精。玉皇上帝，北斗星君，三清，爲天上的尊神；八仙，爲地上仙人的領袖。聊齋誌異所記的狐精，爲民間最熟知的精靈。民間還有許多敬拜的神靈，如關公、如媽祖，也都是道教的信仰。佛教不信仰神靈，儒家也不贊成這種信仰；然而中國民眾的心理則好敬拜鬼神，道教便迎合了這種心理，設立了神仙的敬禮。道教因此流行民間，兩千年不絕。

還有一種中國士大夫不信，而民間鄉下人很迷信的道教信仰，即是道士禳災，司公捉鬼，符籙治病，真言詛咒。

道教對於中國士大夫影響很少，有幾位皇帝像秦始皇和漢武帝曾經相信長生不死之術，但是中國一般士大夫很少有人去煉丹成仙。中國士大夫對道教所景仰的，還是道教所取於老莊的清靜無爲和心齋坐忘。老、莊的學說在魏晉以後，已經沒有傳統的人，祇有在道教中繼續流傳。道士求虛靜，靜坐養氣。道士的靜坐，本來是求長生，如果求長生是不可能的事，靜坐至少可以使人靜息心中的貪念，忘記外界的世物。中國士大夫景仰道教的這種精神，喜歡和道士交遊。更喜歡在公餘之暇，遊山玩水；或是在山中水涯，建造樓閣，在樓閣中彈琴、下棋、飲酒、作詩，而稱爲雅士。中國士大夫於是一半是儒家，一半是道教徒。然而這種生活跟儒家的宗教信仰和道教的宗教信仰都沒有關係。

四、中華民族的宗教信仰

從以上所講的儒釋道的宗教信仰，我們可否知道中華民族的宗教信仰呢？換句話說，我們可否知道中國人究竟信什麼呢？

中國儒家傳統的士大夫階級，可以說在生活上沒有宗教信仰；但是他們不反對宗教，而且具有宗教信仰的根基。士大夫信有上天，上天高高在上，和人沒有直接關係，祇是在良心上印有天理，人應按著天理去行事。天理乃是儒家的倫理基礎。人的生活不能離開團體，儒家倫理便是五倫關係，儒家的人生觀既是現世的人生觀，因此最重倫理生活。中國士大夫只知道有倫理，不知道有宗教。但是在骨子裏儒家的倫理生活建立在兩個宗教觀念上，即是皇帝代天行道，父母配天。祭天和祭祖便是中國傳統的兩大典禮。同時，中國士大夫在儒家的實踐倫理生活上，常常追求一種超於現實的精神生活，他們或趨向佛教的禪，或趨向道教的虛靜，這種追求，在心靈深處也代表對於宗教信仰的要求。因爲人心的追求不能爲世物所滿足，便追求一種無限而又不能知道的精神體。中國現在的知識界，繼承了這種傳統無宗教信仰的心理，他們注意道德倫理，不注意宗教；但是心裏重視宗教信仰。這種心理，不受科學的影響而改變，現在臺灣的知識界仍保有這種人生觀。

中國民間的信仰，則是合釋道兩教而成的混合信仰。中國普通一般人信神信鬼，敬拜鬼神的心理很重，同時拜佛、拜菩薩。特別是在國家多難的時候，這種心理很強，因而產生新的宗教運動。道教和佛教都是在魏晉南北朝天下大亂的時代興起的宗教。在最近幾百年清朝衰頹的時候，有白蓮教，有洪秀全的天父教，有拳匪的紅燈教等的大亂。臺灣的拜拜也是在受日本人壓迫時，一種敬神求救的運動。

中國民間的宗教信仰，特別表現在敬祖上，中國民間的敬祖，在正式典禮上是儒家的禮儀；但是對於亡人身後的信仰，則是佛教的輪迴，超渡亡魂都由僧侶主持。

家家都請僧侶超渡，家家都帶佛教的色彩。

臺灣同胞由大陸航海而來，在海裏常有風浪的危險，他們乃熱心求媽祖護佑。航海來臺灣為求財，他們便敬拜財神關公。媽祖和關公都是道教的神靈。在臺灣的宗教原以道教為盛。日本人統治臺灣後，爲消滅臺灣同胞的祖國觀念，於是禁止道教，派來日本僧侶提倡佛教，道教乃轉入臺灣地下，以佛教為掩護，又混入佛教之中，因此臺灣民間的宗教和大陸民間的宗教有所不同。

中國民間的宗教信仰經不起科學的考驗，青年學生受了教育以後，極大多數都放棄了這種信鬼神、信輪迴的宗教；同時對於傳統的儒家思想所知道的很淺；於是這班中國現代青年都成了沒有宗教信仰的青年。

我們現在臺灣所面對的社會人士，有這三等人：有儒家的知識界，心中有宗教信仰的根基，在生活上則沒有宗教信仰；有民間的臺灣同胞，敬拜鬼神；有年輕的人，信科學而不信宗教。我們要研究怎樣和這三等人交談。

宗教信仰與科學

一、科學與宗教的關係

宗教信仰與科學，是一個老生常談的問題，說是解決了，則早已解決了；說是沒有解決，則永不能有解決。

有一點則是大家所承認的，即是科學不反對宗教信仰，只破除迷信。科學和宗教信仰，不同在一個範疇以內，科學的對象是物質，宗教信仰的對象是精神。科學的方法，是實驗的證明，宗教信仰的方法是不用證明而相信。精神體的存在，雖不能由科學去證明；但是科學也不能證明精神體不存在，世界上有多少不能用科學去證明的事，大家卻都承認確實有這種事。例如人心的自由，我喜歡這一個人，我厭惡那一樁事，這不是科學可以用實驗理由去解釋的，可以用來解釋的乃是哲學的理由，又如我昨天想了什麼事現在想什麼事，也不是用科學實驗可以測知的。

科學對於宇宙的探測，在於研究宇宙物體的本性和彼此間的關係。科學不能說明宇宙究竟是自己生的或是被造物主造的，科學也不能證明宇宙被造物主創造爲不合理。討論這些問題的是乃哲學。所以我們可以說現代的哲學反對宗教，而不是現代的科學反對宗教。例如美國太空人在太空裏向地球人類播誦聖經舊約創世的紀述，美國太空人第一次登上月球時，把羅馬教宗書寫聖經的提字放置月球上，美國太陽神第十三號在太空發生故障時，美國總統呼號全國人向天主祈禱，太空人和美國總統都相信科學，同時也相信宗教。

相信科學的哲學家反對宗教，爲哲學史上的實事。機器發明了以後，有的哲學家便倡宇宙機械論，法國十八世紀的百科全書派都是這一派的思想家，十九世紀時便有科學的無神論，凡實驗科學不能證明的，皆不可信，胡適之先生不常說拿證據來嗎？在生物學方面，生物進化論成爲公認的學說以後，哲學思想家便主張宇宙的起源和進化，不必需要創造的神，一切可以用物理定律去解釋。馬克思更進一步否決神的存在，以宇宙一切都是物質，物質有自動力，遵唯物辯證的規律而前進。

相信科學的哲學家，不僅否認了宗教信仰，而且也否決了形而上的哲學，我們中國也曾有過玄學與科學之爭。結果造成了許多專門的科學家，和許多的科學智識，而二十世紀的人卻沒有了人生觀，對於人生的問題都不能明瞭問題的意義。一切都專門化了，分了又分，精了又精，可是綜合的原則卻沒有了，人生的意義也失掉了。

廿世紀的存在論哲學乃重新提倡形上學，別的哲學家也主張以哲學去綜合科學思想。但是哲學也不能探溯人生的秘密，也不能構成正確的人生觀，黑格爾曾將宗教置於哲學以上，這是理所當然。

二、宇宙的科學觀念

關於宇宙現在所有的科學觀念，當然是進化論，宇宙進的學科學，現在只限於太陽系，太陽系的進化有拉普拉斯的星雲說，有吉恩斯的太陽和一星相撞的二元假說，有豪益耳的太陽的伴星爆炸說。根據這些學說，太陽系的成立都在時間以內，不是無始而始的。這種結論是否可以推之於整個宇宙？宇宙是否有始？按現在科學的智識，宇宙的開始，不會超過一百億年。這個時間雖長，然也有開始。宇宙進化論便不能否定宇宙被創造。假定宇宙是永遠的，沒有開始的一刻，現在所知的宇宙科學都沒有辦法可以解釋宇宙的進化。

在生物方面，有生物進化論。生物進化論對於宗教信仰發生的難題，是否認聖經舊約的創造說，生物的起源，爲自然發生，生物的變化爲低類進到高類。然而生命自然發生說，到現在還沒有科學的證明。低類進到高類的進化說，科學上也沒有確實的證明。最先出現的動物較比後來的動物，較不完備，乃是生物考古學常有的例。但是生物考古學並不證明以往的動物都較後來的動物更簡單更低能，反之古生物裏有許多較現存的生物更偉大更高能。生物進化論所有最可靠的原則，是適者生存。這種科學智識對於宗教信仰並沒有衝突，我們很可以用這種進化論科學知識解釋聖經。

進化論說人是由猴子變來的，因此宗教所有人是天主造的信仰便不能存在。我們知道生物考古學家曾以南猿的骨骸爲猴與人的中間物，考古家又找出北京人，大西洋人，海德堡人，索羅人等骸骨，斷爲由猴變出的人類始祖。不過，在科學上誰也不能確實以爲定論。即是將來在科學上人由猴而來成爲定論，也並不因此就摧毀宗教對造物主造人的信仰。因爲天主可以從無中造人的形體，也可以從已有生物的形體變成人的形體。可是科學不能證明人的理智是由猴的知覺而進化的，也不能證明原始人的理智和現代人的理智力不同。猴子不能因受教育而有智慧，非洲的未開化的人一受教育就成文明人。人的理智和意志，即是中國人所稱的人心，由上天所造，科學沒有證據可以反對。

三、科學思想與宗教信仰

在十八世紀科學在歐洲發達以後，社會上一般人尚不注重科學。我們中國雖在清朝遭受了英法等國的欺凌，有人提倡採取西洋的科學智識，全國人民則仍舊保存科舉的經書思想。十九世紀下半期，歐美學校以提倡科學爲計劃，廿世紀則歐美各國紛紛設立科學研究所，民間工業家也創辦技術訓練學校，一般人民乃都增進對科學的認識，而一般研究各種學術的人都應用科學方法。科學的思想便瀰漫全社會，進而代替民間的宗教信仰。中國青年現在也都傾心科學，因而也都拋棄祖傳的宗教觀念。普通所說的科學反對宗教，就是在這種趨勢裏造成的。

爲什麼大家都說科學反對宗教呢？實際上，不是科學自身反對宗教信仰，而是應用科學方法的人，造成一種心理；這種心理和宗教信仰不相適合。

研究科學的人，注意物質，注重可以用人的理智可以明瞭的事物。超於物質，無形無色，不可捉摸，而且超於人的理智，不可明瞭的宗教信仰，便不爲這般人所重視，甚而被這般人認爲迷信。

研究科學的人，習於實行實驗，一切答案都要有實驗的證據，沒有證據，科學的問題便不能有結論。宗教信仰是不能證明的事，可以證明的事已經不是信仰。於是趨向科學的人，便以宗教信仰爲不足重視。

科學的發明，是人的理智力的收穫；科學的受益者是人能增加生活享受。科學的興盛，便增加了人的自信心。十九世紀和廿世紀的思想，乃以爲中心，宇宙在人的權力以下，人的理智將來可以統治一切。因此，神的觀念便被捨棄，即使不被捨棄，他們所要求的宗教神靈，乃是和人平等而由人理智可以明瞭的神。

結果，歐美現代的人，尤其一般青年，不明瞭人生的意義，沒有人生觀，兩次世界大戰，使千百萬人喪失身家性命，可是國際的局勢並未好轉。人人相問：活著究竟是爲什麼？若是說爲享受，現代人的享受已經很高了。現代人的理想，決不在於物質享受，他們願意改造整個的人生。人生若不是爲現世享受，科學對於人生終究有什麼大益處？宗教信仰乃是現代人想要追求而又不願追求的對象，在科學和哲學不能解決人生問題的時候，找什麼來解決問題呢？當然只有宗教信仰。

迷信不是宗教信仰，不合理的信仰不適合科學頭腦的人。但是天主教的宗教信仰，則不但可以融會科學的知識，給予正確的人生觀，且可以使青年人有向上的精神指導。

宗教與道德教育

一、儒家的道德教育

在歷代中國學者的心目中，中國的道德教育和宗教信仰沒有關係。中國歷代的教育就是道德教育，《中庸》第一章說：「天命之謂性，率性之謂道，修道之謂教。」教育在於教人按著人性去生活，雖說人性來自天命，但是學者們解釋「天命」，就同朱熹所解釋的一樣，不講天命是皇天上帝之命，而是「天以陰陽五行化生萬物，氣以成形，而理亦賦焉。」人性是生來的，人按著人性做事就好了。

儒家的倫理便以宇宙的天理爲最高原則，聖人按照天理制禮，孔子又說：「非禮勿視，非禮勿聽，非禮勿言，非禮勿動。」（論語　顏淵）《中庸》則說：「天命之謂性，率性之謂道，修道之謂教。」這是儒家教育的兩大方針；守禮，率性。宋明理學家主張人性爲人之所以爲人之理，理在良心上顯出，人按良心行事，一切都是好的。大學所講的八條目乃修身的步驟，格物致知，誠意正心，修身齊家，治國平天下。依照這種步驟，遵照守禮率性的原則，儒家的教育。「其義則始乎為士，經乎聖人。」（荀子 勸學篇）「古之學者，始乎為士，終乎為聖人。」（朱熹 文定公文集 卷七十四 對策第一條）歷代實施這個人文教育，中國人為有道德的人，中國社會為有禮的社會。

可是到了民國初年，全國教育界都主張改革，廢棄了古禮，放棄了古書，捨棄了傳統的倫理。全國社會頓時陷於混亂生活中，道德倫理遂廢了，青年犯罪日益增多，各種行業，仿冒欺騙，古代的信用，蕩然無存。暴發戶橫行社會，荒唐酒色破毀了勤勞節儉善德。全國上下有心人都一致呼籲提高倫理教育。

從我一位誠心信仰天主教的儒家學者來看，道德教育務須要有宗教信仰作根本。道德律為發展人類心靈生活的規律，由造物主所定，成為人的性律。其他善德習慣都由性律引伸而出，隨時而變，性律根本則長久不改。中國儒家哲學不講宗教信仰，祇講人性。然而中國人有兩個重點，作為道德生活的據點；一是敬天，一是敬祖。在一切人的日常生活裏，常有這兩點在心中。在哲學上雖不講，然而常假設著存在，因為「天命之謂性」，至終要講到上天之命，因為「天地好生之德」或「天地之心在生物」，終究要歸到上天的愛心。「父母配天」，慎終追遠也要歸到上天，孔子自己常信自己負有天命，他又說：「獲罪於天，無可禱也。」（論語 八佾）朱熹解釋「天，即理也，逆理則獲罪於天矣。」乃是一種矛盾，天若祇是理，理是抽象無靈，逆理行事何必禱告。禱告用於神靈。獲罪於上天，則不能禱告別的鬼神請免罪。現在有一個能釋四書的先生，解釋上天爲人格，獲罪於人格，則還有什麼可禱告的呢?這種解釋真是荒唐。道德的規律不由造物主天主所訂立，由習慣而造成，習慣由人而起，人便隨機可以作尼采的超人，自作道德標準。不然，各人作各人所想的，社會變成孟子當時所描寫的社會：「聖王不作，諸侯放恣，處士橫議，楊朱、墨翟之言盈天下。天下之言，不歸楊，則歸墨，楊氏爲我，是無君也，墨氏兼愛，是無父也，無父無君是禽獸也。……楊墨之道不息，孔子之道不著，是邪說誣民，充塞仁義也，仁義充塞，則率獸食人，人將相食，吾爲此懼。」（滕文公下）目前，共黨之言和台獨之說盈天下，似乎以台灣不歸共黨，就歸台獨，這兩種人都是排除中國古老聖人之言，祇以人爲鬥爭的工具。

今天我們重建中國社會的道德教育，以復興民族的文化，我們要從建言道德教育的根本。道德教育的根本在於宗教信仰。

「天生蒸民，有物有則。民之秉彝，好是懿德。」（詩經 蒸民）

中國古人相信上天造生人物，我們天主教的教義，相信宇宙萬物和人類都是造物主天主所造。現在許多科學家對著宇宙的奧祕都承認有一造物主，在太空各種科學中，處處都有原則，絲毫不亂。一位能夠從無中創造宇宙的造物主，必定是全知全美全善的，祂創造萬物，必定有運行的規律。《易經》稱爲天道地道。人類既在造物中，必定也有人道。天主教相信人爲天主的寵物，是按照天主的肖像造成的，人的心靈能知能主宰，能愛能恨，人心生來就帶有造物主的規律，就是人的自然法，人的性律。刻印在人性上，由人心而顯，人的良心，便是人道德規律的顯示者，王陽明講致良知，一切依照良心的判斷，人行善避惡，能成聖賢。

良心的規律爲天主造物主所定的，乃是道德的根本，良心的規律不能變，規律的運用將隨時代和地域而求適應，中國古人相信聖人周公和孔子，按照天理，即是自然法制訂禮儀規律，作爲中國歷代的倫理法規。這些法規在現在環境改變了以後，應該修改。怎樣修改，須依據自然法，再根據好的祖傳，以求制定符合現代生活思想的禮規。

二、由宗教信仰看道德教育為愛的教育

《易經・繫傳下》第一章說：「天地之大德曰生，聖人之大寶曰位，何以守位，曰仁。」孔子不以天地盲目地自然生物，而是愛情萬物，乃使萬物化生。朱熹也就說：「天地

以生物爲心者也，而人物之生，又各得夫天地之心以爲心者也。故語心之德，雖其總攝貫通，無所不備，然一言以蔽之，則曰仁而已矣。」（朱文公文集　卷六十七　仁說）孔子因此一生講仁道，以仁貫通他的全部思想。天主教教義以天主爲仁愛，天主因愛天地萬物乃造萬物，因爲愛人，特別按自己肖像造人，以作萬物的主宰。天主既愛萬物和人而造人物，一定爲他們好，天主又是全知全美全善，祂造人物便使所造人物都好，又訂立在人物相關的關係中有好的規律。中國古人經常說天地萬物互相調協，好比一曲天樂，所以稱爲天籟。人物在宇宙中，互有次序，互相協助，不是如同達爾文所說弱肉強食，互相鬥爭，強者生存，弱者消滅。尤其是人類的生存，多是在互相愛中成長和發揚。孔子說：「夫仁者，己欲立而立人，己欲達而達人。」（論語　雍也）孟子講仁愛在於推己及人，「老吾老以及人之老，幼吾幼以及人之幼。」（梁惠王上）孔、孟的道德規律可以用仁愛去貫通去包含，仁包含義禮智，如同元包含亨利貞。元是生之長，亨利貞都是生的發展。

天主教的誡命，更是包含在一個仁愛內，基督說：「你應該全心，全靈，全意，愛上主你的天主，這是最大也是第一條誡命。第二條彼此相似，你該愛你的近人，如同你自己，全部法律和先知，都繫於這兩條誡命。」（瑪竇福音　二十二章三十七節）基督又說：「再沒有別的誡命比這兩條更大的了。」（馬爾谷福音　十二章三十一節）聖保祿宗徒說：「所以愛就是法律的滿全。」（致羅馬人書　十三章十節）「因爲誰愛別人，就滿足了法律。」（同上，八節）「因爲全部法律總括在這句話裏；愛人如己。」（致迦太人書 五章十三節）聖若望宗徒說：「可愛的諸位，我們應該彼此相愛，因爲愛是出於天主；凡有愛的，都生於天主，也認識天主，那不愛的，也不認識天主，因爲天主是愛。」（聖若望一書 四章七、八節）

中國儒家曾講大同，以宇宙爲一家，張載在〈西銘〉裏曾說：「乾稱父，坤稱母，民吾同胞，物吾與也。」王陽明在大學問篇說曾主張天地萬物爲一體之仁。天主教教義多以人爲天主的義子女，人應該以愛天父之情彼此相愛，因爲基督曾經囑咐弟子們彼此相愛，如同祂怎樣愛了他們（若望福音 十五章十二節）況且基督受難，被釘死在十字架上，爲完成人類的救贖大業，整個人類都是祂聖血所贖的，人們更應因著基督的愛而相愛。

整個的道德教育，雖也教育學生四善端仁義禮智，或是八德忠孝仁愛信義和平，但是一個仁愛可以包含並貫通各德。在小學裏教育小學生愛父母，愛兄弟，愛祖父母，愛家人，愛學校，愛同學。有子曾說：「其爲人也孝弟，而好犯上者，鮮矣。不好犯上，而好作亂者，未之有也。」（學而）教導小學生祈禱，感謝天父每日保佑的恩惠，也求天父保佑父母兄弟和老師同學。宗教的感情，漸漸融合在愛人的感情裏，愛人的情感漸能純潔深固，既教愛，隨著教愛的禮貌，教愛的規律，尊重別人，尊重別人的物件等……。

在中學就教學生愛國愛民族，愛朋友，愛長者，學習禮貌，愛運動，愛學業。到了大學，教學生愛自己的人格，愛自己的學課，愛學校，愛師長，愛社團，愛負責，愛自立設計，愛通力合作，愛公物，愛重男友女友，一個青年的人格，一個青年的性情，一個青年的意志，一個青年對人生的償望，就在這種愛的教育中長成而札根。有了愛，青年會慷慨；有了愛，青年會積極；有了愛，青年會向前，有了愛，青年會有正義感，會有責任感，會有廉恥心。

天主教教育青年有愛心，以基督爲榜樣，以基督爲動力。每天舉行的彌撒祭典，基督重複十字架上的祭祀，行祭與參禮者都同基督相結合爲一體，獻身於聖父，再領基督聖體，融會合一，每天在基督的愛內浸潤心神，日間發揮這種愛心教育，教學生學孔子的精神「己所不欲，勿施於人。」（論語 顏淵 衛靈公）「我不欲人之加諸我者，吾亦欲無加諸人。」（論語 公冶長）再進到基督所說「愛人如己」，而且還進而愛仇人。

中國學校素來尊師重道，道即大學所說「率性之謂道」，老師自己率性以修身乃能教學生，學生便「尊師重道」。率性之道即仁愛之道，發揮孔子之仁，貫徹基督愛心的犧牲，學生必定如輔仁大學學生尊重神父修女，景仰基督博愛之精神。

中國人文哲學不含宗教信仰，實則孔、孟哲學骨髓裏流著《書經》《詩經》的上天信仰。天命之謂性，乃上天之命而成性。天地好生之德，乃上天愛惜萬物之心，宇宙萬物生生不息，即上天好生之德的流露。善惡的賞罰，更逃不出上天的權威。天主教以天主造物爲宇宙萬物和人類的來源，以宇宙萬物的生化，爲天主愛人愛物的愛心。宇宙萬物彼此相連，在調協的秩序裏，各自發達，又互相協助。中國古人說宇宙爲一道生命的洪流，天主教相信爲天主慈心的愛河。教導學生從這種愛的光明去看宇宙，去接觸人物，人生才是真真率性而發揚，青年人看國家看社會爲溫暖的社會。

可惜今天的學校，卻變成了鬥爭的學校，考試的競爭，似乎一種戰場。老師互爭教學機會，各佔優秀的班系。不喜考試的學生，憤恨學校，翹課外出，作惡犯罪，公民教育，倫理教育，三民主義教育，祇有標語和書本。誰若提及宗教，則搖首誹議科學時代何來迷信，今天的學校，不尊師不重道，因爲沒有可尊重之師道。學生學了學術智識和科技，但做人之道，則沒有受教。

做人之道的道德教育，必定要有宗教的根本，又要有宗教的仁愛，還要有宗教者的耐心和熱忱。

三、由宗教信仰看道德教育乃人生的完成

《中庸》二十二章說明儒家的人生最高目的。「唯天下至誠，爲能盡其性；能盡其性，則能盡人之性；能盡人之性，則盡物之性；能盡物之性，則可以贊天地之化育；可以贊天地之化育，則可以與天地參矣。」儒家人生之道在於率性，率性以發揚生命，使發揚自性，由發揚自性而發揚人性和物性，使天地萬物都能發育，便是贊天地的化育，和天地好生之德相合。即是孔、孟求學爲聖人，因爲「大哉聖人之道，洋洋乎發育萬物，峻極於天。」（中庸二十七章）《易經》也說到：「夫大人者，與天地合其德」（乾卦文言）天主教教義相信人因愛和天主相結合。天父的心情是使太陽出來照善人也照惡人，下雨給善人也給惡人，使田間的野花，美麗超過撒落滿皇的皇袍；空中的小雀，除非有祂的許可，一隻也不能掉下。具有天父愛心的人，欣賞自然界的萬物，都帶有天主的一分美善，互相連結，彼此相關，構成一座靈活的世界，大小都貢獻自力，組成一曲微妙的高歌。

可惜現在的人類，自作聰明，不認識天主，沒有天主的愛，一心祇求自己一身的享受，彼此相欺相騙，彼此相殺相害。取用自然界的物質，不知愛惜，大者絕種，小者污染，升太空，登月球，先沒有預防自然規律的破壞，天空與氣侯都引起有害的後果。

人們卻祇知責駡青年人犯罪，歸過於學校的教育的虧缺。那裏知道人類的教育是一整體教育，由家庭父母，學生師長，社會成員，每人都負有責任。基督曾經很痛心地說：「無論誰使這些信我的小子中的一個失足作惡，倒不如拿一塊驢拉的磨石，擊在他頸上，沉在海的深處更好！世界因惡表是有禍的！惡表固免不了要來，但立惡表的人是有禍的。」（瑪竇福音十八章六節）有一次法利塞人（以色列的士紳）抓住一個奸婦到基督跟前，問該不該按照摩西的法律，用石頭擊死，基督昂然問說誰沒有罪就第一個拿石頭打她，不料抓婦人的人一個一個地溜了，而且老的人先溜。我們現在駡青年的人，應該自己責問自己給青年人惡表。

道德教育實際上要從社會開始。先總統　蔣公曾發起新生活運動，行政院對公教人員也訂立了許多生活規矩，各種行業也都定有自律的條文。但是都多在紙上談兵，不能見諸實效，爲能實行這種道德教育，要有像先總統　蔣公的宗教生活，每天默想基督的福音，每天用《荒漠甘泉》自作省察，每天有耶穌基督的形像放在眼前，「我們只要看耶穌在十字架上爲了要拯救人類的罪，不惜犧牲自己的性命，所顯示出來的仁愛，信義，忠勇與大無畏的犧牲精神，乃是上帝真理最具體的表現，而且耶穌就是我們獲得生命與自由的泉源。」（先總統　蔣公民四十八年耶穌受難節證道詞）我們天主教人以及基督教人，每星期日進教堂，聽講福音，天主教人參加彌撒祭祀，重複舉行十字架的犧牲，使宗教熱忱貫注在人心中，以免陷於各種的誘惑，社會裏罪惡的誘惑真多著哩！電視電影多是報仇的仇恨，家父之仇，一身之仇，誓死必報，男女的熱戀，不成則殺人放火。拉會借債，千萬元便慾火迷心，舉家出國倒會。外銷得款，第二次便換包假冒，毀壞國譽商譽。包標建築，坐收標金，偷工減料。包庇毒物嫖戶，特權階級私款。販賣人口，逼良爲娼，邀保鏢免禍。教育杏壇，甘作補習收款，幾乎人生無處沒有陷阱。以平日的人力，大呼公德教育，乃是沙漠中的呼聲。現在是大眾一起來提倡道德教育的時候了。尤其要有身具宗教精神像大學所說的君子，單身自處，也能慎獨。「揜其不善，而著其善，人之視己，如見其肺肝然。」（大學 六章）何況天主神靈更看透人的心靈。又要有具有上天使命的孔子，「滔滔者天下皆是也，而誰以易之」（論語 微子）仍舊週遊列國以求行道，現在我們提倡道德教育的人，要有傳教士的精神，不怕失敗，只求前進。我們要宣講先總統　蔣公的話說：「我們人類的天性受自上帝的靈性，這個靈性，就是仁愛的精神，這個仁愛就是宇宙真理的所在，也就是我們人類生活意義的所在。這個上帝的靈性，在中國來說，就是天命之謂性的天性。……若是我們每一個人恢復這天性，以仁愛的靈性，充實我們今日內心的空虛，建立了我們對上帝的信仰，那就是重新得到了生命，也就是充實了我們一切的生活。」（民國四十四年耶穌受難節證道詞）

全國人民都心中充滿仁愛，社會便是一個安康的社會，宇宙萬物，也能平安化生，生生不息，顯揚天主好生之德。這種生活能夠合天地合一德，就達到了天人合一的至善。

中編　生活與宗教信仰

愛的哲學

一、

金恩和羅伯甘迺迪的被刺，引起我們對現代文明的許多疑問，爲什麼在最能代表現代文明的國家裏，一連串發生這樣的凶暴的事件呢？美國是最富庶的國家，美國人是最自由的人，爲什麼會在他們中間發生這樣凶殺的慘劇呢。

現代的文明，是一種極端矛盾的文明。有最民主的自由平等，又有最專制的獨裁。追求高尚的精神理想，又追求卑下的物質享受。有很堅強的自我人格，又使自己人格掃地。實行熱烈的相愛，卻又實行深刻的相恨。提高女子的人權，卻又戲弄女子的肉體和精神。因此，在一個最民主自由的國家裏，卻發生刺殺表現高尚人格，受全國尊敬的偉人。詹森總統命令組織委員會，研究這種不幸事件的社會因素，我以爲養成這種罪行的社會因素，就是當代的極端人文主義。

把人作爲宇宙的絕對主人，把人生的幸福完全放在現世的享受，結果必定造成今天的矛盾文明，而且還可以使人類滅絕人類。人的本心，生來就有矛盾；因此才有孟子的性善和荀子的性惡論。人心雖生來具有仁義禮智的善端，但是生來也有好利好色的惡傾向，而且這些惡傾向較比善端更強更凶。

人當然是宇宙的主人；但不是絕對的主人。若是在人之上，沒有一位神的權威，人就隨便可以造法律，人就也可以不守法律。良心既沒有更高的天命，良心也失去了制裁力。

人生的目的，當然是求快樂；但是若以現生的快樂爲整個的目的，人不是失望而悲觀，必定是縱慾而放蕩。

人的尊嚴，當然是自我的人格，但是若以自我人格的尊嚴爲絕對的尊嚴，則必定排除異己，事事自私。

絕對的人文主義，便犯了這種毛病，只看人的善端，不看人的惡性，極力提高人格，把人捧到天上，反而使人墮於深淵。共產主義是人文主義的產物，卻變成了摧殘人文的暴力。

放任自由主義也是人文主義的產物，卻也變成了摧殘人文的狂風。凶殺案件，乃是野蠻行為，文明社會本來不應該有，尤其是刺殺偉人的凶事，更是不文明的野蠻罪行；而竟在最文明的國家，在最談愛情的社會裏產生了，則是現代人文主義，有了錯誤。美國社會學家索羅金說：美國的文化，是感覺性的文化，感覺性的文化，變成了性的文化，性的文化乃變成了兩性的放蕩無度，乃造成美國文化的空前危機。㈠

人文主義的人生哲學，以人為根基。人文主義之人，即是自我，自我即是自我的意識，意識即是人心。人文主義的人生哲學，便以人心為根基。錢穆先生很欣賞這種哲學，把孔子的哲學，也解釋為人心的哲學，他說：「就世界人類文化歷史看，孔子所牖啓人心的，卻實在是一個新趨向。他牖啓心走向心，教人心安放在人心裏。」㈡「於是，我的心，可以寄寓在一家，寄寓在一國，寄寓在天下，寄寓在世界與宇宙中。我的心與家，可和合而為一，與國與天下，也可和合而為一。與世界宇宙，也可和合而為一。如是，心即是神，而且心即是物。」㈢這種思想，以人心為出發點，以人心為終點。人憑著自己的心去測度別人的心；人憑著自己的心，去推想宇宙萬物。雖說是自己的心，包括世界宇宙，然而這種世界宇宙，乃是我一心的宇宙。我憑我的心去做，我憑我的心去生活。我生活的標準，乃是我的心。錢先生要說：人心有人性，然而人性若不是來自超乎人的上天，若以天命之為性，解釋為人心自有的倫理法則，人性也就等於人心，人心便是絕對的生活標準，按照這種標準去生活，人怎麼不會自私呢？

錢先生說：西洋的文明，是宗教和科學。宗教和科學都是向外的文明，都是向外的人生觀，於是下斷語說：「生命自我之支撐點，並不在生命自身之內，而安放在生命自身之外，這就造成了這一種人生，一種不可救藥的致命傷。」㈣

但是歐美人愛好科學，並沒有以科學爲人生的目的，而是以科學爲方法。他們所追求的，是生命自身的享受，他們拿科學的貢獻，以滿足自己肉慾的享受。歐美人生觀的大缺點，不是求外在的目的，而是過於追求生活自身的享受，不知道脫超現世的物質生命。他們所求的，就是求自心的滿足，除自己的心以外，不知道有別的目標。這是現代人生的一種不可救藥的致命傷。

二、

求自己一心的滿足；這種人必定是情慾強烈的人。在人的情慾中，最強而最深的情慾，要推愛情。因此第二十世紀的人，乃是有強烈的愛情的人。

看起來似乎是相衝突的事：廿世紀的人專門科學，努力工業商業，他們習慣運用理智；

但是廿世紀的人卻重情感。廿世紀的人重情感，和十九世紀的浪漫派的人重情感，又不相同。浪漫派的人放棄理智，偏重感情，有詩人幻想的精神。廿世紀的人重情感，講愛情，乃是自私，粗暴，注重實利。廿世紀的人的情感，即是佔有慾。

佔有慾，也是希臘人對於愛情的態度。初期希臘人以愛情爲一神靈，形似天使，蒙著眼，張弓掛箭，射著女人，女人便愛火熾熱，追求男友。柏拉圖改變了這種愛情觀念，以愛情爲對於美的人物，心起愛慕，從而想到美形事物所代表的觀念。美之觀念是先天的精神觀念，因此愛情乃超出物質的一物，而愛先天的美，柏拉圖解釋愛「爲希望永遠佔有自己的福利」。(五)

柏拉圖的唯心的精神之愛，在第十八和十九世紀盛行的浪漫主義裏，又重新復活。浪漫主義和柏拉圖不同的，柏氏的哲學以理智爲重，理智欣賞先天的觀念。先天觀念爲一精神世界，物質世界爲精神世界的反映。柏拉圖對於美的愛，乃是理智對於精神世界的欣賞。浪漫主義注重感情，在愛的方面，有理智和感情相衝突的主張。浪漫派對於愛的哲學，以德國史肋格爾（Schlegel）爲代表。史肋格爾著有一本小說Lucinda（露清達）出版於（一八九九年）將自由戀愛和肉感戀愛，舉揚爲精神界的享受。

浪漫派的世界，是一種想像的世界，是一種美的世界。在這種想像的世界中，追求精神的滿足。所謂精神的滿足，即是愛。愛是世界的活動力，使世界的一切都能統一，都能有生命。

浪漫派的想像世界被第十九世紀的自然寫實主義或現實主義所破壞。

寫實主義是實徵主義的產物，實徵主義以感覺爲主，以感覺世界爲唯一實體。文藝方面乃有寫實主義隨之而興。法國的左拉、大仲馬等小說家。把愛情縮之於肉感以內，完全以寫實的手法，按照事實而自然地寫出慾情的一切衝動，暴露無遺。而且慾情，就是性慾，就是肉感，沒有加以精神化的色彩。自從第十九世紀以來，愛情是男女的佔有慾。實徵主義的初期哲學家如霍布士（Hobbs）以情慾都是趨向一己的利益，而愛情則是對於一種環境相適合的感覺因此引起追求的願望。㈥洛克（Locke）以爲愛情是一種感覺的慾情，目的常是追求主體的滿足，因爲所愛的客體，只是主體的一種感覺。㈦

第廿世紀的文藝，已經轉變了路向，不再在寫實的自然主義路線上走，而走入抽象藝術，和存在主義的藝術。然而愛情仍舊限制在男女的肉感以內，而且越來越露骨，越來越粗野。法國女青年莎崗女士（Sagan）的作品，可以爲代表。

目前美國的社會，已經成了性感社會，美國社會學家索羅金觀察美國社會各方面的表現，都要用女性作宣傳品，無論是各種商品的廣告，無論是那種事業的開幕閉幕，以至於競選總統的宣傳，都離不了女性。而這種性感的因素並不是愛情，乃是佔有而享受，享受完了，或者是不能享受了，彼此就解體。

在這種社會裏，不能談愛，談愛，就是講兩性戀愛，而兩性戀愛又是肉感的享受。可是，現在各國的思想家都極力主張人文主義，又特別提倡博愛。博愛有什麼意思呢？愛字的意思已經降低，被拖到泥水裏去了，博愛又有什麼意思呢？因此人文主義的博愛不是心裏對於旁人的愛慕情緒，而是一種泛泛相交的情緒。因爲大家都是同類，同類之中，有一種彼此互相關切之情。這種情緒，即是當代人文主義所講的博愛，所謂的人類互相友愛。這種情緒，是一種泛泛的情緒，很輕微，很淡薄。而愛情則是很強烈，很深遠的感情。深遠強烈的愛情，用之於男女的性慾的放浪，而不是同類人們友情的增進。

愛情的名字，限制在於性慾的關係。佔有慾的表現，則擴張到生活的各方面。現代人文主義提倡自我的人格，而自我人格的表現，則趨於唯我的自私。以唯我自私的心理去推行佔有慾，則是在一切事上，追求滿足「自我」的意向。而排除異己。因爲佔有慾所引起的反面慾情，就是恨。凡妨礙自我佔有慾的事物便恨之欲其死。暗殺羅伯甘迺迪的刺客，自稱愛自己的祖國約旦，而殺羅伯。刺客的父親，也說雖不贊成兒子的舉動，但是贊成兒子的動機。

對於一切的人，既沒有愛，而只有泛泛同類之情；在佔有慾被阻而發生恨時，當然是佔優勢。社會上因此多有強暴殺人的事件。況且共產主義還在教人養成強烈的恨，以對抗反對共產主義的人們，殺人盈城，殺人盈野。

大家很奇怪，怎麼人文主義，能夠產生強暴的恨？

人文主義乃是現代文明的產物。從文藝復興以來，人們要發現自己。從希臘的古代雕刻裏，發現了人體之美，漸漸盛行裸體畫。從日新月異的科學中，發現了理智能力之高，人便自認爲是宇宙的主人，擺脫神的統治。從各種哲學的紛亂裏，發現了形上學的虛無空想，乃貶棄哲學而重科學，從交通工具和傳播工具的進步裏，發現了人們原是同類，於是提倡人類互相聯繫的友誼。因此人類日進於文明，人們的習慣也日見有禮貌。但是因爲物質的享受越加增多，自我的人格愈成絕對，自私的慾望乃更變本加厲。人文主義既加重自我人格，又以自己的心作標準，於是人們不顧良心的制裁，盡量發洩自己的慾情，當前文明的國家，乃成爲戀愛性慾的社會，成爲自私競爭的社會，又成爲因佔有慾而發生恨的社會。因此，當前的社會成了一個矛盾的社會。

三、

中國儒家思想繼承孔子之道，以仁爲德綱。孔子的仁，源自《易經》的生，《易經》說：「天地之大德曰生，聖人之大寶曰位。何以守位？曰仁」(八)朱子說：「天地以生物爲心

者也，而人物之生，又各得夫天地之心以爲心者也，故語心之德，雖其總攝貫通，無所不備，然一言以蔽之，則曰仁而已矣。」(九)

天爲萬物之元，發生萬物；天之心乃爲仁。人之心應合乎天心，對於萬物，也應使他們能夠生存。孟子說：「君子之於物也，愛之而弗仁；於民也，仁之而弗親，親親而仁民，仁民而愛物」(十)「孟子不用親民而用仁民，因爲他分愛，仁，親三字爲三等。愛是愛惜，仁是推己及人，親是近而好之。對於物，只能說愛惜，對於民，只能說己所不欲，勿施於人；對於親人，則說近而好之」(土)這一點可以說是儒家的愛的哲學。儒家以愛爲一種慾情，只可用之於物。對於人，則用仁字。因此孔子講達德，則講智仁勇。（中庸　二十章　論語　憲問　子罕）孟子講達德，則講仁義禮智。（孟子　公孫丑上　告子上）孟子尤其常談仁義。儒家不以愛爲德，而以仁爲德，愛爲仁的一種動作，因爲愛乃七情之好，情則是心之動，好和惡相對，古人也知道這兩種慾情很深很強。孔子說：「好之欲其生，惡之欲其死。」(圭)因此，不喜歡用愛字。對於親人，雖說近而好之；然而中國的親字是以敬爲根本。歐洲對於親人，真是近而愛之，有點暱。中國的親字，則是敬。雖近而遠。禮記中對於家庭的儀節，處處都是敬的表現，而不是愛字的表現。愛是一種慾情，慾情在發動時很強，但不能持久，而且不是常從理智的指導。敬是一種德行，德行是經過反省而修煉成功的，在修煉時很難，修成後則持久不衰，在儒家的著述裏，不以愛字代表夫妻的情感，而以敬字代表：只有在詩詞歌曲和小說裏，才用愛情去描寫男女相好。

中國的社會是「敬」的社會，對於私人，「故君子慎其獨也，」(十三)對於旁人，則一切守禮。「知及之，仁不能守之，雖得之，必失之。知及之，仁能守之，不莊以涖之，則民不敬，知及之，仁能守之，莊以涖之，動之不以敬，未善也。」(十四)在社會生活中，對於每樁事都守禮，對於每個人都有敬；這種社會必是一種文雅的社會，不能成爲一種強暴的社會。

目前臺灣的社會，則已經不是敬的社會了，已經趨向歐美的愛和恨的社會。在社會生活裏禮已經不存在了，敬也沒有了；強暴的凶殺事件，越來越多。又因著爲招徠觀光客，利用性慾爲吸引工具，社會更有性慾放浪的傾向。這種社會恰恰和中國傳統文明相反，爲挽救這種危機，我們必須想出有效的辦法。但是現在若去向青年們講敬，講守禮，以恢復中國的傳統社會，青年人必定充耳不聞。我們必定要遷就青年的心理，向他們講愛情。可是在愛情的情緒裏，則應該加入合於中國傳統文化的精神。

在歐洲的傳統文化裏，天主教的愛的哲學，曾經改變了希臘的愛的哲學。天主教以天主爲愛的根源。天主的本身就是愛，聖若望說：「天主是愛，天主的愛在一樁事上已顯明出來，就是把自己的聖子打發到世界上來，使我們藉著聖子而有生命。」(十五)這一點和希臘的神話就不同了。希臘的愛神，爲燃燒男女愛情的人。天主教的愛，乃是天主派遣聖子爲救世人的愛。耶穌在蒙難前夕，吩咐門徒說：「這是我的命令，你們應該彼此相愛，如同我愛了你們一樣。人若爲朋友犧牲性命，這種愛情便是最大的愛情。」㈦這種愛情和歐美哲學愛情也不相同。歐美哲學的愛情，爲男女的佔有性慾，愛的人要佔有被愛者以滿足自己的性慾。耶穌吩咐門徒的愛情，是愛的人犧牲自己以求被愛者的利益，一爲利己，一爲利人，天主教稱耶穌之愛爲Charity 愛德。愛不是一種純粹的慾情，而是一種善德。這就有似於儒家的仁了。

天主教的愛出於天主，天主爲精神體，愛便是精神的動作，不受肉慾的限制。精神的愛出於天主，以天主爲對象，因爲天主乃絕對的真善美。世界的人物，受天主所造，分有天主的真善美，因此我們便愛世界的人物。但是人有慾情的，慾情是不能消滅，只能加以克制，加以引導。愛的慾情，因著精神性的愛德，使男女兩性的追求，不減少愛的熱情，但不受肉慾的盲目驅使。同時，對於社會的人，每個人都有損己利人之心，對於仇人，也加以愛德。這樣，便不容有恨人的心，更不能因恨而殺傷。

天主教的愛，相當於儒家的仁。天主的愛出於天，儒家的仁出於天心，然而天主教的愛較比儒家的仁，在原理上，更精神化，在實行上，更具體，更明瞭，爲挽救歐美今日社會的危機，許多社會學者和宗教家正在大聲疾呼，應回到天主的愛。我們爲挽救今日中國社會的危機，也可以宣稱天主的愛。愛如能成爲社會的結合動力，必要洗去自私的心，以求有利於他人；而且還要能夠普及到一切的人。這種的愛，則不能以人心爲根本，也不能以人心爲標準。因爲人心的慾情都有盲目自私的傾向。我們要以能支配人心的絕對真善美，爲愛的根本和目的，並且也爲標準。人心接受這種愛，發揚而廣大，這種愛德才可以結合社會的人心，而又提高社會的人心。這種愛，發於人的內心，但不止於自己的內心，發於人而歸於天。

註：

㈠ Ptrim A Sorokin-The American Sex Revolution 見金耀基美國的性革命。東方雜誌復刊第一卷第十二期。

㈡ 錢穆　人生十論　八一頁。

㈢ 錢穆　人生十論　八二頁。

㈣ 錢穆　人生十論　第一講。

㈤ Plato-Conv 207A

㈥ Hobbs-Loviathav VI De Corpore XXV 12.

㈦ Locke-Essay II 20,4.

㈧ 繫辭下　第一章。

(九) 朱子仁說。
(十) 孟子　盡心章上。
(十一) 羅光　中國哲學大綱上冊　一七五頁　商務書局　五六年。
(十二) 論語　顏淵。
(十三) 中庸　第一章。
(十四) 論語　顏淵。
(十五) 若望第一書　第四章第八節。
(十六) 若望福音　十五章第十二節。

愛的實踐

——暗中的皈依和顯明的皈依——

臺灣省主席曾邀請我和四十多位神父修女參觀省政建設，參觀四天以後，在臺北總主教公署舉行茶會，談論參觀省政的感想。除讚揚省政的建設，感謝政府人員的招待外，大家結論教會應和政府配合，在社會工作方面，多做工作。有一位神父發言說，現在的講習會，討論會和研究會太多了，不單是大家開會忙不過來，而且大家以爲開了會就完了，事情就辦了，一點實際工作都沒有做。以往不開會，工作做的很好很多，教務更發達。

你們大家以爲這位神父的話，說的對不對？這是一位外國神父說的，而且還是一位美國神父說的。

我個人的感想，認爲這位神父的話雖不完全對，有一半則是對的。現在不開會，不辦講習班，這是不對的；然而現在有許多人以爲參加會議就是工作，會議的決議遂成了空空的文章，這則是實在的事情。

基督生活團舉行夏令營，舉行避靜，舉行神修班，對於團員影響很好，而且很深；但是我認爲有兩種不太理想的可能結果，應該避免，第一種不太理想的可能結果，就是心理的滿足。現在我們無論舉行什麼講習會或避靜，大家體驗到參加的人互相融洽，專心研究，團聚快樂，便心滿意足，都說這次講習會或避靜很成功。所說成功當然是一種事實，可是講習會和避靜，目的並不是在於團聚的那幾天，那幾天的生活只是工具或途徑，以達到正式的目的，正式的目的，在於實踐所有的結論或決議案。可是，大家在心滿意足，慶賀講習會或避靜成功以後，把正式的目的就忘了。這一種可能的結果，應該避免。你們夏令營的第二種可能的不太理想的結果，是圈在自己的圈子以內。愈參加夏令營，愈參加神修訓練，你們愈覺得自己是基督生活團團員，有團員的意識；這一點是很好的，是可以鼓勵的，但也可能在團員意識加強以後，自己就關在團體以內。這一點則是該避免的。今天我把你們給我講演的題目，就向這方面講。你們給我的題目，是「愛的實踐」。（暗中的皈依和顯明的皈依）愛的實踐即是工作，愛的實踐即是向外發展。

一、天主把暗中的愛，顯明出來

聖若望宗徒說：「天主的愛在這事上已顯出來，就是天主把自己的獨生子，打發到世界上來，好使我們藉著他得到生命。愛就在於此；不是我們愛了天主，而是他愛了我們，且打發自己的兒子，爲我們做贖罪祭。」（若望壹書 第四章第九節——第十節）

天主對我們的愛，常是隱藏不顯，常是在自然界中流轉。蘇東坡曾說：「惟江上之清風，與山間之明月，耳得之而爲聲，目遇之而成色，取之無禁，用之不竭，是造物者之無盡藏也，而吾與子之共適。」（前赤壁賦）自然界的美景，固然是天主的愛，而人的生命更是天主的愛。你們青年每個人都體驗到生命的貴重，生命的奧秘；也經驗到每天每月的遭遇，都是爲發育你們的生命；這一些又都是天主的愛。然而天主的愛隱藏不顯，大家都認爲這是自然的事，一點也不意外。假使若是不是這樣，風雨不調，自然界有混亂；人事不協，疾病災殃，大家便要抱怨上天的不仁，像老子所說：「天地不仁，以萬物爲芻狗。」（道德經）詩經上也說：「浩浩昊天，不駿其德，降喪飢饉。」（雨無正）

有一椿事，卻把天主對人類的愛，彰明昭著地顯示出來，那就是「打發自己的兒子，爲我們做贖罪祭」。聖子降生，這不是自然的事；聖子爲我們捨生，那更不是人世間所常見的事。這完全因爲天主愛人類，爲使人類達到生活的目的，能與全真全美全善的天主相結合，才派遣聖子降生贖罪。所以救恩顯示天主的愛，救恩史就是天主愛人類的歷史。

二、人類也應把暗中的愛，顯明出來

人類對於天主的愛，也常是隱藏不顯，在自然的情緒裏流轉。中國的哲學家常講：「仁民而愛物」，常談「萬物一體」。孟子說：「無惻隱之心非人也。」（公孫丑上）張載說：「民吾同胞，物吾與也。」（西銘）王陽明說：「大人之能以天地萬物爲一體也，非意之也，其心之仁，本若是其與天地萬物而爲一也。」（大學問）人心有自然的愛，愛人也愛物，自己覺得彼此在生命上互相關連，又覺得萬物都是造物者所造，應該愛惜，不可糟蹋。這一點就是人類對於造物主天主之愛，是一種自然之愛，隱而不顯。

再者，凡是人都追求幸福；而追求幸福，乃是人類的特徵，禽獸只求生存，不知道追求幸福。人類所追求的幸福，乃是真美善。人世間的真美善沒有一種可以使人滿足。人心無限，真美善也擴至無限；無限的真美善都是天主；因此人在暗中追求天主，人在暗中愛天主。人愛而追求天主，卻自己不理會，自己不明瞭。

我們信仰基督，便是把人在暗中追求天主的愛，顯明出來，成爲有意識，有目標的愛。天主隱藏的愛，因基督降生而顯明；人類隱藏的愛，也因基督的升天而顯明。天主愛人，遣派聖子召回人類；人類愛天主，因基督升天而常與天主相結合。基督曾說：「沒有人上過天，除了那自天降下而仍在天上的人子。」（若望福音　第三章第十三節）沒有人可以自舉而與天主相結合，只有那和天主聖父同體的聖子，降到人世，才可以使人上升而和天主相結合。基督是天主的愛和人類的愛，互相顯明出來的焦點和光。所以聖若望稱基督爲光明，爲生命。「在他內有生命，這生命是人的光，光在黑暗中照耀，黑暗決不能勝過他。」（若望福音　第一章第四節）

三、暗中之愛而成顯明之愛

天主把隱藏之愛，因著聖子耶穌而成了顯明之愛，我們每一個人怎樣藉著耶穌的升天，把我們隱藏之愛成爲顯明之愛呢？

你們是青年，你們是大學生，你們今天就是在討論這個問題，你們青年大學生怎樣把在暗中自然追求天主的愛，變成顯明追求天主的愛。

第一，你們要經過基督，要藉著基督以使自然暗中追求天主之愛成爲顯明的愛：這就是神修學上所說的「基督中心」。一切歸之於基督，由基督歸之於天主父。聖保祿宗徒曾說：「或是生命，或是死亡，或是現在，或是將來，一切都屬於你們，你們卻屬於基督，基督則屬於天主。」（格林多前書 第三章第二十二—二十三節）

基督的信仰，要成爲你們生活的標準。人是理性動物，做事都要想。思想不能是亂想，應有思想的標準。你們思想的標準，便是基督的信仰。一天的生活，所接觸的人物很多，所有的事也複雜；但是接觸和做事的標準，是以基督信仰爲標準。

大家都說：「每人要有信仰。」共產黨人也說自己有信仰，信仰共產主義，一切以共產主義爲標準。三民主義的信徒，當然信仰三民主義，以三民主義爲行動的標準。國父孫中山先生爲一位基督信徒，他曾說三民主義中包含有基督的信仰。這便是孫中山先生把暗中對天主之愛，成爲顯明之愛。

你們以基督爲中心，便是以基督的信仰，作爲思想行動的標準，既不願違背信仰，又按信仰去行動。

第二，藉著基督舉心向上。青年人去向常變，眼睛看得遠。不過這種變和遠，都是對將來而言。可是在目前，你們的心就要向高向遠。在彌撒裏，聖祭祭禮開始時，主祭說：「請舉心向上」。參禮者答說：「我們全心歸向上主」，普通我們想像天主離我們很遠，祂是在天上，基督也是坐在天主聖父的右邊，我們舉心向上，便是要脫離人世而飛向天上。實際上天主是在我們心裏，我們舉心向上，乃是反省，乃是進入我們的心裏，在我們心裏找到天主。天主不是愛嗎？在我們心裏有愛，而我們心裏的愛是天主的愛，我們在心裏的愛就找到天主。

無論誰，心裏都有愛；無論怎樣的愛都是發自天主。我們中國古人說是「以天地之心爲心」，「得天地之仁。」但是我們心理的愛，要顯明地成爲天主之愛，即是我們知道愛是發自天主，又歸於天主。我們愛人愛物，是以天主爲歸宿。孔子、孟子在一切事上，常看見天命；我們在愛人愛物，也常看見天主，我們的心便是高舉到天上了。

你們青年人，把心裏的愛，以天主爲最後的歸宿，你們的心便高舉在人和物以上，你們愛人愛物，是在天主的聖意之內，去愛人愛物；你們的心便不會被人被物所拘束。中國古人也說：「役物而不役於物」，我們自己要是立人，不作人也不作物的奴隸，被他們擺佈。我們的愛的最後對象乃是天主，我們所愛的人物要向著這個對象。

你們心裏的愛，以天主爲歸宿，你們的心便超過現世的一切目標。天主雖在我們心內又在宇宙萬物內，但是天主是永久的天主，超出時間和空間以上。你們心裏的愛，以天主爲歸宿，你們的心不會被現世一切目標所拘束，你們心裏所想的，乃是永久的天主。

這樣的愛，是積極的愛，是建設性的愛，是不自私的愛，是振作精神的愛。

四、顯明之愛的表現

可是這種顯明之愛，似乎還是很曖昧；這種在我們內心的愛，似乎是柏拉圖的抽象的愛，捉摸不到；究竟怎樣才是具體的，活潑的，現實的愛呢？

「爲基督作證」，乃是教會內現行的口號。現實的工作而成爲口號，就變成了空空洞洞，不可捉摸的口號。「以天主的愛而愛世上的人和物」，也成了神修學上的口號，空洞不可捉摸。究其實，「爲基督作證」就是「在內心的愛找到天主」。

內心的愛是活潑的，是現實的。你們愛自己的父母，愛自己的家庭，愛自己的學業，愛自己的男朋友或女朋友，這種愛不是現實活潑的愛嗎？這種愛是來自造物主，現在你們更因爲基督引導你們歸向天主，你們便在這種內心的愛上，順著基督所指引的道路走向天主，那不是在內心的愛上，在日常的生活上找到了天主？一切都明朗化，一切都簡單化，一切都切近人情。於是你們以愛天主的精神去愛父母，去愛家庭，去愛學業，去愛男朋友或女朋友。愛天主的精神，或說愛天主之愛，不但不阻擋你們愛父母，愛家庭，愛學業，愛男女朋友，反而使你們這種內心的愛更堅強，更純潔，更持久，不受現世人和物的拘束。這種加上愛天主的精神之內心的愛，便是明顯之愛的表現，便是愛的實踐。

暗中的皈依和顯明的皈依的分別，暗中皈依是自然之愛而不知道爲什麼要愛，顯明的皈依則是知道愛來自天主而歸於天主。中國儒家常談天地好生之德，天地的生物爲心，使萬物繼續生存。萬物由天地生化萬物時也得了好生之德，彼此互助以求生存，故萬物以天地之心爲性，萬物之性都傾於仁。這種天賦之仁，便是暗中皈依天主的表示，這種皈依是自然之愛，是沒有意識的愛，是常受阻隢而不得其道之愛。天主聖子降生，顯示了天主愛人之愛，引人直接與天主相結合，使人暗中皈依天主，成爲顯明的皈依。

基督曾對撒馬里亞婦人說：「你們敬拜的，你們不知道；我們則敬拜我們所知道」（若望福音 第四章第二十二節）沒有基督信仰的人，他們愛而不知道爲什麼愛；有基督信仰的人，則知道自己爲什麼愛，愛出自天主，歸於天主。

民六十一年講於基督生活團夏令營

「自我」的意義

一、

今年五月十日，臺灣大學歷史系的同學，請我去講話，我給他們講自我的意義。

去年，我在輔仁大學教形上學時，也曾經講過「自我」的意義，自我的意義是形上學的一個問題，也是心理學的一個問題，尤其是教育上的一個重要問題。

從生活一方面去說，人生的一切活動，甚至於宇宙間的各種變化，都可以說是以「我」爲中心。

在社會裏有許多精神高尚的人，他們主張克除自私，在生活裏不以自我爲中心。我們天主教裏更有許多人，獻身於天主，宣誓終生爲天主服務。這等人是願意把自己的心量放寬，把自己的精神提高，不把自己鎖在自己一個人以內。

可是無論怎樣，人的生活是以自我爲根基和範圍的，所不同的，只是在乎每個人怎樣去運用而已。

我們人做事，是用理智去想，用理智去指導，理智在每個人裏，高低的程度不同，因此每個人做事的目標和方式都是不同。

我們人做事，是用意志去決斷。意志在每個人裏，強弱的程度不同，因此每個人做事的勇氣和決心都是不同。我們人做事，特別受感情的影響，感情在個人裏，都很複雜，都彼此不同。

在理智方面，我們對外界的認識，有客觀的實體，有客觀的原則。在感情方面，我們爲知道別人的感情，我們要用我們自己的感覺去推測別人的感覺。自己若沒有一種感覺的經驗，就不能懂得別人對這種感覺的情緒。這些都是有關每個人日常生活的事，這些都是以每個人的自我爲根基。

對於宇宙的認識，我們也不免以自我作根基，當然我不是唯心主義者，我也不是懷疑論者；我是相信對宇宙的認識，我們應用科學的方法，知道客體的事實。但是每個人對於宇宙的看法，尤其是對於社會事件的看法，每個人卻大不相同，有的人樂觀，有的人悲觀，凡是一樁事和一個人直接發生關係時，這樁事在這個人的意識上所有的意義，必定是由這個人的自我去判斷。

二、

因此哲學家對於「自我」問題，大家都感到興趣，都有自己的主張，我們不必說古代和中古的哲學家，就只看當代的哲學家，他們對於「自我」問題，非常注意。

現象論的哲學家胡塞爾，主張「自我」爲一個超越性的自我，他的哲學以直覺的現象形式作爲基礎。宇宙的存在，以及宇宙內一切物的存在，都是在於「自我」的意識以內。

存在論的哲學家，以「自我」爲每個人的理想，爲每個人的可能存在。每個人都理想著一個更完全，更能滿足自己的心的存在，自己常向這個理想的存在努力。這種努力就是自我的自由。

法國的當代哲學家柏格森，主張「自我」是在我以內的生活力，蓬勃地繼續向前進。大文豪尼采主張「自我」是一個超人的意識，自認超出宇宙萬物以上，目空一切，不守社會的任何禮教拘束。

這些哲學家的思想，多少都是受前一兩個世紀的哲學家的影響。笛卡兒以我知道我在思索爲自我，康德以統一所有認識自我。休謨則以自我爲無數感覺的總合。洛克又以自我爲常是一致的意識。黑格爾主張自我爲絕對的精神，菲希乃主張絕對的精神自我。

在這些彼此不同的意見裏，你們可以看得到有一個共同之點，即是自我的意義，是從每個人的心裏方面去看，不是從本體方面去看。在一千年前的佛教，已經看到了這一點。佛教認爲人生的一切痛苦，都是我們人自找苦惱。本來沒有事，人自以爲有事，本來是虛空，人都以爲是實有。本來連自己本身都不存在，人卻固執著求自己的享受，因此便造出了人生的苦惱，唯一的辦法，便是破物執和我執，把物我都看爲空。可是以物我皆空，則涅槃也空，人心沒有了目的，即便使人成了槁木死灰，人生仍舊不能有幸福，於是中國大乘的天臺宗和華嚴宗主張真如爲我，人之小我爲空，人入涅槃而和於真如，乃能「常樂我淨」。

三、

「自我」的真正意義，一方面要從本體論去認識，一方面要從心理去體會。從本體論方面去看，「自我」是一個有理性的自主體，是我的動作的主體。這個自然的主體是有人格的，是普通說話時的第一人稱。

我當然是一個人；然而我又不僅是一個人。每個人都是人；然而每個人又各自不同，每個人是他自己。

每個人有自己的顏色，有自己的像貌，有自己的體格，有自己的才能，有自己的聰明，有自己的性格，這一切構成每個人的個性，個性依附在一個主體上，主體又受個性的限制，受了個性限制的主體，就是「自我」。

但是在每個人所有的個性中，那一項是最能代表他自己呢？是像貌嗎？是體格嗎？是性格嗎？是才能嗎？大多數的人都是這樣想。可是這一些都是天生的，不能由每個人自己作主。自己不能作主的事，不足以代表自己。可以代表自己的事，該當是我自己作主的事。我自己怎麼作主呢？是用我的意志。不單是我用意志去決定，而是我自己知道我是自己在決定，這樣才稱爲我自己作主。這種自己作主的心境，稱爲自我意識。因此有許多哲學家以意識就是自我；實際上這種意識乃是自我的體會。我們中國古代哲學家稱這種意識爲「心」。朱子乃說「心者，一身之主宰」。（朱子語類）

本體方面的自我，要由心理方面才可以表現出來。心理方面自我的價值，乃是我們每個人的生活價值。我們每個人的一生，是由心理方面的自我上，一步一步去建設。古今中外的教育家乃教導青年人去修養自己的心靈。

四、

我要是我自己，我不能是人群裏面的一個數目。我要是我自己，我不能事事倣效他人，我不能事事依賴他人。怎麼樣我可以是我自己呢？我要自己作主，我要有自我的意識。

我要自己作主，第一，我要知道怎樣去作主。我不明白事情是怎樣，閉著眼亂撞，那不是自己作主，我爲能作主，先要把事情看清楚，然後才能決定，因此要有學識，要有經驗。

第二，看清了事情，我還要知道應付事情的原則和正當的方法。王陽明曾經說應付事情的原理都在我心裏，我心中有不學而知的良知，按看良知可以應付一切。朱子則說應付事物的原理，應該求之於事物之中，今日格一事，明日格一事，久之自然貫通。我們普通都說：應付事物之理，即是倫理道德，人要知道倫德和風俗習慣，才可以應付事物。

第三，明白了事情以後，我也不一定可以作主，因爲可以有外面的阻力和內面的阻力。外面的阻力，即是外面的壓力，不許我們做我們要做的事，或許強迫我們做我們不願意做的事。爲對付這種壓力，應該有不屈不撓的精神，中國人常說寧死不屈「三軍可奪帥也，匹夫不可奪志也」。

內面的阻力，則是我們內部的私慾。我們要是我們自己，不要被外面的壓力，牽著鼻子走路，但也不能叫我們自己內部的壓力牽著我們的鼻子走；因爲同樣地是不自由，同樣地是被驅使。每一個人有自己的脾氣，有自己的嗜好，有自己的感情。假使一個人在言語行事上，一味隨自己的脾氣、嗜好和感情的傾向，一定不能有好的結果。因此，我們中國古人，常教人克制慾情。《大學》《中庸》的修身大道，爲正心、爲誠；正心在於心不爲慾所偏，七情發時皆能中節；誠則在於良心不爲慾情所蔽，而能明明德。天主指導人克慾，使人能駕馭自己的慾情，引導慾情在隸。合理合法的範圍內去發揮；即是教人自己作主人，不做感情的奴。

五、

克制慾情，以明明德，可以發揮人的天性，成爲一個完全的人。完人是個完全的人；一個完全的人是不是一個完全的我？今天的青年人就懷疑這一點，而且還反對這一點。嬉痞的流行，便是這種心理的表現。今天的青年，像尼采所提倡的超人，要自己是自己，而不是別人。他們以爲社會的習慣、倫理。法律，造成大家一律相同的人，而不是個個有分別的自我。他們便破壞社會的習慣、倫理和法律，以表現自己和別人不同，而作成真正的我。

錢穆先生曾說：「然我不能離人而成爲我。若一意求異於人以見爲我，則此我將屬於非人。我而非人則將爲一怪物，爲天地間一不祥之怪物。若人人求轉成爲我，而不復爲一人，此則萬異百怪，其可怕將甚於洪水與猛獸。」（人生十論 第六篇）嬉痞之可怕，就有點像錢先生所說的話了。

「自我」和「完人」究竟有什麼關係呢？關係很明顯很簡單，「完人」等於「自我」，一個完全的人便是一個真正的我。

從形上學方面去講，存在主義反對士林哲學的形上學，就是以爲士林哲學所講的人只是人，而不是我，應該以存在的我去代替抽象的人。嬉痞的思想，可以說是今日流行的存在主義。但是真真往深刻裏去看，士林哲學本體論講論人，以人有人的定義。是抽象的人性；可是論實際的具體的人，則要加上「個性」，有了個性的人性，才成爲真正的人。因此，在本體論上說，沒有個性的人性，是不存在的。

從人生方面去看，真正的自我，是我自己對於我的個性，有明瞭的意識，在生活上，努力把我的個性表現出來。我怎麼樣去表現呢？是在人性的範圍內。每一個人爲做人，都是按照自己的個性去做。世界上沒有一個只有人性而沒有個性的人，也沒有只有個性而沒有人性的人。因此，佛教說人人都有我執。所不同的，就是有些人有了個性，而我知道自己的個性；有些人有了個性，自己知道；即是所謂有沒有自我意識。有了自我意識，便要在人性範圍內，去發揮這種意識，使自己的個性，都能夠表現出來。

自我的意義，不是在於代替人性的意義，而是在於完成人性的意義。人性的意義，在生活方面，是人性的倫常大道；自我的意義，在於以倫常大道用在自我的個性上；即是每個人按照自己的個性去實行倫常大道。

人生的意義，在歷史方面，是人的活動繼續向上，繼續使人性的意義表現出來，使人類日進於文明；自我的意義，在於每個人用自己個性的所長；使人在文明的路上向前進。

當我在臺灣大學向學生們講自我意義時，有位學生問我天主教的自我意義是怎麼樣，我答說天主教的自我意識，是在天生以內，發揮我的個性。天主教相信天人合一，人因耶穌而參加天主的神生活。天主是絕對的真美善，每個人的自我，便是用自己個性，去追求絕對的真美善，每個人所得的不相等，便有個別的分別。

把自己的個性表現都出來，即是中國儒家所說的盡心盡性，完全盡心盡性的人乃是至誠，至誠乃參天地的化育，進爲聖人仁人。天主教以盡心盡性追求絕對真美善的人，謚封爲聖人。天主教所敬的聖人，各世紀的人都有，各階級的人都有。聖人都是努力修德的人，然而每個人的品德都不相同。在每個聖人的品德中，完全表現每個人的個性。聖人都是完人，聖人也都是完全的自我。

六、

自我的意義，在教育上，是教育政策和教育方法的中心。教育的宗旨，在教人做人，在教人做一個完全的自我。人格教育乃成爲現代教育的代表名詞。

在智育方面，自我的意義代表學生的智力和興趣。智力的測驗，從小學就開始。興趣的分途，從初中就選課，高中就分校，更可以就興趣和智力而選擇大專的分門別類。畢業後再可以進研究所和研究中心，以完成自己智力和興趣所能研究的學術。這種教育制度已成爲歐美的通常制度。目前，歐美各國的學生罷課示威所要求的，是再進一步減少課室的灌輸教學制，加強個別研究指導制。教授少在課室講書，多去指導學生研究。學生少在課室聽課，多作自動的研究工作。

我們臺灣的教育，距離這種目標落後太遠，負責管理教育的人，並且不見得有意去改進。

在德育方面，自我意義，代表意志的鍛鍊，在個性中所能代表自我的，爲每個人的意志。每個人以自己的意志而自己作主。爲使一個人能完成自我的教育，即在訓練他的意志，使他自己知道使用自由。意志的訓練，在於訓練自動的精神，同時又在於訓練接受自由的範圍。一個人所願意的事，和不願意的事，多半不是來自意志，而是來自慾情。訓練意志，便在於意志能夠管束慾情，以求自己作主，自己決定。意志的訓練，主要是訓練自動，就是在接受規則時，也自信是自己願意接受。有了自動，又有持久的耐心，訓練耐心和毅力，便是鍛鍊意志。

意志的訓練稱爲鍛鍊，像是爐火煉鋼，把一塊軟鐵，變成一塊純淨的堅鋼。經過鍛鍊的意志總是堅強的意志。具有堅強意志的人，總不會同流合污，而顯出自我。

現在的教育，無論歐美各國和我們臺灣，都忽略了這一點，因爲忽略了德育，忽略了精神。目前青年所造的許多問題，都從這個缺點而來。今後教育的改進，必要加強意志訓練的人格教育。

人格教育，不僅是一種模範人格的教育。提出某一個偉人，或甚至聖人，作爲模範人格。供青年人的仿效，只能作爲一種啓發作用。每個人的人格，按每個人的個性而成，不能是相同的。因此天主教的聖人，沒有兩個有完全相同的人格，人格愈高，對他人的啓發作用愈強，天主教所奉爲模範的人格，乃是耶穌基督。然而最基本的訓練，仍舊是訓練每個人自動去努力。

生活的快樂

佛教對於人生的大原則，認定人生的痛苦。佛教教義的基本四諦：苦集滅道，以人生痛苦爲中心，乃研究痛苦結集的因緣，進而追求滅除痛苦因緣的正道，以能進入常樂我淨的涅槃。

儒家學者常常反對佛教的寂滅論，認爲人生不能變爲槁木死灰，以滅除人生的慾望而求人生的幸福，則形同把人弄死了而使他享受快樂。儒家主張人生是在喜怒哀樂好惡的情感裏活動，情感動時若能中於中節，人生便有中和的樂趣。

《論語》一書中，談到痛苦的時候很少，只有在兩個門生病死時，孔子表示了沉重的痛苦：

「伯牛有疾，子問之，自牖執其手，曰：『亡之，命矣夫！斯人也而有斯疾也！斯人也而斯疾也！』」（雍也）

「顏淵死，子哭之慟。從者曰：『子慟矣！』曰：『有慟乎？非夫人之為慟，而誰為？』」（先進）

「子食於有喪者之側，未嘗飽也。子於是日哭，則不歌。」（述而）

這是人生最傷心的時候，孔子當然心中感到很傷痛。但是孔子是一個樂觀而又達觀的人，他喜歡生活的快樂。

「子曰：『賢哉回也！一簞食，一瓢飲，在陋巷，人不堪其憂，回也不改其樂。』」（雍也）

「司馬牛問君子。子曰：『君子不憂不懼。』曰：『不憂不懼，斯謂之君子已乎？』子曰：『內省不疚，夫何憂何懼！』」（顏淵）

「子曰：『飯疏食，曲肱而枕之，樂亦在其中矣！不義而富且貴，於我如浮雲。』」（述而）

「葉公問孔子於子路，子路不對。子曰：『女奚不曰：其為人也，發憤忘食，

樂以忘憂，不知老之將至云爾！』」（述而）

「曰（曾晳說）：『春服既成，冠者五六人，童子六七人，浴乎沂，風乎舞雩，詠而歸。』夫子喟然嘆曰：『吾與點也。』」（先進）

孔子曰：「益者三樂，損者三樂：樂節禮樂，樂道人之善，樂多賢友，益矣；樂驕樂，樂佚遊，樂宴樂，損矣」（季氏）

子曰：「知者樂水，仁者樂山。知者動，仁者靜。知者樂，仁者壽。」（雍也）

孔子的人生哲學，是生活快樂的哲學。生活有許多痛苦，誰也不能否認；但是人生的意義，卻不在於被痛苦所擊敗，而是在得勝痛苦。得勝痛苦也不能像佛教以毀滅了我去滅痛苦，乃是要以精神的力量去勝過痛苦。勝過痛苦的精神力量又不是希臘的「史多依流」的冷硬無情，也並不是中國南北朝清談派的傲慢人世。勝過痛苦的精神力量，是人生的高尙目標所具有的吸引力。人生的高尙目標，吸引人心，使人以傾向目標爲樂，人生所有痛苦，都不能阻擋人傾向這個目標。

孔子以人生的目標，在於執行上天的使命。他自信上天給他一種使命，

子曰：「天生德於予，桓魋其如予何？」（述而）

子畏於匡。曰：「文王既沒，文不在茲乎？天之將喪斯文也，後死者，不得與於斯文也。天之未喪斯文也，匡人其如予何？」（子罕）

儀封人請見……出曰：「二三子何患於喪乎？天下之無道也久矣，天將以夫子為木鐸。」（八佾）

孟子也常信自己負有上天的使命。齊王不用他，他離開齊國的時候，自己慨嘆說：

「五百年必有王者興，其間必有名世者。由周而來，七百年有餘歲矣，以其數則過矣，以其時考之，則可矣。夫天未欲平治天下也？如欲平治天下，當今之世，舍我其誰也？吾何為不豫哉！」（公孫丑下）

孔、孟一生都傾向自己的使命。他們的使命是精神的使命，是立己立人，成己成人，積極地在生活裏求精神的建設，先求建設自己的人格，然後追求建設他人的人格。孔、孟以這種精神建設爲樂。就是像顏回那樣貧窮，仍舊不改變自己的快樂。就是在性命受人攻擊，事業失敗的時候，仍舊能夠說：「吾何爲不豫哉！」

在這精神建設中，便有人生的意義。一個人爲著這種意義去生活，外面雖然有免不了的痛苦，內心則是愉快。

但是精神的建設，要求絕大的信心。信心不是自己可以憑空造成的，而是在於了解真正的人生目標，又有使人趨向目標的力量，然後才能建立起來。孔、孟對於自己具有信心。因爲自信負有上天的使命，上天將使他們把使命完成。

我們天主教就是給每個人講明上天付給的使命，又給每個人保證上天助佑我們完成使命的力量。我們的使命是精神的使命，在於把我們的精神和天主的精神相結合，使我們的精神同天主的精神一樣，包括天地又超於天地，永無終窮。死亡爲我們不是滅亡，而是精神飛揚的門戶，死亡已經不可怕，還有什麼可怕呢？因此，天主教的精神是愉快的精神，是喜樂的精神。

基督在祂的一篇最重要的訓示，作者說是祂的聖道大憲章裏說：

貧窮的人是有福的……

哀慟的人是有福的……

溫良的人是有福的……

為義而受迫害的人是有福的。……（馬竇福音　五章）

聖保祿宗徒囑咐教友們說：

「你們在主內應當常常喜樂！我再說，你們應當喜樂！你們的寬仁應當召示於人，主快來了，你們什麼也不要掛慮，只在一切事上，以懇求和祈禱，懷著感恩之心向天主呈上你們的請求；這樣，天主那超乎各種意想的平安，必要在基督內固守你們的心思念慮。」（斐里伯書　第四章四節）

《大學》上說：「知止而后有定，定而后能靜，靜而后能安。」人心的快樂就在於能安。人心怎能安呢？在於能靜。人心怎能靜呢？在於知道該向什麼目標走。我們的心的目標不是傾向金錢，不是傾向名位，不是傾向淫逸，不是傾向愛情，不是傾向世上任何一物；因爲世上任何一物都不能叫我們的心滿足。我們的心是一個傾向無限精神幸福的精神力量，無限的精神幸福是天主。傾向天主，便是生活的快樂。

天主教的生活快樂，還有和人相處的快樂。道家很講究清靜無爲的幸福，清靜無爲是自私者的幸福。我們生在社會裏應當是與人相處而生快樂，孔子以立己而立人爲樂，天主教更以同爲天父的子女而共同快樂。大家都知道基督的教訓在於博愛，但不明瞭博愛的理由。基督多次聲明天主的誡命是兩條：第一，全心全靈愛天主；第二，愛人如己。因爲我們都是天主的子女，子女該愛天父，子女該互相親愛。西洋有句諺語說：「人和人互爲豺狼。豺狼最不談恩義，只知道爭吃東西。人和人也是互相吞噬。」孔、孟則以五倫之道，指示人類相處的道理。五倫中的每一倫都有快樂；父子天倫之樂，兄弟友愛之樂，夫妻琴瑟之樂，朋友知心之樂，君臣也有互相敬重之樂。天主教更結合五倫的天性快樂，加以爲天主子女的快樂。

信仰耶穌，受洗入教者，則更結爲一體。受洗是接受一種新的精神生命，這種生命即是基督的生命。在受洗時，基督把祂的精神生命分給我們，我們因此和祂結成一體。同時凡是受洗的人也都在基督以內，結成一體。聖保祿宗徒說：

「就如身體只是一個，身體的肢體則多。肢體雖多，身體卻仍舊是一個：基督也是一樣。因為我們眾人，不論是猶太人，或是希臘人，或是為奴的，或是自由的，都因一個聖神受了洗，成為一個身體。……如今肢體雖多，身體卻是一個。眼不能對手說：我不需要你。同樣，頭也不能對腳說，我不需要你。……若是一個肢體受苦，所有肢體都一同受苦；若是一個肢體享受尊榮，所有肢體都一同歡樂。」（格林多前書　第十二章第十二—二十六節）

整個教會的人若真真實現這種理想，天下不但可以太平，人世則更有樂趣了。

可是我們的世界，在五十年裏經過了兩次大戰；而且目前因著共黨的惡計，各處民不聊生。在沒有遭受共黨破壞的歐美國家，青年們都以物質享受過高，心生厭惡，要求更有意義的生活，因缺乏經驗和學識，盲目地走向中國魏晉時期竹林七賢的極端路線。這些現象充分表現物質的享受不能使生活快樂。

缺了物質有痛苦，物質豐富，也有痛苦。

生活的快樂在於精神的幸福。凡是人，誰不想一生有快樂呢？因爲人把快樂完全放在物質上，生活便尋不到快樂，快樂也成了很難得到，而且距離很遠的東西了。實際快樂就在我們心中，就在我們的精神上，我們願意有就可以有。基督的福音便是我們尋得快樂的途徑。我們的心和全美全善的天主相接合，我們的心可以安定；我們的心以旁人作爲手足而互相親愛，我們的感情也可以滿足。心安定了，情足了，生活便有快樂。

生活快樂，生活乃有意義。生活有了意義，工作便積極。社會文明的進步，全靠積極的人去推進。

民五八年向光仁中學教職員講話

生活的品質

這個題目看來很呆板，看來又很單調，大家都在提倡提高生活品質，卻來講生活的品質，不是近乎說廢話嗎？我是研究哲學的人，研究哲學的人則喜歡挖根子，因爲哲學就是找各種事物的根子，大家都在提倡提高生活品質，我們便先要弄清楚生活的品質究竟是什麼？

一、生活品質的意義

人類的生活和自然界動物植物的生活不相同，自然界的動植物按照天然的本性，生長老死，常常一樣。雖然生物進化論主張生物可以進化，因著天然的環境改變生活，但是古生物學上祇有已經滅種的生物，卻沒有從一種生物變成別一種生物的化石。生物進化論便說生物的進化乃是突變，表現突破的現象。不過，就是有突破現象，也是自然環境的影響，不是生物自身的主力。人類的生活在今天常聽見突破的口號；在生產方面要有突破，在交通方面要有突破……等等，人類生活的突破乃是由人類自己主動。馬克思曾主張生產的工具使人類生活有突破，由石器到銅器，由銅器到鐵器，由鐵器到蒸氣，由蒸氣到電氣，由電子到核能。然而工具的發明則靠人的理智。人就是因爲有理智，理智的思維力是無限的，人乃用理智追求生活的新工具和新方式，人類乃有歷史，人類生活便有進化。

人類的生活有心靈和身體兩方面，心靈則和身體結合成爲一體，心靈的生活也靠身體的生活而活動，因此，人類的生活便需要有質料，質料就是材料，就是工具；人類生活的質料便是生活所需要的材料和工具，普通說人類的生活爲衣食住行，這四類的生活都需要材料，衣需要布料，食需要食物飲料，住需要建材，行需要交通工具。除了這四種生活以外，人還有娛樂、學術、藝術、宗教的各種生活，這些生活本是心靈的精神生活，然而都需要物質的資料和工具，娛樂需要場地，學術需要書籍，藝術需要質料，宗教需要場所和祭物。

我們講生活的品質，便是指著生活在各方面所需要的材料和工具，及生活材料和工具的進化。

但是我們講生活的品質，還有最重要的一點，就是所說的「品」，品字，普通用爲指品位、品格、品行，都帶著分別和評判的意思，譬如品評、品嘗、品題。對於一個人，我們品評他，看他的品格怎樣，指定他的人格屬於君子或屬於小人。魏晉南北朝的清談，就以品評人格爲資料。一個人的人格包涵很廣：性情，才能，事業，道德。一個人看自己的人格則是看自己的權利，以人格不可侵犯；別人看一個人的人格則是看他的道德，道德高人格也高。因此，人類的生活也就可以受品評，也就可以有高低。品評即是訂定價值的高下，一個人有自己的身價，一個人的生活也就有生活的價值。

中國人的生活素來以儒家的思想作爲標準，近來社會思想已多元化，儒家思想爲能繼續領導中國社會，須要經過一番的革新，因而目前講提高生活品質的人不知道怎樣指明生活品質的高下，然而若沒有生活品質的評價，生活品質的提高將成爲一種口號，或者成爲一種外表的面具，生活的真正價值將每況愈下，生活品質的意義，乃是生活運用生活資料和工具所造成的價值。

現在我按照我自己的意見，談一談生活品質的評價，或者不會走得太偏。

二、生活品質的價值

生活品質的價值由三方面去觀察：一、由生活的資料和工具；二、由生活的方式；三、由生活的精神。生活的這三方面，構成生活的真美善三個層次。

1. 生活品質的第一層價值——眞

生活需要資料和工具，資料和工具的供應，由國家土地所藏的資源，和國家工業的產品，以及國家商業所進口的商品來供給；這些資料和工具好，生活的品質也就好。

資料和工具的好壞，在於是否適合生活的需要。生活的需要，最基本的在於維持身體的生活，有了基本的維持，生活要求舒服，要求方便，要求快樂。對於飲食，最基本的需要是止饑解渴，然後要求色、香、味俱全。對於衣服，最基本的需要是禦寒，然後要求質感，要求漂亮。對於住，最基本的要求是避風雨，然後要求舒適美觀。對於行，最基本的要求是達到目的地，然後要求舒服，要求快速，人類的知識愈高，科學愈進步，工業愈加發達。工業便製造更好的生活資料和工具。現在家庭的用具都電氣化了：冰箱。洗衣機、吸塵器、電視機、冷氣機、錄放影機，這些工具使家庭生活更舒服。打字機、電腦、機器人，生產自動化，這些工具使辦公室和工廠的工作更快更準確。汽車、飛機、無線電、通訊衛星，這些工具使人類的交通更方便更迅速。上面的一切工具都由科學的發明而產生，社會越科學化，生活的材料和工具越好，因此，社會若在科技上更進步，社會便更現代化，社會生活也隨著進步而現代化，生活的品質隨著提高。

但是科技的進步和生活品質的提高，並不是並駕齊驅，甚且還能背道而馳，例如目前生活環境和生活食品的污染問題。環境的污染由科技而造成，食品的污染由化學品而製造，都是違反天然的本來狀況。

因此，科技所製造的生活資料和工具，應該真真能夠使生活舒服、方便、健康。除衣食住行的需要外，人的生活還需要許多更高的資料和工具，這就是心靈生活的需要，人為增加知識，需要書籍，社會便設立圖書館。人為保持健康，需要運動，社會便建造運動場。人為培植情感，需要藝術和宗教，社會便建立藝術館和宗教廟堂，當社會經濟繁榮了，人對於心靈的需要更強，社會越能滿足這些心靈的需要，生活的品質必能提高。

生活品質的第一層價值，在於生活的資料和工具，是否真能滿足生活在身體和心靈兩方面的需要。孟子曾說人有小體和大體，小體為身體，大體為心靈，大體比小體更高更貴重。生活品質的第一層價值，在科技發達的社會裏，對於身體生活的材料和工具，自然會提高，因為科技產生更新穎的產品，人們自然會採用；但是在心靈生活的資料和工具方面，則靠國家政府運用政策去提倡。所以，在評判社會生活的品質時，應注意心靈生活方面的資料和工具是否真能使人的生活得到舒服，滿足，健康。

2. 生活品質的第二層價值──美

人生來具有生活資料和工具的要求，否則不能生活，同時生來也具有美的要求，美的要求表現在生活的方式上，生活的方式構成民族的文化。

美是各份子的和諧，凡是物體本身必定是和諧的，本身各份子各在各自的位置，在量的大小和行動的先後上也互有調協；因此每個物體本身是美的，假使不美則是本身有了缺陷。而且在生存上，宇宙的萬物都應該表現和諧，《易經》很看重時和位，即是每個物體，每樁事物都要合於時合於地。這種美的要求是物體本性的要求，人在自己的生活上便也要表現美。

美的實現，和經濟財富不相關連。我們看最古的石器和銅器鐵器，就已具有藝術的風格，我們看山地同胞的粗糙衣服，也具有藝術性的花紋。一間房子裏的設置，不在於家具的華麗或粗笨，而是在於陳設的方式，或者雅致或者俗氣。衣服也是一樣，不在於衣料的貴賤，而在於式樣和配襯的雅俗。所謂暴發戶的婦女，衣著鮮豔，珠光滿面，俗氣令人發嘔。

禮儀爲生活的方式，禮儀常具有象徵的美，可以陶冶人的性情。有禮的社會，生活上表現次序，表現和諧。中國古代是個有禮的社會，生活也很雅致。到了民國時代，社會改變了，思想複雜了，生活變成禮而俗。目前要提倡生活品質，在這方面要建立現代化的生活方式。

現代化的生活方式，還可以沿用傳統的好原則：清潔、雅致、有禮。

吃飯時，滿桌都是骨頭、魚刺、蝦殼，太不清潔，不美觀。一領襯衫，在什麼場合都穿，汗漬髒污，不清潔，也不美觀。公園草地，塑膠袋、汽水筒、衛生紙，丟滿一地，很不清潔，很不美觀。瓜子殼、餅乾屑、果子皮，抛在火車座位下，既不清潔，又不美觀。風景區隨處攤販，騎樓行人道，堆滿機車，太不清潔，不美觀。這絕不是現代文明人的習慣，也不是開發國家公民的生活方式，絕對要改！

雅致；進到故宮博物館，參觀中國古代家中的陳設，心中不僅是感到舒服，也感到欽佩。雖說那是古代王宮或富家人的廳堂，但是普通讀書人的家也都陳設雅致。走到英國看到紳士的服裝，走到日本，看到和服的雅致，回想我們國內人的衣著，雅俗的分別很大。

景觀設計現在已經成爲一種專門學問，街道庭園要有設置，房中陳設要有設置，服裝衣飾要有設置，就連每天的生活也要有設計。因著設計美的外形要表現在生活的各方面。

生活的雅致更要表現在禮貌上，「彬彬有禮」才可以稱爲現代的文明人。既然現在大家都感到提高生活品質的需要，政府就應慎重地制定社會禮儀，倡導實行。

3. 生活品質的第三層價值——善

每個人在維護自己的人格時，常想到自己的地位，自己的權利；但是別人看他的人格時，則常看他的道德，道德高，別人才尊敬他的人格。社會生活的品質也在於社會的道德，並不因爲科技高，生活用品精美，就自視爲現代文明人的品質。看著街市都是鐵門鐵窗，晚間單身女人不能出門步行，不能坐計程車，也不能單身住在家裏，這種社會生活是進化的文明人生活？商場的仿冒層出不窮，惡意倒會，惡性倒閉，攜款潛逃，這種商場生活也是文明人的進化表現？

我們不能也不願說現代的社會比古代的社會更壞，但是至少我們應該說，現代的中國沒有進化社會該有的公共道德，現代的中國社會是工商業的社會，（雖然農業社會仍舊具有重要性），是多元思想的社會，（雖然儒家思想仍舊深厚地存留在社會人心裏），是社會關係很複雜的社會，這樣的社會應該具有守法負責的美德，就如街上來往的車子多了，駕車的人就應該守交通規則，否則，交通必亂。現代社會各行各業的關係很複雜，國家應該定有法律以維持社會的次序。我們中國人從前因社會關係單純，又因國家地大物博，又因傳統儒家不重視法律，因此便不習慣守法。但是到了今天社會複雜的時候，若不守法，社會的秩序就要亂了，中國歷代常守孔子的教訓「思不出其位」，養成「各人自掃門前雪，不管他人屋上霜」，到了今天大家住公寓，大家在工廠和商店共同生活，大家若還不彼此照顧，而且社會的組織已成爲一座大的機器，若是大家不人人負責，社會的生活便不能在各方面同時並進，表現和諧的進步。

現代的社會除守法和負責的公德外，還應有好義，勤勞，大公的私德。

儒家的傳統倫理，教人嚴於義利之分，君子好義，小人好利。今天商業興盛的時代，當然以利爲主，然而卻也不能爲求利而不擇手段。目前，我們的社會就出現這種現象，商人的生活以及公務員的生活使社會不安。

勤勞是中國人傳統的美德，在各國的華僑都以勤儉起家。但是西洋的工業標語是「以最小的消耗獲取最大的利益」；再者，中國大陸的共產制度造成了作工的人不作工，待遇一樣，工人便偷懶成性，大陸逃出的人多有這種態度。又因社會各機構實行退休制度，老年人在家閒著無事。傳統的勤勞美德漸漸爲青年人所拋棄。

大公的博愛素來爲中國人的傳統美德；孟子曾說「親親而仁民，仁民而愛物」（盡心上）目前對於親父母也不孝了，對於旁人強暴仇殺，對於生物殺害絕種以破壞生態環境，歷代中國的「仁愛」社會，卻變成了殺氣騰騰的社會。

我們若出國旅行，或出國考察，在歐美已開化的國家裏也可以遇到聽到這些缺乏私德的行爲，但是不會見到這種缺德行爲造成社會風氣。因此，我們不能不痛加反省，極力提倡社會道德，否則，社會的生活品質絕對無法可以升高。道德倫理乃生活的精神，生活若祇有外貌缺乏精神，便不能視爲人的生活。孟子曾說：「無惻隱之心，非人也；無羞惡之心，非人也；無辭讓之心，非人也；無是非之心，非人也。」（公孫丑上）

我現在作一個總結：生活的品質，由生活的質料和品格而成，兩者都應符合時代。現代社會的生活；使用現代科學化的資料和工具，以清潔，雅致，有禮的風格，懷著守法、負責、好義、勤勞、大公的精神。這樣的生活，才是真美善的生活，它的品質才能高尙，過著這種生活的人才能快樂。

獻身五十年

一、

小小聖堂中祇亮著一支淡淡的電燈，靜靜地一點聲音都沒有，日間來賀年賀生金慶的笑容也都消失了，我單獨一個人靜坐著祭壇旁的茶桌，蓋著黃緞，緞上放著嬰孩耶穌，緊靠黃緞的牆壁上掛著耶穌苦像，祭壇中間安置聖體櫃，我抬頭望著，三者中間連繫著一條奧秘的光路。剛在聖誕夜誕生的嬰孩，祂心目中就見到結束自己生命的十字架，又見到常久重複十字架祭祀的祭壇、和自己常留人間的聖體櫃。這一條奧祕的光路，乃是一條愛心的路，天主聖子因著愛人而降生，因著救人而捨命，因著助人而留在聖體櫃；整個的耶穌奧祕，就是一個「愛」的奧祕。

在耶穌愛的奧祕光路中，安置了我，賜給了我司鐸的品位，使我成為彌撒聖祭的司祭，分贈聖體的聖職員：

五十年前的今天——二月九號，在羅馬傳信大學的聖堂中，由羅馬代理主教馬爾格提樞機，我被祝聖爲司鐸。第二天清晨，我在羅馬聖安德肋堂中的聖達義墓上舉行了第一次彌撒聖祭。

神父是誰？神父是獻身於教會的人，也就是獻身於基督的人。他是司祭（司鐸），專司對於天主的祭祀，舉行彌撒聖祭。彌撒聖祭由基督自己舉行，神父乃是祂的替身，基督將自己的體和血奉獻於天父，然後將祭祀的體血，分賜參禮的信友。在五十年裏，除在羅馬兩次因外科手術有幾天不能行祭外，我每天都行了彌撒。

昔日我曾在比國和陸徵祥院長見面，他述說自己晉鐸後，不敢登壇行彌撒，因爲他在任欽差大臣時，親身經歷覲見國王典禮的隆重，舉行彌撒乃是朝見天主，怎麼不戰戰兢兢，後來他領悟了彌撒是愛的祭祀，才放心登上祭壇。

行祭是基督顯示救人的愛，不是爲自己私人，是爲整個人類，理當有人參禮。我在羅馬有十八年工夫，每天清晨到一修女院行祭，修女們參與彌撒，到台北後，每天也有修女在小聖堂內，我能說「望全能的天主聖父收納我和你們所共同舉行的聖祭。」

向天父行祭，心靈應該純潔光明，手捧耶穌的體血，消除世人的罪污，司鐸乃是第一個接受這種恩賜的人。但是我們人沒有不失足的，在心口行爲各方面，常有過或不及。司鐸便要記住基督爲人建立了懺悔聖事，懺悔聖事是基督給人加增改過行善的能力。我每週接受懺悔聖事，五十年如一日，近兩年才改爲兩週一次。孔子曾經嘆息說沒有看見認過而自訟的人！他又說過而能改，就不是過了。基督訂定懺悔聖事，幫助人認過自訟，又加強人向善的志向。一位神父，若能常行懺悔聖事，決不會墮入罪淵，不能自拔。

司鐸是爲獻祭，欽拜天主。天主教對天主的欽敬，不僅是舉行祭祀，而是整個生命歸向天主，踐行對天父的孝道。儒家的孝道以生命爲根基，兒女的生命來自父母，歸之於父母。兒女一生和一生的行爲，都成爲孝道的行爲。儒家乃以父母配天，我們人的生命實是來自天主，要歸之於天主，一生遵行天父的意旨，行善避惡，才能稱爲天父的孝順子女，司鐸的職務在於欽拜天父，自己一生，作天父的孝子，還有責任引導教友，孝順天父。小孩出生，司鐸要給他洗禮，潔淨原罪，加入天父的子女團體。小孩長大，司鐸要給他講解信仰的要理，預備領取基督聖體，培養精神生命。青年男女相愛，互擇配偶，司鐸要給他們降福婚姻。有人病重，司鐸要看望、安慰，給他傅油赦罪。有人去世，司鐸要主持殯葬儀禮。一個人從出母胎到入土安葬，都常有司鐸的協助。司鐸的獻身，獻身代替基督，服侍他人。基督曾經說過，祂降世不是爲受人服侍，而是爲服侍人。

司鐸獻身，獨居不娶，沒有子女，沒有家庭。然而司鐸所指導之教友，即是精神上的子女，所以稱爲「神父」，即精神上的父親。獨身不娶，乃能獻身工作。我致力著書寫稿，晚間少出門，靜坐房中，無人吵擾，靜心執筆。獨居可能少有人情味，缺乏生活情趣。但是我在羅馬養鳥種花，到了台北天母，先則養狗後則養蘭，鳥語花香，小狗深通人性。

獨身不娶，可能封閉感情，或者可能造成畸形怪僻，喪失情操。男女愛情乃是爲結婚，不能結婚而發生愛感，則是畸戀，決不合於司鐸身分。司鐸獻身於天主基督，天主是愛，我的生命來自天主，我生命的一秒也在天主愛中。天主的愛乃真實的愛。每天我行彌撒祭祀，和天主相遇，基督作我精神食糧。

體驗天父的愛，體驗基督的愛，還體驗聖母瑪利亞的母愛，我的心不枯乾，也不封閉。所有的人都是天父的子女，所有的教友都是基督的手足，我便不能不愛人。獻身的人，心靈是活的，感情雖然超越世物，然而本性的人情並沒有毀滅。我對於人的友情，人的同情，人的反感，人的惡意，仍舊心有所感，而且非常敏感。生性急躁，遇事容易激動，古人所謂修身以改變氣質，真乃一生大事，希望達到孔子所說「七十則從心所欲，不踰矩。」在羅馬替我經管寓所的方愛理老太太，爲我服務十幾年，我看她如同家人。在台北替我總管牧廬的洪法蒂修女，幫我已近二十年，我一心信託她，她是唯一敢對我直言的人，作爲孔子所言益友。學校的汪惠娟祕書，跟我已十年以上，我以孫女對待她，在天母牧廬工作的錢姓女士，來時爲小姐，現已結婚生子，仍留在牧廬工作。我沒有家，胸懷較寬，不受感情拘牽，在台南台北，很少到教友家中吃飯，也不參與婚宴。輔仁大學和文化大學的哲學博士班的研究生，十個中有八個請我當論文導師，我雖事忙，還是願意鼓勵年輕人。現有的哲學博士，多半出我門下，我囑他們組一哲學社，由李匡郎和陳正堂兩位副教授負責，每月在我家聚會一次，輪流作研究報告。

我晉升司鐸後，教廷宣傳部派我在傳信大學教書，中華民國外交部聘我在駐教廷使館作教務顧問。我既渡獻身生活，沒有室家的牽連，凡有工作都是接受天父的意旨，都與基督又爲基督而做，心靈平靜，事事勤勞。但是今天我撫胸自問，司鐸獻身專於福音的工作。五十年來似乎都爲人事而忙，所寫的書雖有基督傳和聖母傳，然而大多數都在講儒家的哲學，我爲基督的福音作了什麼？今後是不是多爲福音講話？我想把基督福音引入中華民族的文化裏，但是工作的效果呢？可能還祇在開端，我怕自己努力求成爲一個學者，忘記了自己獻身的目標，獻身司鐸，乃是爲基督福音而獻身。

二、

民國五十年五月二十一日，在羅馬聖伯鐸（聖彼得）大殿從教宗若望二十三世手中領受了主教品職。主教在教會負責治理一個教區，作爲教區的「牧者」；我曾治理了兩個教區，在台南教區五年，在台北教區十二年，然後便到了輔仁大學。台南教區是新教區，我是首任主教，台北教區早已成立，我已是第三任總主教。主教獻身爲教區服務，教區以神父爲主幹，以教友爲基礎，以修會爲活力。教區的目標則在使基督福音傳佈到未有信仰的人，這一切便是主教服務的對象。

今天回想我在台南的五年，一半時間在羅馬參加梵蒂崗大公會議，一半時間在台南監督土木工程。然而當時和從國外請回的許多神父，和從外縣市請來的修會，合作非常愉快。我可以給他們的物質品很少，我所給他們的是工作。原先已經在台南教區的美國遣使會士和德國方濟會士，很謙和地接受一位中國主教的服務，通力合作。當時給我幫助最大的，是賈彥文副主教，因此，對於教區人事方面，我沒有掛慮。今天，我誠心感謝天主，賞賜我到台灣工作的開始，沒有遇到困苦不順的環境，我乃能常常積極。我當時沒有傳教的經驗，又不認識台灣，只憑著一腔的熱忱，若是天主不慷慨大量施恩，我必定一籌莫展，心就會沉下去，以後的日子，就難想像了。台南的工作，堅定了我的信心。後來到了台北，正梵蒂崗大公會議提出的改革風氣，吹遍整個教會。教會內乃發生種種紛亂，司鐸離棄職位，還俗結婚者不少，修女還俗者更多。台灣社會從貧苦的農業生活，躍爲經濟發展的工業社會，一般人的想望都在賺錢，連教友都將宗教生活放在腦後，以前大批新教友領洗的喜事，頓然消失，神父們的工作情緒大受影響，我則沒有消極，也並沒有失去信心。但是我和神父們的溝通不夠，神父們不滿意我住在天母牧廬，不住在主教公署，他們認爲我不和他們同艱苦，自己有心圖享受。我則一心要保持一分的時間，爲研究學術。天母牧廬的生活實際上非常簡樸，吃飯祇有一葷一素。而所可貴的是晚間的清靜，我可以寫作，今天我在小聖堂裏沈思，在牧者與學者之間，我想兩者兼有。白天作牧者，晚間作學者，既在公署辦公，又在輔大和文化大學兼課。我對著主耶穌，現在要說兩者都沒有作好。後來祇好辭去了台北總主教職，專任輔仁大學校長，放棄了牧者的責任，專門從事學者的工作。

在台北十二年的牧者生活，人家多說我是獨斷。來見的人，說話沒有說完，我就打斷他們的談話，把事情就解決了。今天細心回想，可能有這種情景，我性急，從來客的話中，已經知道事情的原委，便表示意見，很可能沒有讓他們多說話。對於開會解決問題，我的經驗很多，主持會議的人，若是自己沒有預定的計劃，靠大家來湊意見，意見很難有適用的。這樣很可能使人有種感覺，常是我在發表主張，但是若是大家不贊成我的主張時，我也不會堅持，獨斷我不喜歡，寡斷我更不喜歡，大概我還給神父們另一種印象，以爲我自視高，不易同別人講話。實際上我不習慣聊天閒談，但是辦公開會時，則多講話。

此外，我就看書寫書，連在宴會中也少開口。寫書，似乎成了我的日常生活，天天埋頭寫作，祇是沒有時間跑圖書館，所需參考的書，都要放在案頭。買書便買的多了，我所花的錢，大多都花在書上，所寫的書，都是中國哲學。但是主教本身應是宣講基督福音的人，他因聖神的指示，以言以行，引導人們走上永生的途徑。我常捫胸自問，爲基督說話多還是爲孔子說話多？去年孔誕，中樞紀念會由我作專題報告，講「生命在儒家的意義」，一家雜誌竟借題發揮攻擊國家元首，爲什麼邀一位耶和華的人來講孔子。這種攻擊當然不對，邀請一位大學校長而且四十年講儒家哲學的人來紀念孔子，作專題演講，合情合理。可是我自己反省，我是基督的人，爲何不講基督。蔣慰堂先生三年來常自動推薦我爲中央研究院院士候選人，評審委員則說羅光跟我們是在兩個不同的世界，他的世界是基督是天上。今年中國天主教主教到教廷述職，教宗若望保祿二世對我們發表演講，特別提到輔仁大學，指示輔大應成爲福音的喜訊和中國崇高文化傳統，互相融會的高層機構。我便自信講儒家哲學是爲基督的福音在中國文化裏打下根基。

然而，主教總歸是主教，主教在人們面前和心中，應該被認爲基督的證人。別人要知道基督的福音是怎樣，就看主教。福音不是一冊死書，福音的話是活的，怎樣是活的呢？就是在信基督的人的身上活著。主教乃基督信徒的主管人，他的生活難道不是一本活福音嗎？俯首沈思，心中愧疚太多，在主耶穌面前，沒有可掩飾的。誰能如同聖保祿說，我就是基督的福音？基督所走的路，是背著十字架的苦路，我卻常想出人頭地，事事順心。基督以痛苦爲救人的工具，五十年來我受了什麼苦呢？看著大陸的神父主教，在牢獄和勞動營裏度日，我卻希望處處有人喝彩。雖然這是人的本性，可是我既然獻身於基督，就不應該改變氣質嗎？唯一可以自慰的，還不就是孔子所說的：「已矣乎！吾未見能見其過，而內自訟者也。」（公冶長）能知過，孔子說：「觀過，斯知仁矣。」（里仁）我繼續努力以求福音之仁。但是孔子又說：「若聖與仁，則吾豈敢？抑為之不厭，誨人不倦，則可謂云爾已矣！」（述而）

五十年來，天父替我安排的，超過人所想望的。人家都說若是我被教廷重用，在聖部辦公，一定為中國教會更好。我今天在聖堂細想，假使是那樣，至多做一位樞機，可是在羅馬去世的樞機很多，去世也就完了。我今天能寫一部九冊的中國哲學思想史，能寫一冊生命哲學，似乎在中國學術界留下了一點成績。這不是超出人的想望，完全出於天父給我安排研究學術的環境嗎？大家又都說，中華民國沒有樞機了，似乎是我的過錯，我今天在聖堂裏細想，這又是天父的好心安排，否則怎樣可以使我體驗到中國教會是一個在艱難困苦中的教會呢？聖經上說，天主的想法，跟人的想法不一樣。五十年中，二十五年在羅馬，二十五年在台灣。在羅馬時，正值第二次世界大戰，義大利全國被炸燬，獨羅馬僥倖保存，那時我住在梵蒂崗城，每天三餐可以飽食，午後還可以在教宗的花園裏散步，古樹參天的石道上，獨自來往，冬日嚴寒，園中有中國大陸老家所產生的臘梅，幽香滿樹。德國投降以後，使館遷出梵城，在羅馬城中租居辦公。每晚我須在館中看家，晚飯後，由梵城寓所出來，走過聖伯鐸廣場，當天清月白時，廣場兩邊石欄上的彫像，有似列在天空，景像特殊，沿著帝石里河獨行，看著倒映河中的楓樹影，常發我深思。那時在羅馬，能夠參加教會各項大典，除謚封聖品大典外，參加了教宗庇護十一世和十二世的喪禮，教宗庇護十二世和若望二十三世加冕大典。又見到現在再不辦的聖伯鐸殿放光奇景。往年每逢謚封聖品典禮，當天晚間，聖伯鐸大殿建築外形從殿頂十字架、圓頂，殿前正面，放置一條條的牛油小盆，到了傍晚九點，百餘工人，繫繩自殿頂沿著牛油盆縋下，在三分鐘內點燃條條油盆，熊熊大光，襯出整座大殿的輪廓，遠望乃是一座天空光城，現今則因爲花費過大，停止再辦，那時教宗的典禮，是舊式皇宮典型，教宗乘坐御轎，侍御袍劍金光閃鑠，一進一步，隆重莊嚴，現在都已修改，教宗行禮和普通一位主教行禮，典禮相同，一切都簡單化了。

若說五十年來我所經驗到教會的改革，那可多了。最明顯的是彌撒禮儀。我晉升主教的時候，教廷宣道部送給我整套彌撒禮儀服裝，有長尾的紫袍，有紅白綠紫四色的金線鞋，有四色的絲襪，有四色的絲織手套。我在台南台北當時按照節期的性質，穿著同一色的鞋襪手套行祭。梵蒂崗大公會議後，這全套服裝都廢除了，現在我著普通的鞋襪，不戴手套行彌撒。當時主教大禮彌撒和平日彌撒，分別很大。大禮彌撒有襄禮神父，五品六品神父各兩位，輔祭者多位。現在大禮彌撒取消了，卻加了一種共祭彌撒。我對於共祭，很不感興趣，覺得不是在行祭，祇是一種參禮。但是彌撒最大的改革，還是廢除拉丁文，改用中文行祭。原先常以爲拉丁文代表天主教會，幾乎沿用了兩千年，從今以後，拉丁文很少有人懂了。我所唸的日課經文，三十年來也改了幾次，先是改用新修正的拉丁文聖詠本，後來減少了聖詠篇章，最後規定了現行本，原先的第一篇日間經被取消了，其他三篇日間經，可以祇唸一篇，晨經和傍晚經五首聖詠，縮爲三首，誦讀經由九首聖詠改成了三首，三篇讀經改成兩篇。原先須一點半鐘的經詠，現在三刻鐘可以唸完，而且也用中文替代拉丁文，讀時更順口，但是我習慣了唸拉丁聖詠，現在仍舊唸拉丁文日課。另外有一點改革，感到很方便，就是領聖體以前的空心齋，原先自半夜起到次日領聖體止，滴水不能進口，更不能進食物。主日爲教友中午行彌撒，要守二十四小時的齋，相當艱苦。現在則改爲領聖體以前一小時的空心齋，真是非常方便。

第二屆梵蒂崗大公會議，在教會的行政上，帶來了徹底的改革，教會歷代採用羅馬法，注重法治精神，神父同主教，主教同教宗，兩者的關係，是用服從作標準。梵蒂崗大公會議採用了共同負責的觀念，神父和主教對於教區共同負責，主教和教宗對於教會共同負責。既然是負責，彼此的關係，便是合作，便是共融，以往覲見教宗，按照覲見元首禮，教宗坐在書案前，主教一入內，一叩首再前行，再屈膝，到教宗前三叩首，跪吻教宗權戒，出門也一樣，反退而出。現在教宗站著，主教一深鞠躬，教宗伸手相抱，出門時，教宗先站著攝影，然後送行，仍是賓主之禮。在改革聲浪中最令人擔心的，當時教會各方面多有人主張神父可以結婚，有的神父，先就還俗，娶了妻子，以爲暫時不行聖職，不久以後，法律改了，他們也合法化了。幸而新法典保持了教會傳統，也保全獻身的精神，神父仍是獨身。

晉升主教後到了台灣，我能參加通常主教不能參加的大事，我以傳教委員會副主席身分，參加了梵蒂崗第二屆大公會議，會議四年，每年四個月在羅馬，這乃百年難見的教會大事。大公會議後，我參加了教會法典改編委員會的十年工作，又參加教廷中央的爲非基督徒委員會和爲無信仰委員會。又兩次參加了全球主教代表會議。在亞洲我出任了亞洲主教團協會代理秘書長，常務委員和教會座談委員會主教任，在中華民國出任主教團常務委員和主席，這一切儘是天父慈的處理，滿足了一點自信的私心，今天在聖堂裏靜靜回想，祇怕自傲的私心太大，失誤了天父的愛，沒有盡力爲教會工作，爲獻身基督的人，職位祇是工作的機會，不是炫耀人前的頭銜。我搥胸自責，心謙的修習太少太低。

孔子曾經說自己：「其爲人也，發憤忘食，樂以忘憂，不知老之將至爾。」（述而），又說：「默而識之，學而不厭，誨人不倦，何有於我哉。」（述而）我作一位大學校長，不是應該有這樣的人格嗎？

聖保祿宗徒說：「吾欣然以柔弱爲樂，庶幾基督之神德，能常寓吾身。吾爲基督之故，凡肉體之柔弱，及一切侮辱、艱難、窘迫、困苦，皆所甘受。蓋吾之弱，正吾之所強也。」（吳經熊譯 致格林多後書 十二章九、十節）主教乃宗徒的繼承人，聖保祿宗徒的生活規則，就是主教獻身的規則。我已七十五歲了，不認老也得認老，老則多病，老則精力疲弱，工作低微，心理上便奉聖保祿的生活規則爲座右銘了。但是每天走在輔仁大學的校園裏，處處遇到輕鬆快速的腳步，眉開眼笑的青年面貌，我卻又「不知老之將至云爾」。帶領他們走上人生正當的路途，可以「誨人不倦」。

主耶穌，五十年獻身的生活，平靜安祥，愉快和樂；主耶穌，我感謝你。

下編　宗教信仰與文化

天主教的精神

一、人生的目的

天主教的宗旨，在指示人們生活的目的。有的人說天主教勸人爲善，有的說天主教提高人的精神，有的人說天主教的人崇敬天主，有的人說天主教講身後的天堂地獄。這些人的話，都只說到一面，沒有說到全部。天主教的宗旨，是給人一個正確的生活目的，教人好好的做個完人。

天主教的範圍，不單單在於使人信仰教義，不單單是使人參加宗教儀式，不單單在於勸人爲善，天主教的範圍，在於整個的人。一個人信仰天主教，他的一言一行，他的整個生活，都要受信仰的支配。因爲天主教信仰，給人一個正確的生活目的，信教的人便要按著這個目的生活。

天主教的教義認爲，人是從天主來的，人要歸於天主。

老子和莊子曾說宇宙萬物是出於道而入於道。人之出生，是出於道，人之死亡，也入於道，道是虛無渺茫，人死以後也是虛無渺茫。

天主教相信宇宙爲天主所創造，宇宙既是物質，不能自有，不能自變，更不能自己製造自己變化的原則。天主創造了物質，賜給物質變化的能力，規定變化的自然法則，宇宙乃逐漸變化而有萬物。

人是萬物之一，也是萬物之靈。人有肉性也有靈性，肉性來自宇宙的物質，靈性則直接來自天主。人是出自天主。人帶著出自天主的靈性，天主是無限的真美善，人的靈性便追求無限的真美善，宇宙萬物似乎是無限的，宇宙萬物都是供人使用的；可是宇宙萬物不能使人心滿足，人是應該歸於自己本原的天主，使自心的無限要求，可以償滿。

但是爲什麼人又不知道歸於天主呢？而且爲什麼在追求宇宙間的真美善時，常把假的當作真的，常把惡的認爲善的，使人世間充滿了罪惡呢？甚至於明明知道一樁事是善事，自己想要做，卻又不做，反而去做自己本來不願意做的惡事呢？天下存心做惡的人，本來很少，可是天下的惡事卻那麼多！

天主教相信人性生來就有缺點，並非「人性本惡」，乃是人性有缺點，驅使人向惡。這種缺點稱爲原罪。由於人類始祖濫用自由所造成，把人和天主隔絕。

怎樣可以補救人性的缺點，而使人歸於眞美善的天主呢？人自己沒有這種能力，因爲人不能補救自己的人性。於是天主親自降生爲人，取名耶穌。耶穌以天主之尊，乃能補救人性的缺憾，引人歸於天主。

二、引人歸向天主

人類始祖濫用自由，造成了人性的缺點；後代的人因著人性的缺點；更濫用自由，造下了許多罪孽。罪孽使人和天主相隔絕，對於天主是極大的侮辱。孔子曾說：「獲罪於天，無所禱也。」耶穌爲引人歸向天主，首先犧牲自己的生命，爲補贖人對於天主所犯的罪，同時也教訓人，如歸向天主，第一應該不做惡事，第二應該有犧牲的精神，以補償自己和別人所做的不正行爲。

耶穌既是以天主之尊，降生成人，在他身上便是天人相合。他引人歸向天主，便是使人和天主相合，使人得享天主的生活。天主教教義告訴領洗信教的人說：「領洗，就是在精神上和耶穌結成一體，分得耶穌生命。這種生命稱爲超性的生命，即是超於人之本性的生命。」

一個人領洗入教，他的精神就提高了，他每天都應該努力去實行這種高尚精神生活。

天主是純粹的精神，人要在精神上追求與天主結合，因此天主教最重人的精神生活，那麼天主教是不是鄙棄物質生活，或甚至於和佛教一樣，摧殘人的物質生活呢？天主教著重物質，因爲宇宙物質是天主所造，以供人的使用，人可以用自己的聰明，追求科學的發明，以加高物質的享受。天主教不反對科學，而是鼓勵科學。不過物質的享受，要在一定的範圍內，我們人因著人性的缺點，常常破壞了這範圍。

中國古人以爲人的七情之動，要保持中和。若是有所偏，便是不正了，我們人偏偏就常常不正；因此，天主教勸人不要愛物質的享受，以免物質淹沒了精神。在天主教內有些苦修的人，絕對不願有物質的享受。但是普通一般人，則不願苦修。天主教提醒這般人以精神爲重，也指導人鍛鍊意志，使自己知道如何控制物質。

天主爲聖善的精神體，他的生活乃是真善美的生活。人爲和天主相結合，便應當提高自己的精神生活，成爲聖善的，純潔的。中國古人說，人心要正，人心的天理才可顯明。邪僻的人，不能和天主相結合，心地不光明的人。也不能和天主相結合，和天主相結合的人，該當是純潔聖善的人。

天主是無限的，是無始無終的；而人則是有生有死。不過人的精神則傾向於無限，傾向於永生。我們人能夠和天主相結合，人的精神生命將藉著天主的生命而永遠存在，並且在天主的至真至美至善的生活裏，人心得到滿足，而感到圓滿的幸福，這就是天主教所說的「天堂」。

天主教注重身後的永生，以現生爲永生的預備。身後的永生，不是憑空造的，不是單單由禱告而來的，不是偷懶而逃避現實的人所可獲得的；乃是在現世生活的每個崗位上，負起自己的責任，發揚自己的精神而後可以取得。

三、生活的精神

天主教提倡和天主結合的精神生活。這種生活的意義，當然千頭萬緒，不單是局外人不懂，就是局內的人也不容易懂。可是從大綱上看去，天主教的精神生活，卻又很簡單，很明瞭，很自然。天主教教義認爲三位一體的生活就是天主的生活。我們爲了解釋「三位一體」，常用我們的精神生活作比喻，我們認識一物體，在腦中有這物體的觀念。我們愛一人時，心中有這人的印象。因此我們說：天主是獨有的，他認識自己，同時認識自己所有的觀念，這就是聖子，天主認識自己而愛自己的愛，便是聖神。因此聖父、聖子、聖神是同性同體。同性同體。同性同體的生活是愛的生活。

天主對待宇宙萬物，完全出乎一個「愛」字。天主因愛宇宙萬物而造宇宙萬物，《易經》說這是天的好生之德。天主因愛人而造人，尤其因愛人而降生救人，引人歸向天主。因此聖若望宗徒說：「天主是愛。天主對我們的愛在這事上已顯出來了，就是天主把自己的聖子打發到世界上來，使我們藉著他而有生命。」（若望第一書 第四章第八節第九節）他又說：「可愛的諸位，我們應該彼此相愛，因為愛是出於天主凡有愛的都是出於天主。也認識天主。那不愛的，也不認識天主。」（同上，第七節）

天主教所提倡的精神生活，便是愛的生活。天主教的一切誡律，都包括在這個「愛」字裏。聖保祿宗徒說：「一切的規律只用一句話可以包括，就是愛人如己」（迦拉達書 第五章第四節）又說：「誰若愛人，就滿全了誡律」（羅馬人書 第十二章十八節）又說：「誡律的宗旨，就是愛。這種愛是發自純潔的心靈，發自完善的良知，發自無虛偽的信仰。」（第茂德書 第一章第五節）這種思想，乃是耶穌的思想，耶穌自己曾明白地教訓弟子們：

「最大的誡命愛天主和愛人，一切的誡律都包括在這兩條誡律中。」（瑪竇福音 第二十二章第三八節）

天主教生活的精神，以愛字爲代表，天主教所提倡的善德，也以愛爲中心。中國儒家遵從孔子的教訓，以仁爲一切善德的總綱，仁攝諸德，這種思想和天主教的教義是相合的。仁的根基，在於天地好生之德；人心含有天理，和天心相同，人心也有好生之德，稱爲「仁」。朱熹說：「天地以生物爲心者也。而人物之生，又各得夫天地之心，以爲心者也。故語心之德，雖其總攝貫通，無所不備，然一言以蔽之，則曰仁。而已矣。」（朱子仁說）

天主教的愛，出於天主，而又歸於天主，然後再分佈人世。天主教所講的愛出於天主，因此不是普通所說的「博愛」，而是發源於「天主之愛」。天主之愛是精神之愛，是傾向於天主的至真至美至善之愛，這種愛，第一愛天主，而且愛天主在一切萬有之上；因爲天主是至真至美至善的。然後便愛旁人；愛旁人，是因爲凡是人都是天主所愛的子女。既然愛天主便也該愛天主所愛的子女。

人文主義者，批評天主教所講的愛，由人到天主，由天主再轉變到旁人，不合情理，且過於空泛渺茫。當然他們沒有說這是迷信，但看他們的語氣，暗示著這是近乎迷信。在此我們可以答覆人文主義的先生們，我們愛旁人，若僅是人對人的關係，若僅以人爲愛的標準，則「博愛」兩字就無法可講。愛的情感，是因真因美因善而發，不能是沒有理由，沒有目標。可是人世之人，由單方面看去，許多人是壞得可惡，許多人引起我的惡感，使我討厭。另外是攻擊我，迫害我，成爲我的仇人的人們，我無法愛他。我的愛，便有了界限。便不是博愛眾人了。但是我從天主一方面去看，人不論或好或壞，不論同情我反對我，都是天主的子女，都受天主的慈愛，我爲愛天主的緣故，我乃愛一切的人。這種愛，才是博愛，才不分恩怨。

天主教的愛，是積極的愛，不單單在消極方面，「己所不欲，勿施於人」（論語 顏淵 衛靈公）；而且在積極方面，「愛人如己」孔子說：「己欲立而立人，己欲達而達人」（論語 雍也），基督教訓弟子們愛人，要如同他一樣，肯犧牲自己去救人，耶穌說：「這是我的命令：你們該彼此相愛，如同我愛了你們一樣。人若爲自己的朋友捨掉生命，再沒有比這更大的愛情了。」（若望福音 第十五章第一二節）天主教的神父和修女，便是遵了基督所說犧牲自己去愛人的命令。

天主所提倡的愛，還有一種特徵，就是腳在地上，頭向天上，由形下而到形上，由物質而到精神。儒家的精神生活，是腳踏實地，在現實的生活裏去求真美善，結果人便容易以現實的生活爲滿足。道家和佛教的精神生活，則是逃避現實而求精神與道或與真如之佛相結合，結果人生乃虛無渺茫，沒有根基。天主所提倡的精神生活，則是在現在的一切萬有和人身在，在當前生活的一切責任上，都看到天主，因愛天主而仁民愛物，因愛天主而盡責任，心雖愛人愛物，心卻不繫在人物上，是歸到天主。心雖盡力滿全責任，心卻不以盡責而謀現世的福利，而是求滿全天主的命令。這種精神既不逃避現在，也不輕視現世；然而又不受現世的拘束，而能把心超出事物以上。聖保祿宗徒說：「我已經學會了在所處的環境中常自知足。我也知道受窮也知道享受。在各種事件上和各種環境裏，或是飽飫，或是飢餓，或是富裕，或是困窮，我都學到了應付的祕訣；即是在鼓勵我的基督以內，我什麼都能做。」（斐理伯書 第四章第十二節）

天主教的教友是否都能達到這一步，我不敢確言。許多教友不但是沒有達到這樣高超的地步，連最低的精神生活表現，經常都不能做到。其庸庸俗俗之狀，和不信教的人沒有什麼大分別。這是因爲人性的缺點，不因基督的降生而消滅；基督能給我們力量勝過這些缺點，可是主要還是需要自己努力。在天主教內誰若不努力，誰就順從人性的缺點而不能振作。

現在我總結一句：天主教是引人歸向天主的宗教，目的在使人和天主合一，取得天主的生活。天主的生活，以愛爲精神；天主教的精神便是愛，全心愛天主，全心因愛天主而愛人。

中國文化與福音傳播工作

「福傳大會」籌備會主席單國璽主教最近來信說：「年初曾拜託總主教爲《福傳文集》寫一篇文章，題材是《中國文化與福音傳播工作》，這是在中國傳教最應注意的一個重要問題。總主教研究並教授中國哲學與文化五十餘年，爲我教會人士中國學泰斗，所撰這篇文章定會承先啓後，對於未來傳教方針策略有決定性影響。」

抄錄了單主教的來信，不是表示接受了單主教的恭維，而是表示這篇文章不是我自動寫的，而是爲答應單主教的要求而寫的。

我教了五十年的中國哲學和中國文化，而且還出版了一部九冊厚的中國哲學思想史，對於中國哲學和文化，有深刻的認識。就因爲有深刻的認識，便不敢貿然草寫單主教所要求的文章，因爲問題太複雜，辦法又很難。

文化爲一民族的生活方式，由生活的環境和民族的遺傳所構成。文化是活的，是生動的，不是抽象的理論，也不是僵硬的化石，文明則是高度文化所結的果，常有消長，且甚至毀滅。

中華民族的文化，就是中華民族的生活方式。中華民族生活方式在四千年的民族歷史裏常有變遷，但是有兩點則是中華民族文化的基礎，四千年來沒有變換：第一是生活環境爲農業環境，第二是生活的領導思想爲孔子所代表的儒家思想。到了現在，生活環境改成了工商環境，生活的領導思想已經是多元的思想，因此，中華民族的文化現在起了劇烈的變化，一切都在變，都還沒有定型。在沒有定型的時候，我們把天主教的信仰，灌進中華民族的新文化裏，阻力不會太大，祇是要看我們有沒有這種力量。

一、中國天主教的生活方式

佛教進入中國後，造成了佛教的生活方式，不是佛教接納了中國人的生活方式，而是中國人接納了佛教的生活方式，中國人對於宗教的看法，以宗教祇是人和神靈的關係，人和神靈的關係則是求福免禍，佛教造成的生活方式是守齋、唸經、超渡亡魂、禮佛供奉。其他的生活方式仍舊是儒家的傳統方式，家訓、家禮、祭祖、祭神、祭天、社會倫理、修身正心，佛教都沒有能夠滲入。

天主教的宗教觀，以宗教信仰領導並統制人的全部生活，無論私人生活、家庭生活、社會生活，不僅以宗教信仰爲領導思想，生活的方式也都含有宗教信仰，歐洲人的傳統文化乃是天主教的文化。

傳教士到中國以後就想把歐洲人的文化輸入中國，但是沒有成功，反而使天主教常被看爲洋教，和中國的文化格格不入。

現在我們要想進入中國文化裏，首先便要創立中國天主教人的生活方式。我們又不能學佛教人，祇是在宗教儀禮方面，作成生活方式，滲入中國人的生活裏，我們天主教的信仰，要進入每個中國天主教人的全部生活裏，然而又不能走「全盤西化」的「此路不通」的路。這一點就是我們的難題：一方面，在生活方式上要表現宗教信仰，一方面和傳統的文化基本點——即是儒家思想不相違背。

1. 私人生活

中國傳統的文化，最著重一個人的生活，《大學》以修身爲一切事業的根基，「身修而後家齊，家齊而後國治，國治而後天下平。」儒家的人生之道，就是在一套修身之道。人性是善的，性由心而顯，人心卻有情慾；因此人雖天生向善，情慾則常陷人於惡，孟子教人寡慾，孔子教人守禮，大學教人正心誠意，《中庸》教人「誠之」以率性。宋明理學家建立了修身的方式：第一步「守敬」使人內外都敬，外面敬是端莊，內面敬是「主一」。「主一」則心歸於一，心歸於一則不亂，能夠事事看見人性天理，像王陽明所說，可以「致良知」，第二步是「守禮」「守義」。一切行動合於禮，禮爲倫理規律；一切合於義，義爲我的名分。這樣能成爲君子，君子的人，好義不好利，而且能夠「殺身成仁，捨生取義」。第三步是「盡性」，發揚人性之「仁」，愛一切的人和物，如同孟子所說「親親而仁民，仁民而愛物」，以贊天地的生育，乃成爲聖人。

這一套修身之道，我們天主教人都可接受，在中國人已經不講修身時，予以提倡。我們首提出「孝道」，全心孝愛天父，遵守天父的誡命，不愧於良心。我再提出耶穌基督，背負十字架跟隨祂走，克制私慾，忍受磨難，以協助基督的救世工程。我們最後提出聖神，使我們的心相似天主的心，「天主是愛」，我們也要是愛，愛人如己。

因此，我們要建立中國天主教修身之道，宣揚天主教靈修生活的理論和實踐。多翻譯古來聖人們所著的靈修書籍，又多讀中國古人關於修身的著作。

中國古人最講「實踐」「篤行」，學而不行，較比不學還要壞。聖雅谷宗徒教訓教友要篤行自己的信仰，信而不行，信德是死的。我們第一步要研究一種簡單的修身方式，教友們都可以實行。

2. 家庭生活

中國人的生活素來以家庭爲根基，家庭是人生命的延續，上下代人的生命結成一個生命，兒女是父母的遺體。兒女要將自己的生命歸於父母，一生執行孝道。現代中國人的家庭卻臨到瓦解的地步，必須重建一種小家庭，使人心有所依託。天倫之樂，爲人們工作的天生支持者。原先中國的五倫，有三倫爲家庭的關係：父子、兄弟、夫婦。父子一倫爲家庭生活的方式。現在家庭的關係以夫婦一倫作基礎了，這一點和我們天主教的倫理更相近。

家庭由男女的婚姻所組成，由婚姻而有兒女，由兒女而有兄弟。我們天主教家庭生活的方式，便要以夫婦的生活作基礎，夫婦相親相愛，互敬互助。節育以自然節育法爲方法，絕不許避妊墮胎。育養了子女，需要善盡教養的責任。

在傳統上，中國家庭供有「天地君親師」牌位和先人的靈牌，每天上香致敬。中國天主教家庭則應供有聖像，每天在聖像前祈禱，晚晌在聖像前閱讀聖經。夫婦結婚週年日、小孩出生日、領洗日、堅振日、子女訂婚日、父母生日都要有一種簡單的慶祝儀式。在更重要的機會，如遷居、結婚、出殯，都按教會的禮儀舉行。現在許多教外人，對於天主教聖堂內的婚禮和殯禮，非常羨慕，認爲莊嚴隆重，表達喜慶和悲哀的感情。

原先中國家庭有一種家禮，使多代同堂的家庭生活，有條不紊。我們天主教目前可以提倡三代同堂，使「老有所歸，幼有所養」，祖（或外祖）父母老年有人照顧，他們也能照顧小孫兒們。爲提倡聖化家庭，擬訂一種簡單的家庭禮儀，以親戚團聚，讀經祈福作爲目標。家庭以聖經作爲傳家寶典，以宗教信仰作爲傳家之寶。

3. 社會生活

在農業社會裏，生活很簡單，五倫裏祇有兩倫關係社會生活，即君臣、朋友。現在工商業的社會，把社會生活變得極爲複雜，生活的方式既不能沿用舊日的方式，又沒有建立一種新的方式，社會道德淪亡，社會秩序大亂。

天主教在中國爲一小數信友所成的教會，在社會上沒有多大影響力，但是在別人沒有生活方式的時候，我們提出方式，許多人都會接受。

例如祭祖，由于斌樞機發起，現在已風行全國，又如母親卡，由成功大學天主教同學會發起，現在也流行全國。

目前我們發起父親卡和教師卡，爲父親節和教師節用，將來一定也可通行全國各地。三代同堂運動，我們若全力提倡而又實行，將來也可以爲全國人所接受。

但是最重要的，則在於提倡社會道德，以仁義爲根本。在天主教的家庭裏，學校裏、聖堂內，要教導人人實踐仁義之道，在社會生活裏天主教信友，勉力實行。仁，代表基督的博愛，義，代表基督的救世工程。天主教在中國社會裏素來以慈善事業，受人看重。現在政府有錢，政府辦理一切慈善事業，我們的慈善事業漸漸會消失，但是「義」的工作，則正是缺乏的時候，我們要提倡正義感和責任感。現在全國上下，都是「交征利」，貪污和經濟犯罪層出不窮。在這方面，天主教人士要特別表現正義感，不但抗議社會上不正義的設施或政策，另外在每個人的生活上，實踐正義，該做的，一定去做，不該做的，決不做；可以拿的錢，便拿，不可以拿的錢，決定不拿。一位信天主教的人，要使別人可以信任他；他要有氣節，有人格；孔子曾教訓弟子「憂道不憂貧」，如富貴可求，就替人趕馬車，也幹；若是不可求，那就看富貴像天上的浮雲，和自己不相干。

二、中國天主教的思想

文化爲民族的生活方式，生活方式的構成，因素很多；但是最重要的，是一種領導的思想。中華民族文化的領導思想乃是儒家的思想，裏面還滲有道學和佛教的成份。我們天主教會要想建立中國天主教的思想，而且還要進入中國文化以內，便不能不保持儒家的傳統，使它融會在基督的福音和天主教的神學裏。

1. 形上學

一般講儒家哲學的人，都認爲儒家哲學是倫理學，沒有形上的思想。假使是這樣，儒家哲學就沒有根基，怎麼可以流傳四千年呢？

儒家有自己的形上學，儒家的形上學是《易經》的思想。把《易經》的思想和士林哲學的思想相比較，就可以找到建立中國天主教形上學的途徑。

士林哲學的形上學以聖多瑪斯的思想爲代表。聖多瑪斯講解宇宙萬物的最後理由爲

「有」；若是不有，就是無。宇宙的萬有，可以有可以不有，或生或滅，都不是自有，也不是常有，而是相對的「有」。相對的「有」由絕對之有而來，絕對之有是天主。當梅瑟問天主的名字時，天主答說「我是有。」

絕對的有，一切成全，不能變換，祇用自己的力，創造了宇宙萬有。萬有之有，會有「性」和「在」，「性」爲每一物之理，「在」是每一物的存在。

不存在之有，成爲存有，由「能」而到「行」。既存有了，尚有許多的「能」，逐漸變爲「行」；例如人身體的高大顏色，人的聰明才智。「存有」的人，是一本體，逐漸而加的則是附加體。由本體和附加體乃有一個「單體」的人。

《易經》的形上體，以宇宙萬有的最後理由是「變易」，宇宙一切萬有都在變。變的起點爲「太極」，「太極」變而生陰陽兩氣，陰陽相變而生金木水火土五行，五行相變而生萬物。一切的物都由陰陽相合而成，陰陽相合而成物，陰陽在物裏仍舊繼續變易。這種變易爲內在的變易，《易經》稱爲生命；因此，宇宙萬物的變易，爲生命的變易，生命的變易爲化生新的生命，所以說：「生生之謂易」（繫辭上 第五章）

我們若把士林哲學的形上學和《易經》的形上學結合起來，可以說：宇宙的一切是「有」，「有」爲最後的觀念，也可以說是最先的觀念。每一「有」都是「變易」，都是「生命」，由陰陽兩動力而成。陰陽的變按物的性而變，物的性日漸發展，例如人性如能發展，人乃成爲「成全的人」。

宇宙的萬有既都是變易不停的生命，彼此互相連繫，互相協助，即是現今所說「生態環境」，不能污染，不可傷害。彼此中間有天生的和諧，天生的《中庸》，人們不能加以破壞。宇宙乃一整體，一個活的整體。

2. 神學

《易經》以太極爲宇宙起點，太極變易而生陰陽，太極爲太虛的元氣。然而《易經》沒有說太極是自有的，反而說有上帝，人要祭祀上帝。上帝在《書經》和《詩經》裏則明明說是至高的神靈，創造並掌管宇宙萬物。儒家的哲學雖不講上帝，以人物由氣而成，人按照人性而生活。然而說人性由天命而來，人性是善，是有爲善的「能」，而且又說宇宙的變易以化生萬物爲目的，表現天地有好生之德，表示天地以生物爲心。天地代表上帝，宇宙變易而生物，便是表示上帝的愛心。

我們相信宇宙萬物爲上主所造，上主以全能而造物，不像太極或老子的道，由自己本體的變而化生萬有。宇宙萬物由上主以聖神的德能而造成，而維持。聖神爲生命，爲活動，整個宇宙在聖神的德能內合而為一，互相連繫，結成一體，有如王陽明所說：「一體之仁」，即一體之生命，這種生命充分表現上主的愛，聖若望因此說「天主是愛」。朱熹說：「人得天地之心為心，人心故仁」。人是按照上主的肖像造的，人的心相似上主之心，人心也就是仁，就是愛。

仁字在理學家的思想中代表生命，是「愛之理」，因為人所愛的，第一是自己的生命，即自己的存在。人愛惜自己的生命，也就該愛惜別的人物的生命，在生命上互相關連。

宇宙萬物的生命都來自聖神的德能，乃互相連繫的生命。基督降生為了人的生命，和整個人類的生命相連為一，又和宇宙萬物的生命相連。因此，基督以十字架的痛苦代人贖罪，給人類再造一種新的生命。基督代人贖罪不是法律上的替身，也不是神祕性或象徵性的人類的頭，而是祂改造了人的生命，整個人類的生命因而得到改造，而且如同聖保祿宗徒在致羅馬人書第八章所說：「整個宇宙萬物都因基督而得有自由的新生，回到造物主的懷抱；整個宇宙的生命，因著基督而得到新的生命。」

儒家以人爲倫理的人，人心生來有仁義理智的種子，人若能「存心養性」，就可以修德成聖。但是人心也有情慾，情慾蒙蔽人心，引人向惡，儒家乃常主張克制情慾。

3. 精神生活

克慾爲精神生活或心靈生活的第一步。

克制情慾使心靈的天生面目，可以表現出來，即《大學》所謂「明明德」，儒家肯定這是人的本能可以做到的。但是我們則肯定人的天生面目，因著基督的新生，已經成爲超越本性的面目，即是成爲天主子女的面目，因著聖神的德能，接受洗禮，解除心靈的罪污，顯明人靈的超越性面目，聖神又賜與信望愛三德，又賜聖神七恩，領洗者乃能實踐基督福音的教訓，成爲一個《中庸》所謂「誠之」的賢人君子。

精神生活的第二步是「誠之」，誠於自己的「新人性」，即和基督相信合的超性人性，切實順著聖神的領導，發揚對於聖父的孝愛。

儒家的精神生活以「誠之」於自己的人性，誠於自己的人性，便能發揮人性，發揮人性便能發揮萬物之性，發揮萬物之性，便能贊助天地化育萬物的功能，和天地合德，像《易經》乾卦文言所說：「與天地合其德，與日月合其明」，達到一種超越的境界，如孟子所說充滿浩然之氣，仁民而愛物。又如道家所說人之氣和天地之氣相結合，便能「與日月合明，與天地而長終」。

我們受了洗，和基督相結合的人，常「誠之」於聖神的領導，事事以孝愛聖父為心，心裏的生命，成與基督相合的生命，體驗萬物的美善，和萬物讚頌上主；融會人心的同情，因著基督而服務人群。精神生活達到超越的境界，偕同基督，在基督內，因著基督，表現聖父的仁愛，心內包涵整個宇宙。

上面粗枝硬幹地寫了六段，每段都該有詳細的說明，不然沒有辦法可以懂。但是剛從醫院出來，腦袋頗累，不能多思索，只好停筆。希望有人能夠看得懂，而且可以看到一條中國天主教文化的路線。

我對福傳大會的希望，是希望集合大家的力量，在輔仁大學設立一個中國天主教文化研究中心，擁有一批獎學金，培養四五位研究員，專心研究，在十年以內，必可以有成效。聖母聖心會勇敢地設立了牧靈中心和南懷義研究中心，若能再設立這個文化中心，對於中國教會必定是功德無量。做這種研究工作的人，千萬要謙虛，不以一知半解為知，不以枝葉為根底，務必埋頭苦幹，還要多求聖神指導，如同中古士林哲學的大學者都是聖人。

現代儒家思想與基督信仰的融會

基督的教義和精神，同孔子的思想和精神，可不可以發生關係呢？自認爲代表中國政府的共黨政權，不是一種絕對的唯物無神論嗎？自認可以代表中國傳統文化的中華民國新儒家思想，不是革新孔子的人文主義，把宗教信仰和倫理哲學距離拉得更遠嗎？歐洲信仰基督的民族，現在不是正在使社會俗化，脫離基督信仰的牽制嗎？在這東西兩種確不相同的情形，而卻同一不利於基督教義和儒家思想互相融洽的情形下，可不可以談基督教義和儒家思想的接觸呢？我的答案卻是肯定的。

一、兩方面的困難

1. 儒家方面

儒家的思想，從孔子以來，是以人爲中心的人文思想。《易經》的卦有三爻，上爻代表天，下爻代表地，中爻代表人，人和天地成爲三才。重卦則六爻，六爻是雙卦的爻。

「易之為書也，廣大悉備，有天道焉，有人道焉，有地道焉，兼三才而兩之，故六。六者非它也，三才之道也。」（繫辭下 第十章）

《禮記．禮運篇》說：

「故人者，其天地之德，陰陽之交，鬼神之會，五行之秀氣也，……故人者，天地之心也，五行之端也，食味，別聲，被色，而生者也。」（禮運）

這是從人由氣而成的一方面說，人的氣爲天地的秀氣，即天地的清氣。清氣或秀氣構成人，人乃有靈敏的心，人心虛而靈，能知，能主宰。宋朝理學家如二程和朱熹以人心來自天地之心，人心爲仁，孟子也早以人心有仁義禮智四端。因此，儒家以人心具有人性之理，人性之理就是人的生活原理。《中庸》便說：

「天命之謂性，率性之謂道，修道之謂教。」（第一章）

人的生活須按照人性之理，稱爲率性，率性就是「誠」。《中庸》說：

「誠者，天之道也；誠之者，人之道也。」（第二十章）

儒家的哲學便以人性爲基礎，以建立整體的哲學，把宗教的信仰排擠在哲學以外。祇有在《書經》和《詩經》裏講述上天的信仰，這種信仰實現於上天任命皇帝，代天行道，治理萬民；對上天的敬禮，也由皇帝代替萬民舉行郊祀祭天大典。國民對於上天的信仰，祇相信上天主宰賞罰。孔子則以上天的賞罰完全依照人的善惡，人所須要做的，就是行善避惡。善惡的標準，在於人性天理。

人性天理本來是善的，《大學》所以說：「大學之道，在明明德，在親民，在止於至善」。人性乃是天生善德，而且自然明朗，祇是人心有私慾，慾情可以掩蔽人性的明德，所以人的修身，即在於克除私慾，使人性明德能夠顯明。《中庸》所說「誠者，天之道也」，乃是說聖人的心清明無慾，人性明德自然顯明，因此便是天然之誠。一般人，即是賢人，也有私慾，便要自己克慾，因此便是「誠之者，人之道也。」

克慾的修身，每人都須實行，就是孟子所說人心祇有仁義禮智四端，四端須要人自力去培養，爲培養人心的四端，人應該克慾。

人應該克慾，克慾是人人修身之道，每個人都要做，每個人也能夠做。陸象山和王陽明以格物致知，在於格正事物，以致良知，使知行合一。知行合一，人人可以做。儒家的思想裏，便沒有原罪的觀念，也沒有人須蒙受救贖的想法。人自己要行善，人自己而且絕對能夠行善，人人都可以自力成聖人。儒家的行善，不靠上天的神助。這一點，在儒家的人看來，是和基督信仰的根本衝突點。基督信仰的核心在於基督的救贖工程，而儒家則認爲這一點是根本不必要的神話，他們可以相信基督是一位偉人，但不相信基督是降生的天主聖子，更不相信是人類的救主。

儒家的倫理，和基督的倫理可以相融洽，乃是大家所公認的事；但是現在儒家的倫理在改革的時候，傳統的倫理可以保存多少，目前很難預定。孝道已經似乎全部消失了，孔子重義輕利的規條，似乎根本倒轉去了，中庸之道似乎變成了強暴偏急的群眾運動，愛好和平的禮讓似乎被人身攻擊的流氓行爲所替代。現在向中國社會人士講天主十誡，將會被人看同守舊的人講孔、孟的仁義禮智，所以連儒家倫理和基督倫理相接近的可能，都有些渺茫不著實了。況且現在講儒家思想革新的人，更要強調儒家的「非宗教性」，和儒家所講的「人性尊嚴」。

2. 基督信仰方面

基督信仰從信仰方面說，派別非常多；要談基督信仰和儒家的關係，我若從我自己所信仰的天主教方面來說，則必不能代表這次參加學術會議的各派基督教。所以我祇好從基督信仰最基本的幾點來講。

基督的信仰雖然派別很多，然而最基本的一點，則是都不願修改自己的信條，以便迎合別的宗教或別的生活哲學；這一點在天主教教會裏，更是最基本的一點。在清朝康熙皇帝時，因著祭天、祭孔、祭祖的禮儀問題，天主教教宗寧可冒行政上的錯誤和傳教的危險，嚴格禁止了這些禮儀，而不願冒有損教義的危險，把當時天主教和儒家傳統接觸的好線索斷絕了。今天，別的基督教派都懷著這種心理，寧願不和儒家傳統或新儒家相接觸，以免損害了自己的教義。因此，我們來談基督信仰和儒家思想可能的接觸關係，祇能在教義以外，或者在不損害教義的條件下，才能夠談關係。

另一是基督信仰各派的根本點，基督信仰進入人生的各部門，私人生活和社會生活都要受這信仰的約束，不能衹在禱告時或祈福免禍時，才信有天主或上帝，如同中國人傳統的宗教信仰衹是人和神靈在禍福方面的關係。佛教的信仰雖然包括人的來生，然而對於人的現生，中國人仍舊是守儒家的傳統，不用佛教的信仰。祇是在歐美目前社會的趨勢也是在緊縮宗教信仰的約束範圍，把生活和宗教信仰分離；然而這種趨勢並不爲基督各教派所接受。

再一是最根本的信仰，在於信仰耶穌基督是人類的救主。信仰基督是天主，是人類的創造者，又是人類的再造者。西方人有些主張自然科學反對宗教信仰，而中國現在自認爲革新的人物，則以爲科學證明了宇宙不由上帝所造，（今年青年節中央日報的特刊上，就有一個台大心理學教授這樣說）；再者，中國傳統又以人性爲天生善德，人自己努力可以成聖，不必相信一位來自天的救世主。雖說許多中國智識份子都承認基督爲一位具有非常高尚人格的偉人，也承認他是一位偉大的教主，然而偉人祇是人，不能相稱基督救世主的身分。

在倫理的價值觀，基督教義，尤其從天主教教義去評價，有個基本上的差異點，即是本性和超性的差別。中國哲學家可以承認倫理的超越性，也可以承認人類精神生活的追求，常是講「天人合一」，這種追求的目的，是種超越棄世的目的。但是儒家的超越祇是人世的宇宙或人世的社會，而不是人的本性。他們認爲若是人類的生活超越人的本性，人便迷失了人性，人的生活便沒有根基，也便不再是人的生活。基督的信仰則以人在領受洗禮時，接受了基督的神性即天主性生命，這種生命因著聖神或聖靈而來，結合在人本性的心靈生活上，不但不摧殘人的本性生活，還提高人本性生活的本質和目標。受了洗禮的靈性生活，以信德望德愛德的能力，直接以天主上帝爲目標，獲得永遠生存的價值。而發動信望愛三德的動力，則來自上帝天主的恩寵助力。因此信友的生活，具體地在本性內活動，內部的精神則要脫離罪惡而趨於天主上帝，在一種超乎人性的境界裏行動。這兩方面的差異，不是互相矛盾，或互相衝突的境界，而是由下而上的階梯，可以互相通行；困難在於觀念上的溝通。

因超性而有來生，來生且是永生，對於儒家的孔子，祇能引起驚疑，並不會引起否決。孔子的孝道要求孝敬已亡的親人如事生人，《詩經》裏的祭祖歌詞，常說文王的魂在天帝左右。漢代的儒家王充等人雖否認人死後能有神魂，但是漢以後的中國人幾乎全部接受了佛教的輪迴和地獄的信仰，幾乎每家都請僧道超渡亡魂。基督信仰的永生信條不足成爲最難的接觸點，或者還可以成爲改良社會迷信而造成更合情合理的追思亡人典禮。

二、兩方面可以有的融會交點

現在我們中國人都在研究儒家思想的現代化，使儒家思想還能作爲中國文化的主流，作爲中國人生活的模型。傳統的儒家生活模型，是大家庭的孝道，是對於皇帝的忠心，忠孝的執行都有上天的賞罰。因著忠孝中國人愛自己的家鄉，家族觀念和鄉土的同鄉觀念很深。儒家的傳統模型又在於愛惜現生，經營現生，能節省，能吃苦；雖然孔子重義輕利，雖然漢代儒家已經就重農輕商，但是現生的生活須要錢，中國人對於錢的價值雖不敢和學問道德並列，然而在一般人的心目中，佔有特殊地位。因此，中國人爲重經商便走遍東南亞，而且住在東南亞，掌握了東南亞的經濟權。現在革新的儒家，更將重視現世的生活，更將重視金錢，家族觀念和鄉土觀念將逐漸消失，各種行業的團體將成爲社會的核心。因著注重現世和金錢，則享樂主義必應運而生。而且在台灣已經流行於社會，已經成爲風尙。

但是爲求新的儒家思想能有一種根基，必須建立精神的核心和依託。目前，台灣的青年，有不少人已經感覺精神的空虛，而且因著聯考的困惑，精神沒有依託而失去平衡。許多青年乃尋求宗教信仰的幫助，研究佛學和研究基督教義的青年越來越多。在另一方面，退休的老年人越來越多，在休閒中也感到精神的空虛，而求研究宗教。革新儒家思想的人提出

「天人合一」的超越理想，原來儒家的「天人合一」的理想，是「與天地合其德」，天地之德是好生之德，代表上天的愛心。在這一點上，可以有基督信仰和儒家思想交接融會之點。聖若望宗徒曾說「天主是愛」（一書第四章第七節）

儒家以天地有好生之德，化生萬物，宇宙的萬物合成一道生命的洪流，互相連繫，王陽明在「大學問」一篇中乃講「一體之仁」。仁是生命，「一體之仁」即一體的生命。張載在西銘篇裏也有「乾稱父，坤稱母，……民吾同胞，物吾與也，」天地萬物的生命互相聯繫，不僅是人的生命結成一體，互相關連，植物、動物、和礦物的存在，都是生命，都互相連結。整個宇宙是一整體，在存在上，在生命上，即是在生存上，互相關連，互相協助。若一部份的生存受到損害，以至於生存不能繼續，則整個宇宙的萬物，在生存上也都要受到損害。今天，大家都在講環境保護，預防污染；但環境污染的程度已經達到危害宇宙萬物生存的程度，大家都提高了警覺，高呼保護環境，寧可犧牲經濟的成長，也不願犧牲大家的生存。這一點證明我們聖經所說天主造了宇宙萬物，由人照管，使能發展。萬物的生存由於天主的愛，人卻違反了造物主的愛心，濫用萬物，引發自然界的反撲。所以應該提倡天主對造物的愛心，使人對自然界也應有愛心。

儒家雖然相信人性是明德，王陽明雖然相信人心是理，祇要表現了人性或良心，人就是完美的善人。但是儒家都承認人心生來有私慾，人爲顯明人性的明德，爲能致良知，必須克慾。孟子已經說過：「養心莫善於寡慾。」（盡心下）儒家又雖然常相信人自己努力就可以克慾，然而在實際上大家卻都說：「心有餘而力不足」，因此便不能不承認人類中有罪惡，荀子並且主張性惡，法家們也不贊成孔子的德治，而實行「嚴刑峻法」的法治。目前，中國的社會裏，犯罪的行爲層出不窮，台灣社會目前青年犯罪已成爲重大的社會問題。另一方面，儒家學者現在反對基督信仰的原罪，是沒有懂得明瞭原罪的意義，認爲原罪破壞了人性，人生來就是惡人。實際上，原罪的意義是在成爲天主的對敵者，原罪的流毒是在加重情慾的壓力。如同聖保祿宗徒所說：「可是我發覺在我的肢體內，另有一條法律，與我理智所贊同的法律交戰，並把我擄去，叫我隸屬於那在我肢體內的罪惡的法律。我這個人真不幸！誰能教我脫離這該死的肉身呢？感謝天主，藉著我們的主耶穌。」（羅馬人書 第七章第三十一節）既然大家都深深體會「心有餘而力不足」，能有從天降來的基督伸手援助，使我們有力行心所願行的善，儒家的人也不能說這是和人性相矛盾，失去人性的尊嚴，孔子曾說「三人行，必有我師焉」（述而）儒家不以受人的教誨和指導爲恥，怎麼卻以得天主的教導和援助爲辱呢？

儒家哲學的生命哲學，對於耶穌基督的救世論，還可以給予一種很好的解釋。原罪由原祖而流傳於整個人類，是因爲原祖開始一種人性生命，這種人性生命由原祖開始往下傳，由生育而繁殖爲整個無數人的人類，人類的人性生命由原祖而傳，原祖的人性生命既因著罪和天主相敵對，而放縱了私慾，後代的人類都懷著這種因原罪而受害的人性生命。基督降生救人，改造由原罪而受害的人性生命，基督降生成人，具有整個的人性生命，就祇沒有原罪和原罪的流毒，而且將人性生命和天主性生命相結合，成爲基督的整個生命。基督爲救人，將自己的整個生命因著聖洗，傳給受洗的人；凡是受過洗禮的人，因著聖神的神力取得了基督的生命，和基督結成一體，共成一個新的人類。人類的生命是一體，基督既由聖洗除了人性生命的原罪流毒，則凡是具有人性生命的人都可以信仰基督而接受由洗禮而來的新生命。基督成爲這種新生命的原祖，這種一體新生命的頭顱，而且儒家主張宇宙萬物的生命相連，便可以解釋聖保祿宗徒在羅馬人書第八章所說萬物都因原罪而成爲奴隸，要由基督的新生命而享受天主子女的自由，即萬物也因人的新生命，即天主子女的生命而一體地分享天主子女的生命，當然是按自然物本質的適宜生命，使宇宙萬物和人相連，人和基督相連，整個宇宙因著基督而歸於天主聖父。（格前十五、28）

結語

我在結束我的論文以前，不能不承認我不能決定儒家的現代化，結果究竟將是怎樣。我所說的儒家革新點，是按基督信仰的觀點去看；而且我也不能不承認我的觀點還是天主教人的觀點，不能代表基督教各派的觀點。但是從另一方面說，我所指出的基督信仰和現代儒家思想的交接融會點可以得儒家現代化各派的人和基督信仰各派的人予以接納，因爲我所說的乃是兩方面的幾個基本點。

傳統的儒家從堯舜一直到清末，相信皇天上帝，清朝皇帝也祭天，北平有一座「天壇」。民間老百姓都相信上天的賞罰。目前，雖然社會流行「科學反宗教信仰」的思潮，但是當社會青年以及退休的老年人感到心靈空虛，尋求宗教信仰的依託時，新儒家提出皇天上帝，基督信仰提出上帝天主，這便是交接的一點。

傳統儒家以人心爲仁，因爲天地之心是仁，人得天地之心以爲心，人心故仁，仁爲愛之理，孟子和《中庸》都以人爲仁。目前社會青年多趨殘暴，大陸共產主義更提倡階級鬥爭，因此，大家都深深體會到再提出儒家之「仁」，重新養育一個有愛心的中華民族。基督的信仰以仁愛爲中心。因此基督的仁愛和儒家的仁愛又是一個交接之點。

況且儒家講一體之仁，以宇宙萬物爲一體的生命，自然界的萬物和人類，彼此在生存上互相關連，互相協助，不能弱肉強食，也不能濫用自然物以滿足人的慾望，否則將同歸於盡。基督的信仰，以宇宙萬物爲上帝所造，交由人類利用，然而上帝定有自然法，按法而利用萬物，人受利益，違反自然法，人將受害，整個自然界也將受損。這一點又是儒家思想和基督信仰相交的一點。

雖然儒家相信人性爲明德，人自力可以明明德。但是儒家也祇承認唯有聖人，天生明智，必定沒有私慾，能夠自己明明德。所以儒家以「誠者，天之道也」指的是聖人，天然可以至誠，至於賢人和一般人則是「誠之者，人之道也」，人人都該努力克慾。可是天生的聖人並沒有出現，孔子自己承認，到了七十歲才修養到「從心所欲不逾矩」。儒家的聖人，就是沒有原罪的人，祇有基督，和基督的母親瑪利亞。這一點也可以作爲交接點。

參考資料：

一九八七年十一月十一日到十七日在台北舉行的國際孔學會議有多篇論文可供參考。

(一) Mangello, D.E. 孟德衛
A late 17th Century Confucian Attempt to Reconcile the Chinese classics with

European Christianity. 天主教，儒教同異考。

(二) 羅光 Lokuang Stanislaus

孔子之仁和基督之仁愛的比較研究。

A Conparative Study of Confucius' "Jen" and Christian "Caritas".

(三) 陳榮捷．儒家之兩輪哲學與現代化

The two Philosophical Expanses of Confucianism and Modern Culture.

(四) Brdsgard Kjeld Erik 卜洛嘉

Confucianism and modernization. 儒家思想與現代化。

(五) 吳森 儒家思想與現代人的疏離

Confucian Philosophy and the alienation of Modern Man.

(六) Taylor Rodney L. 泰勒

Modernity and Religion. A Comtemporary Confucian Response.

(七) 成中英 孔子指示中國創造性原理：論生即理與仁的生

On "Creativity is Principle", Based upon theories of Confucius and Mencius.

(八) 傅偉勳 儒家倫理（學）的現化化課題

On the modern reconstruction of Confucianism as an Ethical theory.

(九) 黎建球　孔子生命哲學對現代的影響

The Confucian Philosophy of Life and its influence on present age.

(十) 蔡仁厚　孔子精神與現代世界

The spirit of Confucianism and the modern world.

(十一) 林維明　孔子：人的反省

Confucius: A reflection on Humanity.

孔子之仁和基督之仁愛的比較研究

引言

孔子曾說兩次聲明說：「吾道一以貫之」，（論語 里仁 衛靈公）他的思想爲一有系統的思想，全部思想裏有一中心觀念，用這個中心觀念可以連繫他的全部學說，可惜孔子自己沒有講明這個中心觀念，他的門生曾參卻解釋說：「夫子之道，忠恕而已矣。」（里仁）現在我們講論孔子的思想都以孔子的中心觀念就是「仁」；因爲在論語裏孔子多次論仁，每次的意義都不完全相同，表示「仁」可以包括一切的善德；而且他又以「仁人」爲最高的道德模型。

基督的教義爲一種包含天人關係的宗教信仰，支配人類的全部生活，重建人類的精神。然而這樣廣泛宗教思想也可以用一個中心觀念作代表，又使各部份能互相連繫。基督自己曾說：「你應該全心，全靈，全意，愛上主你的天主，這是最大也是第一條誡命。第二條彼此相似，你該愛你近人，如你自己。全部法律和先知，都繫於這兩條誡命。」（瑪竇福音 第二十二章、第三十七章）又說：「再沒有別的誡命比這兩條更大的了。」（馬爾谷福音 第十二章第三十一節），聖保祿說：「所以愛就是法律的滿全。」（致羅馬人書 第八節）因爲全部法律總括在這句話裏：愛人如己。」（致迦太人書 第五章第十三節）

孔子的思想演成儒家，成爲中國思想的傳統，而且也爲東方思想的代表。基督的宗教教義，成了西方各民族的信仰，造成了西方文明，作爲西方思想的代表。在中西兩方的代表思想裏，中心觀念都是「仁」，這不該是一種巧合，而是基於人性的相同，兩者都以人性爲基礎。

一、仁的意義

1. 孔子講的仁所有意義

儒家的仁字，從人二，即是兩個人相連，說文解釋爲「親」，爲愛，所以仁愛兩字相連用。韓愈的〈原道篇〉說：「博愛之謂仁。」孔子用仁字，則意義甚多，總括地說有廣狹兩義；狹義爲智仁勇三達德之仁，爲愛，爲「己所不欲，勿施於人」。廣義則爲一切善德之總稱，爲孔子的一貫之道，在這廣義的仁裏，當然也包涵狹義的仁。

「樊遲問仁，子曰：愛人。」（論語 顏淵）

可是別的門生問孔子關於仁的意義時，孔子的答覆就每次都不同：

「夫仁者，己欲立而立人，己欲達而達人。」（雍也）

「顏淵問仁，子曰：克己復禮為仁，……非禮勿視，非禮勿聽，非禮勿言，非禮勿動。」（顏淵）

「仲弓問仁，子曰：出門如見大賓，使民如承大祭。己所不欲，勿施於人。」（顏淵）

「司馬牛問仁，子曰：仁者，其言也訒。」（顏淵）

「樊遲問仁，子曰：居處恭，執事敬，與人忠，雖之夷狄，不可棄也。」（子路）

「子張問仁於孔子，孔子曰：能行五者於天下，為仁矣。請問之，曰：恭寬

信敏惠。」(陽貨)

在上面孔子的答詞裏,祇有答樊遲問仁,祇有答說爲「愛人」,在別的答詞裏雖說可以包含愛,但語義都較比愛爲廣。因此,我們應該說孔子的仁和愛,兩者的意義不完全相同。對於狹義的仁,孔子在《中庸》裏說:「修身以道,修道以仁。仁者,人也,親親爲大。」(第二十章)孟子後來也說:「仁也者,人也。」(盡心下)「仁,人心也。」(告子上)孔子和孟子以人爲仁,因爲人心生來愛父母,即所謂赤子之心。因此,孔子《中庸》裏說:「仁者,人也。親親爲大。」親親當然是愛;但是對於父母的愛,不是慾情的愛,而是合於倫理道德的愛,又不是自私的愛。朱熹注釋《論語・子罕章》孔子所說「仁者不憂」,朱熹說:「理足以勝私,故不憂。」普通對於愛,都想佔爲自有,常有自私的情慾,若說『仁愛』,則爲合理而不自私的愛。

狹義的仁,以人心孝愛父母之情爲根本,「孩提之童,無不知愛其親也;及其長也,無不知敬其兄也。親親,仁也;敬長,義也。」(盡心上)儒家的孝,以生命爲基礎,子女爲父母的遺體。子女一生的行爲都歸於孝。在這一點,孔子的狹義的仁,和廣義的人,互相連結,狹義的仁爲愛,爲什麼愛,因爲愛惜生命。漢朝儒者解釋仁義禮智,以《易經》的元亨利貞相配,又以春夏狄冬和東南西北以及木火金水配元亨利貞。仁爲元,爲春、爲東、爲木。漢朝董仲舒說：

「木者春，春生之性，農之本也。」(一)

「東方者，木農之本，司農尚仁。」(二)

《易經》乾卦「文言曰：元者，善之長也。」朱熹注釋說：「元者，生物之始，天地之德，莫先於此，故於時爲春，於人則爲仁，而衆善之長也。」《易經》文言，傳統爲孔子所作，考據家意見多不相同，但是在思想方面，和孔子在《論語》《中庸》裏所說的不相衝突，而且相通，因此，孔子所講的廣義的仁，和生命連接起來，仁即生命。這種思想在宋朝理學家的思想裏，很明顯地表達出來。程顥第一個正式提出。

「『天地之大德曰生』，『天地絪縕，萬物化醇』。『生之謂性』，萬物之生意最可觀。此之者，善之長也，斯所謂仁也。」(三)

「醫家言四體不仁，最能體仁之名也。」(四)

醫家言四體不仁，即是四體癱瘓，沒有生意，仁便是生命。明道解釋《易經》的「元者，善之長也」，以之爲生命開始，仁即是元。朱熹繼承程顥的思想，屢次說仁爲生，他還特別寫了一篇「仁說」的文章。

「生的意思是仁。」(五)

「仁是天地的生氣。」(六)

朱熹分別仁和愛，仁不是愛，兩者意義不相同。

「愛非仁，愛之理是仁。心非仁，心之德是仁。」(七)

「仁是體，愛是用，又曰：『愛之理』，愛自仁出也。然亦不可離了愛去說仁。」(八)

愛是一種情感，仁則是愛的理由。爲什麼愛，因爲仁。人愛父母，因爲父母是生命的根由。人愛自己，即是愛自己的生命，自己的生命即是自己的存在。《易經》的形上本體論就是以生命同於「存有」，西洋傳統形上學以一切都是有，《易經》以一切都是變易，變易就是生生。一切萬有莫不愛自己的生命，生命也即是自己的存在。中國哲學乃以一切萬有莫不愛自己的生命，生命也即是自己的存在。

孔子所講的仁，在狹義上是愛，在廣義上爲生。孔子所講人的生命，乃是孟子所說大體的生命，即心靈的生命，也就是道德的生命。

2. 基督講的仁所有意義

在天主教的用語裏，表示愛有兩個名詞：一個拉丁文爲 Caritas，英文爲Charity，另一個拉丁文爲Amor，英文爲Love，前一個名詞相當於中文的仁，後一個名詞相當於中文的愛。

聖多瑪斯解釋愛，說是對於一個客體的傾向。這種傾向分爲感覺性傾向與理論傾向。感覺性傾向爲物引物，爲情慾；理性傾向爲自由傾向，人認清了客體，意志決定愛這客體，所以愛有感覺性的愛，有理性的愛。(九)他解釋仁，仁是對於愛的客體，予以敬重而成爲友愛之愛㈩。且追求被愛者的福利。通常所講的愛，則常求愛者自己的利益，自己的享受。聖奧斯定對於仁愛有特別的解釋，愛可以用兩個字作表示，一個字是賞受，一個字是利用，愛而賞受愛的對象，心中喜悅，以愛爲目的而滿足，乃是仁愛；愛而利用愛旳對象，以達到另一目的，則是自私，不是仁愛。

基督在福音上所講的愛，乃是仁。基督多以說明在所有的誡命中，以愛天主和愛人兩條誡命爲最大。愛天主是要全心全力愛天主在萬有之上，也在愛自己以上；愛人則愛人如己，這種愛不是感覺的情慾。而是來自理性的意志，不是爲自己本人的利益，而是爲被愛者服務。基督自己愛天主，是孝愛的愛，全心奉行天父的旨意，全心爲求天命的光榮，在被判死刑的前夕，和十二門徒共行晚餐，他向天父說：「我在地上已光榮了你，完成了你所委託我所作的工作。」（若望福音 第十七章第四節）他所有的使命是捨生爲救贖人類，所以在被捕時，門徒們要抵抗，基督對伯鐸（彼得）說：「把劍收入鞘內！父賜給我的杯，我豈能不喝嗎！」（若望福音 第十八章第十一節）杯象徵痛苦，稱爲苦爵。

基督講對人的愛，也是仁愛。在最後晚餐上基督囑咐十二門徒說：

「這是我的命令，你們該彼此相愛，如同我愛了你們一樣。人若為自己的朋

友捨掉性命，更沒比這個更大的愛情了。」（若望福音 第十五章第十二節）

基督比喻自己是牧人，牧人愛自己的羊，餵養牠們，若有狼來抓羊，挺身抵抗，寧願自己遭狼咬死。

「賊來，無非是為偷竊，殺害，毀滅（羊），我來，卻為叫他們獲得生命，且獲得更豐富的生命。我是善牧，善牧為羊捨掉自己的性命。」（若望福音 第十章第十節）

基督指出愛人如己的誡命，爲第二條大誡命。對於這條誡命的意義，他說明有新的意義。

「你們一向聽過古人說：『不可殺人！』誰若殺人，應受裁判。我卻對你們說：凡向自己弟兄發怒的，就要受裁判。」（馬竇福音 第五章 第二十一節）

「你們一向聽說過：『以眼還眼，以牙還牙。』我卻對你們說：不要抵抗惡人；而且，若有人掌擊你的右頰，你把另一面也轉給他掌擊。……」（同上，第三十九節）

「你們一向聽說過：『你應愛你的近人，恨你的仇人』我卻對你們說：你們當愛你們的仇人，當為迫害你們的人祈禱，好使你們成為你們在天之父的子女，因為他使太陽上升，光照惡人，也光照善人；降雨給義人，也給不義的人。」（同上，第四十三節—第四十六節）

基督所講的愛，爲大公無私的仁義，而且還包括仇人在內的仁愛。基督的門徒後來傳他的道，特別注重這種仁愛，以兩種理由作爲基礎：第一，大家都是天父的子女，第二，大家因著進入教會洗禮，和基督成爲一體，基督是頭腦，彼此都是肢體。

「就如我們在一個身體上有許多肢體，但每個肢體都有不同作用，同樣，我們眾人在基督內也都是一個身體，彼此之間每個都是肢體。」（致羅馬人書 第十二章第四節）

「愛不可是虛偽的，你們當厭惡惡事，附和善事。論兄弟之愛，要彼此相親相相愛，論尊敬，要彼此爭先；論關懷，不可疏忽；論心神，要熱切；對於天主，要衷心事奉；論望德，要喜樂；在困苦中，要忍耐；在祈禱上，要恒心；對聖者的急需，要分擔；對客人，要款待。迫害你們的，要祝福，只可祝福，不可詛咒。與喜樂者一同喜樂，與哭泣者一同哭泣。彼此要同心合意，不可心高妄想，卻要俯就卑微的人，不可自作聰明人。對人不可以惡報惡，對眾人要勉力行善；如若可能，應盡力與眾人和睦同處。諸位親愛的，你們不可為自己復仇，但給天主的忿怒留有餘地，因為經上記載：『上主說：復仇是我的事，我必報復』。所以『如果你的仇人餓了，你要給他飯吃；渴了，應給他水喝，因為你這樣作，是將火堆在他頭上』。你不可為惡所勝，應以善勝惡。」（致羅馬人書 第十二章第九節──第二十一節）

這是聖保祿宗徒所寫的信，他發揮了基督的愛，把愛的意義，發揮得淋漓盡至，基督的十二門徒中，有一位稱為愛的宗徒，就是聖若望。他是耶穌基督在生時所最愛的門徒，他後來傳道特別注意講愛德：

「我們應該愛，因為天主先愛了我們。假使有人說，我愛天主，但他卻惱恨自己的弟兄，便是撒謊的；因為那不愛自己所看見的弟兄，就不能愛自己所看不見的天主。我們從他得了這個命令，那愛天主的，也該愛自己的弟兄。」（若望第一書 第四章第十九節—第二十一節）

一切的人都是自己的弟兄，該愛一切的人，愛人才能愛天主，表現自己是天主的子女。基督也說過，彼此相愛才能是他的門徒，「如果你們之間彼此相親相愛，世人因此就可認出你們是我的門徒。」（若望福音 第十三章第二十九節）。有人要問，基督的愛是否和墨子的兼愛，不分親疏一樣？或者和儒家的仁愛，由近及遠，推己及人呢？我們答覆基督愛是和儒家的愛一樣，有親疏等級，因爲基督也格外愛自己的母親和朋友。

二、仁愛的來源

1. 孔子之仁的來源

《中庸》第二十章說：「仁者，人也，親親爲大。」這是孔子的思想。孟子解釋說：「仁，人心也。」（告子上）仁愛的來源來自人心，人心生來具有仁義禮智之端，而仁又包含義和禮智，故說「仁，人心也。」即是說人心生來具有仁。心，在孔、孟和後代的儒家裏，意義非常重大。大學講修身，修身在於正心。孟子講人的生活在於養育大體，大體爲心，養育大體便是「存心」，便是「養心」，存心所以養性，養心所以寡慾；養性才能知天，寡慾才能發展仁義禮智之端。宋朝理學家朱熹進一步說，人心所以是仁，因爲是由天地之心而來：

「發明心字，曰：『一言以蔽之，曰生而已。』天地之大德曰生，人受天地之氣而生，故此心必，仁則生矣。」（朱子語類　卷五）

「天地以生物為心，天包著地，別無所作為，只是生物而已。亙古亙今，生生不窮，人物得此生物之心以為心。」（朱子語類　卷五十三）

「天地以生物為心者也，而人物之生，又各得夫天地之心以為心者也。故語心之德，雖其總攝貫通，無所不備，然一言以蔽之，則曰仁而已矣。」（朱文公文集　卷六十七　仁說）

「當來得於天者只是個仁，所以為心之全德。」（朱子語類　卷六）

仁是生，生即生命，也就是變易的「存有」（being），人物從天地得有生命，生命按照氣之清濁，程度不同。人之氣最清，人的生命乃時仁義禮智的生命，簡單說就是仁的生命。

朱熹特別提出天地之心，《易經》祇說「天地之大德曰生」，朱熹以天地之德，即表現天地之心。這一點和老子不同，老子以天地不仁，即沒有愛心，讓一切物自然生滅。《易經》既講生生為天地的大德，便應該說天地有創化萬物之愛心，但是理學家都以天地為氣，氣怎麼可以有心呢？朱熹的門生便多次就這個問題，向朱熹發問：

「道夫曰：向者先生教思量天地有心無心，近思時，竊謂天地無心，仁便是天地之心。若使其有心，必有思慮，有營為。天地曷為。天地曷嘗有思慮來！然其所以『四時行，百物生』者，蓋以其合當如此便如此，不待思維，此所以為天地之道。」曰：「如此，則易所謂『復其見天地之心』，『正大而天地之情可見』，又如何？如公所說，祇說得他無心處耳。若果無心，則須牛生出馬，桃樹上發李花，他又卻自定。程子曰：「以主宰謂之帝，以性情謂之乾。」他這名義自定，心便是他個主宰處，所以謂天地以生物為心。中間乾夫以為某不合如此說。某謂天地別無勾當，只以生物為心。一元之氣，運轉流通，略無停間，只是生許多萬物而已。」問：「程子謂『天地無心而成化，聖人有心而無為。』曰：「這是說天地無心處。且如『四時行，百物生』，天地何所容心？至於聖人，則順理而已，復何為哉！」所以明道云：『天地之常，以其心普萬物而無心；聖人之常，以其情順萬事而無情。』說得最好。」問：「普萬物，莫是以心周偏而無私否？」曰：「天地以此心普及萬物，人得之遂為人之心，物得之遂為物之心，草木禽獸接著遂為草木禽獸之心，只是一個天地之心耳。今須要知

得他有心處，又要見得他無心處，只恁定說不得。」（朱子語類 卷一）

「四時行，百物生」，是孔子在論語書裏的話；《易經》說天地有心和天地有情，朱熹說天地以生物爲心，便不是他自己的創見，乃是繼承孔子的思想，天地有心即是天地有主宰。天地有主宰，在孔子來說，是天地有上帝作主宰；在宋朝理學家來說，便說是理當如此。但是朱熹又不敢說一定，他說：「蒼蒼之謂天，運轉週流不已，便是那個。而今說天有個人在那裏批判罪惡，固不可；說道全無主之者，又不可，這裏要人見得。」（朱子語類 卷一）孔子曾說：「天何言哉？四時行焉，百物生焉。天何言哉！」（論語 陽貨）孔子願意效法上天而不說話，祇以行爲表示仁道。天地有心有情，是代表上天上帝的心情。人得天地之心以心，雖說是得天地之氣以爲心，然而天地之氣運行生物，則是代表上天上帝生物之心。因此，孔子之仁，來自人心，人心來自天地之心，天地之心來自上帝之心。

2. 基督之仁的來源

就一般的人來說，人是天主按照自己的肖像造的，人像天主。人心有仁愛，仁愛來自造物之天主。

就一般受了洗禮而信基督的信徒來說，信徒因著洗禮和基督成爲一體，分有基督的神性生命，因著基督而相愛，這種仁愛乃是基督的仁愛，是直接來自基督的聖神。基督用聖神授給信徒一種聖寵，信徒因著聖寵而發仁德。這種仁愛爲一種超乎人性的善德，而能得永生的酬報。永生的酬報，即是欣賞天主的無限真美善。

「可愛的諸位，我們應該彼此相愛，因為愛是出自天主；凡有愛的，都是出自天主，也認識天主；那不愛的，也不認識天主，因為天主是愛。天主的愛在這事上顯出來，就是天主把自己的獨生子，打發到世界上來，好使我們藉著他得到生命。愛就在於此，不是我們愛了天主，而是他愛了我們，且打發自己的兒子，為我們做贖罪祭。」

「可愛的諸位，既然天主這樣愛了我們，我們也應該彼此相愛，從來沒有人瞻仰過天主，如果我們彼此相愛，天主就存留在我們內，他的愛在我們內才是圓滿的。我們所以知道我們存留在他內，他存留在我們內，就是由於他賜給了我們聖神。」──（若望第一書　第四章第七節──第十三節）

因著聖神而相愛，則是超乎人性的仁愛。若是信徒愛天主，因天主的真美善而愛天主，天主的真美善在我們現世不能看到，祇由天主的啟示而知，這種愛天主之愛稱爲神學性之愛，乃是天主直接所賜的善德；這種善德再因聖神而行動，因此，必定是超乎人性的善德。這一點和孔子的仁，便有本乎人性和超乎人性的分別。

三、仁的完成

1. 孔子之仁的完成

孔子之仁，來自天地之心，傾向生化萬物；仁的完成，在於生生的完成。代表孔子之仁的完成人格，稱之爲聖人，或稱爲仁人，或稱爲大人。孔子自己曾說：「若聖與人，則吾豈敢，抑爲之不厭，誨人不倦。」（論語 述而）中國古人教育的目的，最高點即教人成聖人，荀子曾說：「其義則始乎爲士，終乎聖人。」（勸學篇）聖人是誠於自己的人性，如《中庸》所說：

「唯天下至誠，為能盡其性；能盡其性，則能盡人之性；能盡人之性，則能盡物之性；能盡物之性，則可以贊天地的化育；可以贊天地之化育，則可以與天地參矣。」（第二十二章）

「贊天地之化育」，乃是參加天地好生之德，與天地合其德，如同《易經》所說，「夫大人者與天地合其德。」聖人的精神，便是「仁民而愛物」（孟子 盡心上）的精神，《中庸》說：「大哉聖人之道，洋洋乎發育萬物，峻極於天。」（第二十七章）《中庸》稱贊孔子：「萬物並育而不相害，道並行而不相悖，小德川流，大德敦化，此天地之所以為大也。」（第三十章）這種精神，就是儒家精神生活的「天人合一」的最高境地，仁道得以完成，張載曾說：「大其心則能體天下之物，物有未體，則心為有外。世人之心，止於見聞之狹，聖人盡性，不以見聞梏其心，其視天下，無物非我，孟子謂盡心，則知性、知天以外，天下無外，故有外之心，不足以合天心。」(十七)方東美說：「張橫渠的思想把宋儒平常習用的概念，找出了一個主腦，這個主腦在生命的體念，以心為中心而「大其心」，然後才把這心的來源追溯到天。所謂掌握了「天心」，才可瞭解世界一切的一切。」(十八)

2. 基督之仁的完成

基督之仁來自天主聖神，使人成爲天主的子女，參加天主性的超性生活。這種超性生活的完成，在於面見天主，如同子女看見父親，面睹父親的容貌，欣賞天主的真美善。人在現世具有身體，身體的眼睛爲物質，物質的眼睛不能看見絕對的精神。中國古人也說：「神無方而易無體。」現世所認識的天主，是用信仰而信天主所啓示的天父，雖然基督曾經說：「誰看見了我，就是看見了父。」（若望福音 第十四章第九節）還仍舊是由有形的基督所表現的天父，真正看見天父，面對面的看見，則在人脫去了身體或是具有復活了的非物質性身體，才可以完成。聖若望宗徒說：

「可愛的諸位，現在我們是天主的子女，但我們將來如何，還沒有顯明；可是我們知道，一顯明了，我們必要相似他，因為我們要看見他實在怎樣。」（若望第一書 第三章第二節）

聖保祿宗徒說得很清楚：

「因為我們在所知道的（天主），只是局部的，我們作先知所講的也只是局部的。及至那圓滿的一到，局部就必要消逝。……現在我們是藉著鏡子觀看（信仰），模糊不清，到那時，就要面對面的觀看了。我現在所認識的，只是局部的，到那時我就要全認清了。」（致格林多前書 第十三第九節——第十二節）

全認清絕對精神體的天主，欣賞天主無限的真美善，乃是天主教的天人合一，實現與天主合一的生命。

四、結論

綜觀，孔子的仁，一貫他的思想，爲「率性之謂道」，「仁民而愛物」，立己立人，達己達人，原自天地之心，效法天地好生之德，以達到贊天地的化育，化育萬物。

基督的仁，爲一切誡命的總綱，全心靈愛天主在萬有之上，愛人如己。人受洗禮與基督合爲一體，成爲天主的子女，以基督天主之心而愛天主愛人，期望將來面見天主，這種仁愛的來源和目標，都超乎人的本性，昇入超性的神性。

從本性方面說，孔子之仁和基督之仁很相同，兩者都是出自人心，人心源自天心。孔子之仁以親親爲先，旁及四海之人，且愛到萬物，參與天地好生之德，達到天地萬物相通爲一，協調和諧，宇宙大同。

基督之仁，源自天主，流自聖神，發於基督之心。人心和基督之心相合，以孝愛眞情孝愛天父，以天父子女之心愛友人愛仇人。彼此在基督之內結成一體，連同宇宙萬物，敬拜造物主天主，期待脫離物質的肉軀，親自面對天主，認識天主的本體，欣賞無限的眞美善。基督之仁，在現世和孔子之世並行不悖；目標則常在超乎本性的天主，現世以信德（信仰）與天主相接，來世則面對面而與天主相合。

註：

㈠ 董仲舒　春秋繁露　卷十三　五行順逆篇。

㈡ 董仲舒　春秋繁露　五行相生篇。

㈢ 程顥（明道）　二程全書　遺書十一　明道語錄一。

㈣ 程顥（明道）　二程全書　遺書十一　明道語錄一。

㈤ 朱子語類　卷六。

㈥ 朱子語類　卷六。

㈦ 朱子語類　卷二十。

㈧ 朱子語類　卷二十。

㈨ S. Thomas. Summa thealogica Ialla 9. XXVI.a.I.

㈩ S. Thomas. Summa thealogica Ialla 9. XXVI.a.3.

⑾ S. augustinus. De doctrina christiana. bil. I. n4. De cioitate Dei.bil. XI. cap. XXV.

⑿ 朱子語類　卷五。

⒀ 朱子語類　卷五十三。

⒁ 朱文公文集　卷六十七　仁說。

(十五) 朱子語類　卷六。

(十六) 朱子語類　卷一。

(十七) 張載　正蒙　集大心篇。

(十八) 方東美　新儒家哲學十八講　頁三〇五。

儒家與天主教生活的意義

校長、所長、各位老師、各位青年：

承蒙貴校邀請，要我來跟大家作一次講演。關於講題，貴校沒有跟我出題目，我問所長他要我講些什麼？他說講儒家與天主教的關係吧。事後我想了很久，在這方面可以說的話很多；但若沒有系統隨便說說，心是漫無頭緒，粗淺放浪，不成一篇講演。因此我便擬定了這個題目：儒家與天主教生活的意義。從儒家和天主教教義兩方面來看，比較其相同之處及相異之處。

儒家爲一種人文哲學，天主教爲一種救人的宗教，兩者的目標都是對著「人」，兩者的宗旨都是教導人做一個「真正的人」。儒家的人文主義以人爲中心，人究竟是什麼呢？禮記禮運篇上說：「其天地之德，其陰陽之交，鬼神之會，五行之秀氣也。」

《易經》講宇宙的變化，以陰陽兩氣爲變化的原素。陰陽兩氣在宇宙裏運行不息，生化萬物。《易經》繫辭第三章第一節記載：「一陰一陽之道，繼之者善也，成之者性也。」

陰陽兩氣運行不息，互相結合，結合而成物性物形，化生一物。陰陽兩氣結成一物以後，在物之內仍舊運行不停；宇宙間的每一件物體都是變動的，這種變動，《易經》稱爲生命。《易經》繫辭下第一章說：「天地之大德曰生，聖人之大寶曰位，何以守位？曰人。」

儒家以宇宙的變易爲化生萬物，每一個物都是一個生命。所以德爲宇宙爲一生命的洪流，千古長流不斷，萬物化生不已。但是萬物的生命，表現則各不相同，生命之理在基本上或說抽象上是一個理，但在每一個物內則不相同，因爲每一個物體，由理和氣而成，理是生命之理爲物性，氣是物形而有清濁之分；氣濁之物，不能顯出生命。氣稍清之物，可以顯出一分生命。氣越清，生命就表現得越多。人的氣是最清的，稱爲秀氣，生命之理在人以內，乃能完全表現。

人所表現的生命之理，是什麼理呢？乃是心靈的生命，即是精神的生命。孟子曾說人有大體有小體；大體爲心思之官，小體爲耳目之官。耳目之官，人和禽獸相同，心思之官則是人所特有的。

心思之官在運行時有什麼原則呢？心思之官的原則，孟子說是仁義禮智；因爲人的心生來是惻隱的，是辭讓的，是知羞惡的，是知是非的，這種人是什麼人呢？儒家所講的人是一個倫理人，即是一個具有心靈，而又具有倫理和良知良能的人。這個倫理人發揮自己的本性，能夠成爲「開天地合其德，日月合其明」的聖人。聖人乃成爲儒家的理想人。

天主的教義以人爲天主所造。聖經舊約創世紀說：「天主說：『讓我們照我們的肖像，按我們的模樣造人。叫他管理海中的魚，天空的飛鳥、牲畜，各種野獸，和在地上爬行的各種爬蟲。』天主於是照自己的肖像造了人，就是照天主的肖像造了一男一女。天主祝福他們說：「你們要生育繁殖，充滿大地，管理海中的魚，天空的飛鳥，各種爬行於地上的生物。」」（創世紀 第一章二十六節——二十八節）

宇宙萬物都是天主所造，人則特別爲天主所造；因爲人與天主相似。天主是絕對精神體，有理智，有意志；人相似天主，也有精神體的靈魂，靈魂即是心靈，能有知識，能作主宰。

舊的創世紀說天主在六天之內造了宇宙萬物，最後造了人。六天造宇宙萬物，乃是一種象徵的說法，意義只在說宇宙萬物由天主所造。天主造物的方式和時間則沒有記載。有人說按照舊約所記六天造萬物，則和達爾文的進化論相衝突。實際上，天主創造萬物，很可能最先造了原素，賦給原素進化的動力，然後安排宇宙環境，原素因著動力，隨著適當的環境，化生適合的物品。

天主教按照聖經所講的人，是一種品格很高的人，有精神，肖像天主。天主不僅有理智和意志，而且是純潔聖善，人既似天主，人的心靈也應該是純潔的。在舊約創世紀裏說天主所造的元始兩人：赤身露體，不覺羞愧，這是象徵元始兩人，心靈純潔，有如赤子。

天主教新約聖經更給人一種新的意義。聖若望宗徒在他的福音序言裏說：「那普照世人的真光已進入世界，祂已在世界以內，世界原是由祂而造成的；但世界卻不認識祂。但凡接納祂的，祂授給他們一項權力，即授給相信祂的名字的人一項權力，能成爲天主的子女。他們不是由血氣，也不是由肉慾，也不是由男慾，而是由天主生的。」（若望福音 第一章第八節——第十三節）

人是按天主肖像所造，而且又是天主的子女，子女和父親的生命相連，人既是天主的子女，人便以天主的生命爲自己的生命。人的生命便不是一個純粹的人的生命，而是分享天主的生命，這樣一來，人真正和天主相似了。

從以上所講儒家和天主教關於人的意義，有其相同和不相同之處。

儒家不說人是上天所造，但並不否認人可以由上天所造。儒家的書裏，常常說到造物者。天主教則明白說出人是天主所造。

儒家以人爲萬物之靈，有心靈的精神，能認識，能主宰。天主教也主張人有精神體的心靈，因而肖似天主。這一點兩者是相同的。

儒家的理學家，以人由理和氣而結成，氣有陰陽。天主教的士林哲學以人由元形之質相合而成。這兩種思想雖不完全相同，然而有其相同之處。

儒家和天主教對於人所有不同的主張，則是天主教以人爲天主的子女，人的生命分享天主的生命，因而生命是永久的，人死後有身後的生命。

現在，我們講生活的意義。生活是一種物體自身的演變歷程，生物的演變是按照自己的本性而動，人的生活便應該是人按照自己本性而演變。《中庸》第一章說：「天命之謂性，率性之謂道，修道之謂教。」「率性之謂道」即是人生活之道在於按照自己的本性。人的本性怎樣呢？人性即是理，人性之理即是生命之理。生命之理在宇宙萬物以內都是相同的，這種宇宙生命之理，即是《易經》所說的「生生之謂易」，宇宙萬物之理，在於化生萬物；生命之理乃是使新生命能夠化生。這種生生之理在宇宙內是「生生」，人則「仁」。朱熹說：「生底意思是仁。」（朱子語類 卷六）「天地以生物爲心者也，而人物之生，又各得夫天地之心以爲心者也。故語心之德，雖其總攝貫通，無所不備，然一言以蔽之，則曰仁而已矣。」（朱文公文集 卷六十七 仁說）

人心的生活乃是仁。仁不是愛，而是愛之理（朱子語類 卷二十）人爲什麼愛自己？是愛自己的生命。生命即是「存在」，凡是物都愛自己的存在，人一定也愛自己的存在；天地的心愛萬物的生命，使陰陽運行不息，化生萬物。人的心同天地的心一樣，也愛萬物的生命，也願意協助萬物發揚生命。《中庸》第二十二章說：

「唯天下至誠，爲能盡其性，能盡其性，則能盡人之性；能盡人之性，則能盡物之性；

能盡物之性，則可以贊天地之化育；可以贊天地之化育，則可以與天地參矣。」朱熹註說：「與天地參，謂與天地並立爲三也。」天地人爲三才，代表宇宙萬物，三才合作以化生萬物。因此，人的生活在於「仁」，就是發揚自己的生命，發揚別人的生命，也發揚萬物的生命。孔子說：

「夫仁者，己欲立而立人，己欲達而達人。」（論語 雍也）這就是儒家的大同思想。儒家的大同，不僅是四海之內皆兄弟，而且以宇宙萬物和自己同爲一體。朱熹註釋《中庸》第一章說：「蓋天地萬物本吾一體。吾之心正，則天地之心亦正矣，吾之氣順，則天地之氣亦順矣。」

儒家生活的目標，在古代是做官，孔子和孟子都周遊列國去求做官。做官有什麼目標呢？爲行堯、舜之道。堯、舜之道爲愛民，使百姓安居樂業。宋朝范仲淹說：「先天下之憂而憂，後天下之樂而樂。」（范仲淹 岳陽樓記）儒家生活的意義，不是自私的。孟子曾說一位大丈夫——「居天下之廣居，立天下之正位，行天下之大道。得志，與民由之，不得志，獨行其道。富貴不能淫，貧賤不能移，威武不能屈；此之謂大丈夫。」（滕文公）

我們用現代的話來說，儒家生活的意義是爲國家，爲民族謀幸福，先總統　蔣公說：

「生活的目的，在增進人類全體之生活。生命的意義，在創造宇宙繼起的生命。」（自述研究革命哲學經過的階段）

這種生活目標非常崇高，而要做到必定是困難重重，生命的歷程也就在於和困難奮鬥，先總統　蔣公說：

「革命的人生觀應該是活一世，奮鬥一世。」（革命和不革命）

作爲基礎，也做爲目的。天主子女的生活是怎樣的生活呢？基督爲天主聖子，而且和天主聖父同性同體，聖子的生活便是天主聖父的生活，基督降世爲人，把天主的生活表現在人的生活上，基督的人性生活也就是天主性的生活。因此天主教人以基督的生活作爲天主子女生活的理想生活。

天主教的生活意義，以「天主的子女」儒家的理想生活，爲聖人的生活；天主教的理想生活，爲基督的生活，能夠肖似基督的人，也就是天主教的聖人。

基督的生活是救世的生活。人類因著罪惡而背棄了天主，不認識天主爲父，又沉迷在塵世的享樂裏，自己無力從罪惡裏拔出來，提升到天主聖父那裏。天主聖子降生爲人，向人宣講天主聖父的慈愛，以身作則，孝敬天主聖父，且以身殉道，補償人類對聖父的罪惡。基督的生活，奉兩句話爲原則：即全心全意愛聖父在一切以上，又愛別人和愛自己一樣。這兩種愛匯集於一種愛，即愛天父的愛，因愛天父而愛天父的子女，又愛天父所造的萬物。

人的生活，整個地奉獻於天父，表示自己的孝愛，一切都奉行天命，使自己和天父密切相結合，基督不僅是這種結合的榜樣，也是這種結合的媒介。人和基督相結合爲一體，再因基督和天父相結合爲一體。基督和聖父聖神爲一體三位的天主，天主爲純粹之精神體，祂能在我們的心內，我們和天主相結合，即是我們的心靈和天主相結合。這種結合也就是天人合一，也就是愛，也就是生活的意義。

從生活的意義去看，儒家的思想和天主教教義，有相同之處，有不相同之處。兩者相同之點，生活的意義是愛。儒家以人的生活在發揚自己的人性，人性的理爲生命之理，即是仁。儒家的仁是愛自己的生命，也愛其他的生命，生活的意義，爲發揚人性的歷程，參與天地化育的工作。

天主教以人的生活是走向天父的歷程，求能和天父相結合，又和一切的人相結合。兩者的生活意義都不是自私，自求享受，而是犧牲一己，以求有利於人類和萬物。兩者的生活意義都很高很大。

所不同的，儒家以發展人性爲基礎，靠著自己修身的努力，以達到目標，目標則在於現世生活的福利。天主教以對天主聖父的孝愛爲基礎，天主子女的身分係由基督替人爭取，由基督率領著人皈依聖父。

人爲走向聖父，自己須努力，然須靠基督的助祐，走向天父的目標爲和天父永遠結合。生活的目標乃在來生，現生只是必須經過的歷程。儒家的思想和天主教教義對於生活的意義，便分成了上下兩層；一層爲人性的生活，一層爲超越人性的生活，這兩層並不互相衝突，而是互相完成。人性本是善的，儒家保持這一點作出發點，人性的善爲積極進取的善，自然繼續發揮可以達到天人合一的目標。然而儒家在另一面也說人生來有惡，荀子便講性惡，歷代的明君賢臣，都主張以法治國，禁止人作惡。儒家又相信善惡有報，漢代學者相信「天人感應」。然而現生的善報惡報，常缺而不全，儒家乃以子孫受先人善惡的報。後來佛教傳入中國，就在善惡報應上取得民間的信仰。

天主教相信人性爲善，但是從開始就受罪惡的傷害，不能自然常傾於善，而且人的生命，決不能自然而演變成天主的生命，因爲人和天主的距離，乃是天地懸殊。必須由天主一面提攝人的生命，提升到天主的生命。基督降生成人，就是爲提攝人的生命。被提攝了的生命，是一種超越人性的生命。這種超越性的生命不單不摧殘人性，反而提高了人性，使人的生活達到最圓滿的境界。

輔大校長羅光先生於七十一年九月二日，講於政治作戰學校政治研究所

台灣目前的社會和宣道工作

一、科學化的社會

大家都知道，台灣的社會是正在變動的社會；而且變動得非常快，變動的因素，有外在的因素和內在的因素。外在的因素，第一是國際上的經濟競爭，各國都在求經濟甦生，而韓國和大陸共黨更是直接和中華民國的國際貿易互相對抗。第二，是大陸共黨加強統戰，摧毀我們反共復國的精神。內在的因素，第一，是祖傳文化的破壞已經到了極點，今天大家要求建立新的文化模式，使祖傳文化現代化。第二，是當前社會的青年犯罪率加高，暴露了社會道德的墮落，大家呼籲重建社會道德。這幾種外在和內在的變動因素，促長了目前台灣社會的變化。

在台灣社會的各種變化中，最顯明的一項，是人生科學化。台灣近二十年來的經濟發展很快，成長也很高；但是在未來的歲月裏，爲維持經濟的成長，必須變更經濟出產的觀念和架構。台灣是個島嶼，天然資源很貧乏。以往經濟的發展是靠人工，即工人多，工資低。現在，工資加高了，成本貴了，大陸共黨則不用工資而驅使工人作工，不顧成本而盡量外銷。中華民國的經濟政策便應該改人工政策為精密的科技政策，製造高度的產品。因此，政府使用全副力量，培養科技人才。這種著重科技的政策，造成了青年傾向科學的趨向，形成了科學第一的風氣。原來自民國初年，開民國學術風氣之先的青年學人們，已經高聲呼喊提倡科學；但那時的提倡，祇是少數人的吶喊；然而已經在智識階級建立了一切科學化的觀念，以哲學為空談，以宗教為迷信。尤其青年們對於中華民族的傳統思想，都看為陳舊的古董。現在台灣六十歲和六十歲以上的智識份子，許多都懷著這種觀念。今天，台灣提倡科技的政策，就本身上說，很可能加重民國初年以來「一切科學化」的趨勢；然而今天，提倡科技，不是少數學人的呼喊，而是政府的政策，又是全民的趨向；今天，中華民國的國民智識程度已經提高，學人們的思想也更成熟，大家並不以科學反對哲學，也不相信科學反對宗教。

但是，提倡科學的政策，還是會加強「一切科學化」的思想，使人們的生活要科學化，一切科學化即是一切「理性化」，又是一切「組織化」，再是一切「計劃化」。凡是做事都要有相當的理由，都要有計劃，都要有組織。資訊管理成了一門學術，在大專學校裏成為熱門的課程。

現在科學政策為工商業的推動力，工商業則帶來金錢主義，生活的價值都以金錢為標準。金錢主義即是物質主義，也就是享樂主義，總括來說就是物質主義。台灣近年的生活是奢侈的生活，社會的安寧被青少年犯罪所擾亂，傳統的倫理已遭到徹底的破壞；因而引起政府負責人和社會有心人士的焦慮。

二、追求人文價值的社會

因著各方面對於傳統倫理被破壞所引起的焦慮，政府和社會也就產生了補救的努力。在歷年的國家建設會議裏都有人建議政府努力恢復傳統文化，雖然以往因著先總統　蔣公的指示已經成立了孔孟學會和文化復興委員會，只能算是民間的組織，不能發生大作用。政府於是成立文化建設委員會，又加強文化復興委員會的功能，使全國文化建設有統一籌劃的機構和計劃。

近幾年來，政府越是努力提倡科技的教育，同時也比以前更提倡人文教育。各縣市建立文化活動中心，台灣省和台北高雄兩市，每年舉辦藝術季。在大專學校裏，教育部注意到通才的教育，人文科學的學生兼修科技基本課程，理工科技的學生兼修人文科學基本課程。

一般青年學生的心理，和上一代青年學生的心理已經不相同，他們不像上一代的青年厭惡中國傳統的思想。現在的青年學生已經喜歡研究中國傳統的哲學，台北市近年每次舉辦中國哲學演講會，常有幾百青年學生來聽講。近年幾個學術文化中心，又常舉辦討論中國哲學現代化的座談會，其記錄或登於報紙雜誌，或單行印爲書籍。這幾點現象表示現在青年注意人文科學，注意中國哲學問題。由大學生性向調查的結果，大學生幾乎全部不贊成生活全盤歐化，而贊成改革傳統的文化。而且同時也看到大學生對於人生問題也都有困擾，大家想知道人生的目的，人生的價值，未來的途徑。因此現在有許多青年研究宗教，有些人參加佛教研究會或研究班，有些人參加基督教青年會，有些人研究天主教教義。可惜的，台灣現在有人創設新的宗教，理教和軒轅教已經成立有些年了，現在又有天德教，天帝教，又有人嘗試併合佛教和基督教。還有近年出版的宗教雜誌有許多種。又因著青年犯罪率的增加，家庭道德的墮落，有些人提倡宗教教育。再者從新建的廟宇去看，我們要說台灣現在是宗教興盛的時期。無論城市鄉鎮，遍地都是新建的廟宇。甚至於商人以建造廟宇爲一種行商發財的方法，因爲信徒的捐獻很多。

台灣目前的社會，一方面是金錢主義的社會，工商業發達，人人想賺錢，想多有享受，所以台灣是一種物質主義的社會。另一方面，則追求精神的發展，似乎願意衝破物質的鐵蓋，飛入一個精神世界，精神能夠自由飛翔。

三、宣道的工作

從上面所說目前現代的象徵，可不可以看到有利於宣傳福音的訊息？

天主教台灣宣傳福音的工作，和台灣的社會環境很有關係。在政府由大陸遷來台灣的初期十五年中，宣傳福音的工作，非常活躍，來接受洗禮的人也非常多。這一個時期是台灣社會最貧苦的時期，本省同胞從大戰的廢墟裏走出來，一切都要重新建設；從大陸來台的同胞，更是赤手空拳，兩袖清風，一切都要重新開始。在這樣的環境裏，教會的博愛精神，慈善救濟工作，深入民間，得到民間的信任，解救了他們物質和精神上的痛苦。但是到了台灣經濟建設，走上了發揚的路途，生活的貧窮已被消除，接著來了富饒，現世的享受使生活多彩多姿，金錢的價值包住了人們的心，物質世界封閉了精神世界的門戶，宣傳福音的工作頓然停滯，領洗歸化的人幾等於零，就連以前已經受洗的人也多有人忘記了自己的信仰。這種使從事宣傳福音的人勞心費氣的事，和現世財富很有關係，應驗了基督所說富人很難進入天國，一人不能侍奉天主和金錢。

但是金錢本身不是罪惡，祇是容易助長人的私慾，私慾引人陷入罪惡中。有錢的人也並不是身心滿足的人，身體多疾病，心靈更空虛。

宣傳福音的工作，乃是在於乘虛而入。

在台灣光復後的初期十五年，台灣社會所缺乏的是金錢和物資，天主教供給了同胞所急需的物品，取得了同胞的信心。現在台灣社會急需些什麽呢？急需科技的智識和人才，又急需精神生活的養料。所以政府極力提倡科技，極力從事文化建設。

對於科技智識和人才的培養，我們教會可以做到的很少，祇有輔仁大學的理工學院和靜宜學院的理學院，然爲發展這兩處理工學院，需要大量的經費，我們教會不能大量投資。今年我們紀念利瑪竇來華四百週年，利瑪竇當時爲宣傳福音，就看出來當時中國社會所缺少的是西洋科學智識，他和同時並以後一百多年耶穌會在華傳教士，都努力在介紹西洋科學智識上，作了驚人的工作，結果使當時中國學者對他們的學術和人格，非常敬重，進而看重他們所傳的宗教，有的人便領洗歸化。後來傳教士改變了方針，祇想直接宣傳教義，竟和中國的傳統思想起了衝突，便祇好轉入鄉間，閉門傳教，後來還是仗著列強的傳教權，才能公開講道，收納信徒，招致了「洋教」的稱呼，被冤誣爲「文化侵略」。

實際上，天主教和基督教在中國文化上，不僅沒有侵略，而是貢獻很多。中國近半世紀在各方面現代化，受教會的幫助很多。首先是教會創立大學，在中國大陸天主教有三所大學，基督新教有十三所，這十六所大學培植了許多中國社會革新的人才。教會又在中國各省市設立醫院，開中國現代化醫療的先驅，教會提倡婦女革新運動，設立女子中學。倡導農村建設，在山東和西北實行農村改革。對於勞工的利益，教會主張社會正義。這一切文化工作，現在在台灣，教會仍舊繼續不斷努力。

但是目前，政府和社會私人團體，漸漸注意文化事業，逐漸以大量資金投入文化建業，我們天主教還可以作什麼呢？

第一，供給文化建設各方面的正確觀念。正確的人生觀，人生價值觀，家庭觀，婚姻觀，社會倫理觀；現在大家都在討論，也在追求；大家所介紹的，都是西方的文化觀念，帶有唯物色彩和功利主義。我們天主教按照福音的啓示和教會的傳統，對於這各方面的問題，都有健全的理論和明晰的原則。我們教會的理論和原則，大都和中國傳統的文化相融洽。我們要努力以大眾傳播工具，宣傳這些理論和觀念。現在還在建設中國現代文化的時代，大家都有心聽取合理的思想，不會有成見加以排斥。到了後來現代文化成了相當定型以後，那時才宣傳天主教文化思想，大家就不會接受了。

第二，整頓中國傳統哲學思想，使能現代化。受了半世紀的輕視，現在中國哲學思想又受重視了；但是大家都承認中國傳統的哲學應當予以現代化，使合於現代人的生活需要。中國的哲學是生命哲學，講論人的生活。人的生活方式隨時隨地而變，而且現代自由中國人的生活內容，越來越複雜。中國傳統的哲學便要予以改革，加入新的觀念和方式，使合於現前的時代。我們教會近年努力提倡本位化，所作的事還是皮毛的外面形式改革，沒有進入中國的文化以內。這兩種工作，可以同時進行。我們要研究中國哲學，明瞭中國哲學的系統和觀念，又要研究士林哲學和西洋現代哲學思想，使能看到中國哲學應該改革的地方和應該補充的地方，然後以士林哲學和西洋近代哲學的正確而適合的成素，灌進中國傳統哲學，使能有新的思想和新的生活精神。當然會有人攻擊我們，責斥我們破壞中國的純淨性；但是這些批評我們的人，他們用馬克思，用杜威，用茹素，用原德，用黑格爾，用語言邏輯或存在論等的思想，滲入中國哲學，更破壞了中國哲學的完整性。我們相信士林哲學的思想和中國儒家的思想相合的地方很多。

第三，加強倫理教育。目前台灣社會最令人擔憂的事，是道德的淪喪，青少年犯罪率的增加，以往中國人的道德靠著家庭和社會去培養。現在，台灣的家庭教育已經破產，社會風氣更是淫逸盜匪。所以，祇靠學校教育，培養青少年的倫理觀念和道德習慣。不幸，學校因著升學主義和文憑主義的壓力，都沒有顧到倫理教育。在這種情形之下，我們教會學校應該特別注意學生的倫理教育。各本堂神父也要注意家庭的道德，並設立本堂青年中心，引導青少年走上正當的人生路途。這一點，應是全國教會的工作，在社會上真能產生影響力，很可能造成青少年的歸心運動。

中國人看宗教，傳統地看作人和神靈的關係。這種關係在下一層是求福免禍，在上一層是求心靈的安靜。中國人素來不以宗教信仰作爲人生的基礎和規綀，中國人以人生的基礎和規綀是儒家的哲學。今天有些青年學生傾向宗教，還有這種求心靈安靜的心理。我們要使中國人歸主，以信仰爲生活，我們要使他們看到我們的信仰生活。信仰包涵一切生活的層面，信仰給予生活各方面職責以毅力。要使他們體驗出來我們是生活在信仰裏面的人。